小学课程与教学论

XIAOXUE KECHENG YU JIAOXUELUN

潘新民 王永红 ◉ 主　编

王丽华 邓素文 ◉ 副主编

北京师范大学出版集团
BEIJING NORMAL UNIVERSITY PUBLISHING GROUP
北京师范大学出版社

图书在版编目(CIP)数据

小学课程与教学论/潘新民，王永红主编．—北京：北京师范大学出版社，2022.10(2024.11重印)
全国高等院校小学教育专业精品教材
ISBN 978-7-303-28167-1

Ⅰ.①小…　Ⅱ.①潘…　②王…　Ⅲ.①小学－课程－教学研究－高等学校－教材　Ⅳ.①G622.3

中国版本图书馆CIP数据核字(2022)第177731号

图书意见反馈　**gaozhifk@bnupg.com**　**010-58805079**
营销中心电话　010-58802755　58800035
编辑部电话　010-58807068

出版发行：北京师范大学出版社　www.bnupg.com
北京市西城区新街口外大街12-3号
邮政编码：100088

印　　刷：天津旭非印刷有限公司
经　　销：全国新华书店
开　　本：787 mm×1092 mm　1/16
印　　张：24.75
字　　数：510千字
版　　次：2022年10月第1版
印　　次：2024年11月第5次印刷
定　　价：48.00元

策划编辑：王建虹　　责任编辑：孟　浩
美术编辑：李向昕　　装帧设计：焦　丽
责任校对：康　悦　　责任印制：马　洁

丛书编委会

总　序

全国高等院校小学教育专业精品教材是教育部人文社会科学重点研究基地北京师范大学教师教育研究中心教师教育课程研究团队承担的教育部人文社会科学重点研究基地重大项目“中国教师教育课程质量研究”(项目编号：17JJD880002)的阶段性成果，是由北京师范大学教师教育研究中心、北京师范大学小学教育研究中心、北京师范大学课程与教学研究院、北京师范大学出版社联合策划，数十所高师院校众多专家携手研发而成的教师教育教材。

自 20 世纪初以来，我国已经走过了 100 多年教师教育教材建设的探索历程，整体建立起了包括中专、大专和本科三个不同层次，适应不同学科方向的教师教育教材体系，取得了很大成就。当前，在党和国家大力加强教师教育的大好形势下，教师教育教材建设面临着前所未有的新机遇和新挑战。探索新时代教师教育教材建设的新机制，努力编写出版适应时代要求的高质量教师教育教材，是时代赋予我们的使命。

教材建设无小事。理论和实践表明，教材建设是教育改革发展的基础性工程，是提升人才培养质量的关键环节。教科书是培养时代新人过程中最重要、最直接，影响最深远的工具……一定程度上可以说，有什么样的教科书，就有什么样的年轻人，也就有什么样的国家未来、民族未来。① 因而，编写出版好教材，自觉选用好教材，是至关重要的大事。对于教师教育来说，把好教材质量关，更是意义重大。教师教育教材直接影响教师培养质量，而教师质量又影响千千万万学生的学习和发展，可谓牵一发而动全身。当前，我国教师教育教材品种众多，但质量良莠不齐，优质教材还相对匮乏。进一步增加优质教材供给，可谓时不我待。

教材建设是一项与时俱进的工作。随着时代发展，教材内涵、外延和质量标准也在不断丰富完善。通常来说，教材即教科书，是依据课程标准编写的供师生使用的教学用书，同时还包括与教科书配套的相关辅助教学材料，如影像材料、参考读物、练习册(习题集)等。进入 21 世纪以后，我国教材发展呈现出数字化和优质化两大核心趋势。所谓教材数字化，主要是指信息技术与课程教材深度融合，不断改变创新教材形态的过程。其中，又有两条不同路径：一是以纸媒教材为依托，集成相关数字化课程资源，如开发支持纸媒教材的网络化学科资源库、学科教学光盘，在纸媒教材上通过

---

① 引自石鸥：《教科书概论》，序一 1 页，广州，广东教育出版社，2019。

二维码链接微课和其他教学资源，或者提供相关专业网站的链接网址；二是独立开发数字教材、电子教材，如集成在平板电脑(iPad)中的课程内容及其教学设计，在网络平台上运行的课程软件、慕课(MOOC)等。教材数字化扩大了教材容量，丰富了教材内容的表现方式，极大地提升了教材使用的便捷性，意义十分深远。所谓教材优质化，是指严把教材研发、出版和选用的质量标准，力求不断提升教材品质的过程。国家一流本科课程、国家优秀教材奖的评审，“马工程教材”建设、国家级规划教材建设，体现了党和国家狠抓教材质量的坚定意志。从理论上说，作为立德树人的基础资源，每一本教材均应是精品而不能是次品或残品。这是新时代教材优质化的核心要义。

什么样的教材称得上是精品教材呢？我们认为，至少有三条共性的判断标准：教育性、科学性和教学性标准。首先，教材是为培养人服务的，体现人才培养的时代需要和政策要求，具有促进学生德智体美劳全面发展的功用。这是评判教材好坏的首要标准(教育性标准)。教材应体现人类真善美的价值追求，在引领学生追求人类进步、国家富强和个人成长的美好理想，促进学生形成正确的人生观、世界观和职业观，陶冶情操，修身养性，培育健康人格等方面，发挥独特的教育作用。其次，教材是人类文明成果精选和加工的产物，必须具有科学性。一方面，教材内容应准确反映人类社会生活和生产实践的基本经验，体现科学技术发展的整体格局和时代水平；另一方面，教材内容又要基于教育逻辑，把人类经验、科学技术加以精简平衡和结构重组，使教材内容兼顾基础性和前沿性、稳定性和动态性、理论性与实用性，体现教书育人的内在品质。最后，教材是供师生使用的教学资源，还应具有教学性。所谓教材的教学性，是指教材所具有的遵循教学规律、合理规划教学、便于师生使用的品质或特性。教材不仅提供教育内容，而且规划教学活动，指引学习方法和路径。这是教材区别于其他文化读物的功能定位。好教材对于师生来说是友好亲近、便捷好用的。这类教材往往语言简洁，版式精致，内容厚实，活动多样，方法具体，启发性强，资源丰富，既能很好地支持教师开展教学活动，又能为学生创造多种多样的学习空间。我国教材建设的历史实践表明，真正好的教材是教育性、科学性和教学性有机统一的，而一般的教材往往做不到这一点。自然，关于精品教材内涵和标准的这种共识理解，是随着时代发展而逐步达成的。在相当长时间内，我国大学教材(包括教师教育教材)比较重视内容的科学性，对教育性和教学性标准则关注不够。进入 21 世纪以后，人们日益重视大学教材的教学性，在教材体例创新和课程资源支持等方面做了很多有意义的探索。党的十八大以来，我国强化了“教材是国家事权”的理念，更加突出了教材的立德树人功能。于是，教材的教育性(思想性)成为热议话题和评判教材好坏的核心标准。当前，人们已经普遍认识到，科学性、教育性和教学性是教材不可或缺的内在品质，只有三者兼具的教材才是好教材。

关于精品教材内涵和标准的理解，为我们指明了教材建设的方向。但是，要真正把这三条标准很好地贯彻下去，是一项非常艰巨的工作。我们编写这套小学教育专业精品教材，在努力提高教材的教育性、科学性和教学性方面做了积极探索，但成效如何还有待实践检验。真诚欢迎各位老师和同学把在教材使用过程中发现的问题和真实的体验、改进教材的设想和建议，及时反馈给我们编写团队。您的反馈和建议，将激励我们不断前行，为探寻教师教育精品教材建设的中国道路而不懈努力！

王木陆

2021 年 5 月 26 日于北京师范大学

前　言

百年大计，教育为本。教育是国之大计、党之大计。党的十八大以来，习近平总书记围绕回答“培养什么人、怎样培养人、为谁培养人”这一根本性问题发表了一系列重要论述，明确要求把立德树人作为教育的根本任务，坚持教育为人民服务、为中国共产党治国理政服务、为巩固和发展中国特色社会主义制度服务、为改革开放和社会主义现代化建设服务。2014 年，《教育部关于全面深化课程改革 落实立德树人根本任务的意见》指出：“深化课程改革、落实立德树人根本任务具有重大意义。”立德树人是发展中国特色社会主义教育事业的核心所在，是培养德智体美劳全面发展的社会主义建设者和接班人的本质要求。

教材是国家意志的体现，是培养人才的重要依托，是“立德树人”的主要载体。为了贯彻党的教育方针，落实立德树人根本任务，培养高质量小学教师，许多承担小学师资培养任务的院校，积极推动小学教师职前培养模式的改革，不断加强教师教育的课程体系和教材建设。我们此次编写《小学课程与教学论》，正是在这样的背景下展开的。

系统学习是掌握学科知识和技术的基本途径，学好小学课程与教学论将有助于师范生在今后更好地胜任小学教育工作。为此，不少高校先后将小学课程与教学论作为小学教育专业的一门重要的必修课程，并持续深化小学课程与教学论的教学改革。然而，从实践中发现，有些高校的改革往往表现为教学组织形式和教学手段的革新，抑或是教材编写体例的变化。就“小学课程与教学论”课程教学本身而言，课程目标过于关注理论知识传授，忽略了师范生学习能力和价值观念的形成；课程内容难以体现小学教育专业的特色；课程实施过于强调接受学习，忽视了学生自己的探索感悟，没有从根本上解决大学所教的知识与小学教育教学实践严重脱节，应届毕业生无法快速完成从师范生向一线教师的角色转变等问题。为此，鉴于小学课程与教学论这门学科的研究和本书读者的需要，我们在本书写作过程中力求体现以下特点。

第一，基础性。严格按照小学教育专业的建设理念、专业定位、专业培养目标组织内容，并尽可能补充深化小学教育专业特色研究。具体来说，本书主要介绍了小学课程与教学论领域的基本知识、原理和方法，建立清晰的学科知识框架，给学生提供整体的入门知识，为学生奠定后续学习所需的知识、技能和价值的基础。

第二，时代性。倡导与时俱进，关注时代热点，反映小学课程与教学论领域新的变化和发展。例如，第五章“小学教学目标”初步探索了在中国学生核心素养研究框架下小学语文、数学、英语的教学目标分类；第九章“小学教学评价”探讨了小学教学评价中伦理规范和科学规范之间的张力。

第三，实践性。小学课程与教学论的基本理论源于实践，又指导实践，具有很强的实践性。首先，本书编写组成员为长期从事小学课程与教学论研究的高校教授、小学一线名师和教研员，既关注小学课程与教学论的一般原理，又熟知小学教学活动的现实需要。其次，本书在体例上设计了章结构图、本章小结、拓展阅读等环节，在行文中通过对实践活动和案例的分析，使学生获得扎实的教学基本技能训练。最后，为了使本书更具有可读性和亲切感，本书将学生视为直接交流的对象，在每章提供一个问题情境，通过提问设疑等方式，激发学生的探究兴趣。

本书属全国高等院校小学教育专业精品教材系列，由潘新民教授(河北师范大学初等教育系)、王永红教授(北京教育学院)担任主编，王丽华博士(河北师范大学附属小学)、邓素文博士(湖南第一师范学院)担任副主编。具体分工如下：潘新民负责第一章和第五章；李学红研究员(河北省教育科学研究院)负责第二章；邓素文博士负责第三章；吴冠斌博士(河北省教育宣传中心)负责第四章；李黎明教研员(石家庄市长安区教育科学研究所)和汪明博士(首都师范大学)负责第六章；王广强副校长(石家庄市紫林湾小学)和张燕(石家庄学院)负责第七章；王丽华博士负责第八章；王永红教授和禹芳副校长(北京市昌平第三实验小学)负责第九章；鲍蓓蓓(河北师范大学附属小学)和王永明(山东师范大学教育学部)负责第十章。全书的整体框架和统稿工作由主编负责。

在本书编写过程中，本书编写组参考了国内外众多学者的大量研究成果，在此一并表示衷心感谢。本书的编写和出版得到了编写组成员所在单位的大力支持和热切关心，谨此致谢。最后，要特别感谢北京师范大学出版社教师教育分社的王剑虹女士。她作为本书的策划编辑，为本书做了大量的精细工作。

本书编写组为写好本书做了各种力所能及的努力，但本书仍难免有不足之处。敬请大家多提宝贵意见，帮助我们改进工作。

编者

2022 年 7 月

目　录

第一章

小学课程与教学论概述

章结构图

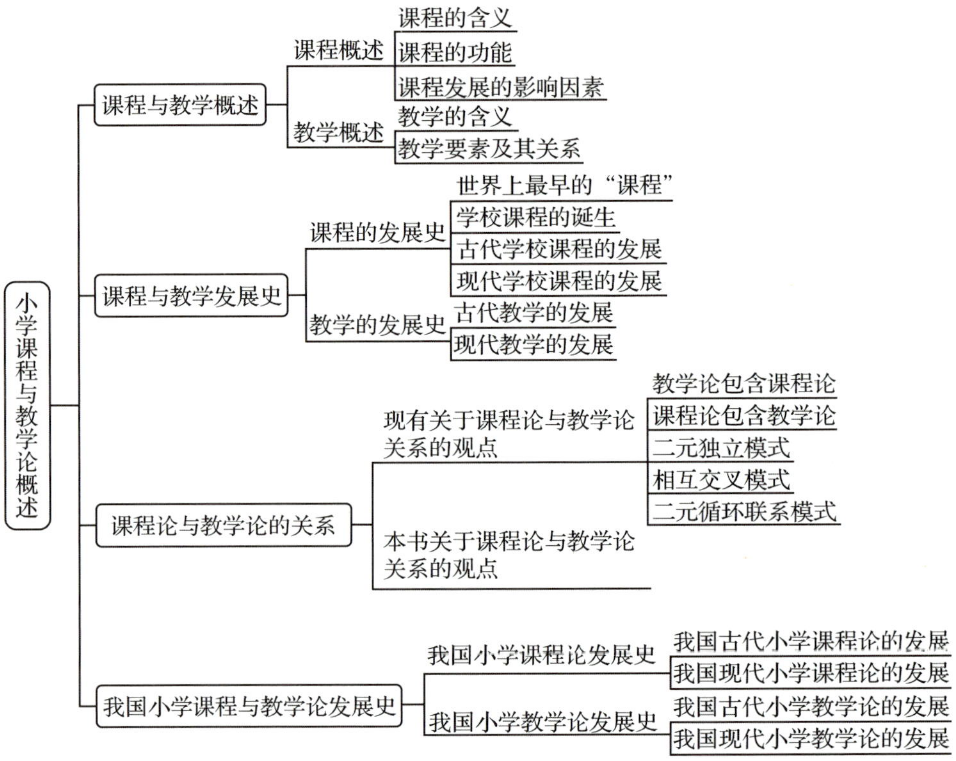

本章概述

本章主要介绍了课程与教学概述、课程与教学发展史、课程论与教学论的关系以及我国小学课程与教学论发展史四部分内容。首先论述了课程与教学的含义，课程的功能及影响因素以及教学要素及其关系。其次梳理了古代和现代课程与教学的发展历史。再次介绍了课程论与教学论的关系，在梳理国外和国内观点的基础上提出了本书关于课程论与教学论关系的观点。最后对我国小学课程与教学论的发展史进行了梳理，分别对我国小学课程论与教学论从古代到现代的发展过程和特征进行了归纳与总结，以更好地促进小学课程与教学论的发展。

问题情境

进入 21 世纪以后，伴随着国外课程与教学理论的引进和国内课程与教学改革的强势推进，我国课程与教学改革的探索也在如火如荼地进行着。与此同时，学术争论也非常激烈。一个受到普遍关注的问题是，我国现行的学校课程与教学理论体系，究竟是传统课程与教学理论体系还是现代课程与教学理论体系？一种观点认为，由于我国现行的学校课程与教学理论体系重视知识教学，教学方法单一，有时可能会压抑学生的主动性和创造性，是传统课程与教学理论体系。另一种观点认为，我国现行的学校课程与教学理论体系是参照了西方现代学校的课程与教学理论体系，注重发挥教育科学理论的指导作用，是现代课程与教学理论体系。这两种不同的观点，至今还在不断交锋。

那么究竟该怎样看待我国学校课程与教学理论体系呢？这是重要的理论问题，也是课程与教学改革实践需要具体明确的问题。带着这样的问题，让我们一起开始本章的学习。

第一节 课程与教学概述

课程与教学是教育的基本构成和核心构成，课程与教学研究又是教育研究的基本领域和核心领域。作为初学者，我们有必要了解和掌握一些课程与教学的基本知识，为继续学习、研究课程与教学奠定基础。

一、课程概述

教育领域有许多复杂的概念，“课程”就是其中之一。随着西方课程理论的引入以及我国课程理论的发展，课程逐渐成为一个独立的研究领域并受到关注。尤其是伴随我国课程改革的不断推进，怎样理解课程成为一个重要的理论与实践课题。

(一)课程的含义

课程这一概念在当今社会还存有较大争议。要想研究好课程与教学论，就必须先对课程有一个较为清晰的认识与了解。

1. 课程的词源分析

在我国，课程一词最早出现于唐朝。孔颖达为《诗经·小雅·巧言》中“奕奕寝庙，君子作之”一句做注疏：“维护课程，必君子监之，乃依法制。”这里的课程一词指的是“礼仪活动的程序”，与今日课程含义相去甚远。宋朝文人朱熹在《朱子全书·论学》里也多次提到课程一词，如“宽着期限，紧着课程”“小立课程，大作工夫”等。这里课程的含义是指“功课及其进程”，这一解释与我们现在对课程的理解已十分接近。

curriculum(课程)一词最早是由19世纪英国教育家斯宾塞在其著作《什么知识最有价值》中提出的，主要是指“教学内容的进程及其系统组织”。curriculum一词来源于拉丁文currere。currere是动词，意思是奔跑；curriculum是名词，意思是跑道(race-course)，后来该词被引入教育界，增加了“学习的进程”这一意思。

2. 课程的定义

当今社会，关于课程的定义众说纷纭。通过梳理学者们对课程定义的总结，课程的定义大致归纳为以下几种。

(1)课程即经验

美国教育家杜威认为，课程就是学生的学习经验，学生学习什么取决于他们做了什么而不是教师做了什么。杜威的这种经验转变，实际上反映了他为克服行为与认知、经验与理性、客观与主观、情感与理性的对立而进行的哲学努力。对于教育者来说，为了发挥教育经验在儿童成长过程中的作用，必须承担两种教育任务：一是能够识别和判断经验所指引的方向是真正地引导持续性生长还是阻碍持续性生长；二是能够通晓环境条件形成实际经验的一般原则，认识到哪些环境要素有利于引导儿童经验的生长。① 受杜威的影响，许多学者持有相同的观点。课程论专家H. 卡斯韦尔(H. Caswell)和D. 坎贝尔(D. Campbell)认为“课程是儿童在教师指导下所获得的一切经验”②。教育学家A. W. 福谢依(A. W. Foshay)也认为“课程是学习者在学校指导下的一切经验”③。这种课程定义强调课程的重心是学生，学生是主动参与者和学习活动的主体，学习质量取决于学生而不是课程。这种定义最突出的特点就是把学生的直接经验放在课程内容的中心位置，消解了内容与过程、目标与手段的二元对立。④ 但是这种课程定义，过于强调学生的经验，容易忽视系统知识在学生成长过程中的作用。

(2)课程即教学科目

课程即学科，就是我们常常理解的分科课程。我国古代课程有“六艺”：礼、乐、射、御、书、数；现代课程有语文、数学、英语、物理、化学、生物学等。当前，我国在《辞海》《中国大百科全书·教育》等诸多词典和教育学著作中也都将课程解释为学生学习的学科或某一学科。其中具代表性的观点是由美国的课程论专家费尼克斯(Phenix)提出的，他认为：“一切的课程内容应当从学问中引申出来。或者换言之，唯有学

---

① 岳刚德：《现代课程概念重建历史：从知识、经验到结构》，载《全球教育展望》，2011(2)。

② H. Caswell & D. Campbell, *Curriculum Development*, New York, American Book Company, 1935, p. 66.

③ A. W. Foshay, *Encyclopedia of Educational Research*, New York, Macmillan, 1969, p. 276.

④ 钟启泉、汪霞、王文静：《课程与教学论》，68页，上海，华东师范大学出版社，2008。

问中所包含的知识才是课程的适当内容。”①这种课程定义是以学科知识为中心，重视向学生传授知识，强调学科知识的逻辑顺序和结构以及学校课程向学生传授知识的作用，从而有助于学生系统地理解和掌握知识。但是这种课程定义也容易忽视学生在学校生活中所获得的经验。

(3)课程即社会改造

一些激进派教育学家认为课程即社会改造。他们要求将课程重点放在社会的主要问题以及改造社会等方面，从而建立一种新的社会秩序。其中具有代表性的观点是巴西教育学家 P. 弗雷尔(P. Freire)提出的，他认为：“课程应该使学生摆脱盲目依从外部强加给他们的世界观，这要求让学生在规划和实施课程的过程中起主要作用。”②这种把课程定义为社会改造的目的在于通过学校课程的学习，让学生更好地了解社会，认识社会，参与社会活动，从而增强学生的社会适应性和改造社会的能力。但是这种课程定义不适当地把课程教学作为社会改造的主要力量，让课程承受了过多责任，容易忽视教育的社会制约性。③

此外，课程定义还有计划说、教学进程说、知识说等。然而，任何一种课程定义都在不同程度上受到了一些学者的批判。

人们试图想找到一个大家公认的课程定义，多是徒劳的，但就世界各地学校中课程所指向的具体事物，仍存在一定程度的共识，即从描述性角度的观点来看，课程是教学内容及其进程的安排。这也是我们认识和研究课程基本的、朴素的起点。

(二)课程的功能

课程的功能是通过文化的传递和选择培养人。课程的功能主要分为课程的本体功能和课程的基本功能。

1. 课程的本体功能

课程的本质是培养人。课程的本体功能是教育本体功能的回归，这是新时期教育精髓的体现。而一旦离开了课程的本体功能，课程便不复存在。课程的本体功能可分为课程的个体谋生功能、个体发展功能和个体享用功能。④

(1)课程的个体谋生功能

个体作为生命体，获得生存技能是生命得以维持和延续的必要条件。人们对生存的需要直接促使了课程的产生。随着我国生产力的不断发展，社会对个体的要求也越来越高，接受相关课程学习已经成为个体获得相应社会技能的必要条件，由此课程成

---

① 钟启泉：《现代课程论》，115 页，上海，上海教育出版社，1989。

② 施良方：《课程定义辨析》，载《教育评论》，1994(3)。

③ 陆忻：《布拉梅尔德改造主义教育思想述评》，载《华东师范大学学报(教育科学版)》，1985(4)。

④ 石鸥：《课程改革：教育本体功能的回归》，载《教育测量与评价(理论版)》，2009(7)。

为个体获取谋生本领的一种手段。①

课程的个体谋生功能在课程的本体功能中位于最基础地位，另外两种功能的作用发挥必须以课程的个体谋生功能为前提和基础。

(2)课程的个体发展功能

人具有双重身份，既具有社会性，又具有自身的个性化特征，所以个体发展就本质而言是一个社会化和个性化共存的过程。可见，课程的个体发展功能表现在两个方面：促进个体社会化功能和促进个体个性化功能。

个体的社会化功能是将社会所期望的价值观和行为规范内化为个体自身所需，使个体获得参与社会生活所必需的知识和技能，从而能够更好地适应社会发展变化的需要。课程的促进个体社会化功能主要体现在两个方面：一是课程促进个体观念的社会化。个体从“自然人”成长为“社会人”的过程需要不断学习学校课程。这一过程中，若没有课程的参与，人的社会观念便难以形成。二是课程促进个体职业的社会化。学校课程在很大程度上担负着促进人的职业社会化的使命。在现代社会，个体谋求某种社会职业通常是以学习相关课程为前提的，因此课程是促进人的职业社会化的一种手段。

个体的个性化功能是从自身发展的角度出发，根据人的本性需要提升个体的创造能力，培养个体的角色意识和职业意识，注重人的身心和谐发展，使人的个性得到发展。课程的促进个体个性化功能主要体现在两个方面：首先，培养个体的主体性。无论是个体主体意识的形成还是个体主体能力的发展，都离不开课程。其次，培养个体的创造性，促进个体价值的实现。个体个性的核心品质就是个体的创造性，它是个体自主性和独特性的综合体现。只有通过课程，个体才能够在创造中实现自己的价值。

(3)课程的个体享用功能

课程的个体享用功能是指课程成为个体生活中必不可少的一部分，通过课程教学获得知识可以使个体的需要得到满足。在需要得到满足的过程中，个体能够获得自由、幸福以及精神上的享受。

课程既可以满足个体的物质需要，又可以满足个体的精神需要。满足个体的物质需要主要是指课程的外在价值，满足个体的精神需要主要是指课程的内在价值。课程的个体享用功能就是要满足个体的精神需要，它是建立在课程的个体谋生功能基础上的，是课程的个体谋生功能的发展和完善。

2. 课程的基本功能

课程属于观念形态的文化，其内容概括了人类所积累的基本社会经验。由于社会所积累的文化是课程的主要源泉，因此课程是人类进行文化传递和文化选择的一种有

---

① 柳夕浪：《如何成为劳动教育最佳载体》，载《中国教育报》，2019-02-27。

效手段，课程的基本功能可以理解为选择和传递文化。①

(1)课程是对文化的选择

文化有良莠之分，在教育过程中，必须对文化进行选择。课程的设置，实际上就是选择文化的过程。学校课程设置，作为一种有目的的文化价值引导工作，通过对文化内容的选择，既可以确定课程的结构和范围，以便学生更好地掌握文化，又可以撷取文化精华编制教材，从而为学生提供与社会发展相适应的观念、态度、价值、行为方式以及知识与技能。由于学生的认知能力、道德实践能力的发展都具有一个过程，因此课程对文化的选择越合理，越有利于学生认知能力和道德实践能力的发展。

(2)课程是对文化的传递

课程是维系人类社会存在的必要条件，主要是指课程继承和传递文化的功能。在任何历史时期，人类的文化经验只有通过课程传递的方式，才能够保证文化的系统性和完整性，确保文化的延续、传承以及文化的进一步发展。课程传递文化是为了让受教育者更好地理解掌握文化，成为文化的传承者。这是一个积极主动的过程，是在学习者和一定文化相互作用的过程中实现的。

(三)课程发展的影响因素

课程的发展受多种因素的影响，人们常将课程的影响因素划分为外部因素和内部因素两个方面。所谓外部因素指独立于课程之外的一些要素，反映课程与外界的联系；内部因素指课程自身的一些要素，反映课程内部的联系。在此也主要从内、外两个方面进行分析。

1. 外部因素

(1)社会

社会对课程发展的影响是最持久深刻的。历史上最早的课程就来源于社会生活和生产劳动的内容。时至今日，它们仍然是课程内容的主要来源，课程随着社会的变化发展而发展，社会的各个方面也都影响着课程。

社会性质决定课程的性质。比如，古代社会具有阶级性和封建性，古代社会的课程也具有阶级性和封建特征；现代社会是民主化、科学化、法治化的社会，现代社会的课程同样具有民主化、科学化、法治化的特征。

社会的政治、经济发展、文化传统等因素，也对课程设置以及内容有着不同程度的影响。政治决定课程的政治立场，民主政治下的课程强调为人民服务，注重培养能够以民主方式处理问题的人。经济发展水平决定课程实施的物质条件，经济水平得到了保证，课程实施的物质条件能得到更好保障。文化状况影响课程内容的选择，文化

① 吴也显：《学校课程和文化传播》，载《课程·教材·教法》，1991(3)。

资源丰富，课程内容选择的范围就更多。综合来看，这些社会因素对课程的共同需求主要体现在：对培养政治接班人和社会建设者的需要；对更新课程内容的要求；对课程设计思想的影响等。但社会因素对课程的需求往往不是直接对应，而是通过教育方针、政策、有关课程的法规等中间环节或手段来实现的。

(2)科学知识

人类积累的科学知识对课程的影响也很久远。课程内容是从人类积累的知识总和中根据一定标准精选出来的，体现着人类科学知识的基本要素和精华。自然科学的形成和发展，对学校课程的完善和发展有很大的影响，主要表现在：自然科学的发展影响课程设置的水平、性质和特征；自然科学新发现对课程发展变化的方向、内容、结构和形式有显著影响。社会科学方面也有类似情况，科学知识的分类对学校的课程内容，尤其是课程设置有重大影响。

(3)儿童的身心发展

课程实施的对象是儿童，儿童的身心发展状况、知识水平、能力发展水平和年龄特点等都是影响课程的重要因素。儿童的身心发展对课程的制约性主要表现在三个方面：一是对课程目标的制约。不同学段的儿童身心发展特点不同，对课程目标的需求也不同。二是对课程内容的制约。根据人的身心发展特征，可以将个体的发展分为婴儿期、幼儿期、儿童期、少年期、青年早期、青年后期、成年期、晚年期这八个时期，课程内容的组织也相应地具有阶段性差异。按照循序渐进的原则，选择课程内容时要注意课程内容在个体发展不同时期的衔接性。三是对教材编制的制约。学生的心理发展顺序制约着教材的逻辑顺序，必须把教材的逻辑顺序与学生的心理发展顺序统一起来。

综合而言，社会、科学知识以及儿童的身心发展都是影响课程的外部因素，它们三者之间相互协调，共同作用，影响着课程的性质、内容、目标、结构以及组织形式等。

2. 内部因素

(1)学制

学制，就是学校教育制度，是指各级各类学校的系统，具体表现为各种类型的学校以及各种级别学校之间的组织和比例关系。严格来讲，学制不是影响课程的内在因素，但是在对课程结构进行调整时又必须考虑学制，因此我们常把学制看作影响课程发展的一个内部因素。

通过比较我国古代课程和现代课程，不难发现学制对于课程的影响。我国古代没有学制，主要学习“四书五经”，所以在课程设置上不需要考虑不同年级之间的相互衔接。但是在我国现代课程中，学制对课程的影响逐渐显露出来。比如，1903 年，《奏定学堂章程》(又称癸卯学制)的制定标志着我国现代学制的初步建立，它促进了学校基础学科课程的发展。1913 年，壬子癸丑学制废除了读经课程，加强了师范教育课程和实业教育课程。1922 年，壬戌学制的实行又强化了职业课程，并实行选科课程和分科课程；且该学制上下衔接，左右沟通，强调同一学科课程的纵向衔接和不同学科课程的横向整合，加强了课程体系相互之间的整体性。不难发现，当学制发生改变时，课程也需要做出相应的调整，只有这样才能充分发挥学校课程的功能。

(2)课程传统

课程传统主要是指课程在发展过程中所表现出来的历史延续性和继承性。这种历史延续性和继承性在今后的发展过程中也会以某种形式逐渐显露出来，并继续发挥作用。历史上任何一次课程改革都需要在前一课程体制的基础上进行加减法，若是有人完全不考虑课程传统，凭空筑起一座崭新的“课程大厦”则需要付出相应的代价。[①]

(3)课程理论

课程理论主要是对学校课程设置体系、内容结构、教材编写和安排的指导思想、原则方法等问题进行研究，既包括早期的课程思想、课程目标、课程组织，又包括课程评价、课程编制等。课程理论的发展对课程设置的科学化以及课程管理的民主化等产生了积极影响，并促进了教材的多样化、学校课程的再造、教师专业发展以及课堂生命的激扬等变革。[②] 课程理论指导人们设置课程的行为。例如，学科中心课程理论下的学校课程以学科课程为主，儿童中心课程理论下的学校课程以活动课程为主。因此，课程设置必须以课程理论为指导，只有深入学习课程理论，整体把握课程发展的基本方向和基本规律，才能使课程理论更好地服务于课程。

总之，课程的发展受多种内、外部因素的影响，是多种因素共同作用的结果。各种因素相互协调，相互联结，共同促进课程的发展与完善。但是在课程的影响因素中，内部因素是引起课程变革的根本原因，外部因素是课程变化发展的条件，外部因素需要通过内部因素发挥作用，内部因素又离不开外部因素的影响作用。所以在分析影响课程发展的因素时，必须把内部因素和外部因素充分结合起来，才能促使课程更好地发展与完善。

二、教学概述

(一)教学的含义

在教育领域中，人们对“教学是什么”的思索一直都没有中断过。自古至今，人们

---

① 刘艳玲、童莉芬：《课程与教学论》，50 页，南昌，江西高校出版社，2015。

② 靳玉乐、张良：《我国新课改以来课程理论的发展及其影响》，载《中国教育科学》，2019(5)。

探讨教学含义的角度和出发点不同，因而理解也有所不同。

1. 教学的词源分析

从词源来看，教学是由教、学两个字组成的。“教”与“学”二字最早见于殷商时期的甲骨文中。而“教”“学”两字连用组成“教学”一词，最早见于《尚书·兑命》：斅学半（斅，同教）。《学记》对此解释：“学然后知不足，教然后知困。知不足，然后能自反也；知困，然后能自强也。故曰：教学相长也。”①这里的“教学相长”实际上是“教学半”的引申。宋朝蔡沈注释“教学半”为：“斅，教也……始之自学，学也；终之教人，亦学也。”②这里的“教学”更倾向于指明教师的行为，此时的教与学不分，以学代教，教学即学习。

东汉时期学者许慎在《说文解字》中将“教学”解释为：“教，上所施下所效也”；学（原为斅），“觉悟也”；觉悟互训。③ 这里的教就是教授和告诫的行为，而学就是内心的感受和所得。这样，把教、学两字的含义综合起来，就是教授、效仿而心有所得。

据考，真正指教师的“教”和学生的“学”的“教学”一词，出现在宋朝欧阳修的文献中。欧阳修在为胡瑗先生作墓表时写道：“先生之徒最盛，其在湖州学，弟子来去常数百人，各以其经传相传授，其教学之法最备，行之数年，东南之士，莫不以仁义礼乐为学。”④这里“教学之法”中的“教学”与我们今天理解的教学，即教师教与学生学的双边统一活动的含义相接近。

2. 教学的含义

(1)国外学者对教学含义的表述

在西方国家，“教学”是由不同的英文词表征的。比如，常用 instruction 和 teaching 来表示“教”，用 learning 来表示“学”。用 teaching-learning 或 teaching and learning 来表示“教学”。由于中外社会背景、主流文化等方面存在很大不同，因此中外学者对教学概念探讨的出发点和侧重点也存在很大差异。

美国教育学者 B. O. 史密斯(B. O. Smith)在《教学的定义》一文中把英国学者对教学含义的讨论做了归类整理，提出了以下五种定义的方式。⑤

一是描述式定义，即教学是传授知识或技能，这是传统意义上的教学。

二是成功式定义，即教学是成功，它表明教必须包含学这样一种思想，而且表明教学的核心是“教必须保证学”。这样教学可以定义为 X 学习 Y 所教的内容的一种活动。

---

① 傅任敢：《“学记”译述》，6 页，上海，上海教育出版社，1957。

② 张华：《课程与教学论》，72 页，上海，上海教育出版社，2000。

③ 裴娣娜：《教学论》，2 页，北京，教育科学出版社，2007。

④ 王策三：《教学论稿》，85 页，北京，人民教育出版社，1985。

⑤ 中央教育科学研究所比较教育研究室：《简明国际教育百科全书　教学(下册)》，233～240 页，北京，教育科学出版社，1990。

教与学相互交织，密不可分。

三是意向式定义，即教学是一种有意识的意向性活动，目的在于诱导学生学习。教学虽然在逻辑上并不一定包含学习的意思，但是教学有可能导致学习。教师可能不成功，但他会争取成功。教师的行为表现受到其本身意向的影响，这对研究者研究教师的行为和思想起到了肯定作用。

四是规范式定义，即教学是一种规范性的行为活动方式。它表明“教学”是个代表归属的词，包含着一系列活动。这一系列的活动或行为方式要符合特定的道德条件，即“善意”的行为。

五是科学式定义，这是由得到经验证实的教学效果与有关的教师行为之间的关系来表示的。这种形式的定义被赖辛巴赫(Reichenbach)称为“由若干命题配合而成的定义”，其公式是 $a=df(b，c\cdots)$。其中，a 指“教学有成效”这个命题；$df(b，c\cdots)$表示各种命题组合，如“教师发出反馈信息”“教师说明定义规则并举出正反两方面实例”等；$a=df$ 表示 a 和 $df(b，c\cdots)$之间的变化关系。

美国教育心理学家布鲁纳认为：“教学是通过引导学习者对问题或知识体系循序渐进的学习来提高学习者正在学习中的理解、转换和迁移能力。”①

苏联教育家斯卡特金认为：“教学是一种传授社会经验的手段，通过教学传授的是社会活动中各种关系的模式、图式、总的原则和标准。”②

(2)国内学者对教学含义的表述

学者们对教学含义的理解也有不同的侧重点。下面，我们来共同了解其关于教学含义的表述，探析其中的共同点。

王策三认为：“所谓教学，乃是教师教、学生学的统一活动；在这个活动中，学生掌握一定的知识和技能，同时，身心获得一定的发展，形成一定的思想品德。”③

李秉德认为：“对于我们一般教育工作者来说，‘教学’就是指教的人指导学的人进行学习的活动。进一步说，指的是教和学相结合或相统一的活动。”④

顾明远认为：教学是“以课程内容为中介的师生双方教和学的共同活动”⑤。

王道俊认为：“教学是在一定教育目的规范下的，由教师的教与学生的学共同组成的一种教育活动。在这一活动中，学生在教师有计划地组织引导下，能动地学习、掌握系统的科学文化基础知识，发展自身的智能与体力，养成良好的品行与美德，逐步形成全面发展的个性。简言之，教学乃是在教师引导下学生能动地学习知识以获得个

---

① 顾明远：《教育大辞典》增订合编本(上)，711 页，上海，上海教育出版社，1998。
② 顾明远：《教育大辞典》增订合编本(上)，711 页，上海，上海教育出版社，1998。
③ 王策三：《教学论稿》第二版，87 页，北京，人民教育出版社，2005。
④ 李秉德：《教学论》，2 页，北京，人民教育出版社，1991。
⑤ 顾明远：《教育大辞典》第 1 卷，178 页，上海，上海教育出版社，1990。

性发展的活动。”[①]

国内也有学者认为，教学是教师依据学习的原理和原则，运用恰当的教学技术与方法，刺激、指导、鼓励学生自动学习，以达成教育目的的活动。

……

以上学者们对教学含义的表述虽各有侧重，但也有不少共同之处：第一，都强调了教学是教师教和学生学的结合或统一，即教师教和学生学是同一活动的两个方面，是辩证统一的。第二，都明确了教师教的主导作用和学生学的主体地位。在教学活动中，只有发挥教师的主导作用，保障学生的主体地位，教学活动才能得以有效展开。第三，都强调了教学是促进学生全面发展的活动，不仅要关注学生掌握系统的科学文化知识，还要积极关注学生全面均衡、能动地发展。学生身心的健康成长，离不开教学的深刻影响。此外，对于教学含义的理解我们还需要注意如下两点。

一是“教”为“学”服务，“学”离不开“教”的引导。从本体论上说，“教是依存于学的。没有学的概念，就没有教的概念”[②]。正如王策三教授所说：“在教学中，没有没有学的教，也没有没有教的学。没有了学，教就不能存在，没有了教，学也不再存在，如果再有什么‘学’，那已经不是教学中的‘学’。”[③]也就是说，在教学活动中，“教”是依存于“学”而存在的，“教”以“学”为对象和目的，即教师“教”的最终目的是引起和促进学生能动而有效地学习。但以往也有学者只是强调了教师“教”和学生“学”的统一性，而没有去深究二者之间的密切关系。所以，我们在理解教学的含义时要明确教师的“教”是为了引导学生的“学”。此处的“教”是谓语，“学生学习”是“教”的宾语。教的本质即教“学”，即教学生学习，可以将其简称为“教‘学’”。[④]

二是“教”与“学”关系虽密切，但也具有相对独立性。首先，“教”与“学”是两类主体的两种不同的行为。它们各自有不同的主体、对象和活动过程，教师“教”的内容也不等同于学生“学”的内容。其次，“教”与“学”不一定发生在同一时间和空间中。比如，在远程网络教学中，“教”与“学”完全可以在异时空发生，并且独立存在。最后，相对于教师的“教”来说，学生的“学”具有相对独立性，而且必须逐渐成为独立的活动。有效的学习过程必须由学生自己独立完成，任何人都不能代替。教只是引起、促进学生能动、有效地学习的条件，但它不能代替学生经历和完成学习过程。另外，在教学实践中，有教无学、有学无教、教多学少、学多教少的教学效果的存在，本身证明了教与学的相对独立性。因此，不宜把教与学简单地归并为一种活动。所以，“教”与“学”是密切关联又相对独立的教学活动。

---

① 王道俊、郭文安：《教育学》，161页，北京，人民教育出版社，2009。

② 单文经：《教学引论》，8页，上海，上海科技教育出版社，2003。

③ 王策三：《教学论稿》，90页，北京，人民教育出版社，1985。

④ 陈佑清：《教学论新编》，8页，北京，人民教育出版社，2011。

据此，我们可以认为教学就是教师教学生学的活动，是学生在教师的指导下掌握科学文化知识和技能，进而发展能力、增强体质、形成思想品德的教育活动。[①] 在教学活动中，学生的学习与发展是教学的首要核心问题，教师的教服务于学生学习与发展的需要，教为学服务。此外，教学作为促进学生全面发展的活动，不是只关注某个人或者某一群体的发展，而是关注全体学生的发展；不是关注学生某一方面的发展，而是关注学生德智体美劳全面发展。

(二)教学要素及其关系

1. 教学的基本要素

现今，在教学领域，专家从不同的角度着眼，提出了关于教学基本要素的观点。有学者以教学结构为划分标准，提出“三要素说”，即教学由学生、教师、教学内容三个要素组成。有学者以教学活动结构为划分标准，提出“四要素说”，即教学由教师、学生、教学内容、方法四个要素组成。有学者以教学目标结构为划分标准，提出“五要素说”，认为教学由教师、学生、方法、教学内容和媒体五个要素组成。还有学者从教学过程结构入手，分别提出了“六要素说”“七要素说”。“六要素说”认为教学的基本要素有教师、学生、教学内容、方法、媒体和目标[②]；“七要素说”认为教学由教师、学生、目的、课程、方法、环境和反馈七个要素构成。[③]

我们通过对以上观点的分析不难发现，这些观点虽各有不同，但对教学基本要素的划分都是以“学生”“教师”和“教学内容”三要素为基础要素的。下面我们将对这三种基本要素进行分析。

(1)学生

没有学生就不存在教学活动，学生是学习的主体，是指在教师的指导下从事学习的人，主要指在校的儿童和青少年。教师在正确认识学生、对待学生的基本观念上，应当把握以下几点。

一是学生以系统学习间接经验为主。学生学习的时间是有限的，要尽可能缩小学生的个体经验与人类认识之间的差距，就必须先掌握知识文明的精华。

二是学生是具有主体性的人。学生不是被动的传授对象，在教学活动中具有积极的主观能动性。在教学过程中，学生对任何知识与技能的学习并不是简单地接受或移植，必须经过主动吸收与转化。

三是学生具有明显的发展特征。学生的发展，特别是青少年学生的发展是人发展

---

① 王本陆：《课程与教学论》第2版，125页，北京，高等教育出版社，2009。

② 黄甫全、王本陆：《现代教学论学程》，78～79页，北京，教育科学出版社，1998。

③ 李秉德：《教学论》，12～14页，北京，人民教育出版社，1991。

最明显的时期，不仅表现在身体的发展上，更表现在心理的发展上；不仅表现在发展的速度上，更表现在发展的广度和深度上。

(2)教师

教师也是教学活动中必不可少的基本要素之一，有教师的指导是教学的重要特征。教师作为履行教育教学职责的专业人员，承担着教书育人、培养社会建设者、提高民族素质的使命。这里的教师是指学校的专职教师。

作为一名出色的教师要具备以下四个特征：一是多角色性。教师的角色是多重的、不断变化和创新的：教师是学习者，也是知识的传授者；是学生心灵的培育者，也是学生学习的榜样；是教学活动的设计者、组织者，也是集体的管理者。二是专门性。教师必须经过专业的学习和培训，取得合格证书。三是高素质性。教师的专业素质是其作为专业人员应具备的多方面的专业要求，包括先进科学的教育理念、扎实全面的专业知识、复合型的专业能力、崇高的专业道德、强健的身体素质、健康的心理素质。四是发展性。教师必须具备终身学习的观念，不断更新自己的知识结构、能力结构，使自己成为会学习的人。

(3)教学内容

教学内容是教学活动顺利进行的必要保障，也是教学活动中最具实质性的因素。它指的是一定的知识、能力、思想与情感等方面内容组成的结构或体系。在教学中，教学内容主要是指前人实践总结的认识成果(概括化的经验体系)，它主要以书本的形式呈现出来。

教学内容作为学生学习的对象，它是人类文明成果的精华，是为了促进学生发展而精心选择出来的人类文明的精华成果，是经过改造加工适合于学生学习的教育材料，是对于个体的个性化和社会化发展来说最有价值的、最基本的和最需要的经验。① 这些内容主要包括基本的生活规范、科学文化知识和社会活动技能等。在学校教学活动中，教学内容也是教师借以实现教育意图和学生借以实现发展目标的教学媒介。

2. 教学基本要素之间的关系

学生、教师、教学内容作为教学的三个基本要素，它们之间是相互影响的。下面我们尝试对它们之间的关系进行归纳分析。

(1)学生和教师的关系

学生和教师之间的关系简称为师生关系。师生关系在教学活动中具体表现为业务关系、伦理关系和情感关系等形式。②

师生之间的业务关系指的是教师与学生在教学活动中的分工合作关系，即教师主

---

① 王本陆：《课程与教学论》，139页，北京，高等教育出版社，2004。

② 王本陆：《关于教学工作中师生关系改革的思考》，载《课程·教材·教法》，2000(5)。

导、学生主体，这是最基本的教学关系。

师生之间的伦理关系指的是师生间的道德责任和道德权利联系。教育过程中，教师和学生组成一个特殊的道德共同体，遵守着一定的伦理原则，承担着一定的伦理责任，也享有一定的道义权利。尊重爱护学生，建立平等、民主、互助的师生关系，是对现代教师基本的职业道德要求。

师生之间存在深厚的情感关系。在学校中，师生之间无论是在课上还是课下都发生着情感交流的互动活动。教师通过了解学生的实际情况、观察学生的在校表现，会对学生个体和群体形成一定的态度，如喜欢、满意、不满意、失望等。学生也通过对教师的言行举止的观察和对教师人格魅力的评价而形成尊重、亲近或敬畏、疏远等态度。师生情感关系伴随着校园中教育教学活动的开展而自然形成，是教学活动中一种客观而基本的师生关系，它受到教学过程和结果的直接影响。

(2)学生和教学内容的关系

学生与教学内容的关系实质上是一种矛盾关系：学生和教学内容之间的矛盾关系，映射着人类社会的一个基本矛盾，即人类总体文明的全面性、丰富性与人类个体发展的有限性、滞后性之间的矛盾。① 学生学习人类文明成果的精华，是教学工作存在和发展的社会依据，也是解决人类总体文明进步与个体身心发展之间矛盾关系的基本途径。

从教学内部过程来分析，学生和教学内容之间是一种主客体的关系，学生是学习教学内容的主体，教学内容是学生认识的客体对象。学生对于教学内容的认识，是主体的精神世界作用于客体，对客体进行认知的操作、加工，进而使客体进入自身的心理结构的过程，即认识主体通过与被认识客体的相互作用，将客体主体化的过程。也就是说，学生在教学中获得发展，主要是学生认识教学内容，把教学内容内化为自身的知识和技能，进而提高自身能力和思想境界的过程。而教学内容作为学生认识的客体对象，不仅制约着学生认识的方式，规定着学生学习的范围、层次和方式，也对学生具有建构主体的作用。

(3)教师和教学内容的关系

教师和教学内容之间存在认识的主客体关系。教师作为专业人员，必须掌握并且精通教学内容，这是教师顺利进行教学活动的前提，也是教师胜任工作的基本条件。在教学工作中，教师依旧面临着不断深入钻研教学内容的任务。

从教学内部过程来分析，教师和教学内容之间是一种实践改造关系。在教学活动中，教师的主要任务不单是传授教学内容，更是有效组织、引导学生学习教学内容。教师通过结合实际的教学条件和学生的身心发展现状，对教学内容进行选择、加工和改造，使教学内容以更适合于学生学习的方式呈现在教学活动中。教师对教学内容进行

---

① 王本陆：《课程与教学论》，141 页，北京，高等教育出版社，2004。

再加工的过程充满了教师的智慧，体现了教师个人的教学技巧、教育智慧和教学风格。

以上我们就教学基本要素之间的关系进行了描述。下面，我们采用示意图来表示其关系，如图 1-1 所示。

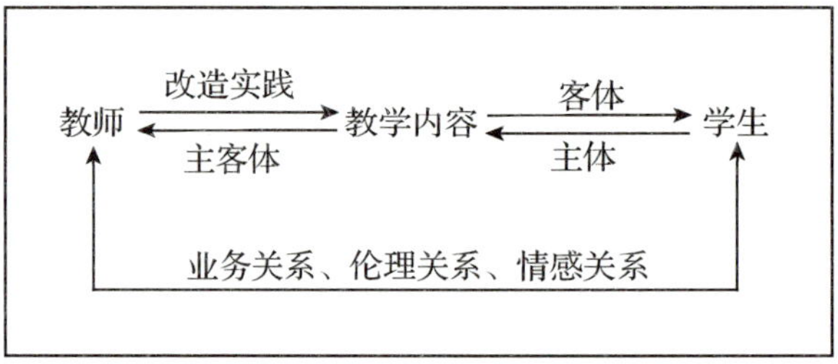

图 1-1　教学基本要素之间的关系

第二节
课程与教学发展史

课程与教学从古代到现代的发展历史，是从无到有、从经验化到体系化、从简单化到制度化的发展史。了解课程与教学发展史，有助于我们总结课程与教学发展经验，把握其发展规律，进一步促进课程与教学发展。

一、课程的发展史

课程作为学校教育的核心要素，它经历着一个从无到有、从古代到现代的发展过程。

(一)世界上最早的“课程”

在原始社会，教育还没有从人们的社会生活和生产劳动中分离出来，儿童在生产和生活中接受教育，主要学习社会生活和生产劳动的各项技能。比如，成人在打猎时，会教给儿童相关的狩猎技能。儿童也会被传授一些衣食住行等与人们的生活相关的知识。从这方面来说，社会生活和生产劳动中的各项技能是课程的最初来源。

(二)学校课程的诞生

学校的诞生是学校课程诞生的一个前提条件。自学校诞生后，教育内容便从社会生活和生产劳动中独立出来。世界上最早的学校起源于两河流域，当时的苏美尔人勤奋好学，建立了世界上最早的学校，主要传授语言、专业技术和文学方面的知识。在我国，最早的学校是“成均”，该类学校主要是为了向学生传授音乐方面的知识。到了夏朝时又开设“序”“庠”等专门的官方教育机构，主要向学生传授孝道方面的知识。在西方，教育内容也逐渐走向专门化，如斯巴达的教育主要以军事体育课程为主。

总之，自从学校诞生后，教育内容便逐渐从人们的社会生活和生产劳动中脱离出来。随着学校教育制度的逐渐完善与发展，人们开始考虑教育内容及其安排的合理性，学校课程也就由此产生。

（三）古代学校课程的发展

1. 我国古代学校课程的发展

在我国，从夏商周到清末新式学堂兴办之前，学校里实施的一直都是古代课程。[①]夏商周时期的学校以“六艺”，即“礼、乐、射、御、书、数”为基本教学科目，这是我国古代最早的专门化课程体系。“六艺”重视礼乐学习，且礼乐一直位列课程的首位，同时还要求学生文武兼备、知能兼求并掌握一定的军事技能。

春秋战国时期出现了著名的“百家争鸣”。这一历史时期，是课程设置的多元化时期。诸子百家从各自的立场出发，办学收徒，传授自己的教学内容。儒家讲究仁爱，主张以德和礼治天下；法家则主张以法为教等。尽管各学派主张的教育内容有所差异，但是关注社会人事是诸子百家课程设置的主要内容。汉武帝时期实行“罢黜百家，独尊儒术”，这一政策表现在教育内容上就是确立儒学经典为唯一的教学教材，学校教育内容被圈定在儒学范畴内。这种独尊儒术的倾向在魏晋南北朝时期曾一度衰落，但是到了隋唐时期又得到重新发展。

唐朝时期继承了汉朝的经学课程体系，在政治上以儒学为指导思想，在教育上实行崇儒兴学的文教政策。学校开设的课程以国子学、太学和四门学为主，增设算学、医学和天文学等课程，同时还设置文词、史学、礼仪等课程。这一系列课程的设置促进了唐朝学校课程内容的多样化，一定程度上改变了汉朝以来重经学、轻艺能的倾向。

宋朝统治者为了加强中央集权，实行重文轻武的政策。在课程设置上，基本沿袭唐制，经学课程仍处于重要地位，但是在结构上有了明显的变化：一是将经学发展为《十三经》；二是由于理学家的提倡，“四书”成为官方课程。此外，宋朝还在算学、医学、玄学的基础上增设了绘画等课程，课程门类有所扩充。

明清时期开始广设艺能学科课程，提倡“明道救世”之学。在实学思潮的影响下，明清学校在课程设置上有所改革。如地方学校要求学生专治一经，并以礼、乐、射、御、书分科教学。虽然设置了实用学科，但是明清时期实行八股取士，导致许多实用学科形同虚设。

---

① 王本陆：《课程与教学论》，24页，北京，高等教育出版社，2004。

我国古代学校课程两千多年的发展历程中，可以看到古代课程体系并不是单一的经学课程系统，而是以经学课程为主体、以艺能学科为两翼的综合课程体系。我国古代课程发展始终坚持以服务政治为主要价值取向，以儒学经典为主要课程内容。课程内容的设置与当时所处的社会整体环境相适应，课程内容充满了阶级统治的思想意识和政治手段。课程结构上经历了多次变革，经学课程不断得到完善，实用性课程也得到发展。

2. 西方古代学校课程的发展

在西方课程发展史上，斯巴达教育和雅典教育具有代表性。斯巴达教育通过严酷的军事体育训练将学生训练成武士。其课程主要是“五项竞技”：赛跑、跳跃、角力、掷铁饼、投标枪，此外还有游泳、骑马、射箭、音乐和舞蹈等。而雅典教育则注重培养多方面和谐发展的人，以游学的方式向贵族青年传授“三艺”：文法、修辞、雄辩术，并培养了众多辩论人才和演说家。柏拉图吸收并发展了智者派的“三艺”和斯巴达的军事体育课程，第一次在教育史上提出了“四艺”课程：算术、几何、天文和音乐，构成了希腊完整的课程体系。

希腊的“七艺”课程：文法、修辞、辩证法、算术、几何、天文、音乐对罗马教育产生了深远的影响。古罗马的昆体良主张多科并进，但是到了古罗马帝国后期，学校教育逐渐衰败，基督教开始兴起，宗教教育(神学)课程取代了传统的学校课程。“七艺”作为宗教教育的工具和形式，教材内容也以《圣经》及宗教著作为主，目的是更好地维护宗教的统治，课程内容完全服务于宗教神学。

西方中世纪教育以宗教教育和骑士教育为主。宗教教育妄图通过向人们灌输宗教迷信，麻痹人们的思想，从精神上奴役人民，以维护其封建统治。骑士教育是一种具备特殊形式的家庭教育，不重视知识的掌握，以尚武精神为主要内容，具体包括骑马、游泳、投枪、击剑、打猎、下棋、吟诗，又称“骑士七技”。

西方古代学校课程的特征表现在：第一，提倡并实施了德、智、体的全面发展教育，侧重文雅，提高了个人文化修养；第二，学校课程虽然具有功能性起源，却脱离了社会生产劳动实践；第三，学校课程带有浓厚的宗教主义色彩，课程结构僵化。

(四)现代学校课程的发展

1. 我国现代学校课程的发展

1902 年的《钦定学堂章程》是以清政府名义制定的全国性学制系统，但该学制制定仓促，存在诸多不足，并未实施。1903 年，《奏定学堂章程》的制定标志着中国现代化教育的开端，意味着我国第一个现代学制系统的建立。同时教育科学、师范教育、班级教学和分科并进课程系统等现代教育元素也在中华大地应运而生。①

---

① 王本陆：《关于我国现代教育发展阶段问题的探讨》，载《北京师范大学学报(社会科学版)》，2011(3)。

《奏定学堂章程》在课程设置等方面做出了具体规定。在规定的学校课程中，不但包括初等教育、中等教育和高等教育三层结构，而且首次设置了一系列自然科学课程（如物理、化学、历史、地理等）和图画；另外，学校开设的课程中，修身、读经、讲经等课程仍被放在主要地位。[①] 1912 年，南京临时政府颁布了《普通教育暂行课程标准》，废除了读经科目，开设了语文、修身、外国语、历史、地理、算学、博物、理化、法制经济、图画、手工、家政（女）、缝纫（女）、音乐、体操等课程。[②] 1919 年五四运动以后，国家兴起提倡白话文的运动。1922 年 11 月公布的《学校系统改革案》提出了壬戌学制改革的内容。该学制注重加强中等教育和职业教育训练，实行选科制和学分制来适应教育对象的不同发展水平，注意发挥地方教学的积极性，提高师范教育水平，缩短小学教育年限，延长中学年限，并注重天才教育和特种教育。1928 年 5 月，对壬戌学制稍加修改，提出了戊辰学制。在课程设置方面，基础学科课程得到大幅度加强，取消中等教育的分科制和职业教育课程。

1949 年新中国成立后，我国共经历了八次课程改革。本书将前七次课程改革用表 1-1 表示。[③]

表 1-1　七次课程改革的时间和情况

改革时间	课程改革情况
第一次：1949—1952 年	新中国成立以后，我国的社会制度已经发生变化，学校课程设置必须与我国的社会主义制度相互适应、相互协调；1950 年，教育部颁发《中学暂行教学计划（草案）》；该草案设置了门类齐全的学科课程，如语文、数学、英语、物理、化学、历史、地理、生物等
第二次：1953—1957 年	我国进入国民经济和社会发展第一个五年计划时期；为了让学校课程适应当时社会经济政治发展的需要，国家正式颁发《中小学各科教学大纲（修订草案）》并指出，要削减教学时数，加强对学生动手能力的培养，增加实践课程；1957 年，学校课程开始将德育、智育和体育放在同一地位，并首次增加劳动技术方面的课程，突出了对受教育者的全面培养
第三次：1958—1965 年	受“大跃进”运动的影响，学校开始缩短学制，精简课程；1958 年，国务院发布《关于教育事业管理权力下放问题的规定》；各地学校开始不同程度地进行学制试验、课程设置及教材试验，在课程中增加劳动课程；此次课程改革还注重思想教育，增加科技方面的相关课程，设置选修课，实行国定制和审定制相结合的课程制度
第四次：1966—1976 年	“文化大革命”十年，教育领域受到极大影响，学科课程教学被取消，取而代之的是“政治性课程”，学校的正常课程教学秩序被严重破坏

---

① 郝德永：《简析我国近现代学校课程的历史发展》，载《锦州师院学报（哲学社会科学版）》，1994(3)。

② 孙培青：《中国教育史》第三版，361 页，上海，华东师范大学出版社，2009。

③ 孙芙蓉、胡红珍、韦婧婧：《新中国成立 70 年来教研员的角色变迁：回顾与反思——以八次基础教育课程改革为背景》，载《课程·教材·教法》，2019(10)。

续表

改革时间	课程改革情况
第五次： 1977—1984 年	1978 年，国家颁布《全日制十年制学校中小学各科教学大纲(试行草案)》，统一规定全日制中小学学制为十年，小学和中学各五年，要求在设置学校课程时以基础知识为主，加强“双基”训练，注重课程对学生的智力培养，重视学生的全面发展
第六次： 1985—1991 年	1986 年出台《中华人民共和国义务教育法》，适当增加了基础学科的课程教学，并重视师范课程和活动课程
第七次： 1992—1999 年	1992 年，国家教育委员会将以往的“教学计划”改为“课程计划”，突出了德育，重视学生德智体美劳的全面发展，首次将活动和学科并列为两类课程；此次课程改革中，我国教育界掀起了国家课程、地方课程、校本课程、研究性学习课程以及活动课程研究的热潮

这七次课程改革虽然取得了一些成就，但是课程体系并不能适应全面推进素质教育的要求，仍然存在课程结构单一，课程内容难繁偏旧，过于强调书本知识等问题。针对这一系列问题，国家于 2001 年开始了第八次课程改革。

2001 年，国务院批准的《基础教育课程改革纲要(试行)》标志着我国最新一次课程改革的正式推行。本次课程改革是一次以课程为核心的波及整个教育领域乃至全社会的系统改革，是一场课程文化的革新。① 此次课程改革，强调课程要注重促进学生的身心健康发展，增加德育课程，促进学生的品德发展；设置九年一贯制的学科课程和综合课程，确保学科的连续性；使课程内容与实际生活相联系，让学生能够学以致用；实行地方课程，增强课程对学生的适应性。具体课程设置是，小学阶段以综合课程为主。小学低年级开设品德与生活、语文、数学、体育、音乐、美术等课程；小学中、高年级开设品德与社会、语文、数学、科学、外语、综合实践活动、体育、历史等。初中阶段以分科与综合相结合的课程为主，包括思想品德、语文、数学、外语、物理、化学、生物、历史、地理、体育与健康、美术以及综合实践课程。高中阶段以分科课程为主，选修课程为辅。在开设必修课的同时，设置丰富多样的选修课程，并开设技术类课程。

2014 年 4 月，教育部提出将“发展学生核心素养体系”作为课程改革的重要方向。基于“核心素养”培育目标的提出，学校课程也做出了相应的调整。学校课程更加关注学生的全面发展，培养学生适应现代社会所需的能力；强调课程的整合性，注重学科之间的相互融合；在学校课程中融入了质量评价标准，强调问责机制。② 具体表现为：

① 赵国金、高艳梅：《新中国成立以来我国课程改革的演变及启示》，载《江苏教育学院学报(社会科学)》，2010(7)。

② 辛涛、姜宇、王烨辉：《基于学生核心素养的课程体系建构》，载《北京师范大学学报(社会科学版)》，2014(1)。

课程目标方面更加注重学生的生存能力和人文素养的培养；课程结构方面增加社会实践活动，关注学生的学习体验、实践能力和创新能力的培养；课程设计方面更加贴近学生的生活；课程实施方面注重增加国家课程与地方课程的适应性。①

我国现代学校课程的发展特征体现在：第一，在课程内容上，自然科学进入现代课程体系并受到重视，部分人文学科课程也逐渐进入学校的正式教学体系，增设的综合实践课程和技术类课程等扩充了学校课程门类。第二，在课程安排的进度上，加强了各学习阶段之间课程的连续性，课程的价值取向也逐渐明确。第三，在课程实施上，课程的教学形式多样化以及活动类课程的增加，改变了以往传统课堂教学模式。

2. 西方现代学校课程的发展

十七八世纪国民教育的开展、义务教育的普及、教育科学的发展、师范教育的建立、班级教学模式和分科并进课程系统的探索，是西方现代教育体系确立的重要表现和基本标志，在一定程度上也促进了课程的发展。②

西方现代学校课程形成与发展的具体情况见表 1-2。

表 1-2　西方现代学校课程形成与发展的具体情况

14 世纪以前	文艺复兴时期	十七八世纪
文法	文法 文学 历史	文法 文学 历史
修辞	修辞学	修辞学
辩证法	辩证法	伦理学 逻辑学
算术	算术 几何	算术 代数学
几何学	地理学	地理学 植物学 动物学
天文学	天文学 机械学	天文学 机械学 物理学 化学
音乐	音乐	音乐

从表 1-2 中我们可以看出，在文艺复兴时期，学校课程在“七艺”的基础上，增加了自然科学、历史、机械等课程，学科范围得到扩大，已经初步具有现代学校课程的雏

① 周丽军：《课程改革新方向：基于“核心素养”》，载《齐齐哈尔师范高等专科学校学报》，2016(3)。

② 王本陆：《关于我国现代教育发展阶段问题的探讨》，载《北京师范大学学报(社会科学版)》，2011(3)。

形。到了十七八世纪，在现代教育体系的影响下，西方现代学校课程体系在这一时期得到确立。[①]

西方现代学校课程体系的确立，在课程的组织与实施方面提出了更高的要求。学校确立了一套有计划、有组织的教学工作方式，规范的教学工作秩序对课程要求也相应提高。比如，教学方面注重循序渐进，课程内容考虑学生的心理发展顺序；实行年级授课制，课程安排考虑各年级之间的协调等。[②] 西方学校在十七八世纪还增加了伦理学、逻辑学、代数学、植物学、动物学、物理学、化学等课程。

19 世纪以后，西方学校增加了机械、地理、绘画等课程，以理科课程为主的实用性课程逐渐受到人们的重视。为了更好地适应社会发展，西方学校开始重视打字、手工劳动、农业科目等职业教育，将有关职业训练的课程引入教学，要求课程中大力加强学生职业能力的训练。

20 世纪初期，西方形成了资本主义教育体制，在学校教育中实行“双轨制”以及对学校课程内容进行改革，加强学生的动手实践能力培养和活动课程教学。20 世纪 50 年代末，西方开始新一轮的课程和学校制度的改革，强调“终身教育”，根据学生的身心发展状况逐渐加强数学、自然科学、现代外语等学科的课程教学，强化自然学科课程，同时注重培养学生的科技创新能力。20 世纪 70 年代后期，西方兴起了否定结构主义课程改革的“回到基础”运动。学校课程开始加强学生的听、说、读、写等基本能力的锻炼[③]，增加职业教育课程和科学技术课程，强化职业技能的训练，促进学生智力与能力的共同发展。

西方现代学校在课程设置上，注重学科课程的实用价值，重视结构课程，自然科学课程在学校课程中也日渐占据主导地位；在课程内容上，注重职业教育，体现出普通教育偏向职业化、职业教育普通化的特点[④]；注重学生的身心发展特点，循序渐进地加强课程教学，推动了西方现代学校课程的科学化发展。

二、教学的发展史

(一)古代教学的发展

在原始社会时期，教学现象开始出现，通过人们的基本生产劳动与日常活动来表现。人们最基本的生产劳动和日常生活就是狩猎、采集、捕鱼、祭祀等集体活动。成

① 王本陆：《课程与教学论》第 2 版，27 页，北京，高等教育出版社，2009。
② 王本陆：《课程与教学论》第 2 版，28 页，北京，高等教育出版社，2009。
③ 赵颖、郝德永：《西方学校课程的历史发展》，载《锦州师院学报(哲学社会科学版)》，1992(3)。
④ 赵颖、郝德永：《西方学校课程的历史发展》，载《锦州师院学报(哲学社会科学版)》，1992(3)。

人需要通过亲身示范的方式将一定的社会规范、生活经验、劳动技巧、活动规则等内容传授给孩子们，成人之间也需要相互传授和学习这些规范、经验、技巧、规则等内容。教学现象的出现说明教学在人类生存延续的开始就发挥着不可忽视的重要作用。这是最早的教学，也是我们所理解的最广义上的教学。

专门意义上的教学是指学校教学，其伴随学校的出现而产生。据记载，我国夏朝就已创办了学校，其名曰“庠”“序”“校”。西周以后，我国学校的类型逐渐多样，以“国学”和“乡学”为主。在春秋战国时期，学校得到了更快的发展，不但有官学，而且出现了私学。古代教育思想家孔子首创私人讲学，打破了“学在官府”的局面，倡行“有教无类”的教学方法，编订“六经”教材。孔子不仅总结了大量的教学实践经验，重视因材施教，并倡行“不愤不启，不悱不发”的启发式教学方法，提出的学思行结合等思想对中国古代的教育教学发展产生了深远的影响。《学记》是世界上最早系统地论述教育教学思想的专著。它以极其精练的语言对教学的作用与目的、制度与组织形式、内容与方法，以及师生关系等都进行了简明扼要的概述。

从秦汉到清末时期，官学和私学一直并行发展，成为我国古代学校教育的基本格局。汉代思想家董仲舒，十分推崇儒学的教学思想，主张教学内容应注重儒家的“礼乐教育”。唐朝教育家韩愈的《师说》则高度概括了教师与学生的关系，如“弟子不必不如师，师不必贤于弟子”，进一步发展了“教学相长”的教学思想。书院教学自宋代开始盛行，倡导自由讲学，将学生自学、共同讲习与教师指导相结合。南宋理学家、教育家朱熹重修石鼓书院，提出把书院办成“德行道义之实”的教育机构的方针，使书院教育走上正轨；在课程修行上，他提出了“朱子读书法”、直观教学法等一些基本的学习方法。元代教育家程端礼开坛讲学，撰写《程氏家塾读书分年日程》。该日程被誉为中国古代家塾第一个详细的读经学文的课程表。程端礼注重教学程序的论述，重视学生基本功的训练，对后世的课程与教学均有一定的影响。明代教育家王守仁在教学上主张积极鼓励儿童，让其感受到接受教育的快乐，在教学评价方面提出了著名的“训蒙教约”。

在西方国家，最早出现的学校是苏美尔人的“文士”学校。学校设在文庙里，由于其规模很小，因此个别教学是其主要教学组织形式。古希腊的智者们所开办的学校叫“学院”，苏格拉底、柏拉图、亚里士多德、昆体良都是这一时期的教育家。古希腊哲学家苏格拉底强调完善人格的道德教育，并在讲学中采用启发性教学方法——“产婆术”，提倡通过自问自答的谈话方式引导学生自己思考得出结论。柏拉图则主要从构建所谓“理念世界”出发，在教育教学方面主张寓教于乐、重视思想训练，并以培养军人和哲学家为目的提出了较为完整的教学思想体系。亚里士多德第一个提出关注儿童成长过程的年龄分期，主张体育、德育、智育的和谐教育思想。古罗马教育家昆体良通过《雄辩术原理》一书论述了教学应通过实践、演练、观察的方式进行，系统地总结了培养演说家的教学原则和方法，主张对儿童进行早期训练，主张教学要根据儿童的年龄特点因材施教，要劳逸结合和给学生奖励、反对体罚等，对罗马乃至欧洲的教学都起到了深远的影响。《雄辩术原理》也被誉为古代西方第一部教学论专著。这些教育教学思想不仅对当时文化、科学、艺术的产生和发展有重大意义，而且对后世西方文化的发展，乃至对于社会的发展，都起到了重要的作用。欧洲中世纪是一个宗教统治的时代，教学主要在修道院进行，教学内容为宗教哲学，在教学方法上注重背诵记忆。

古代教学的发展是教学发展史上的一个重要历程，它秉承着人类教学的一般特征。古代教学实践的多样性和思想探索的丰富性，积极地推动着教学的不断发展，为教学论体系的建立奠定坚实的基础。

(二)现代教学的发展

在西方，文艺复兴运动和宗教改革运动推动了西方现代教学的发展。人本主义教育是西方现代教学的一颗种子，对于学校教育而言，它打破了宗教垄断学校教学的局面，提出批判基督教神学的教育理论，否定“原罪论”，重视人的自由意志，主张创建学校、改革教学内容和方法，让自然科学知识进入学校，强调重视儿童学习的兴趣和要求，推动了西方教学的不断发展。文艺复兴时期的教学是教学发展史上的重要转折点，是资产阶级教学实践的开始，也为西方现代教学的发展指明了方向。

宗教改革运动者在其改革斗争中提出了新教育，新教育是西方现代教学的又一颗种子。它主张扩大教育对象，创办了大量慈善性质的初等教育机构，创办了国民学校。国民学校将读、写、算、宗教四个基本学科作为西方现代教学的主要内容。

1632 年，捷克教育家夸美纽斯的著作《大教学论》一书的出版标志着系统化、理论化的教学论的确立。夸美纽斯在该书的扉页中开宗明义：“本书主要阐明把一切事物教给一切人类的全部艺术。”《大教学论》系统阐述了关于改革中世纪旧教育、建立资本主义新教育的主张，提出了一个比较完善的教学论体系。夸美纽斯的教学思想对世界各国的教育发展都产生了影响。

19 世纪末 20 世纪初，“新教育”运动、“进步主义”教育运动在欧美国家兴起，一些新型学校得以创建，如英国雷迪创办的阿博茨霍尔姆学校、杜威创办的芝加哥实验学校等。这些学校对教学内容、教学过程和方法都进行了全新尝试。这些学校反对在课堂上使用书本知识讲授的常规教学模式，倡行以活动教学模式为主，让学生通过手工操作和合作探究的方式来获取教学的直接经验，注重发挥学生的主动创造精神，以学生的兴趣来选择教学内容和安排教学进程，提倡学生进行个性化的自学和探究。由于“新教育”运动和“进步主义”教育运动的盛行，西方现代教学分化出两种不同的形态：一种是以学生在固定地点和时间来学习书本知识为主的常规教学模式；另一种是以学生在各种活动作业中获取直接经验为主的活动教学模式。这两种教学模式一直延续到 20 世纪中期。

20 世纪五六十年代以来，西方国家的现代教学进入了一个多元化发展的时代。伴随着各国教育改革的不断深入，新的教学流派纷纷涌现，出现了多种流派共存共生的教学新格局。不同国家的教学改革，因社会制度、文化传统、经济发展等多方面的差异而表现出不同个性，很难简单归纳。大体来说，有两种基本倾向：美国和英国等国家，原来比较重视直接经验和学生个性，相对忽视教学的统一要求和共同规范，于是提高教学的质量要求和规范性便成为教学改革的基本方向；日本和苏联等国家，原来比较强调教学的统一要求和质量标准，相对忽视学生个性和教学自由，弘扬学生个性和倡导教学民主便成为教学改革的基本方向。①总体来看，西方国家都希望通过教学改革，发扬本国教学的传统优势，改善自身的缺陷，从而整体提升本国教学的国际竞争能力。

我国现代教学产生于清朝末期。鸦片战争一声炮响打开了近代中国闭关锁国的大门，西方列强在掠夺中国物质财产的同时，也加速了对中国的文化输入进程。在民族危亡之时，我国开始涌现出一批又一批爱国知识分子和教育家，他们胸怀民族科学和文化教育水平提高、实现祖国振兴的愿望，远赴国外学习西方先进的教学制度。国内的爱国志士也积极主张学习西方办学理念，主张开办各种西式新学堂。1902 年和 1903 年，清政府分别制定《钦定学堂章程》和《奏定学堂章程》，主要学习和借鉴夸美纽斯和赫尔巴特的教学体制，开始全面创办现代学校。1905 年，清政府废除科举制度，将科学文化知识引入现代学校教学，力推班级教学、分科教学和教师讲授等现代教学元素，推动了我国现代教学的产生和发展。

在五四运动时期，美国教育家杜威的教学体系在国内受到推崇，活动教学体系开始引入我国，设计教学法、教育测量等受到人们的关注。20 世纪三四十年代，我国中小学或采用班级教学模式，或采用活动教学模式，相对来说又以前者为主流。

新中国成立后，我国现代教学开始全面学习苏联，在教学领域推行凯洛夫教学体系，以班级教学和分科教学为主，强调科学性和思想性相统一，强调教师主导和学生主动相结合，重视知识和技能的掌握。20 世纪六七十年代，我国的学校推行开门办学和生产劳动，正常的教学秩序遭到破坏。党的十一届三中全会以后，经过拨乱反正，学校恢复了正常的教学秩序。我国现代教学得以恢复到正常的发展轨道。

从 20 世纪 80 年代开始，我国迎来了教学的改革大潮。在此期间，我国提出了素质教育的培养模式，从课程设置到教学目标、教学内容、教学方法、教学技术等各方面都进行了全方位的改革。自 2001 年开始，新一轮大规模的基础教育课程改革全面实施，这是新中国成立以来的第八次课程改革，这一改革促进了我国当代教学体系的进一步发展和完善。

进入 21 世纪以来，世界各国都进一步加大了教学改革的步伐，同时也表现出了现代教学新观念的若干共同特征。

---

① 王本陆：《课程与教学论》第 3 版，87 页，北京，高等教育出版社，2017。

第一，树立以学会学习为核心的教学目的观。国际21世纪教育委员会向联合国教科文组织提交的报告指出，教育应围绕四种基本学习加以安排：一是学会学习；二是学会做事；三是学会共同生活；四是学会生存。这是社会发展对教学提出的新要求，也是人在现代化过程中主体性的最佳表征。所以，现代化社会背景下，教学的目的在于培养学生学会学习的能力，在于培养学生的创造性、自主性等。

第二，明确以主体自觉为理念的教学过程观。教学过程的本质越来越表现为一种对人的塑造生成。学校的教学过程将学生学习知识、发展能力、形成态度、掌握方法贯穿始终，使得教学过程不再是成人思维结果中的学生被动接受模式，而是一种有了主体性的自觉的、主动的追求学习的模式。在此过程中，学生是具有主体自觉性、主动学习的主人和创造者。

第三，倡行以参与创造为宗旨的师生观。随着社会进程的发展，权威性的师生关系受到批判，学生的地位和作用愈加受到重视。现代教学更强调教学适应学生，而不只是学生屈从于预先规定的教学规则。教师由单纯的知识传授者转变为学生的引导者、促进者，学生也从被动的倾听者转变为学习的主动参与者、学习的主体。师生之间呈现出一种平等、和谐、参与、创造的新型师生关系，很多时候课堂上不再是“你讲我听”，而是师生共同参与、共同学习、共同探讨。

第四，普及教育信息化的现代技术观。这里的现代技术观指的是通过现代化的教学方法与手段而形成的一系列教学的技术。多媒体、互联网等科学技术的快速发展，加速和扩大了现代教学技术在教学活动中的应用。没有现代教学技术作为保障的教学，很难称为现代教学。当前，各国教学领域都在大力推广使用现代化教学手段，灵活运用多种教学方法来提高教学质量和效益。以现代信息技术为基础的学校教学网络平台四通八达，教学网络资源更加便捷共享。

第五，重视以发展性为主的学生评价观。在现代化教学活动中，评价的功能更关注学生未来的发展性。现代教育评价的根本要义既不在于甄别和选拔，也不在于对学生进行告诫，而在于检查教育目标的达成水平，取得反馈信息，以便调整教学过程，及时整改问题。强调评价的“发展性”是为了帮助学生，促进学生更好更快地发展。它不是着眼于过去，而是着眼于未来，给学生发展以更开放、更包容的空间。

第三节
课程论与教学论的关系

一般来说，课程论是以学校课程问题为研究对象，揭示课程选择、组织的规律与编制方法的一门学科。教学论是以学校教学领域中的问题为研究对象，揭示教学一般原理、规律和方法的一门学科。把握二者之间的关系，有助于我们深刻认识课程论与教学论。目前，学者们对于二者关系仍有种种不同看法，经归纳大致有以下五种观点：教学论包含课程论，课程论包含教学论，二元独立模式，相互交叉模式，二元循环联系模式。

一、现有关于课程论与教学论关系的观点

（一）教学论包含课程论

这种观点认为课程论是教学论的子系统，是从教学论研究发展过程中分化出的新领域。[①] 长期以来，我们都是在教学论的研究范围内探讨课程问题。如德国学者赫尔巴特指出教学的目的是培养学生多方面的兴趣，而达成这一目的需要开设历史类（历史、文学、语文）和科学类（数学、工艺、自然科学）的课程。可见课程是为教学服务的，对课程问题的研究是在教学论视角下进行的。我国学者李秉德指出课程是教学内容，课程论是研究教学内容的理论。但是教学内容不仅包括课程设置、教材编排等课程论问题，而且还包括内容革新、组织内容的新方式等其他问题。因此，课程论是教学论的组成部分。[②]

从课程论与教学论的发展历程上看，课程论的历史比较短暂，其体系框架远不如教学论成熟。而教学论比课程论早诞生 300 年，有着更完善的理论体系，涵盖了教学原则、教学方法、教学内容等诸多方面。另外，在一些国家，课程由国家统一制定，一线教育工作者更多关注如何实施教学，而非设置课程。研究者们通常在教学论的范围内研究课程的内容、形式、类型等一系列课程问题。这也为教学论包含课程论的观点提供了事实依据。[③]

在教学论的研究中，把课程当作教学内容的安排是必要的，课程实际上也要受教学规律的制约，这是“大教学论”观点的合理之处。但不可否认的是这种观点也存在许多弊端，不仅忽视了教师作为课程研制者的主观能动性，而且否定了课程论在教育学系统中的分支地位，没有把课程论当作独立于教学论的学科进行研究，无法完整地阐明当代课程论，曲解了课程论的一些重要观点，不利于课程论的建设和发展。

---

① 王策三：《教学论学科发展三题》，载《北京师范大学学报（社会科学版）》，1992(5)。
② 李秉德、王鉴：《时代的呼唤与教学论的重建》，载《社科纵横》，1999(2)。
③ 唐莉清：《探讨课程论与教学论的关系》，载《教育教学论坛》，2015(8)。

（二）课程论包含教学论

这种观点把教学论看作课程论的子系统，主张在课程论的范围内研究教学问题。如美国学者泰勒的《课程与教学的基本原理》一书中，把教学当作课程的一部分来对待，强调对教学过程的研究是课程论的一个重要组成部分。① 我国学者史国雅主张把教学作为课程实施的手段和环节，他认为课程论研究的范围应当包括课程设计和课程实践两个方面，而课程实践就是教学。因此应该在课程论的研究领域内探讨教学问题，把教学论作为课程论的组成部分。② 我国学者黄甫全教授也提出类似看法：首先，课程本质上是一种教育进程，课程作为教育进程包含了教学过程。在这个过程中，教师作为研制者，构建了课程包含教学的主体机制。其次，课程是一种教育活动，涉及教育的各个要素和各个方面，不仅包含各种课程类型和课程形态，也相应包含各种途径和各种形式的教学。再次，从课程论与教学论的学科实践来看，一方面课程实践对教学内容和教学方法进行规划，之后再进行教学实践。另一方面，教学评价以课程中的教育目标为标准。最后，课程论是一个庞大的学科体系，有着清晰的层次结构。大课程论下分为教学论、分支课程论等五个下位学科，每个下位学科又包含着大量的次下位学科。③ 由此可以看出，“大课程论者”某种程度上把课程等同于教育活动，教学从属于课程。教学实施应该以课程为中心展开，并将教学论看作课程论的卜位概念。

“大课程论”对“大教学论”进行了批判，摆脱了“课程即学科”“课程即教学内容”等的陈旧观念，在这一方面应当予以肯定。但这种观点把“课程”等同于“教育”是一种认识误区，也曲解了两学科之间的关系。课程论与教学论分别有它们特有的研究对象和子学科群，教学论不是课程论的下位学科。

（三）二元独立模式

这种观点注重课程论与教学论之间的区别，希望划清课程论与教学论之间的界限。课程论和教学论是教育学下属的两门独立的分支学科，二者的研究对象和侧重点不同，需要分别进行深入研究。

课程论和教学论相互独立而存在，课程论关注教育目的和内容，教学论关注实现教育目的所采取的手段，二者之间是目的和手段的关系。课程论是以课程问题为研究对象，主要探讨教育目标和内容，解决“教什么”的问题。教学论是以教学问题为研究对象，主要探讨达到这些教育目标采取的手段，解决“为什么教”和“怎么教”的问题。

---

① 施良方：《课程理论——课程的基础、原理与问题》，259页，北京，教育科学出版社，1996。

② 史国雅：《课程论的研究范围及指导原则》，载《山西教育科研通讯》，1984(2)。

③ 黄甫全：《大课程论初探——兼论课程(论)与教学(论)的关系》，载《课程·教材·教法》，2000(5)。

不仅如此，课程论与教学论研究的侧重点也不同。课程论的研究重心是教材的改革与编制问题，将侧重点放在课程管理、课程结构的合理化、课程的编制等方面。教学论的研究重心是教师教和学生学的问题，将侧重点放在基础教育的课程改革实施、教学设计等方面。①

把课程论与教学论看作两门相互独立的教育学分支学科，有利于深入研究课程论和教学论的特有问题。但是主张二者独立，可能会使课程研究与教学研究、课程实践与教学实践相分离，不利于课程论与教学论两个学科间的互建互促。

(四)相互交叉模式

在这种模式中，课程论包含了教学论的一部分，教学论也包含了课程论的一部分，课程与教学是相互依存的交叉关系。如美国学者坦纳夫提出课程与教学不是相互孤立的要素，我们要打破课程与教学的孤立状态，把课程与教学当作一个不可分割的整体，二者相互交叉且平等，不能在相互独立的情况下运作。② 陈时见认为，在这一模式中，课程包含了教学的某一部分，教学也包含了课程的某一部分。两个实体是相互结合、不可分割的。把其中一个与另一个分开，将会对二者同时造成伤害。③ 从实践中看，课程论和教学论有相同的价值取向，在课程实施内容、教学发展、服务于学校教育改革等方面都存在交叉。

这种观点强调课程研究和教学研究之间的相互交叉，有利于课程论与教学论的相关理论研究，实现理论层次上的整合。但是从学科视角来看，只见交叉，不见课程论与教学论的相对独立性，不利于课程论与教学论学科的建设和发展。

(五)二元循环联系模式

这种观点强调课程论与教学论之间的循环联系。课程论所研究的对象——课程，和教学论所研究的对象——教学，在实际的教育活动中是密不可分的。美国学者奥利瓦指出课程和教学是以连续的循环关系为基础的分离实体，课程对教学产生持续影响；反之，教学又影响课程。④ 教学决策制定于课程决策之后，课程决策则在教学实施与评价之后修改完善，两者不断适应改进。在这种模式中，虽然课程论与教学论是分开的实体，但都是循环的一部分。二者既相对独立，又相互反馈、相互影响。

二元循环联系模式主张课程论与教学论之间是对立统一的关系，二者彼此互相调适与改进，最终共同趋于完善。但是我们不能把课程论与教学论完全放在一起研究，

---

① 唐莉清：《探讨课程论与教学论的关系》，载《教育教学论坛》，2015(8)。

② 洪明：《课程论与教学论关系的历史嬗变》，载《教育评论》，2007(1)。

③ 陈时见：《课程与教学》，24 页，桂林，广西师范大学出版社，2001。

④ 杨晨：《课程论与教学论关系之我见》，载《教育教学论坛》，2012(S4)。

因为它们分别有自己发展的规律和规则，应该既注重二者的区别性和独立性，承认它们平等的学科地位，同时也重视它们之间的相互作用和密切联系。①

二、本书关于课程论与教学论关系的观点

课程论和教学论代表着两种独立而又相互联系的教育理论。研究课程论与教学论的关系，既不能简单地套用课程与教学的关系，也不能简单地将学科间的横向联结处当作重合部分，而要在课程与教学实践中深入学科内部准确把握两者的必然联系。针对课程论与教学论的关系，本书认为课程论与教学论都是教育学的重要分支，二者既相对独立，又紧密联系、互建互促。

第一，课程论与教学论都是教育学的重要分支。课程与教学是教育活动的重要板块，课程论与教学论是教育学的重要领域。课程是教育理论的重要内容，是实现教育目标的手段。课程编订的好坏，决定着教育质量的高低，决定着能否实现教育目标。历史上有关课程问题的见解都散见于教育问题中。20 世纪后，课程开始成为一个独立的研究领域。现代教育理论围绕课程进行研究，形成了一门重要的教育学分支学科——课程论。它主要涉及学校课程设计、编制、实施等方面，是教育学科体系下专门研究课程理论与实践的一门学科。而教学论是以教育学的一般理论为基础，对教学理论的历史遗产、现实的教学经验以及各科教学法的研究成果进行理论概括，揭示教学一般原理、规律和方法的理论；它也是教育学的一门重要分支学科。教学论的研究包括教学在整个教育系统中的地位和作用、教学目的、教学任务、教学过程的本质与规律、教学原则、教学内容、教学组织形式、教学手段、教学方法、教学评价等，这些都是教育研究领域的重要内容。从学科视角看，课程论与教学论都是教育学下属的重要分支。

第二，课程论与教学论相对独立。课程论与教学论有各自的研究对象和子学科群，二者相对独立。我们把课程主要理解为教育内容的选择和安排，把教学主要理解为教育的具体形式和过程，并据此来界定各种基本范畴的内涵、外延及其关系。②从研究对象来看，课程论主要针对一系列课程问题开展研究，以便处理学校课程与学生主动发展之间的相互关系，探求课程研究及其发展的有关规律。教学论主要针对教学领域一系列重要问题开展深入的研究，探究教与学的相互关系及其活动的规律。除此之外，两学科均拥有各自的子学科群。课程领域出现了一般课程论、课程设计论、课程管理论、潜在课程论、课程评价论等不同分支学科；教学领域的分支学科也更加多样，如

① 田慧生、李如密：《教学论》，17 页，石家庄，河北教育出版社，1996。

② 王本陆：《课程与教学论》第 3 版，2 页，北京，高等教育出版社，2017。

教学认识论、教学社会学、教学信息论、教学环境论、教学技术学、教学模式论、探究教学论、学科教学论等。

第三，课程论与教学论紧密联系，互建互促。无论是西方从课程论中分化出教学论，还是我国从教学论中分化出课程论，课程论与教学论之间相互依赖又互为补充的关系是一种客观存在。二者的研究对象——课程与教学之间你中有我，我中有你。课程的实施有赖于教学，教学内容同样是课程的重要组成部分。了解课程计划和发展的本质需要教学论的支持，同样了解教学实践的本质也需要课程论的指导。[①] 深刻把握两学科之间紧密联系、相互促进的关系，有利于推动课程论与教学论学科各自深化发展。

第四节
我国小学课程与教学论发展史

我国小学课程与教学论经历了漫长的萌芽阶段以及发展阶段，具有不同于国外的发展轨迹和特点。我国小学教育时间较早，科学、系统的小学课程与教学论研究虽然相较于西方起步较晚，但通过我国学者们的不断探索与努力，我国小学课程与教学论在较短时间内取得了较为丰富的研究成果。

一、我国小学课程论发展史

我国小学课程论的发展，可以分为古代和现代两大阶段。虽然古代教育中已经出现课程内容的具体安排以及朴素的课程观念，但进行科学、系统的研究是现代以来的事情。

(一)我国古代小学课程论的发展

我国对小学课程进行系统、科学的研究之前经历了漫长的萌芽阶段。课程研究有着久远的过去，但只有短暂的历史：说课程研究由来已久，是因为课程是教育的核心问题，有了人类就有了教育，有了教育就有了课程；说课程研究的历史短暂，是因为系统化、科学化的课程研究是近现代以来的事情。[②]在夏商时期虽然没有明确小学阶段

① 邓宗怡、匡芳涛：《泰勒原理和凯洛夫教学论的比较——兼论课程论和教学论之间的关系》，载《西南大学学报(社会科学版)》，2009(6)。

② 杨明全：《课程论》，3 页，北京，中国人民大学出版社，2016。

的设立，但存在对小学阶段的儿童进行训练和教育的事实。当时儿童所学习的课程内容往往是与生产生活紧密结合的。例如，“鄂温克族孩子五六岁后做学习狩猎的游戏；十二岁以后，开始跟随老年人学习狩猎”①。而后随着生产力的发展，需要专门化的人才，教育开始逐渐与生产生活相分离，课程内容逐渐丰富。西周时期出现了专门为贵族设立的“宫廷小学”，课程内容主要为六艺：礼、乐、射、御、书、数。另外，周代太史教孩童学习童书《史籀篇》，这是我国有记载的最早的蒙学课程②；并且此时“学在宫廷”，平民接受正式的小学教育的机会少之又少。在春秋战国时期，私学兴起，学术下移，“学在宫廷”的现状被打破。“当时的私学应当被认为是融初等、高等、专门教育为一体的综合学校”③，所以此时不能严格区分出小学课程相关的发展情况。

随着生产力和教育的发展，对人才的需求增加，作为基础的小学阶段越来越受到重视，小学教材丰富起来。从秦朝到清朝，出现了很多经典的儿童学习读物，如汉代的《急就篇》、南北朝时期的《千字文》、唐朝的《太公家教》、宋朝的《百家姓》《三字经》、明代的《幼学琼林》、清朝的《弟子规》等脍炙人口的经典蒙学教材。此外，有学者对儿童时期学习内容的安排提出了自己的看法。例如，朱熹认为 8 岁到 15 岁是小学阶段，课程设置主要是“学其事”，主要内容为洒扫、应对进退等生活教育。程端礼编写的《程氏家塾读书分年日程》有关于小学阶段的论述：8 岁未入学前，读《性理字训》；8 岁入学后，读《小学》书正文。④ 在清末时期，原有的课程内容已经不能够满足时代对于学生培养的需求，所以在近代小学课程内容的安排上，除了传统的读经外还增加了算术、外语等知识和实用技能。1878 年，由张焕纶创办的上海正蒙书院，是我国最早由国人自办的新式小学。1896 年，由盛宣怀创办的南洋公学外院，是我国最早的公立新式小学。南洋公学外院学生所使用的《蒙学课本》都是由师范院自编的，这一套小学课本是中国人自编小学教材的开端。⑤ 这一时期的小学课程缺乏统一的课程标准和规范性，并带有浓厚的封建色彩，仍然不是真正意义上的现代小学课程。

(二)我国现代小学课程论的发展

1902 年制定的《钦定学堂章程》，是中国教育史上第一个系统完备的现代学制，但由于制定急促和自身的局限性等原因未实施。1903 年制定的《奏定学堂章程》是我国第一个在全国范围内推行的系统学制，时间上规定了小学共九年的学习年限，内容上渗透了“中学为体，西学为用”的思想。

---

① 高时良：《中国教育史纲(古代之部)》，13 页，北京，人民教育出版社，1991。
② 杨明全：《课程论》，39 页，北京，中国人民大学出版社，2016。
③ 吴洪成：《中国小学教育史》，17 页，太原，山西教育出版社，2006。
④ 冯增俊、潘立、张璇等：《当代小学课程发展》，229 页，广州，广东高等教育出版社，2006
⑤ 冯增俊、潘立、张璇等：《当代小学课程发展》，230 页，广州，广东高等教育出版社，2006。

中国小学课程论的研究真正开始于20世纪20年代初期。1923年6月，商务印书馆出版了程湘帆的《小学课程概论》，这是我国目前最早的有关小学课程论的专著。该书介绍了课程的概论、课程编制的方法、课程编制与设计法、学校课程的推广等11章内容。朱智贤的《小学课程研究》(商务印书馆，1931年版)主要内容有三部分，分别为课程的概念、课程的原理与课程的编制。李廉方的《小学低年级综合课程论》(中华书局，1934年版)分序言、基本设计、基本教材、基本态度四章内容，主要论述小学低年级各科综合学习方法等。盛朗西的《小学课程沿革》(中华书局，1934年版)梳理了各个科目从1902年到1932年的发展状况。陈侠的《近代中国小学课程演变史》(商务印书馆，1944年版)主要是应用于师范学校教学，内容上划分为草创时期、因袭时期、改造时期、革新时期和小学课程的检讨几章。此外，与小学课程论有关的外国著作和思想，也对我国小学课程的理论与实践产生了重要影响。

关于小学课程教材方面的研究，在短期内便出版了众多相关著作从不同维度对小学课程教材进行研究，如孙钰的《小学教材研究》(北平文化学社，1932年版)，朱翊新的《小学教材研究》(世界书局，1932年版)，俞艺香的《小学教材研究》(南京钟山书局，1934年版)，吴研因和吴增芥的《小学教材研究》(商务印书馆，1933年版)，吴宗望的《小学教材研究》(开明书店，1934年版)，以及俞子夷等的《新小学教材研究》(儿童书局，1935年版)等。“这些著作对小学课程教材的目的、范围，教材的性质和功用，教材内容的选择和分配，教材的组织和分配，教科书的编辑以及小学各科教材进行了论述。”①还有学者从教材的具体使用范围对小学教材进行研究。例如，张宗麟的《乡村小学教材研究》(黎明书局，1934年版)论述了乡村小学应该采用怎样的教材以及农事、劳作、自然等内容，详细介绍了乡村小学教材。学者徐价平从实际应用的角度编著的《实际的小学教材研究》(开华书局，1935年版)，分为教材的概观、价值与应用、选择组织、乡土教材的联络、研究小学教材的参考资料等8章，并附有乡村小学各种教学实施要点。在这个时期，“课程论作为教育科学内一门独立的分支学科得到了重视，特别是对小学课程教材的研究不逊于当时作为热点的教学法和教授法。我国课程论学科已具雏形，并受到教材研究和课程史研究的有力支持，初步展现了课程论研究的辐射力”②。

新中国成立初期，主要是全面学习苏联教育的经验和模式。苏联教育“明确教学计划和教学大纲的权威性，指出教科书是符合教学大纲叙述的各科教学内容的书籍，是学生知识的主要来源”③。据此，我国中小学实行统一的教学计划、统一的教学大纲、统一的教材……学校和教师无权更改。④ 在参考苏联教学大纲的基础上，我国制定了新

① 张廷凯：《我国课程论研究的历史回顾：1922—1997(上)》，载《课程·教材·教法》，1998(1)。

② 张廷凯：《我国课程论研究的历史回顾：1922—1997(上)》，载《课程·教材·教法》，1998(1)。

③ 裴嵘军：《凯洛夫教育学对我国基础教育的影响原因与反思》，载《教育理论与实践》，2015(17)。

④ 顾明远：《中国教育大百科全书》第1卷，387页，上海，上海教育出版社，2012。

中国成立以来的第一套全国通行的中小学各科教学大纲，如《全日制小学算术教学大纲(草案)》。我国1950年成立人民教育出版社的目的就是编制出全国统一的中小学各科教材。人民教育出版社要在以苏联为蓝本、对苏联教材不做大的变动的前提下，实行对中小学教材的统编统供制度。当时苏联的师范院校只讲教育学，而教育学的学科体系包括四大模块：教育基本理论、教学论、德育论和学校管理，其中在教学论中有关"教学内容"的论述，被看作课程论部分。① 受苏联教育学的影响，我国小学课程论也被多数学者当作小学教学论的一部分，但也有少数学者将小学课程作为小学教育领域的独立分支进行了研究。

随着改革开放的深入，特别是1985年发布了《中共中央关于教育体制改革的决定》后，课程问题受到越来越多的重视，得到越来越深入的研究，并导致课程论终于从教学论中分离出来，成为教育学的分支学科。② 伴随着新中国成立以来的八次课程改革，学者们逐渐认识到小学课程论的重要性。学者们围绕着课程目标、课程内容、课程评价、课程管理、课程结构、课程实施等领域展开了丰富的、深入的研究和探索，有关小学课程论的著作逐渐丰富起来。例如，刘树仁的《小学教学论》(人民教育出版社，2003年版)在第四章中论述了小学课程的基本理论、新中国小学课程的发展以及我国现行小学课程的设置。陈光全和杨争林的《小学德育课程与教学》(北京师范大学出版社，2013年版)涉及小学德育课程教材分析、教学设计、课程资源的开发利用、课程活动教学、课程对话教学、课程学习、课程作业等。王咏梅的《小学英语课程论》(江苏凤凰教育出版社，2017年版)基本涵盖了小学英语课程的理论基础、发展历史、课程目标、课程内容、课程实施、课程开发和课程评价等各个方面，既有充分的理论考证，又有丰富的经验提炼。丁念金、刘亭亭和王小明等的《初等教育课程论》(华东师范大学出版社，2018年版)论述了初等教育课程的性质、目标、内容、评价、管理等内容。另外，还有很多著作是将小学课程论与教学论并列放在一起进行研究。例如，陈利平的《小学课程与教学论》(中国文史出版社，2005年版)分学科介绍了小学各科课程的性质、理念、目标、思路等。汪霞的《小学课程与教学论》(华东师范大学出版社，2011年版)探讨了小学课程基本原理、小学课程与教学论概说、小学课程与教学的开发与设计等方面的内容。蒋蓉和李金国的《小学课程与教学论》(北京师范大学出版社，2013年版)对小学课程目标、内容、实施、评价等进行了论述。除此以外，由于受历史的惯性影响，部分学者仍然将课程论放在教学论中进行论述。例如，石鸥的《小学教学论》(中南工业大学出版社，1999年版)在第三章中论述了小学课程的概述、设计以及改革。张辉蓉和朱德全的《小学数学教学论》(西南师范大学出版社，2018年版)在绪论和第一章中论述

---

① 杨明全：《课程论》，19页，北京，中国人民大学出版社，2016。

② 张廷凯：《我国课程论研究的历史回顾：1922—1997(上)》，载《课程·教材·教法》，1998(1)。

了小学数学课程的性质和地位、小学数学课程目标及内容等。

二、我国小学教学论发展史

对小学教学论的历史发展进行梳理，总结历史经验，把握发展规律，有利于促进我国小学教学论的发展。

(一)我国古代小学教学论的发展

我国传统的教育阶段划分只有小学和大学两级。其中“小学”是指以儿童为教育对象，着重于儿童认知与行为方式训练的教育。① 此时小学教学理论尚未形成体系，小学教学思想散见于相关思想家、教育家的著作中，如表 1-3 所示。

表 1-3 我国古代小学教学思想②

人物	教学思想
颜之推	“人生小幼，精神专利，长成已后，思虑散逸，固须早教，勿失机也”，提倡及早对儿童实行教育；“父母威严而有慈，则子女畏慎而生孝矣”，提倡严慈相结合的教育；“慎择友”，注重环境对儿童的影响
柳宗元	“顺木之天，以致其性”，提倡顺应儿童自身的发展规律
张载	“‘蒙以养正’，使蒙者不失其正，教人者之功也”，提倡培养学生的良好品行，要从儿童时抓起
朱熹	“人之幼也，知思未有所主”，指出要及早施教；孩童“智识未开”，所以教授时要生动形象；“德行之于人大矣”，将道德教育放在首位
陈亮	“童子以记诵为能，少壮以学识为本，老成以德业为重”，提出要注重教育对象的发展程序，从实际出发
王守仁	“大抵童子之情，乐嬉游而惮拘检，如草木之始萌芽，舒畅之则条达，摧挠之则衰萎”，强调要顺应儿童的自然生长规律而教
陆世仪	“若不能齐家，则其子自孩提以来，爱憎颦笑，必有不能一轨于正者矣”，强调家庭教育对儿童教育的重要性
王夫之	强调儿童教育要适应儿童的特点，为儿童所能接受；同时认为儿童易受外界影响，可变性大，便于“求通而不自锢”；固教育者必须“正其始”，“养其习于童蒙”；儿童教学“授书不在徒多，但贵精熟”，认为教学应该留有余地
王筠	“涵养诱掖，待其自化”，强调注重对儿童启发诱导，发挥儿童的主体性

① 吴洪成：《中国小学教育史》，1 页，太原，山西教育出版社，2006。
② 杨昌洪：《中国古代教育家思想解读》，269 页，吉林，吉林大学出版社，2009。

清末时期的小学教学理论和实践会借鉴国外的一些思想和经验，如赫尔巴特的“五段教学法”。此外，国内具有进步思想的爱国人士，也提出了他们关于小学教学的见解。例如，梁启超认为小学教师应进入师范学堂进行学习，掌握教学的原理和方法后才可以成为称职的教师。康有为认为小学教育的目的应使学生全面发展。严复认为在小学阶段教育目的是使儿童能“为条达妥适之文”，“而于经义史事亦粗通晓”，因则“旧学功课，十当其九”，并以明白易懂的文字翻译的西学中“最浅最实之普学”为辅助读物。

（二）我国现代小学教学论的发展

自《钦定学堂章程》和《奏定学堂章程》制定以后，小学教学开始逐渐步入正规化和现代化。20 世纪 20 年代到 40 年代是我国现代小学教育史上教学实验和改革较为活跃的阶段，对我国影响较大的思想当数杜威的实用主义教学理论。杜威 1919 年访华，在华时间长达两年多，在 10 多个城市进行了 200 多场演讲。他所带来的实用主义教学思想以及对传统教育学的批判，体现了当时教育界思想上的解放。众多教育家受到杜威教育思想的影响，出现了很多小学实验学校。例如，1919 年俞子夷就在南高师附小试行设计教学法，以及 1923 年李琯卿在浙江四中附小推行教学法实验等。[①] 有关小学教学法的著作也如雨后春笋一般破土而出。例如，朱鼎元的《现代小学教学法纲要》（商务印书馆，1925 年版）主要用于师范学校，论述了何谓教学法、教学法与学习自然方法、教学原则、教学法概论四章内容。吴研因等的《小学教学法概要》（商务印书馆，1925 年版）分为两部分：第一部分为教材与教学法的变迁，第二部分讲述教法与教师、学生的关系，教法形式和效果测定等。赵廷为的《小学教学法通论》（商务印书馆，1933 年版）论述了教学和教学方法的意义和目的、教学方法和教育各方面的关系以及教学方法应依据的重要原则、教学前的准备问题、教学技术等内容。俞子夷和朱晸旸的《新小学教材和教学法》（儿童书局，1935 年版）分两编：上编有总说、教材、教学方法几章内容；下编有叙述作文、写字、读书、常识、算术、音乐、美术等科教学法和复式教学几章内容。“由于俞子夷长期从事教材编写，又亲身参与教育测验和设计教学法的本土化实验，因此教材中结合了我国学校的很多实例，是一部有中国特色的教材。”[②]还有部分学者从科目出发，进行更具有针对性的教学法研究。例如，徐子长的《小学作文教学法》（商务印书馆，1928 年版）分为思想训练的步骤、语言的练习、文字的练习、文章的研究等六章内容。刘景源等的《初小常

① 仲建维、涂悦：《外来的杠杆：20 世纪 20 年代中国教育改革中的杜威》，载《华东师范大学学报（教育科学版）》，2019(2)。

② 杨小微、张天宝：《教学论》，91 页，北京，人民教育出版社，2014。

识教学法》(商务印书馆，1931年版)对初小常识教学法的内容进行了详细论述。吴研因、吴增芥的《新中华小学教学法》(中华书局，1932年版)介绍了教学和教学方法的意义和目的，教学方法与儿童教育目标、环境、教材的关系，教学的准备问题，教学方法所根据的重要原则，练习、思考、欣赏、发表的教学法，按学科分为健康科、社会科等多个学科的教学方法。屠镇川的《小学体育教学法》(世界书局，1933年版)论述了教授小学体育的目的、体育教师的人格、儿童各时期身心发展的程序与前后期小学所实施的体育训练、组织和管理、教材总论、柔软操的基本动作等内容。还有华轶欧等的《小学卫生课本教学法》(中华书局，1933年版)等。这一时期受杜威的现代教学理论的影响，与之前赫尔巴特的传统教学理论形成对峙，小学教学论开始走向多元化的发展道路。

新中国成立之初，小学教学论主要受苏联教育思想的影响。对我国小学教学论影响最大的当属凯洛夫的《教育学》。其中的教学理论这一部分，重点强调系统知识的学习、教师的主导作用，忽视儿童的主动探索和能力培养。虽然不是专门针对小学教学的论著，但深刻影响着小学教学理论研究和实践。除凯洛夫的《教育学》以外，苏联其他的小学教学理论著作也得以翻译出版，如普乔柯的《小学算数教学法》(人民教育出版社，1953年版)，谢彼托娃的《小学阅读教学法》(人民教育出版社，1954年版)，鲍格达诺娃的《小学地理教学法》(人民教育出版社，1954年版)，阿达莫维奇的《小学语文讲读》(人民教育出版社，1957年版)。当时我们学习苏联先进教育经验，未能合理地结合国情民性，机械地搬用超过了辩证的借鉴，致使我们的基础教育实践长期缺乏本土化的滋养和中国化的改造。① 这种情况一直持续到20世纪50年代末。随着中苏关系破裂以及照搬苏联教学经验和模式而暴露出问题，学术界逐渐意识到简单地套用和照搬苏联的教学模式是没有出路的。我国学者开始探索适合中国国情的教学论，一方面介绍引进国外的优秀思想和经验。例如，1978年，在《外国教育资料》杂志上，杜殿坤介绍了赞科夫以维果茨基的“教学要走在发展的前面”理论为指导的长达数十年的小学教学新体系实验研究。② 另一方面又结合本国国情，努力实现我国小学教学论的本土化。20世纪80年代掀起教学法实验高潮，实验最先集中在小学的语文、数学科目，之后逐渐扩散到其他科目中，并获得了丰富的实验成果。例如，这些实验主要有吕敬先的小学生语文能力整体发展实验、黄梦钧的部件识字教学法、斯霞的分散识字教学法、马芯兰的小学数学教材教法改革试验等。这一时期关于小学教学论的著作层出不穷，按小学学科分类列表进行梳理，如表1-4所示。

---

① 黄书光：《凯洛夫〈教育学〉在中国的理论辐射与实践影响》，载《复旦教育论坛》，2010(3)。

② 杨小微、张天宝：《教学论》，99页，北京，人民教育出版社，2014。

表 1-4　我国现代小学教学论的相关著作

类别	作者	作品	出版时间(年)
小学教学论专著	Л. В. 赞科夫著、俞翔辉译	《论小学教学》	1982
小学教学论专著	胡克英、吕敬先	《小学教学简论》	1983
小学教学论专著	肖文娥	《小学教学论》	1997
小学教学论专著	高恒利	《小学教学论》	1998
小学教学论专著	石鸥	《小学教学论》	1999
小学教学论专著	刘树仁	《小学教学论》	2003
小学教学论专著	李福灼、邹循东	《学科教学论 小学》	2010
小学教学论专著	吴艳	《初等教育教学论》	2016
小学语文教学论专著	李伯棠	《小学语文教学散论》	1986
小学语文教学论专著	田本娜、高恒利	《小学语文教学论》	1987
小学语文教学论专著	高宗达	《小学作文教学论》	1989
小学语文教学论专著	高惠莹、刘秀英	《小学语文教学论》	1990
小学语文教学论专著	吴立岗	《小学作文教学论》	1993
小学语文教学论专著	胡殿全、钱芹书	《小学语文教学论》	1994
小学语文教学论专著	徐永森	《小学作文教学论》	1995
小学语文教学论专著	金浩	《小学作文教学论文选》	1995
小学语文教学论专著	何伟俊	《小学语文教学散论》	1995
小学语文教学论专著	李福灼、钟宏桃	《小学语文课堂教学论》	1997
小学语文教学论专著	张之伟	《小学语文教学论文集》	1998
小学语文教学论专著	苏立康	《小学学科教学论 语文》	1998
小学语文教学论专著	陈新宇等	《小学语文教学论》	1999
小学语文教学论专著	崔峦	《小学语文教学论》	1999
小学语文教学论专著	齐峰	《小学语文教学论文集》	2000
小学语文教学论专著	尤克勤	《小学写字教学论》	2001
小学语文教学论专著	江平、朱松生	《小学语文教学论》	2001
小学语文教学论专著	吴立岗	《小学作文教学论》	2002
小学语文教学论专著	阎明芳、高树祥	《小学写作教学论》	2003
小学语文教学论专著	李广	《小学语文教学论》	2005
小学语文教学论专著	方利民	《小学语文语感教学论》	2006
小学语文教学论专著	蒋蓉	《小学语文教学论》	2007
小学语文教学论专著	张春玲	《小学语文阅读教学论》	2011
小学语文教学论专著	龙宝新	《小学语文教学论》	2014
小学语文教学论专著	徐永森	《小学作文教学论》	2016

续表

类别	作者	作品	出版时间(年)
小学数学教学论专著	郝荫圃、许春生	《小学算术教学法》	1954
	俞子夷	《小学算术教学论话》	1955
	周玉仁	《小学数学教学论》	1990
	刘泽民	《小学数学教学论》	1996
	周玉仁	《小学学科教学论 数学》	1998
	滕鲁阳等	《小学数学教学论》	1999
	李光树	《小学数学教学论》	2003
	吴宏梅、姬建锋	《小学数学教学论》	2004
	马云鹏	《小学数学教学论》	2006
	范文贵	《小学数学教学论》	2011
	邹循东	《小学数学教学论》	2016
	邹循东、梁宇	《小学数学教学论》	2016
	张辉蓉、朱德全	《小学数学教学论》	2018
小学英语教学论专著	王咏梅	《小学英语教学论》	2006
	傅小平	《小学英语教学论》	2007
	黎茂昌、蓝卫红	《小学英语教学论》	2016
小学美术教学论专著	常锐伦	《小学美术教学论》	1990
	蔡志雄	《小学美术课堂教学论》	2018
小学体育教学论专著	王世伟、王桂莲、谷文英等	《小学体育教学论》	1990
	陈曙	《小学体育教学论》	2016
小学社会教学论专著	张茂聪	《小学社会教学初论》	1999
	周爱保	《小学社会教学论》	2011
小学音乐教学论专著	覃乃军、刘烨	《小学音乐教学论》	2016
小学思想品德教学论专著	李桂芝、边晓利	《小学思想品德教学论》	1990
其他	孙笑平	《小学课堂教学论》	1990
	吴也显等	《小学游戏教学论》	1996
	陈惠琴	《小学口语交际教学论》	2012

本章小结

课程与教学是教育的基础与核心，了解和掌握课程与教学的相关知识有利于为之后的学习奠定基础。关于课程的定义大致分为课程即经验，课程即教学科目，课程即社会改造等几种。课程的功能主要包含本体功能与基本功能两类。课程的发展受到包括社会、科学知识以及儿童的身心发展等外部因素和学制、课程传统及课程理论等内部因素的共同影响。通过总结归纳国内外学者关于教学的不同定义，我们认为在对“教学”一词进行定义时要注意教为学服务，学离不开教的引导，但同时教与学也具有相对独立性。据此，我们可以认为教学就是教师教、学生学的活动，是学生在教师的指导下，掌握科学文化知识和技能，进而发展能力、增强体质、形成思想品德的教育活动。教学的基本要素主要包含学生、教师和教学内容，并且它们之间是相互影响、彼此关联的。课程与教学的发展有着悠久的历史，受不同文化背景等因素的影响，在中国和外国分别形成了各自不同的发展脉络与特点，并且有关课程与教学的改革与发展在今后还将继续受到积极的关注。

关于课程论与教学论的关系是在教育研究中一直存在争论的一个问题，把握二者之间的关系，有助于我们深刻认识课程论与教学论。目前，学者们对于二者关系仍有种种不同看法，经归纳大致有以下五种观点：教学论包含课程论，课程论包含教学论，二元独立模式，相互交叉模式，二元循环联系模式。在分析与归纳的基础上，本书提出了课程论与教学论都是教育学的重要分支，二者既相互独立，又紧密联系、互建互促的观点。

我国小学课程与教学论经历了漫长的萌芽及发展阶段，具有不同于国外的发展轨迹和特点。我国小学课程论的发展中，在古代已经出现小学课程内容的安排以及朴素的课程观念，但对小学课程论的科学研究是现代作为独立学科和研究热点出现的。经过学者们不断研究与发展，小学课程论作为小学教育的核心问题越来越受到重视。我国学者一方面借鉴国外的优秀思想和经验，另一方面又结合本国国情不断探索我国小学教学论的发展和出路，促进小学教学论的纵深发展，小学教学论作为一门独立的学科正在迅速地发展和成熟。

关键术语

课程；教学；课程与教学发展史；课程论与教学论的关系；中国小学课程与教学论

拓展阅读

1.[以色列]A. 莱维：《教育大百科全书·课程》，丛立新、赵静等译，重庆，西南师范大学出版社，2001。

该书主要探讨的是课程安排、课程理论的最新发展、课程研究的创造性方法以及对学校课程方法的评价等方面的一般性问题，并且特别强调了课程质量评估问题，很适合初学者进行学习和借鉴。该书涉及范围广且通俗易懂，对于我们全方位地理解和把握课程具有重要的参考价值。

2. 施良方：《课程理论——课程的基础、原理与问题》，北京，教育科学出版社，1996。

该书通过对课程的心理学、社会学和哲学基础的探讨，对课程目标、课程内容、课程实施、课程评价等整个编制过程的分析与反思，对课程的一些基本问题探讨以及对课程的历史、现状的剖析和对未来课程的展望，从而确立了一个比较完整的课程理论框架。这对于我们深入理解和掌握课程具有重要意义。

3. 陈佑清：《教学论新编》，北京，人民教育出版社，2011。

该书是全国高等师范院校通用教材，尝试建构一种以学生发展为本的教学论，倡导以学生身心素质的形成与完善为教育活动的最终追求。该书对教学概念做出了新的界定，并对“教”与“学”的关系进行了深层的剖析；认为教学是教师引导和促进学生能动而有效地学习，以实现学生身心全面发展的活动。这对于我们全面深刻地理解和把握教学的内涵具有重要指导意义。该书内容丰富，结构合理，理论性、针对性和实用性强，既便于教授，又利于学习。

4. 王本陆：《课程与教学论》第3版，北京，高等教育出版社，2017。

该书在内容上从问题情境出发来理解现代教学这一核心概念问题，并从教学历史演进的角度对此加以分析探讨，力求为学生提供清晰明了的学习思路。该书在结构上强化了从学生需求出发设计教材体例，进一步突出情境性，增强操作性，增加了图片、表格等直观性较强的表现方式，并通过二维码链接了视频、案例、拓展材料等资源，力图实现文本学习、网络资源库应用支持和移动学习等方式的融合，突出教的方式和学的方式的多样化。

5. 黄甫全：《现代课程与教学论》第三版，北京，人民教育出版社，2011。

该书内容丰富，结构合理，理论性、针对性和实用性强，论述了当代课程与教学论学科发展的全貌和教材开发的趋势，旨在加强课程与教学之间的整合。该书还力图融合课程论与教学论，更多反映当代课程与教学改革和研究的最新成果，重点突出“基本理论—课程开发—班课技能”的内容结构。

6. 汪霞:《小学课程与教学论》,上海,华东师范大学出版社,2011。

该书将小学课程与教学的研究加以整合,着重围绕课程与教学领域中基本的、重点的问题,针对小学教育的特点,结合案例进行阐述和分析;内容上充分反映时代特点、小学特色以及课程改革的动向,并将科学性、研究性、实用性和趣味性相结合。

7. 蒋蓉、李金国:《小学课程与教学论》,北京,北京师范大学出版社,2013。

该书注重理论与实践相结合,强调学科基础知识与学术新成果的融合,力求体现全面性、实用性和时代性。该书注重案例丰富性与典型性的结合,案例选择涉及各学科、各学段以及各地区,同时选择富有代表性的案例。该书还便于教师教学和学生自学,教材体例有所革新,形式活泼多样,可读性强,同时语言力求深入浅出,简明扼要。

体验练习

1. 结合实际,谈谈你对课程与教学概念的理解。
2. 课程的功能有哪些?
3. 简述课程发展的影响因素。
4. 教学包含哪些要素?它们之间的关系如何?
5. 基于课程论与教学论的关系,简述国内外学者们分别提出了哪些观点。
6. 试述本书关于课程论与教学论关系的观点。
7. 试述我国小学课程与教学论发展的特点。

第二章

小学课程目标和课程内容

章结构图

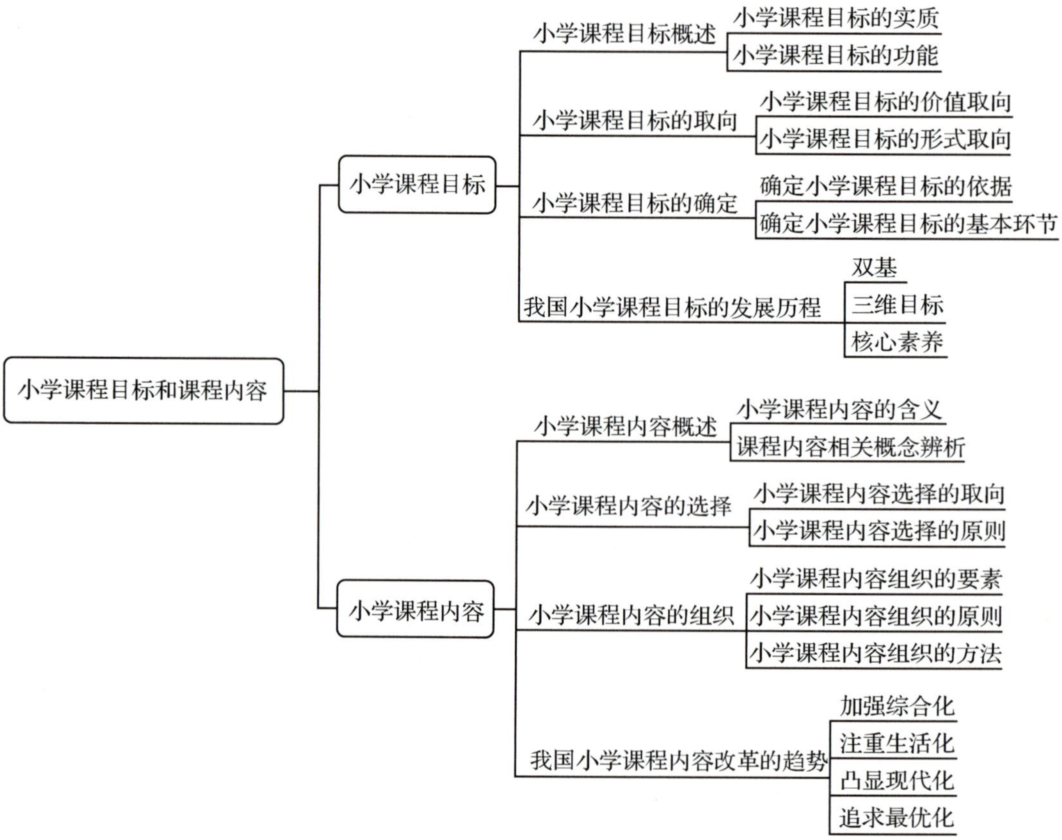

本章概述

本章主要讨论了两个问题：小学课程目标的概述、取向、确定及其发展历程；小学课程内容的概述、选择、组织及其改革的趋势。基本要点是，小学课程目标是根据教育宗旨而提出的课程的具体价值和任务指标；小学课程目标的价值取向有三种：知识本位、学生本位、社会本位。小学课程目标的形式取向有四种：普遍性目标、行为性目标、生成性目标和表现性目标；确定小学课程目标的依据有学习者的需要、社会生活的需求和学科发展的需要；确定小学课程目标的基本环节是明确小学阶段的教育目的和培养目标，分析小学课程目标的基本来源，选择小学课程目标的形式取向，确定明确、具体的小学课程目标。小学课程内容是指各门学科中特定的事实、观点、原理和问题以及处理它们的方式；小学课程内容选择有三种取向：学科知识本位的取向、社会本位的取向、学习者本位的取向；小学课程内容选择的重要原则是渗透价值观和道德教育、注重基础性、关注时代需求、尊重小学生的兴趣和经验；小学课程内容的组织要处理好纵向组织与横向组织、直线式组织与螺旋式组织、逻辑顺序组织与心理顺序组织、渐进性组织与跨越性组织之间的关系；加强综合化、注重生活化、凸显时代化、追求最优化是我国小学课程内容改革的趋势。

问题情境

东风小学因地制宜，在学校西北角的一方空地建设成集手工、园艺、烹饪、非物质文化遗产于一体的综合性劳动实践基地“少儿梦工厂实践与创新课程中心”，开展了木工、陶艺、魔方、茶艺、沙雕、机器人等相关课程实践。三年后，东风小学计划整合课程资源，开发出一套具有实践指导意义的校本课程，出版校本教材。

第一次讨论时分别确定了木工、陶艺、茶艺等 10 多种“课程”的目标。比如，“木工”课程的目标为：培养学生的专注力、观察力、思考力、创造力，提高动手能力和表达能力。

参与讨论的教研员教师认为：这样的目标表述太过空泛，无法具体落实，更难以监测实施效果。

校本课程的开发是一项整体性、系统性的工作，要先有课程目标。在此目标的指引下，再确定木工、陶艺、茶艺等具体课程内容的目标和呈现方式。

在深入学习、思考、研究之后，东风小学先确定了“少儿梦工厂实践与创新校本课程”的总体目标。

利用观察体验、动手操作、实践探究等活动，培养学生的科学精神、创新意识、合作意识和实践能力。

丰富活动内容，尊重学生的兴趣、爱好和需要，发挥学生在实践活动中的主动性，为学生的个性发展提供开放的空间。

开发学生的多元智能，促进身心健康、可持续发展。

加强活动的综合性，使学生在积极的情感体验中发挥想象力和创造力。提高审美意识和审美能力。

引导学生亲近自然、感受生命的美好。

根据课程目标和前期的实验效果，在征求学生意见的基础上，学校确定了木工、陶艺、茶艺、创意手工等 10 多个领域的课程内容，分别制定了具体的内容标准。比如，“木工”课程的内容如下。

低年级：认识基础的木工工具，了解木工技术的基础知识，学习一些简单的操作方法，激发动手操作的兴趣。

中年级：了解安全操作规范，掌握基本木工工具的使用方法，尝试刨、凿等基本操作。

高年级：能够合作探究，完成创意物化作品。增强劳动意识和责任意识。①

东风小学的教师意识到：虽然基于对综合实践活动课程的理解，学校进行了为期三年的实践，取得了一定成果。但是对于什么是课程目标，课程目标与国家的教育方针政策、教学目标之间有着怎样的区别和联系，如何确定课程目标等问题，有些教师在认识上依然模糊不清；在具体编写教材的过程中，对于如何选择和组织课程内容，如何借助课程内容彰显教材特色等也存在诸多困惑。

本章关于小学课程目标和课程内容的阐述，正是为了帮助教师答疑解惑。

第一节 小学课程目标

一、小学课程目标概述

课程目标是课程设计和实施的出发点和归宿，它制约着课程设置、规定着课程内容的选择和组织、影响着学习活动的方式，是课程实施的基本依据和课程评价的主要准则。小学课程目标在小学阶段课程运行中发挥着重要作用。

(一)小学课程目标的实质

1. 课程目标的含义

在教育领域，目标问题向来有着不同的层级表达，如教育方针、教育目的、培养目标、课程目标、教学目标等。各级目标之间既有着密切的关联，又有着明显的差异。

教育方针是国家或政党根据一定时期政治经济发展的总路线、总任务规定的教育工作的发展思路和发展方向。它是教育工作的总方向和总指针，是教育政策的总概，是各级各类教育在性质和方向上不得违背的根本性指导原则。我国目前的教育方针是

① 改编自刘君英：《指尖上的灵动——东风小学 DIY 少儿梦工厂课程集萃》，石家庄，河北教育出版社，2019。

教育必须为社会主义现代化建设服务、为人民服务，必须与生产劳动和社会实践相结合，培养德智体美劳全面发展的社会主义建设者和接班人。

教育目的是各级各类教育培养人的总的质量标准和总的规格要求，是培养人的总目标，具有高度的概括性和抽象性。比如，我国宪法规定要使青年、少年、儿童在品德、智力、体质等几方面得到全面发展，这就是我国的学校教育目的，普遍适用于各级各类学校教育。

培养目标是不同级别、不同类型、不同层次和不同专业教育的具体日标，是各级各类学校依据教育目的确定的对受教育者身心各方面具体的培养标准和要求，是教育目的的具体化。比如，我国义务教育阶段的培养目标是义务教育必须贯彻国家教育方针，实施素质教育，提高教育质量，使适龄儿童、少年在品德、智力、体质等方面全面发展，为培养有理想、有道德、有文化、有纪律的社会主义建设者和接班人奠定基础。

课程目标是一定阶段的学校课程力图促进该阶段学生身心发展所要达到的程度，是特定阶段学校课程所要达到的结果。它从课程的角度规定人才培养的具体规格和质量要求，是课程设置的直接目标，是课程计划的组成部分。课程目标的内涵有两个基本点。一是它是教育主体的一种预期，体现了学校教育是一种有组织、有计划的活动。尽管并非所有的课程目标都是预设的，但是在课程实施中预设目标仍然占突出地位。二是这种教育主体的预期蕴含着一定的教育价值。课程目标是课程主体的一种价值选择。

课程目标是教育目的和培养目标在课程上的具体化，同时也是确定教学目标的基础。课程目标具有两方面的规定性：一是阶段性，即课程目标与特定教育阶段相关联，不是对所有阶段的笼统规定；二是针对性，即课程目标主要是针对某类学习领域，学生通过某门课程的学习而应达到的学习结果。确定课程目标是课程编制过程的核心环节，是课程实施的起点和归宿。

教学目标是课程目标的进一步具体化，是某一部分教学内容、教学活动的具体目标，是指导、实施和评价教学的基本依据，是师生的学科教学活动中预期达到的教学结果。

教育方针是教育目的的上位概念，教育目的是培养目标的上位概念，培养目标是课程目标与教学目标的上位概念，而课程目标又是教学目标的上位概念。从教育方针到教育目的、培养目标，再到课程目标、教学目标，目标的概括性程度越来越低，目标的具体性程度越来越高。

综上所述，教育方针、教育目的、培养目标、课程目标、教学目标的关系按照其概括性程度的高低，可以表示为：教育方针→教育目的→培养目标→课程目标→教学目标，如图 2-1 所示。

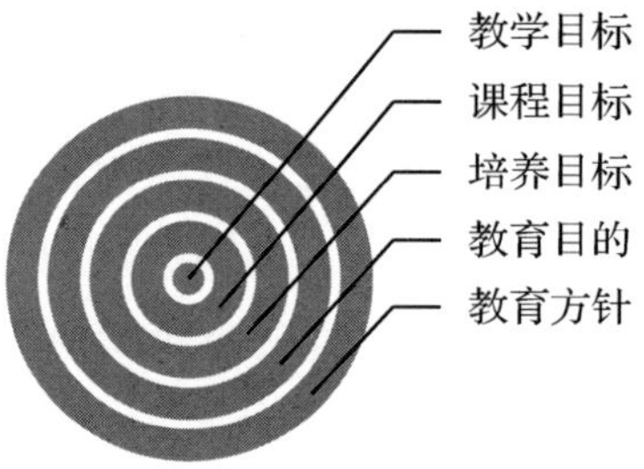

图 2-1　教育方针、教育目的、培养目标、课程目标、教学目标之间的关系

2. 小学课程目标的特征

小学课程目标是教育目标和培养目标在小学阶段的具体化，是小学致力于促进小学生身心发展所要达到的程度，是小学各科课程实施所要达到的结果。小学阶段的课程目标具有以下特点。

第一，统一性与多样性相结合。2001 年课程改革以来，我国实行国家课程、地方课程和学校课程三级课程管理。教育部针对品德与生活、品德与社会、语文、数学、外语、艺术、小学科学、信息技术等国家课程，制定了统一的课程标准，对课程目标、课程设置、教材编写和选择、课程评价等规定了统一的要求和标准。对于地方课程和校本课程，在统一的课程政策和课程标准的指导下，提倡因地制宜，结合不同地区经济和文化的差异，开展具有创造性的课程实践。

第二，整体性与层次性相统一。传统的知识本位的课程通常以一门学科对应某一特定的学生发展目标，新课程对学生的身心发展做出全面性的规定，突出的特点是课程目标由单一走向多元、综合。课程目标一般包括认知的、情感的和操作的三个子系统。这三个子系统不是相互割裂的，而是统一在“育人”这一培养目标下，对学生身心发展的三个子系统做出明确而具体的发展规定，形成一个整体。同时，根据不同学段学生的身心发展特点和知识技能的难易程度，设计不同层级的子目标。课程目标的实现是一个渐进的、积累性的过程，不同层级的目标间形成一个立体结构，持续、递进的课程目标共同构成多层次、全方位的目标系统。

第三，基础性与发展性兼顾。我国义务教育阶段课程目标按照九年一贯制的思路整体设计，各个学段、各门学科的课程目标相互关联，衔接紧密，共同构成义务教育阶段的课程总目标。义务教育阶段是任何一个公民接受系统养成教育的奠基阶段，义务教育课程目标具有基础性、普及性、发展性的特点。比如，语文课程致力于全体学生核心素养的形成与发展，为学生学好其他课程打下基础；为学生形成正确的世界观、人生观、价值观，形成良好个性和健全人格打下基础；为培养学生求真创新的精神、实践能力和合作交流能力，促进德智体美劳全面发展及学生的终身发展打下基础。在小学阶段，学生基础知识、技能的掌握和基本素养的培养更是处于基础中的基础，小学课程目标的达成直接关系到学生后续的发展。

(二)小学课程目标的功能

教育方针、教育目的、培养目标、课程目标、教学目标分属于宏观、中观、微观不同水平的教育目标，但是它们有着共同的功能。根据美国学者麦克唐纳的观点，上述教育目标均具有以下功能：第一，明确教育进展的方向；第二，选择理想的学习经验；第三，界定教育计划的范围；第四，提示教育计划的要点；第五，作为评价的重要基础。我国学者冯生尧认为小学课程目标有以下四个功能：影响课程内容的选择和组织的功能；影响方法设计和课堂教学的功能；具备评价标准和反馈的功能；具有导向和动机激励功能。[①] 顾书明在《小学课程设计与评价研究》一书中指出，课程目标主要的功能就是导向功能、激励功能和标准功能，并且这三种功能对整个课程活动发挥着有机和整体的作用，体现为整体的功能。[②] 综合国内外学者的观点，小学课程目标的功能主要包括以下四个方面。

1. 导向功能

课程目标决定课程设计和课程实施的方向，规定课程实施的结果。课程设计和实施的过程要受到课程目标的指导和支配，并围绕课程目标制订课程计划、选择课程内容、实施教学行为、进行课程评价。科学、合理的课程目标会带来有效的课程设计和实施；反之，会导致片面的课程设计和实施。例如，《义务教育课程方案(2022年版)》颁布后，课程目标改变单一的知识目标为主线的表达方式，强调在坚定理想信念、厚植爱国主义情怀、加强品德修养、增长知识见识、培养奋斗精神、增强综合素质上下功夫，使学生有理想、有本领、有担当，培养德智体美劳全面发展的社会主义建设者和接班人。[③] 这一课程目标的转变，对于打破传统的人才教育和升学取向的课程定位，关注学生“全人”的发展，起着至关重要的作用。

2. 调控功能

课程目标是课程设计、实施和评价的基础。首先，课程目标规范、调控课程设计者的思想行为，使之按照课程目标设计科学、合理的课程；其次，课程目标制约课程实施者和接受者的教学行为，使之做出达成目标的相应行为；最后，课程总目标制约和规范着各个子目标；高层次的目标规范和制约着低层次目标。例如，数学课程目标是由总目标和学段目标组成的目标体系，根据不同学段学生发展的特征，描述总目标在各个学段的表现和要求，将核心素养的表现体现在每个学段的具体目标之中。这样的课程目标有利于教师从全局和整体上把握数学课程的价值取向和学生的学习目标，

---

① 冯生尧：《小学课程设计与评价》，119页，北京，教育科学出版社，2016。

② 顾书明等：《小学课程设计与评价研究》，134页，苏州，苏州大学出版社，2017。

③ 中华人民共和国教育部：《义务教育课程方案(2022年版)》，2页，北京，北京师范大学出版社，2022。

也能让教师从具体的板块内容和学段入手，具体落实教学要求，实现课程目标对课堂教学操作层面的调控和指导。

3. 中介功能

课程目标的中介功能主要体现在两个方面。第一，课程目标是衔接教育目的和教学目标的桥梁。课程目标具有承上启下的作用，它既能反映教育方针中培养目标的总要求，并将此落实到课程目标中，又能对课堂教学目标发挥指导作用，使课程目标在实践操作层面具体化。第二，课程目标是学校教育与社会需求之间联系的纽带。学校是全社会人才培养的重要基地，特定的社会政治、经济、科技、文化发展阶段会对学校课程有着特定的需求，主要通过课程目标体现出来。

4. 评价功能

课程目标可以为课程内容的选择、课程实施的效果提供评价的依据。课程目标既包括内容，也包括行为，课程评价也可以从这两方面进行。一是以“内容”为依据，评价课程设计和实施是否科学、合理，学生的掌握程度如何；二是以“行为”为依据，评价学生的习惯、品德、行为等是否达到了预期的变化。

二、小学课程目标的取向

小学课程目标是小学阶段课程本身要实现的具体目标和意图，它规定了小学阶段的学生通过课程学习以后在发展品德、智力、体质等方面期望实现的程度，它是确定课程内容、教学目标和教学方法的基础。课程目标是一定的哲学观和价值观在课程领域的具体化。由于人们对学生身心发展的规律、社会需求的重点以及知识的性质和价值的看法存在差异，对这三者之间关系的理解也不同，因而对课程目标的取向的认识也会有所不同。本部分从两个角度阐述课程目标的取向：一是课程目标的价值取向，是指在确定课程目标的过程中所隐含的意识形态和教育理念，是课程目标设计层面解决的问题，其影响和决定课程目标的实质内容；二是课程目标的形式取向，是指课程目标所采用的形式，而非课程的实质内容，是课程设计和实施阶段均需涉及的重要问题。

(一)小学课程目标的价值取向

从课程发展史上看，不同课程流派的学者对课程目标的价值取向有不同的归纳和分类。卢梭的经验课程强调儿童、自然、知识、社会四因素整合。杜威基于经验主义哲学观认为课程是儿童、知识、社会三因素的整合。泰勒则提出以学生、学科知识、社会生活为课程目标的三个来源。

目前国内关于课程目标的价值取向较为一致的观点是，社会、学生和学科是课程目标的三个基本来源。小学课程目标有三种基本的价值取向——知识本位的价值取向、学生本位的价值取向、社会本位的价值取向。三种取向各有其存在的合理性和局限性。

1. 知识本位的价值取向

知识本位的价值取向是指小学教育的课程目标在于把人类千百年来积累下来的文化科学知识传递给下一代，而这些文化科学知识的精华就包含在学校设置的各门学科里。为此，知识本位的价值取向强调从科学门类及分科知识体系出发，以知识为中心设计课程目标。知识本位的价值取向明确回答了什么知识最有价值或如何选择学科的问题。

知识本位的价值取向强调学科知识的系统性、完整性，严格按照知识的逻辑顺序编排各门课程，保证了各学科领域知识的逻辑统一。这种取向利于具有扎实学科专业知识的教师引导学生掌握系统的学科知识。但是，这种价值取向的课程目标，过于强调学科知识系统性、完整性的课程体系，未能较好地顾及学生的学习体验和教师的创造性，容易造成教学内容的“繁难偏旧”，容易忽略学生学习的主动性。

2. 学生本位的价值取向

学生本位的价值取向强调关注学生的个性发展，关注学生的兴趣、需要和目的，强调课程目标要源于学生本身，而非学生适应课程目标。它没有预定的详细目标，而是在教育教学活动中由教师和学生依据学情现状共同设计课程目标，重视发挥学生的主体作用。它的目的不在于要求每一位学生接受所有学科规定的目标，而在于强调每一位学生能够得到个体的充分自由的发展。

学生本位的价值取向强调学校活动的目标是以学生的需要和兴趣为基础的，强调学生的学习动机是内在的，学习目的和学习任务也不是由外部强加的，因此学生的学习兴趣会被大大激发。但是，学生本位的价值取向过于强调学生中心，教学中往往削弱甚至忽略教师的地位和作用，造成学习效果的层次差异；在目标设置、内容选择、课程实施、评价等方面过分夸大学生的作用，往往会影响学生对系统知识的接受。

3. 社会本位的价值取向

社会本位的价值取向在某种意义上是知识本位的价值取向和学生本位的价值取向的改进。知识本位的价值取向抓住了学科的内容而忽视了学生的活动，学生本位的价值取向注重了学生的活动而忽视了学科的内容。如何能够寻找一种把学科内容和学生学情现状相结合的目标设计形式，使学生既学到学科内容，又能增长解决实际问题的本领？社会本位的价值取向试图回答这一问题。

社会本位价值取向的课程目标设计重点是关注社会问题，重视教育与社会、课程与社会的联系，以培养小学生的社会责任感为根本目标，围绕社会需要组织课程。① 社会本位的价值取向以社会问题为中心组织课程，强调民主、开放的学习过程，重视教

① 李森、陈晓瑞：《课程与教学论》，71～72页，北京，北京师范大学出版社，2015。

师的责任，打破了完全围绕知识而展开的课程构建方式。但是，社会本位的价值取向有时可能夸大了学校课程的社会功能，影响学生系统知识的学习。如何围绕社会问题构建课程还有待进一步探索。

4. 现阶段我国小学课程目标的价值取向

进入21世纪，我国启动新一轮基础教育课程改革。课程改革的目标先体现在课程功能的转变，即改变课程过于注重知识传授的倾向，强调形成积极主动的学习态度，使获得基础知识与基本技能的过程同时成为学会学习和形成正确价值观的过程。课程改革打破学科本位、知识本位取向，而关注“人”的全面发展。党的十八大以来，我国明确要求把立德树人作为教育的根本任务。立德树人的提出，一方面明确了我国教育改革的基本价值取向，另一方面也丰富了人才培养的深层内涵。

强化使命担当，聚力立德树人，学校需要结合自身条件、小学生的道德发展水平，积极寻求新形势下立德树人的新方法、新模式以及新渠道，以社会主义核心价值体系为指导，不断增强教师立德树人的创新能力和实践能力，提高德育工作的亲和力和向心力，全面落实以学生为本的教育理念。要在挖掘各学科独特育人功能的基础上，充分发挥学科间综合育人的功能，积极开展跨学科主题教育教学活动，将相关学科的教育内容有机整合，提高学生综合分析问题、解决问题的能力。

密切课程内容和现实生活的联系，关注学生的学习兴趣和经验，精选学生终身发展必备的技能。因此，我国现阶段小学课程目标的价值取向是三种课程目标价值取向的相互融合。依据不同的学科特点、课程内容凸显不同的价值取向，力求实现多元价值的和平共存、多元共生。

(二)小学课程目标的形式取向

在课程目标的形式取向上，根据美国学者 W. H. 舒伯特(W. H. Schubert)的观点，课程目标的形式取向主要有四种类型，即普遍性目标、行为性目标、生成性目标和表现性目标四种基本形式。

1. 普遍性目标取向

普遍性目标是以经验、哲学观或伦理观、意识形态或社会政治需要为基础引出的一般教育宗旨或原则。这些宗旨或原则直接运用于课程与教学领域，成为课程与教学领域一般性、规范性的指导方针。①

普遍性目标是一种古老且长期存在的课程目标取向。早在我国先秦时期，先贤们把“格物、致知、诚意、正心、修身、齐家、治国、平天下”作为教育的宗旨；古希腊哲学家柏拉图把“有德性的生活”视为教育的终极目的。近现代教育史上，普遍性目标

---

① 张华：《课程与教学论》，153页，上海，上海教育出版社，2000。

也一直存在。英国哲学家、教育家斯宾塞为完美生活做准备的综合性教育目标、我国学者朱永新提出的过一种幸福完整的教育生活的教育理念、我国新一轮基础教育课程改革的总体课程目标均属于普遍性目标。

普遍性目标的优点是把一般教育宗旨或原则与课程教学目标等同起来，因而具有普遍性、模糊性、规范性，可用于所有的教学实践。它所提供的不是具体的要求与标准，而是宏观的一般性的宗旨或原则。教育工作者可以根据具体的教育实践情境而对其做解释，以适应各种需要。但是，由于在教育实践中学校领导者和教师在解释普遍性目标时有一定的主观性，他们在诠释这些目标时大多结合自身的实践经验和知识水平，因此普遍性目标被一些学者认为缺乏科学性，逻辑上不够完整。另外，这种目标的宏观性与不确定性会给实际课程的实施带来困难；这种目标的不彻底性、不完整性和随意性容易使人觉得模糊或模棱两可而产生歧义，不具有可操作性。

2. 行为性目标取向

行为性目标是以具体的、可操作的形式陈述课程目标，它指明课程与教学过程结束时学生所发生的行为变化。这种目标的基本特点是目标的精确性、具体性和可操作性。①

伴随着20世纪科技的发展，受"科技理性"支配，"唯科学主义"的教育观逐渐成为主流。模糊的、宽泛的普遍性目标已无法适应科学时代对准确性、具体性的需要。同时，课程研究开始作为一个独立的研究领域促使行为目标逐渐发展成课程领域的研究核心。美国教育学者F. 博比特(F. Bobbitt)首次在《课程》(*The Curriculum*)一书提出将课程目标具体化、标准化的主张。拉尔夫·泰勒在《课程与教学的基本原理》中则强调："一项令人满意的对教育目标的阐述，会同时指出行为和内容两个方面，并对教育任务是什么做出清晰、详细的表述。"②行为性目标一出现在课程领域就引起广泛关注。20世纪中期，行为目标在布卢姆、博帕姆等学者的推动下，越来越趋向于具体、精细和机械。从某种意义上说，行为性目标支配了整个20世纪的课程目标领域。

行为性目标是以具体行为的形式出现的，易于判断目标的达成度，便于对教学效果的评价。对于一些相对简单的知识和技能目标，为了对学习行为进行有效控制，可以对目标进行分解，使之尽可能具体、精确，从而具有最大程度的可操作性，便于教师的教和学生的学。行为性目标的这种具体性与精确性，克服了以往普遍性目标的模糊性和不确定性，是课程与教学目标科学化的一个重要里程碑。但是，由于其具体而

① 刘志耀、尹明福：《课程与教学概论》，55页，成都，电子科技大学出版社，2016。

② [美]拉尔夫·泰勒：《课程与教学的基本原理》，罗康、张阅译，62～63页，北京，中国轻工业出版社，2014。

明确地表述了行为识别的要素，因而那些很难测评、很难被转化为行为、不易直接观测与衡量的内容就会从课程与教学中消失。由于行为性目标把学习分解成各个独立的部分，把人对知识的掌握与学习过程中的体验分离，把“完整的人”的学习心理和行为分解，不利于学生通过多种学科的学习获得全面发展。更需要注意的是，在课程与教学还未被开发实施前就预定好了以控制为本的行为性目标，限制了师生在课程与教学开发过程中的积极性与创造性。

3. 生成性目标取向

生成性目标是在教育情境中随着教育过程的展开而自然生成的课程与教学目标。①这种目标所关注的不是外部事先规定的目标，而是师生根据课程教学的实际进展情况在教育教学实践活动中自然生成的目标。与行为性目标相比，生成性目标注重的是过程，而行为性目标关注的是结果，是一种预设性的目标。这种目标的教育哲学观是教育是一个演进的过程，在此任何阶段上的目的都不是终极目的，因为目的是演进着的，而且不是预先存在的。

杜威“教育即生长”“教育即生活”“教育即经验的不断改造”可以被看作生成性目标的思想渊源。杜威认为，目的不是教育经验的预先具体化，而是教育经验的结果。在杜威看来，良好的课程目标应具备以下特征：第一，教育者需根据受教育者的特定个人的固有活动和需要(包括原始的本能和获得的习惯)来确定课程目标；第二，课程目标必须能转化为与受教育者的活动进行合作的方法；第三，教育者必须警惕所谓一般的和终极的目的。② 这样的目的就不再是固定的、呆板的，也不是一种指向遥远的未来的结果，而是在特定的情境中被激发起来的，用于引导儿童当下的生长和发展的手段。

生成性目标的优点包括两个层面。从学生层面来看，生成性目标能够根据学生的兴趣和能力进行个性化调整，满足不同学生的需求，体现了学生的主体地位，有利于培养学生的创新思维和解决问题的能力；从教师层面来看，生成性目标有助于打破原有的以教师为中心的课堂结构，促进教师引导作用的发挥，激发教师课堂教学的活力和创造力。当然生成性目标也存在一定的局限性。一方面，学生自身的知识水平和能力结构可能不足以把握什么知识对自己有价值，什么知识没有价值，生成性的结果可能差强人意；另一方面，生成性目标对教师自身的素质提出了很大的要求，教师必须要有生成性目标的专业训练，否则难以有效的协调控制教学进程，进而影响教学质量。

---

① 刘志耀、尹明福：《课程与教学概论》，56 页，成都，电子科技大学出版社，2016。

② [美]约翰·杜威：《民主主义与教育》，王承绪译，119～121 页，北京，人民教育出版社，2001。

4. 表现性目标取向

表现性目标与生成性目标都是在对行为性目标的批判中发展起来的目标类型。表现性目标是指每一位学生在具体的教育教学实践活动中展现出来的个性化表现。[①] 学生的主体性和个性的展示程度决定了表现性目标的实际效果。因此，表现性目标关注的是学生在具体的教育教学实践活动中表现出的个性和结果，而不是在活动之前设定的目标。它关注课堂上不同学生的不同表现和反应，期待课堂反应的多元性。

表现性目标是由美国课程专家 E. W. 艾斯纳(E. W. Eisner)提出并发展的。基于对行为性目标的批评，艾斯纳认为，在设计和评价课程时，应该准备三类目标：①行为目标；②解决问题的目标；③表现性目标，如图 2-2 所示。[②]

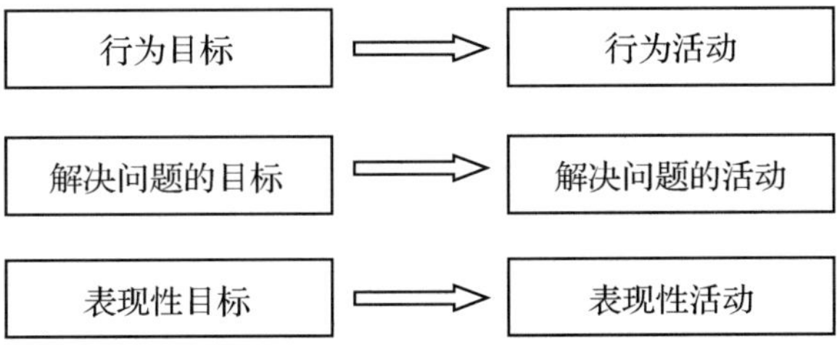

图 2-2　艾斯纳的三类目标

行为目标是在课程计划中预先规定好了的，这种规定明确指出了学生完成一项或几项活动后所应习得的具体行为，是一种成果性目标，如“会写生字”“会背课文”“会做两位数减法”等。解决问题的目标不是把重点放在特定的行为上，而是放在解决问题过程中的一系列高级心理过程上，其结果可能不必要或者不重要，也可能无法测量和评价，但是解决问题的过程中获得的认知的灵活性、能力的发展却是最重要的。这类目标常常体现在“体会作者的情感”“探究圆的半径与面积的关系”等活动中。表现性目标是学生在从事某种活动结束时有意或者无意获得的结果，这种结果至关重要但又是开放的、难以预料的结果。例如，“制作一张关于中国传统节日的手抄报”“把故事改编成课本剧，演一演”等都属于这类目标。表现性目标强调的是学生和教师在教学中的主体精神和创造性表现。

表现性目标的优点在于能适合表述那些复杂的智力性活动，以此为学生构建有创造性的教学活动。表现性目标关注学生的个性表现和创造性发展，强调学生之间的个性差异是应受到尊重和理解的，教师更应该承认学生的主体性来帮助学生获得个性的解放，整个社会的教育也应处于一种以人为本的氛围中。当然，表现性目标也存在一定缺陷，虽然其强调个性的发展与主体意识的提升，但在表述上是模糊的，不能起到

① 罗生全、李本友：《小学课程设计与评价》，87 页，重庆，西南师范大学出版社，2017。
② 施良方：《课程理论——课程的基础、原理与问题》，88 页，北京，教育科学出版社，1996。

对课程与教学的指南作用。特别是在班级授课的情况下，很难让每位学生得到充分的发展并保证使所有的学生都达到课程与教学计划的基本要求。

通过分析可以看出，上述四种课程目标的形式取向各有特点，而且每种取向的理论支撑是不一样的，追求实现的目标也是不一样的。在新时代，在立德树人主导思想的导引下，教育活动又是多元的，所以任何一种单一的课程目标取向都不能全方位地解决所有多元性问题。以上四种课程目标的形式取向各有其存在的价值及其合理性，但又不可避免地存在一些弊端。因此，需要注意的是，每一种目标形式在解决某类问题较为有效的同时，也必然产生一些不利的影响。我们在设计小学课程目标时应该综合使用、互为补充、扬长避短，使其各自发挥特长并弥补不足。

三、小学课程目标的确定

小学生是未来社会的建设者和接班人，承载着实现个人发展和促进社会进步的使命。小学生能否实现这一使命，与我们当前教育的发展是息息相关的。因此，建立一套保障小学课程实施的课程体系非常重要。在课程体系的构建中，课程目标的确立是重中之重。

（一）确定小学课程目标的依据

课程目标的确立是一项创造性的工作，并不是简单地转化教育目的和培养目标。确立课程目标的前提是要明确课程目标的选择依据。在这一问题上，课程设计专家基本达成共识，即以学习者的需要、社会生活的需求和学科发展的需要为依据确立课程目标。

1. 学习者的需要

小学课程的对象是小学生（学习者），因而小学生（学习者）的需要是课程目标确定的重要依据。在当前社会，教育目的的宗旨是培养身心全面发展的人，因此满足小学生身心全面发展的需要是课程目标的基本来源之一。处于身心不断发展时期的小学生，其在发展的每个阶段的需求也是不断变化的。面对这种动态的需要，课程设计者既要关注不同年龄阶段儿童身心发展的差异性，又要关注不同个体间发展的差异性，科学设计致力于小学生全面发展的课程目标。

确定小学生的发展需要以下三种方法的综合运用。第一，研究小学生的现状。以往课程目标的设计大多采用常模比较法把学生的需要纳入课程目标，即把学生实际的身心发展需要与理想的常模相比较，发现学生的发展需求，这些需求有可能进入课程目标。但是，需要特别注意的一个误区是，教师往往把自己认为的学习者需要当成学习者自己的需要。在确定学习者需要的过程中，教师尊重学习者的个性、体现学习者的意志极为重要。这个过程在本质上是学习者自我选择、体现主体性的过程。教师作为引导者，帮助学习者厘清自己的学习需要，促进学习者确定自我需要。第二，研究小学生的个体差异。学生的个性、心理千差万别，在研究学生共性需求的同时，更要关注学生间的个体差异。学生的需求是丰富多样的，必须有一套标准对学生的各种需要进行分层和分级。要避免忽视学生的个性化需求，只简单地把社会化的标准和大多数学生的需求作为全体学生的学习目标。第三，用动态的、发展的观点来看待小学生的需要。时代不同，学生所处的环境不同，其发展需要存在差异；不同年龄段的学生会有不同的发展需求。小学阶段是一个懵懂孩童向青春少年发展的重要时期，学生的身心发展需要更是不断生成、不断变化、不断提升的。因此，不能用静态的标准看待学生的发展需要，更不能以成人的需要代替学生的需要，要用动态发展的视角追踪、判断学生的需要。

2. *社会生活的需求*

学习者的成长发展实质上是学习者个体不断社会化的过程。人是生活在社会这个大环境之下的，因此，社会对人提出的需要和要求理应成为确定课程目标的依据之一。社会也需要课程这一桥梁把政治、经济、文化等知识传递给学习者。社会生活的需求一般是指当代社会生活的需要和社会生活的变化趋势及未来需求两个方面。

社会生活的变化趋势和未来需求尤其应该引起课程目标确定者的重视，这是当前一些课程目标确定者经常忽略的一块内容。当代社会生活里流行的价值准则和运行方式会随着时间不断更新，仅仅是几年的时间，社会对某件事的看法都会改变。所以课程目标的确定者要具有一定超越现实社会生活的眼界，确定满足当代社会生活需要且超越当代的课程目标，处理好继承与发展两者之间的关系，真正实现学校课程对社会生活适应和改造的辩证统一。

教育不仅要适应当前社会生活的需要，还要超越当下，走在社会发展的前面，提前展现未来社会的需求。社会的发展变化如此之快，课程目标中规定的内容一定是当代社会生活中最主要的方面，而且不能只停留在现实的生活，应该体现未来生活对学习者的要求。当今时代，确定课程目标尤其要关注文化的多样性，关注社会信息化等方面的发展、变化趋势，培养适应未来发展需要的人才。

3. *学科发展的需要*

学科知识是指学科的逻辑体系，包括学科的基本概念和基本原理、学科的探究方式、该学科与相关学科的关系等。学科知识在课程目标中一直处于中心地位。

确定课程目标中关于学科发展的需要问题时，需要注意判断以下三个问题：知识的价值是什么？什么知识最有价值？谁的知识最有价值？对于知识的价值是什么和什么知识最有价值这两个问题，人们已经逐渐从重视受技术理性支配的知识中重新审视了知识的功用和价值，认为知识不再只是一种工具文化，更多的是指向理解世界、提升生活意义的价值。对于谁的知识最有价值这一问题，必须注意的问题是“应当考虑知识所负载的价值观究竟是推进社会民主和公平，还是维持社会的不平等”①。因为学科知识尤其是在文学、道德与法治、艺术等人文学科中，不仅承载着一定的社会意识形态，也承载着文化、民族、种族的差异。在确定这些学科的课程目标时，尤其要注意知识所负载的价值观是否与人类社会向真、向善、向美的价值追求相一致。

确定课程目标时，要综合考虑对学生、社会和学科的深入研究结果。作为课程目标的来源，三方面地位平等，不可过于依赖或者偏废某一方面。我们需综合考虑三方面的来源，运用系统论的思想整合三方面的判断，从中选择重要的、能够促进小学生全面发展的目标。

(二)确定小学课程目标的基本环节

1. 明确小学阶段的教育目的和培养目标

教育目的作为课程与教学的出发点和归宿，是一切教学实践活动的依据和准则。所以，明确教育目的是确定课程目标的首要环节。教育目的以宪法、教育基本法和教育方针的形式呈现在教育领域中。当前，我国教育目的的总体要求是为社会主义现代化建设服务，为人民服务，与生产劳动和社会实践相结合，造就有理想、有道德、有文化、有纪律的德智体美劳全面发展的社会主义建设者和接班人。

小学阶段的培养目标是教育目的在小学阶段对学生要求的具体化表现。按照国家对义务教育的要求，小学和初中对儿童、少年实施全面的基础教育，使他们在德智体美劳诸方面生动活泼地、主动地得到发展，为提高全民族素质、培养社会主义现代化建设的各级各类人才奠定基础。培养目标作为教育目的的具体化表现，对课程目标的确定有直接指导意义。

2. 分析小学课程目标的基本来源

确定课程目标的基本来源是特定教育价值观的具体化。在课程目标的基本来源中，学习者的需要、社会生活的需求和学科发展的需要三者之间的关系是什么？确定课程目标究竟应该以什么为基点？这个基点与其他处于从属地位的目标来源之间的关系是什么？等等。这些问题的答案都是合理确定课程目标的关键。此处探讨的是小学课程目标的确定，所以这三种来源一定要紧密结合小学生的需要、社会对小学生的期盼、小学阶段内学科发展的需要来确定最适宜小学阶段的课程目标。

① 张华：《课程与教学论》，189页，上海，上海教育出版社，2000。

3. 选择小学课程目标的形式取向

课程目标的形式取向决定不同的课程目标类型。那么，在小学阶段课程目标的确定环节，应如何在不同目标取向之间做出选择？怎样处理这几种目标取向之间的关系？对课程目标的确定来说，这些都是关键性问题。课程目标的选择并不是排除某一种类型的课程目标，而是要结合具体教学内容和具体课型具体分析。例如，小学语文课程中的识字目标一般选择行为性目标，综合性学习中的体验目标一般通过表现性目标来表达。

4. 确定明确、具体的小学课程目标

在明确小学阶段的教育目的和培养目标，分析小学课程目标的基本来源和选择小学课程目标的形式取向之后，就需要确定具体的小学课程目标。

我国于2001年起实行的新一轮基础教育课程改革形成的课程目标体系，具体体现在各学科课程标准中。按照国家教育方针以及素质教育的要求，围绕核心素养，体现课程性质，反映课程理念，确立各门课程的总目标和学段目标。比如，义务教育语文课程采取九年一贯整体设计。课程目标在总目标之下，按“六三”学制确定学段要求，“五四”学制参照“六三”学制适当调整要求，体现语文课程的整体性和阶段性。其中学段目标从“识字与写字”“阅读与鉴赏”“表达与交流”“梳理与探究”四个方面提出要求。课程内容设置六大学习任务群，各个学段相互联系，螺旋上升，最终全面达成总目标。又如，义务教育数学课程根据学生数学学习的心理特征和认知规律，确定了“会用数学的眼光观察现实世界”“会用数学的思维思考现实世界”“会用数学的语言表达现实世界”的总目标，将核心素养的表现体现在每个学段的具体目标之中。核心素养具有整体性、一致性和阶段性，在不同阶段具有不同表现：小学阶段侧重对经验的感悟，初中阶段侧重对概念的理解。其中课程内容由“数与代数”“图形与几何”“统计与概率”“综合与实践”四个学习领域组成。不同学段的主题有所不同，体现了学段目标制定的递进性与科学性。①各个学科课程标准中，设计思路基本一致，结合学科特点，又具有相对的灵活性。

四、我国小学课程目标的发展历程

从“双基”到“三维目标”再到“核心素养”，课程变迁体现了从学科知识到学科本质再到学科育人价值的转变，这也表明我们的学校在教育教学中不断地关注人本身，进而在教学上实现真正的以人为本，学习以学生为中心，一切从学生出发。②

---

① 中华人民共和国教育部：《义务教育数学课程标准(2022年版)》，2～11页，北京，北京师范大学出版社，2022。

② 史宁中：《推进基于学科核心素养的教学改革》，载《中小学管理》，2016(2)。

(一)双基

1952 年 3 月，教育部颁发的《中学暂行规程(草案)》提出中学的教育目标之一是使学生获得现代科学的基础知识和技能，首次明确提出“双基”概念。同时颁发的《小学暂行规程(草案)》把小学教育目标表述为：使儿童具有读、写、算的基本能力和社会、自然的基本知识。在强调“双基”的大背景下，教学活动的本质就是教材的展开过程，教师就是教材的主讲人，学生学习的重点就是理解、记忆教材。

双基教学在历史上有其合理性和进步性，在提高教学质量上发挥了重要作用。正如余文森教授所述，双基教学在改革开放初期特定的历史背景下，具有特别重要的意义：第一，在全社会尽快形成一种尊重知识的风气，极大地满足了人们对知识普遍而强烈的饥渴感，营造了“知识就是力量”的社会文化；第二，尽快地把学校教育转向学科中心和学习中心，使学校课程教学初步回到了正常的轨道。[①] 但是，双基教学也有其不合理之处。首先，双基教学强化了“课堂、课本、教师”三中心的传统教学理论。教学过程将课堂作为中心，学生学习以课本为中心，教学过程以教师为中心，慢慢地形成了课本没有的内容不学、教师不教的东西不看的局面，这样严重“窄化”了教育应有的内涵。其次，双基教学的目标设计中，强调了教学内容的基础性，但是过于强调学习内容和学习结果，忽视了学生在学习过程中的主动性，不利于培养学生的自主学习能力。在小学阶段，教师在教学过程中要注意引导学生独立思考，培养他们发现问题、解决问题的能力，为其今后接受更高阶段的教育打下坚实的基础。

(二)三维目标

2001 年 6 月，教育部颁布的《基础教育课程改革纲要(试行)》明确指出了三维教学目标的含义：国家课程标准应体现国家对不同阶段的学生在知识与技能、过程与方法、情感态度与价值观等方面的基本要求。在国家课程标准的指导下，从 2001 年到 2013 年，我国小学教学目标分类是三维教学目标，即知识与技能、过程与方法、情感态度与价值观。需要注意的是，“三维目标”是一个不可割分的整体，它们不是独立的三个教学目标，而是一个目标的三个方面，可以准确表述为：在过程中获取知识，掌握方法，形成能力，培养情感、态度、价值观。

三维目标在双基的基础上新增了两个维度。首先，新增“过程与方法”这一维度，强调了教学过程和方法的重要性。三维目标重视学生的合作学习，这是主动学习的拓

① 余文森：《从“双基”到三维目标再到核心素养——改革开放 40 年我国课程教学改革的三个阶段》，载《课程·教材·教法》，2019(9)。

展性的环节。学生在教师的组织下参与交流、讨论自主探索的学习成果，批判性地考察教学过程中所提出的各种理论、观点、假说、思路、方法等。其次，突出“情感、态度与价值观”维度，引起人们对非智力因素的关注。情感具有巨大的调节作用，学生在积极的情感作用下会对学习产生浓厚的兴趣。态度是带有情感成分的行为倾向，积极的态度可由积极的情感形成。当学生对学习持有积极的情感态度时，更利于对知识、技能的学习以及良好行为习惯的养成。价值观是指人们对事物(包括人的社会实践行为和活动)进行认识和评价的标准。价值观是情感发展的结果，反映着情感的发展水平。小学阶段是一个人形成价值观的重要时期，教师不仅要以身作则，还要注重挖掘教材的思想性，帮助学生形成正确的价值观。

三维目标较之于双基，既有继承，又有超越。如果说双基是从外在的学科视角来刻画教学的目标，那么三维目标则是从“目标的外在”走向“人发展的内在”的中间环节。在看待双基教学和三维目标的关系时，不能过于狭隘。

(三)核心素养

2014 年，《教育部关于全面深化课程改革　落实立德树人根本任务的意见》发布，提出：“教育部将组织研究提出各学段学生发展核心素养体系，明确学生应具备的适应终身发展和社会发展需要的必备品格和关键能力。”2016 年 9 月，北京师范大学举行了中国学生发展核心素养研究成果发布会。这项历时三年权威出炉的研究成果，对学生发展核心素养的内涵、表现、落实途径等做了详细阐释。《中国学生发展核心素养》正式发布。

所谓“核心素养”，是指学生在接受相应学段教育的过程中，逐步形成的适应个人终身发展和社会发展的必备品格与关键能力。品格是一个人做人的根基，是幸福人生的基石，其中每个人的必备品格包括自律、认真、尊重三方面。能力是一个人做事的根基，是智慧人生的基石。就个体来说，需要掌握的关键能力包括阅读能力(信息输入)、思考能力(信息加工)、表达能力(信息输出)三方面。具体来讲，核心素养以培养“全面发展的人”为核心，分为文化基础、自主发展、社会参与三个方面，综合表现为人文底蕴、科学精神、学会学习、健康生活、责任担当、实践创新六大素养，如图 2-3 所示。每个素养又包含 3 个基本要点。①

核心素养的第一大维度是文化基础，包含人文底蕴、科学精神两大素养。人文底蕴包含人文积淀、人文情怀、审美情趣三个要点。人文底蕴简单来说就是让学生对中国优秀传统文化有深厚的了解，它的作用不是立竿见影，而是润物细无声的，是支撑个人发展的精神动力。“先成人，后成才”应该是所有学校始终秉承的理念。在小学阶

① 林崇德：《对未来基础教育的几点思考》，载《课程・教材・教法》，2016(3)。

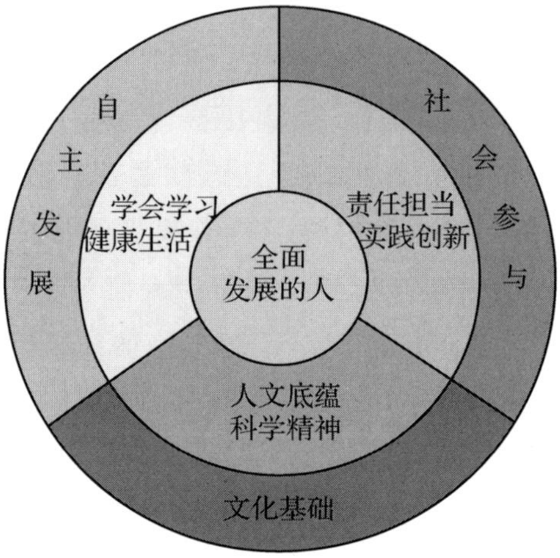

图 2-3　中国学生发展核心素养

段，学生正处于认知共情有明显发展的时候。教师要抓住这个时机进行适切的教育，引导学生学会换位思考，帮助学生养成良好的道德品格。科学精神包含理性思维、勇于探究、批判质疑三个要点。受中国传统教育的影响，教学中容易忽视学生科学精神的培育。科学精神主要是学生在学习、理解、运用科学知识和技能等方面所形成的价值标准、思维方式和行为习惯。我们要把小学教育阶段科学精神培养的重心放在激发学生的好奇心、想象力和探索欲上。

核心素养的第二大维度是自主发展，涉及学会学习和健康生活两大素养。学会学习包括乐学善学、勤于反思和信息意识三个要点。这要求小学各科教师在设计教学目标时不仅要深刻了解所教学科的特点，还要结合学生的身心发展特点，采取合适的方法激发学生的学习兴趣，引导学生自主学习。健康生活包括珍爱生命、健全人格和自我管理三个要点。珍爱生命无疑是第一位的，教给学生求生的本领要比学习知识更重要。小学教师可以向学生播放安全教育纪录片，开展地震、火灾逃生演练等活动，帮助学生掌握必备的逃生技能。健全人格强调学生应该具有坚强乐观的心理品质和一定的情绪调节能力。小学生尤其是低年级的小学生十分擅长模仿学习，而教师作为权威的存在，是他们的首要模仿对象。因此教师在课上、课下都要尽量避免使用消极词汇，如“你这样不行”“你不能”，情绪上也要尽力保持良好状态，给学生传递积极的信号。此外，教师也要挖掘教材的思想性来帮助学生养成积极乐观的人生态度。比如，语文教师可以通过语文教材中的小故事引导学生向故事中的人物学习；音乐教师可以通过音乐教学生学会自我放松、调节情绪。

核心素养的第三大维度是社会参与，包括责任担当、实践创新两大素养。责任担当方面包括社会责任、国家认同、国际理解。对于小学生来说，虽然他们目前不能够对社会做出直接贡献，但是承担社会责任之心要从小培养，要教导他们自尊自律、文明礼貌、诚信友善、宽和待人、孝心敬长，有感恩之心。小学教师在教学过程中要善于运用分组教学，促进学生之间互帮互助。在一些特殊的节日，如植树节时教师带领学生在学校周边进行植树活动，在活动中教导学生要尊重自然；在“3·15”消费者权益日时，教师向学生普及相关法律知识，引导学生自主学习更多法律规则，从小培养他们遵守秩序的意识。在国家认同方面，小学教师可以利用地方文史资源培养学生对国家的认同感。此外，教师还可以通过组织一些活动，如升旗仪式，教他们尊重国旗、爱护国旗，这都能够培养学生对国家的热爱之情，增加学生对国家的认同感。实践创新涉及劳动意识、问题解决和技术应用三个基本要点。在劳动意识这一要点上，小学教师可以给学生分配打扫任务，鼓励学生参与家务，引导他们热爱劳动、尊重他人的劳动成果，从而增强他们的劳动意识。在问题解决这一要点上，重点在于引导学生善于发现和提出问题，有解决问题的兴趣和热情；能依据特定情境和具体条件，选择制定合理的解决方案；具有在复杂环境中行动的能力等。因此小学教师在教学过程中要创设问题情境，激发学生的问题意识，并且能够引导学生根据具体情境寻找解决问题的办法。

核心素养是把握教育目标的一种方式，是对教育目标进行诠释与分类的方式。核心素养不等于“知识人”，也不等于“技术人”，它是知识、能力、态度、情感及价值观等方面的综合表现。核心素养体现在学生的行动中，是素养的知识、能力、态度等不同成分在解决问题的过程中的整合表现。例如，有的学生虽然非常善于查找和使用各种信息，但是并不意味着他具有较高的信息素养。如果这位学生在获取和使用信息的过程中，没有遵守信息使用的伦理道德，未经信息拥有者的同意就擅自使用，那么只能说其具有信息检索技能，但不具备信息素养。一个具备信息素养的人，不仅能够有效地获取有用信息，批判性地评估信息，准确并且有创意地使用信息，同时还具有信息使用的伦理道德意识和安全意识。

核心素养包含基础性的成分，为人的进一步发展奠定基础，抓住了核心素养也就抓住了教育的根本。《义务教育课程方案(2022年版)》指出要聚焦核心素养，依据学生终身发展和社会发展需要，明确育人主线，加强正确价值观引导，重视必备品格和关键能力的培养。核心素养的落实具体表现在三方面。一是在课程标准编制上，明确素养导向，体现育人为本，根据义务教育培养目标，凝练课程所要培养的核心素养，体现课程独特育人价值和共通性育人要求，形成清晰、有序、可评的课程目标。二是在课程内容选择上，基于核心素养培养要求，明确课程内容选什么、选多少，加强课程内容与学生经验、社会生活的联系，强化学科内知识整合，注重学生在真实情境中综合运用知识解决问题的能力。三是在教育评价上，开展综合素质评价，明确核心素养发展水平和具体表现，注重对价值体认与实践、知识综合运用、问题解决等表现的考查，建立有序进阶、可测可评的学业质量标准。可见，核心素养融入目标、教学和评价各个方面。要坚持核心素养导向，准确把握课程要培养的学生核心素养，把立德树人根本任务落实到具体教育教学活动中，培养学生的正确价值观、必备品格和关键能力。①

总之，核心素养是所有人都应该具备的素养，每个人都需要不断发展，但核心素养的培养不是一蹴而就的，它具有贯穿终身的连续性。核心素养最初在学校中培养，随后在一生中不断发展完善。另外，核心素养发展的连续性并不否认其存在阶段性特点，即核心素养在个体不同人生阶段中的着重点有所不同，不同教育阶段对某些核心素养的培养也存在不同的敏感性。因此，在教学过程中，教师要考虑到学段发展差异，确立学生核心素养的发展结构和水平。具体到小学阶段中，核心素养的指标更多涉及审美情趣、勇于探究、批判质疑、乐学善学、健全人格、劳动意识等方面。比如，《义务教育语文课程标准(2022 年版)》指出，小学语文核心素养是文化自信、语言运用、思维能力和审美创造的综合表现。这并不代表其他要点不重要，只是根据学段差异来确定相对比较重要的方面，从而更好地促进学生的发展。

第二节
小学课程内容

一、小学课程内容概述

课程内容是课程的主体部分，小学课程内容是小学课程内在结构的重要成分。从一定意义上说，课程目标、课程实施以及课程评价，都可以理解为围绕课程内容的安排而展开的。课程内容是以课程目标为直接依据选定的，如果说课程目标解决“为什么而教”的问题，课程内容就是回答“用什么来教”的问题。课程内容影响着课程实施中教与学的方式，课程内容性质的不同，所采用的教学方式也会有所差别。课程评价用以衡量课程内容实施的效果。厘清小学课程内容的内涵，有助于我们更好地选择与组织小学课程内容。要考察小学课程内容的内涵，我们有必要辨析其相关概念。

① 中华人民共和国教育部：《义务教育课程方案(2022 年版)》，1～12 页，北京，北京师范大学出版社，2022。

(一)小学课程内容的含义

不同的课程观对于课程内容的理解也不尽相同。有学者把课程内容放在学校总体课程的组织和结构中解释，认为："课程内容是由符合课程目标要求的一系列比较系统的间接经验与学生的某些直接经验组成的用以构成学校课程的基本材料。"[①]也有学者将课程内容的概念限定在单一的学科领域进行描述，认为："课程内容是指各门学科中特定的事实、观点、原理和问题，以及处理它们的方式。"[②]从课程的发展历史来看，在古代，"课程"的概念尚未形成之时，无论是我国西周时期的"礼、乐、射、御、书、数"六艺，还是古希腊的"文法、修辞、逻辑学、算术、几何、天文、音乐"七艺，课程内容没有严格的分科界限。在学习者掌握这些知识、技能的过程中，直接经验成为重要的课程内容。近代教育分科课程盛行之后，各门学科中的事实、观点、原理成为重要的课程内容。到了现代，学校课程在内容和形式上表现出多元化的特征：在学科课程之外，注重学生兴趣、爱好、动机、需要的经验性课程，如游戏、手工等逐渐进入课程领域，学校课程逐渐脱离单一的课程领域，更加注重直接经验的体验式、实践性课程内容成为重要的课程内容。

因此，小学课程内容是小学各门学科中特定的事实、观点、原理和问题以及处理它们的方式，是一定的知识、技能、技巧、思想、观点、信念、言语、行为、习惯等直接经验和间接经验的总和。小学课程内容的构成要素包括三个维度：学科知识、社会生活经验、学习活动。我们可以从以下三个方面进一步理解小学课程内容。

1. 小学课程内容是经过选择、加工的人类文明成果的精华

人类经验极其丰富甚至是无限的，小学生在校进行课程学习的时间、精力是有限的，这就决定了小学课程内容必须是经过选择后的人类文化成果，是人类文明成果的精华。首先要以课程目标为依据，从丰富的社会文化体系中筛选适合小学生学习的内容，之后还需经过教育哲学、心理学、学习理论的改造加工，使之成为符合小学生学习特点的课程内容。可以说小学课程内容编制就是从总体上设计一种适合小学生学习的教学内容体系，即把人类文明成果转化为适合小学生学习的课程和教材。例如，语文课程要求"认识中华文化的丰富博大，汲取智慧"。为达成这一目标，我们需要从浩瀚的中国古代思想文化中选取能够彰显中华民族精神和文化内涵的经典内容，以古诗文、神话、寓言、民间故事等学生喜闻乐见的形式呈现出来，同时通过阅读、积累、综合实践活动等学习方式引导学生去体会、领悟。

2. 小学课程内容是课程目标转化为教学行为的中介

课程内容是课程目标最直接的体现，是实现课程目标的手段。根据小学课程目

---

① 廖哲勋：《课程学》，98 页，武汉，华中师范大学出版社，1991。

② 施良方：《课程理论——课程的基础、原理与问题》，106 页，北京，教育科学出版社，1996。

标选择的小学课程内容，一般会以课程标准的形式规定下来，并通过教科书、教学辅助读物、学习活动建议等方式呈现出来，具有相对的稳定性。同时，小学课程内容是小学教师和小学生两个活动主体互动的主要中介。一方面，小学教师要根据小学生的身心发展规律和特点、教学环境、教学时间等实际情况，对小学课程内容进行加工处理，再以恰当的手段和方法呈现给小学生，帮助小学生理解课程内容；另一方面，小学生需要在小学教师的启发和点拨下学习课程内容，并内化为自身的知识和技能，提高自身的能力。恰当适切的课程内容，承载着课程目标赋予的教育价值，并通过教学活动实现教育目的。小学课程内容是小学课程目标转化为教学行为的中介。

3. 小学课程内容是一个开放、发展、多元的系统

传统课程观把课程内容理解为学科领域特定的事实以及相应的处理方式，将概念、命题、原理、方法、问题与结论等作为课程的主体内容。随着认识的发展，目前学界已基本达成共识：学习者的学习活动和经验也应该包含于课程内容之中。课程内容与学科知识关系密切，但学科知识不等于课程内容的全部。为此，《义务教育语文课程标准(2022 年版)》提出："在合理安排基本课程内容的基础上，关注不同区域教育实际，给地方、学校和教师留有调整、开发的空间，也给学生留出选择和拓展的空间，满足不同学生学习和发展的需要。"[①]这是构建开放而有活力的语文课程的重要支点。《义务教育数学课程标准(2022 年版)》则强调，数学课程内容要保持相对稳定的学科体系，体现数学学科特征；关注数学学科发展前沿与数学文化，继承和弘扬中华优秀传统文化；与时俱进，反映现代科学技术与社会发展需要；符合学生的认知规律，有助于学生理解、掌握数学的基础知识和基本技能，形成数学基本思想，积累数学基本活动经验，发展核心素养。[②] 在这样一个开放、发展、多元的课程内容体系之中，学生获得的不仅仅是知识、技能，更是知识和技能背后最本质的东西——知识的产生与发展，学科的思想、方法以及由此积累的活动经验等。

(二)课程内容相关概念辨析

1. 课程内容与课程标准

课程标准是关于某课程科目的学科性质、目标、内容构成、教学与评价建议等的纲领性规定，是关于一个课程科目的内容选择组织及其教学进程安排的指导文件。课程标准发挥着教学工作的"组织者"作用，可以确保不同的教师有效地、连贯地、目标

---

① 中华人民共和国教育部：《义务教育语文课程标准(2022 年版)》，53 页，北京，北京师范大学出版社，2022。

② 中华人民共和国教育部：《义务教育数学课程标准(2022 年版)》，2～3 页，北京，北京师范大学出版社，2022。

一致地开展教学工作。[①] 课程标准是课程内容的表现形式之一，是关于课程内容的实质性规定。它以“标准”的形式提供课程内容的设计思路、组织框架和范围界限，解决具体科目的课程内容的整体构成与学习水平问题。比如，《义务教育语文课程标准(2022年版)》对义务教育阶段小学语文的课程内容提出了总体要求，并针对不同学段提出了关于识字与写字、阅读与鉴赏、表达与交流、梳理与探究四个学习领域的内容标准。《义务教育音乐课程标准(2022年版)》则从欣赏、表现、创造、联系四个领域阐述不同阶段应实现的具体学习目标。

2. 课程内容与教材

课程内容与教材的关系十分密切。对于教材的定义，国内目前没有一致看法。有学者认为我们可以从以下两个方面来解读教材的含义：一是根据一定学科的任务，编选和组织具有一定范围和深度的知识和技能体系，它一般以教科书的形式来具体反映；二是教师指导学生学习一切教学资料，包括教科书、讲义、参考书、讲授提纲、辅导资料以及教学辅助材料。[②] 随着时代的进步，教材的内涵也在不断丰富，对教材的认识也需要不断更新，选择哪些学科知识编写教材是小学课程内容着重考虑的问题。

课程内容与教材既要相互联系，又要注意区分。教材是课程内容的重要载体，是课程内容的静态表达。课程内容中“学科中特定的事实、观点、原理和问题”等最适合以教材的形式被选择和呈现。教材是借助系统性、逻辑性方式呈现课程内容，并尽可能提供丰富的内容结构，为教学提供规定性、范式化的指引，以促成教学目标的达成。但是，静态的教材内容不是课程内容的全部。课程内容中学生学习活动的方式、学习经验等的获得无法通过教材全部呈现出来。

3. 课程内容与学生生活经验

课程内容与学生生活经验的关联十分紧密，学生的生活经验是课程内容的一个重要来源。甚至有学者将教育内容等同于学生生活的全部，英国教育家怀特海认为：“教育只有一种教材，那就是生活的一切方面。”[③]杜威“教育即生活”“做中学”等思想反映的也是这种倾向。的确，课程内容为学生理解和接受，说明真正发生了学生的学习行为。联系学生的生活经验，发挥学生学习的主动性，将学生的非智力因素调动起来，让学生在切身体会中获得发展，不失为达成教学目标的重要途径。但是，学生的学习经验并不等同于一门学科所涉及的具体知识内容，学生的学习效果取决于学生个体与环境

---

① 王本陆：《课程与教学论》第3版，55页，北京，高等教育出版社，2017。

② 中国大百科全书出版社编辑部：《中国大百科全书　教育》，114页，北京，中国大百科全书出版社，1985。

③ 华东师范大学教育系、杭州大学教育系：《现代西方资产阶级教育思想流派论著选》，116页，北京，人民教育出版社，1980。

相互作用的结果。而这种深层次的心理体验无法完全借助外显的手段呈现出来并被教师发现，学习的效果难以把握，因此以学生学习经验为主的课程内容无法适用于所有课程。课程改革之后，我国增加了这方面课程的尝试。比如，综合实践活动课程就是一门从学生的真实生活和发展需要出发，从生活情境中发现问题，转化为活动主题，通过探究、服务、制作、体验等方式，培养学生综合素质的跨学科实践性课程。它旨在引导学生从日常学习生活、社会生活和大自然的接触中，提出具有教育意义的活动主题，使学生获得关于自我、社会、自然的真实体验，建立学习与生活的有机联系。在课程实践中，学生通过考察探究、社会服务、设计制作、职业体验等学习活动获得的生活经验成为综合实践活动课程内容的核心。

二、小学课程内容的选择

小学课程内容的选择是小学课程设计过程中的重要环节。由于人类科学知识、生活经验的丰富性与教学时间有限、小学生的身心发展不完善等之间存在矛盾，如何选择小学课程内容就成为基础教育领域的一个重要问题。

(一)小学课程内容选择的取向

小学课程内容是根据特定的教育价值观以及相应的小学课程目标选择出来的，它是小学课程目标的具体化。本章第一节已经论述了小学课程目标的三种价值取向，分别是知识本位的取向、社会本位的取向以及学生本位的取向。因此，小学课程内容选择也相应有三种取向。对学科的研究、对社会的研究以及对学生的研究是小学课程内容选择的基本依据。

1. 学科知识本位的取向

当课程目标的来源是学科发展的时候，学科知识理所当然成为课程的主要内容。学科知识本位的取向中，学科被认为是传递社会文化遗产最系统、最经济有效的形式。课程内容以科学知识和人文知识为主，辅之以一定技术和实践训练。在历史上，无论是要素主义教育学者、永恒主义教育学者，还是 20 世纪五六十年代的结构主义课程论者，都主张“课程内容即学科知识”。即使在现在，我国的教育实践中仍然把学科知识当作课程的重要内容。比如，中小学普遍实行的学科课程等，就体现出了这种观点。

这种取向既有优点，又存在一定的不足。它的优点在于：学科知识是按照一定的顺序组织起来的，具有一定的逻辑性和系统性。教师和学生有了明确的教学内容，有利于对教学效果和学习效果进行评价。这种取向的不足之处在于：将学科知识直接等同于课程内容，不假思索地把学术领域的学科知识搬到中小学的课堂教学当中。没有考虑学生的需求，使知识成为机械记忆的教条。[1] 第八次课程改革之前，教材中存在大量“繁、难、偏、旧”的内容多属此类问题。此外，学科知识本位的取向中，教材、教师和课堂被当作教学的中心，学生学习的主动性往往被忽略，学生个体学习的兴趣、动机、需要、情感、态度等也往往被忽略。

2. 社会本位的取向

当课程目标的来源是当代社会生活的需求时，当代社会生活经验被看作课程的主要内容。社会本位的取向主张教育的目的是使受教育者社会化，因此不把课程内容的重点放在教材呈现的学科体系上；主张从社会的需求出发确定与之相应的课程内容，以使学生获得适应社会所需要的生活经验和社会需要个体具有的那些生活经验和技能。关于学校课程内容与当代社会经验的关系问题，课程论发展史上存在三种典型性的观点，即“被动适应论”“主动适应论”“超越论”。

美国课程论专家博比特与查特斯是“被动适应论”观点的典型代表。被动适应论认为，社会的发展先于学校的发展；教育的目的是为社会发展服务，为有效地适应成人生活做准备；学校课程是适应社会生活的工具。主张研究有效率的成人活动，用行为主义的观点将有效率的成人典型活动转化为课程目标，进而转化为儿童的学习活动。儿童学习活动的基本内容来源于当代社会生活经验。[2] 被动适应论将社会生活等同于成人生活，忽视了儿童与成人的差异，剥夺了儿童的生活权利。被动适应论观点下的课程内容是成人社会经验的复制和传递，学校课程缺乏独立性，始终处于被动适应的地位。

主动适应论认为，个人与社会是互动的、有机统一的；学校课程在不断适应社会生活的同时，也要主动加入社会生活的改造。这种理论主张：“把重视个人经验的课程改造为重视集体、社会经验的课程，把重视个人智能发展的课程改造为重视集体意志统一的课程，把指向当前社会经验的课程改造为指向未来社会经验的课程。”[3]主动适应论认为，教育是社会生活的一部分，教育的本质是使个人的特性能够与社会目的与价值达到统一。因此，课程内容不应只是对当代社会生活经验的忠实复制和传递，更应该包括对当下社会生活的反思和对未来生活的展望。学校课程借由对现实生活的影响而影响和改造社会，从而推动社会的进步。

20 世纪 70 年代以来，受现象学、存在主义、哲学解释学、社会批判理论、后现代主义等哲学思潮的影响，出现了“超越论”。超越论比主动适应论更加强调学校课程对社会的影响和干预。该理论主张学校课程不是被动地传递某种流行的社会生活经验的

---

① 张华：《课程与教学论》，192 页，上海，上海教育出版社，2000。

② 王本陆：《课程与教学论》第 3 版，83 页，北京，高等教育出版社，2017。

③ 张华：《课程与教学论》，203 页，上海，上海教育出版社，2000。

工具，学校课程就是社会生活经验。儿童在生活，教师也在生活，儿童与教师的交往是整个社会生活经验的有机构成。学校有权利也有义务在时代精神的建构中贡献自己的力量。当教育及课程的主体地位真正确立起来之后，学校课程与其他社会生活经验的关系是一种对话、交往、超越的关系。① 超越论强调教育是教育者和受教育者两类主体通过交往而形成的学习共同体。教育的群体主体和社会文化的主体(政治、经济、文化等)是平等的交互主体关系，而不是客体和主体之间的关系。学校课程有责任和有义务主动选择社会生活经验，并不断批判与超越社会生活经验，而且不断建构新的社会生活经验。

3. 学习者本位的取向

当课程目标的来源是学习者的需要的时候，学习者的经验就成为课程的主要内容。学习者本位的取向主张教师要构建适合学生能力和需要的各种情境，为学生提供有意义的经验。18 世纪法国卢梭倡导的“自然教育论”、20 世纪上半叶杜威倡导的“进步教育论”以及 20 世纪 70 年代以来流行的当代人本主义经验课程理论等，都把学习者的经验当作课程内容的核心。将学习者的经验作为课程内容，基于以下基本观念：第一，学习者是主体，要尊重每一个学习者的个性差异。每一个学习者的个体经验都应该受到尊重，每个学习者的独特潜能和价值得到发挥，才能形成个性化、人性化的课程。第二，学习者是课程的开发者。学习者不是接受别人提供的现成的课程，而是根据自己的需要和目标，与教师及其他学习者共同开发自己的课程。第三，学习者是知识、文化和社会经验的创造者。学习者在学习前人创造的知识文化的同时，又通过日常生活、班级与学校交往，生成自己的个人知识和同伴文化。两种知识、文化的整合，产生出一种新的促进人类进步和发展的知识、文化。生活经验的产生也是如此，学习者不仅接受和学习社会生活经验，在自身与社会的接触中也会形成独特的生活经验。在以往的课程中，儿童的生活经验往往是被忽视的，把成人当作成人，把孩子当作孩子。② 珍视儿童的生命权利，确立儿童在社会生活中独特的成人无法取代的价值，尊重儿童在生命成长中积累的社会经验。

三种不同角度的课程内容选择取向虽然各有侧重，但是三种不同取向在课程内容的选择中并不是三元对立的。无论是学科知识还是当代社会生活经验，都必须转化为学习者的经验，才能成为相应的课程内容。同时，学习者的经验只有联系学科知识和社会生活经验，才是有意义的。

(二)小学课程内容选择的原则

为了使小学生在有限的时间内掌握课程内容，小学课程内容的选择要考虑小学生

---

① 王本陆：《课程与教学论》第 3 版，83 页，北京，高等教育出版社，2017。

② [法]卢梭：《爱弥儿》上卷，李平沤译，74 页，北京，商务印书馆，1978。

的发展、教学、学科知识价值等方面的因素。我们有必要根据一定的原则对小学课程内容进行科学选择。一般来说，小学课程内容的选择应遵循以下原则。

1. 渗透价值观和道德教育

小学阶段是学生人生观、世界观、价值观形成的基础阶段，课程内容要为既定的目标服务，不能违背课程目标所设定的价值体系。课程内容要体现一定的价值倾向和道德要求。我国向来重视发挥课程的育人价值，21 世纪之初，我国新时期的课程改革就曾提出使获得基础知识与基本技能的过程同时成为学会学习和形成正确价值观的过程。反对单纯传授知识的倾向，引导学生学会学习，学会合作，学会生存，学会做人，关注学生“全人”的发展。2014 年，《教育部关于全面深化课程改革　落实立德树人根本任务的意见》提出：“推动社会主义核心价值观进教材、进课堂、进头脑，着力培养学生高尚的道德情操、扎实的科学文化素质、健康的身心、良好的审美情趣，努力使学生具有中华文化底蕴、中国特色社会主义共同理想、国际视野，成为社会主义合格建设者和可靠接班人。”在课程建设中，根据不同门类的课程内容，有针对性地开发课程中蕴含的道德教育资源，对小学生进行思想教育，如增加语文、道德与法治学科的革命传统教育、爱国主义教育内容等。这里需要注意的是，对儿童的价值观教育内容与学科知识的学习和技能的掌握是融为一体的，不是学科知识之外的附加内容。正确的思想观念、高尚的道德情操的培养要通过熏陶感染、潜移默化的方式，把这些内容渗透于日常教学的过程中。

2. 注重基础性

小学课程内容的选择既要关注学生成为一名合格公民必备的基础知识和基本技能，也要关注学生向某一领域深入发展所必备的能力，同时还要关注学生思想道德、心理品质和社会责任感的养成，以适应学生终身发展的需要。小学课程内容的基础性，还表现在小学教育必须面对全体学生，为每一位学生的良好发展奠定基础，同时也要关注学生的个性发展。

3. 关注时代需求

人类进入信息时代，科学技术日新月异，知识推陈出新的周期不断缩短。选择课程内容时必须与时俱进，体现时代特征，充分体现先进的教育思想和教育理念，根据社会发展新变化、科技进步新成果，及时更新教学内容。要考虑当今社会科学技术的发展现状和动向，关注社会发展的前沿动态，培养学生获得科技新技术的意识和素养，满足学生终身发展和社会发展的需要。例如，语文课程中增加“非连续性文本”“快速阅读”“有目的地阅读”等相关内容和能力要求，培养学生阅读科技文本、实用性文本以及收集和处理信息的能力，以更好地适应现代生活；数学课程中增加统计与概率的知识内容，培养学生收集数据、整理数据、分析数据的能力，在面对不确定情境或大数据时能做出合理判断，以满足信息和技术为基础的现代社会的需求。

4. 尊重小学生的兴趣和经验

小学生的学习兴趣和学习经验会直接影响其对课程内容的态度和接受程度，尊重小学生的兴趣以及兴趣的多样性、尊重他们已有的经验是选择课程内容时必须考虑的因素。一方面，依据小学生的身心发展特点，选择易于小学生接受和掌握的课程内容。课程内容的呈现及学习方式要生动活泼，激发小学生主动学习的欲望。新课程改革中增加学生活动性、实践性课程内容，鼓励学生采用动手实践、自主探究、合作交流等体验式学习就是一种体现。另一方面，小学生来自不同的家庭、社区、民族等，其文化背景和经验会存在一定的差异。加之小学生的兴趣、爱好、行为、习惯的不同，会造成一定的个性差异。在明确课程目标的基础上，课程内容的选择要综合考虑这些因素，提供多样化的内容和学习方式供他们选择和学习。

三、小学课程内容的组织

课程内容确定之后，就需要依据一定的目的、任务和形式把各部分组织起来，使之成为一个有效的整体。小学课程内容的组织是小学课程理论与实践联系较为密切的领域之一。小学课程内容采用什么样的形式编排和组织，不仅影响着小学课程内容结构的性质，也决定了小学生的学习活动方式。

(一)小学课程内容组织的要素

课程要素是组织课程的经纬线，它将各种学习经验贯穿起来。对于课程组织要素，不同的学者有不同层次的理解。比如，施瓦布认为课程组织包括四大要素：学习者、教师、教材和环境，此为宏观上的分解；古德莱德将课程组织要素划分为范围、连续、序列、整合四个方面，此为中观上的分解；迈克尼尔将课程组织要素划分为主题和概念、原理、技能、价值观，此为微观上的分解。我们这里探讨的是微观层面课程内容组织的要素。

在传统教学中，人们习惯于把课程内容看成一系列静态的、客观的结论，如概念、定理或者具体的方法、技能等，而不去关注知识产生的来龙去脉，忽略学生在学习过程中获得的思维方法、情感体验、价值观念。然而，学生在掌握知识和技能的过程中，需要受到动机、兴趣的导引，情绪情感的介入以及意志、品格的参与。因此，知识、技能，过程、方法，情感、态度、价值观都应该成为课程内容组织的基本要素。

(二)小学课程内容组织的原则

小学课程内容组织的原则是对小学课程内容进行组织的规范和准则，小学课程内容组织的原则是不断发展变化的，需要在教学实践中不断地更新和补充。根据泰勒的观点，小学课程内容组织应遵循三个原则，即连续性、顺序性、统整性。

1. 连续性原则

连续性原则要求直线式地陈述主要的课程组织要素，要求将选出的各种课程要素在不同的学习阶段进行重复，以加深学生对知识的巩固。如在小学数学的学习中，低学段学到的某些公式、定理要在高学段的学习中重复出现，促进学生对知识的掌握。这一原则考虑到了学生的认识特点，有助于学生对复杂的材料进行精确的分析，认识和掌握抽象的概念，加深对课程与教学内容的理解。但过多地重复同一内容也会使学生产生厌倦心理，丧失对学习的兴趣。连续性是纵向组织课程内容要素的一个重要原则。

2. 顺序性原则

顺序性原则要求根据小学学科的逻辑顺序和小学生的身心发展阶段，将各种课程要素由浅入深地组织起来。顺序性强调课程要素的扩展和加深，将课程内容由简到繁地组织起来。结合小学生思维发展和心理发展的特点，小学生的学习要从已知到未知，从具体到抽象。这符合小学生的认识规律，也符合知识本身的逻辑。适当难度的课程内容要与小学生的思维发展阶段相适应，以激发小学生的求知欲，增强他们的学习兴趣。

3. 统整性原则

统整性原则要求在承认各种要素差异的前提下，打破小学学科之间的界限和传统的知识体系，寻找它们之间的内在联系，克服分科所造成的课程内容支离破碎的状态，加强课程的应用性。这一原则以“完整的人”的发展为目标，在保持各门课程的独立性的前提下，根据相同的课程目标对课程内容进行组织，将各种课程内容整合为一个有机的课程整体。小学生在综合学习、运用相关知识和技能的过程中，对相关知识、技能会有更加深入、完整的理解和认识。尤其是学习活动中与小学生的个体经验、社会经验相结合，有助于培养小学生适应生活、解决生活中实际问题的能力。小学课程内容的统整性，包括小学学科知识的统整和小学生经验的统整等。小学课程中的综合性学习活动、研究性学习活动等就是按照统整性原则组织课程内容的实践。

(三)小学课程内容组织的方法

课程论专家对课程内容组织的方法提出了许多观点。经过归纳，小学课程内容组织主要有以下几种方法。

1. 纵向组织与横向组织

纵向组织指的是将各种课程要素按照知识的逻辑序列组织排列课程内容，按照从已知到未知、从简单到复杂、从具体到抽象的顺序呈现。《学记》中的“先其易者，后其节目”强调的就是这种顺序。纵向组织方法适合逻辑严密、系统性较强的学科课程，如数学课程内容组织就是比较典型的纵向组织。

横向组织指的是打破学科的知识界限和传统的知识体系，将各种课程要素按照学生的发展需要和社会需求之间的横向关系组织起来。例如，小学科学课程内容包括物理、化学、生物等多个学科的内容，但其并没有按照严格的学科界限组织课程，而依据学生的发展水平和实际生活的需要，形成综合性科学课程。这正是典型的横向组织。

2. 直线式组织与螺旋式组织

直线式组织指的是把课程内容采用直线推进、不予重复的方式进行排列，把课程内容组织成一条在学科知识逻辑上前后联系的“直线”，前面安排的课程内容后面不再呈现。这种组织方式适用于理论性较低、操作性较强的知识，如语言学习中的汉字、英语单词等也多以这种形式出现。

螺旋式组织指根据学生的接受能力，按照从易到难、从浅到深、从简到繁的程度，使一门课程内容的某些概念和原理重复出现，逐步扩展加深。同一课程内容在不同阶段、不同课程、不同单元重复出现，并且不断扩展加深。前面呈现的课程内容是学习后面课程内容的基础，后面呈现的课程内容是对前面学习的课程内容的深化。比如，道德与法治课程就是按照由近及远、由浅入深、螺旋上升的原则，从家庭—学校—社区—国家—世界生活场域逐步拓展，选取学习素材，引导小学生从反复学习、思考和体验中感受，懂得道理，学会做人。

直线式组织和螺旋式组织互为补充，直线式组织可以避免不必要的重复，螺旋式组织有助于小学生加深对某一门课程内容的理解、对知识进行巩固。

3. 逻辑顺序组织与心理顺序组织

逻辑顺序组织指的是按照相关科学知识内在的基本逻辑程序组织课程内容，强调学科固有的逻辑顺序。心理顺序组织指按照不同年龄阶段的学生心理发展规律组织课程内容。当前课程内容组织倾向于把逻辑顺序组织与心理顺序组织统一起来，既要强调科学知识本身的逻辑顺序，同时也要考虑到小学生认知发展的特点。

4. 渐进性组织与跨越性组织

渐进性组织是由科学知识本身的系统性和严密性决定的，指教学要按照学科的逻辑系统和学生的认识发展顺序进行，使学生系统地掌握基础知识、基本技能，形成严密的逻辑思维能力。由于小学生的认识能力发展存在生理活动的节律性和心理发展的阶段性，小学生的认识活动进程本身由简单到复杂逐步深化。因此，渐进性组织要遵循教材内容的逻辑顺序和小学生的身心发展顺序。

跨越性组织指打破学科界限，把不同学科不同领域的理论和方法有机地融合，有目的、有计划地设计组织课程内容和教学活动，以提高学生的能力、促进学生的全面发展。将课程内容跨学科、跨阶段进行整合，实现课程结构的综合化。采用跨学科的知识和方法来解决实际问题，提升小学生的创新意识和创新能力。

四、我国小学课程内容改革的趋势

(一)加强综合化

综合化是基础教育课程改革的基本理念，它体现的是现代教育的发展趋势，是学科体系向学习体系的延伸。长期以来，学科课程之间壁垒森严，学科课程内部逻辑严密，由此造成学生获得大量分门别类的知识和技能而无法在现实生活中综合运用的现象。课程改革之后，整体设置九年一贯制的课程内容，小学课程内容逐步向综合化的方向发展。

加强综合化主要表现在三个方面：一是加强学科内部知识、技能的综合学习和运用，如语文学科“综合性学习”和数学学科“实践与综合应用”等内容的设置。二是加强学科之间的联系，把相关课程门类综合成一个整体，如数学课程强调的“信息技术与课程内容的整合”。三是增设独立的综合课程，如小学科学课程、综合实践活动课程、劳动课程、艺术课程等就是在这样的理念之下确立并实施的课程门类。

(二)注重生活化

加强小学课程内容与学生生活、现代社会和科技发展的联系是我国课程改革的目标之一。小学课程内容的生活化主要包括两方面的内容：一方面是指要从小学生的实际生活需要和未来发展需要出发选择课程内容，使小学生获得“有价值的”知识、技能、经验等。比如，《义务教育数学课程标准(2022 年版)》关于数学课程的总目标提出：“获得适应社会生活和进一步发展所必需的数学的基本知识、基本技能、基本思想、基本活动经验”“体会数学知识之间、数学与其他学科之间、数学与生活之间的联系，在探索真实情境所蕴含的关系中，发现问题和提出问题，运用数学和其他学科的知识与方法分析问题和解决问题。”解决生活问题，适应未来社会生活发展需要成为数学课程的重要目标。另一方面是指要密切联系课程内容与日常生活，联系小学生的生活经验，激发小学生学习的动机和兴趣，使学习活动成为小学生生动活泼、主动发展的过程。比如，小学语文综合实践活动中“写研究报告”“策划一场毕业联欢会”等活动安排，生活化的场景、实用性的设计能够较好地激发小学生参与活动的热情，有效实现学习目标。

(三)凸显现代化

小学课程内容的现代化是在社会现代化背景下，为适应当下现代化社会发展以及新时期小学生主体发展需求而进行的对传统小学课程内容的主动改革。一方面反映在课程设置上与时俱进，如信息技术课、劳动课的开设以及学校根据社会和小学生发展需要开设的校本课程等。将现代社会的最新科技成果、现代生活中的突出问题，如环境问题、生态问题等纳入课程内容，培养小学生的思维和解决现实问题的能力。另一方面反映在课程内容着眼于小学生核心素养的培育上。不断优化学科课程，增加体验类、活动类课程内容，培养小学生的核心素养。

(四)追求最优化

基础教育课程改革的根本目标是促进学生的全面发展。借鉴先进的教育理论研究成果，选择最优化的课程内容是实现课程目标的关键。为此，要着力做到以下三点：一是坚持社会主义核心价值观，精选小学生终身学习必备的基础知识和技能。把面向全体公民、能够持续促进个人终身发展和全面发展的内容纳入小学课程内容。二是坚持基础性和多样性相统一，为小学生提供丰富多彩的可供选择的课程内容。三是尊重小学生的主体性，提供能够激发小学生学习兴趣、促进小学生主动发展的课程内容。

本章小结

课程目标是教育目的和培养目标在课程上的具体化，是确定教学目标的基础。课程目标的取向是隐含在课程目标确定过程中的意识形态和教育理念的体现。小学课程目标的确定要经历四个环节，首先必须明确小学阶段的教育目的和培养目标，其次分析小学课程目标的基本来源，再次选择小学课程目标的形成取向，最后确定明确、具体的小学课程目标。我国小学课程目标经历了从“双基”到“三维目标”再到“核心素养”三个阶段，其变迁体现了从学科知识到学科本质再到学科育人价值的转变。

课程内容是课程的主体部分，小学课程内容是小学课程的主体，是课程内在结构的重要部分。学科知识、社会生活经验、学习活动是小学课程内容的基本来源。一般按照连续性、顺序性、统整性的原则组织小学课程内容的要素。组织课程内容时要结合课程目标、学科特点、学生发展需要等因素综合安排。力求做到纵向组织与横向组织相结合，直线式组织与螺旋式组织相统一，兼顾课程的逻辑顺序组织和学生的心理顺序组织，统筹考虑选择渐进性组织与跨越性组织。随着我国近年来课程改革的不断深入，课程内容逐渐向综合化、生活化、现代化和最优化发展。

关键术语

小学课程目标；小学课程目标的取向；核心素养下小学课程目标分类；小学课程内容；小学课程内容的组织原则与方法

拓展阅读

1.[英]怀特海：《教育的目的》，庄莲平、王立中译，上海，文汇出版社，2012。

在怀特海生活的时代，工具论和技术主义盛行，人们逐渐遗忘了大学原初的本质和作用。该书收录的是怀特海在不同场合的演讲内容。这些文章从不同角度阐述了一个主题：学生是有血有肉的人，教育的目的是激发和引导他们的自我发展之路。教育不应灌输生硬的知识和没有火花的使人呆滞的思想；教育只有一个主题，那就是五彩缤纷的生活，要为理解当下而教。

2.[美]约翰·杜威：《民主主义与教育》，王承绪译，北京，人民教育出版社，2001。

该书为杜威在教育领域的集大成之作，触及了教育领域较多的重大问题，是一本有影响的教育哲学著作。针对"教师中心主义"和"儿童中心主义"两种观念的片面性，杜威指出教育本质上是经验的传递与更新，所以教育的目的并不在本身之外，教育的目的就是无目的。因为任何外在的目的，都会导致教育本身的异化，导致师生的学习变成机械的。教育的目的就是生命发展本身，不能在发展之外寻找另外的目的。

3.[美]拉尔夫·泰勒：《课程与教学的基本原理》，罗康、张阅译，北京，中国轻工业出版社，2014。

该书是教育学家泰勒的经典著作，是迄今为止课程领域较有影响的著作之一。泰勒在书中提出的四个基本问题，构成了考察课程与教学问题的基本原理，既为课程开发提供了坚实的理论基础，又为现代课程研究开创了范式。经美国芝加哥大学出版社正式授权，该书的后半部分直接复制了英文原著。

4.[日]佐藤学：《静悄悄的革命——创造活动、合作、反思的综合学习课程》，李季湄译，长春，长春出版社，2003。

作为行动的研究者，佐藤学拜访了世界各地的幼儿园、中小学和护理学校，和教师一道探讨对课堂和学校的改革。他推动着教室里活动的、协同的、反思的学习的实现，促进着学校里教师互相成长、同事性关系的构建，推进着学校和社区合作，并提出了“学习共同体”这一重要概念，不断推动学校从自身入手进行改革。书中深入浅出的课程观、教学观、教师观、师生互动观等，带给教师诸多有益启发；对众多教育实例的剖析和论述更能加深教师对课堂的理解。

体验练习

1. 如何理解小学课程目标？查阅相关文献，整理与分析20世纪以来关于课程目标的各种不同观点，简述你的观点。

2. 小学课程目标的功能有哪些？

3. 简述确定小学课程目标的基本环节，分析各环节需要注意的问题。

4. 结合小学阶段某一学科课程，简述我国课程目标从“双基”到“三维目标”再到“核心素养”的变化。

5. 如何理解课程内容，它和课程标准、教材、学生经验等有着怎样的区别和联系？

6. 小学课程内容的选择应该注意哪些问题？

7. 结合某一具体学科，简述如何组织课程内容。

8. 阅读当代我国小学教育课程内容改革的相关文献，并撰写文献综述。

第三章

小学课程类型与课程开发

章结构图

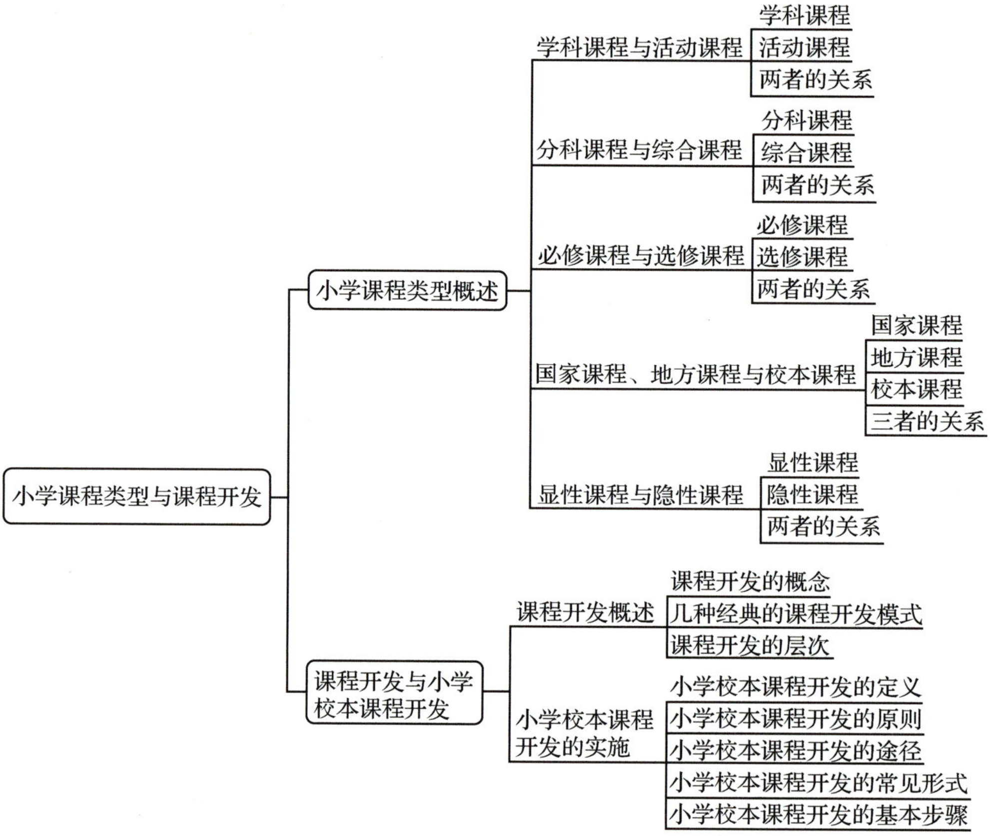

本章概述

本章包括小学课程类型概述、课程开发与小学校本课程开发两部分。首先，根据不同的分类标准，详细介绍了学科课程、活动课程、分科课程、综合课程、必修课程、选修课程、国家课程、地方课程、校本课程、显性课程、隐性课程等诸多课程类型，具体包括各种课程类型的含义、特征、优势、不足以及它们之间的关系。其次，介绍了课程开发的概念、性质、三种经典模式以及课程开发的层次，以便对课程开发有一个概括性认识。最后，在分析小学校本课程开发的定义、原则、途径和常见形式的基础上，详细阐述了小学校本课程开发的基本步骤。

问题情境

张老师是 A 区教师进修学校的特级教师、教研员，同时也是全市 3 所省属小学的课程顾问。上周，他应本市 B 区教育局的邀请，将于两周后向 B 区所有小学校长做一个专题报告，报告的主题为“开发特色校本课程，促进学生全面发展”。为了调动参训校长的积极性，张老师已通过 B 区教育局工作人员，向校长们征集校本课程开发方面的疑惑。其中，有两位校长的回信引发了张老师的关注与思考。

C 校长说：“在‘校校有特色’的背景下，部分校长将更多精力放在了校本课程上，却忽视了国家课程的深入研究和有效推进。校本课程与国家课程究竟孰轻孰重？两者如何有机统一？我们时常模棱两可，不得而知。结果是校本课程精彩纷呈，国家课程遭到冷落。”

D 校长写道：“在减负增效的目标驱使下，校长被要求一手紧抓课堂教学改革，一手紧抓特色校本课程开发，且‘两手抓、两手都要硬’。虽然学校的课程种类多了起来，但教师经常感觉力不从心，学生也处于手忙脚乱的状态。课堂教学与校本课程开发是怎样的关系，它们之间是否如跷跷板的两头？如何实现校本课程与师生健康成长间的平衡？”

如果你是张老师，两周后，你将如何回答校长们尤其是 C 校长和 D 校长的困惑？其实，这是当前许多小学教育工作者的共同困惑。在课程开发活动中，国家课程、地方课程和校本课程之间究竟是什么关系？小学校本课程开发应遵循哪些原则，具体步骤是什么样的？下面就让我们带着这些问题，开始本章的学习吧。

第一节 小学课程类型概述

课程内容由于其性质、特点和组织方式的不同，形成了不同的课程门类，我们称为课程类型。从不同的分类标准出发，可以有不同的课程类型。从课程内容固有的属性出发，可以把课程分为学科课程与活动课程。从课程的组织方式出发，可以把课程分为分科课程和综合课程。根据其呈现的形态，可以把课程分为显性课程与隐性课程。根据课程设置的要求，可以把课程分为必修课程和选修课程，如此等等。每一种课程的类型都具有其特殊的教育价值，也有其自身难以克服的局限性。课程类型是课程结构的基本要素。探究课程的类型及各课程类型之间的内在联系，准确地把握各种课程类型在学生培养上的优势与不足，是确定课程结构的重要环节。

一、学科课程与活动课程

根据课程内容固有的属性，具体来说，就是以学科的形式还是以儿童的活动来组织，我们可将课程分为学科课程与活动课程。

(一)学科课程

所谓“学科课程”，是以文化知识(科学、道德、艺术)为基础，按照一定的价值标准，从不同的知识领域或学术领域选择一定的内容，根据知识的逻辑体系，将所选出的知识组织成学科，从而使教学内容规范化、系统化。学科课程是最古老、使用范围最广的课程类型，也是最主要、最基本的课程组织形态。

由于学科课程来源于人类对知识、经验、科学的分类，并且获得“课程”这一特殊的形式，所以它必然既有学科的特点，又有课程的特性。表现为学科课程是经过精心选择而组织起来的知识内容，具有学科知识方面的系统性。同时学科课程又是为特定的学习群体而开发组织的，其所包含的知识经验既应符合社会发展延续的需要，又要契合特定学习群体的身心发展规律。

学科课程具有四个方面的优势：一是按照学科自身的逻辑体系组织课程内容，系统完整地展示某一学科领域中的知识系统和逻辑顺序性，有助于人类文化遗产的系统传承；二是学科课程注重完整的学科知识结构和逻辑严密性，强调对学生的系统训练以及教学的连续性和科学性，有助于学生全面、准确地了解该领域的发展状况，实现智力的充分发展；三是教学活动容易组织，也容易评价，便于提高教学效率；四是学科课程体现了学科的学术性、结构性和专门性，在保证人才的培养和国家科学技术的发展方面具有不可替代的基础性作用。

学科课程也有自身的局限性。第一，科目繁多的学科课程导致总体课程体系臃肿不堪，同时也会加重学生的课业负担。第二，学科课程以分门别类的方式组织和编排，而学生的现实生活却是完整的。这种课程上的人为的割裂，容易造成学生认知结构的支离破碎，不利于学生综合能力的培养和发展。第三，每一门学科课程都拥有相对独立的稳定的逻辑系统，这常常使得学科课程与现实生活存在较远的距离，缺乏活力，与现实生活脱节。第四，学科课程在教学实践中很容易导致偏重知识授受的倾向，表现为教学方法过于注重讲授；教学组织方式整齐划一；重记忆，轻理解；重知识，轻能力。这对实现学生的全面和富有个性的发展十分不利。当然，学科课程的自身特点使其在教学实践中容易出现上述弊端，但这些弊端并不是其固有和不可克服的，它需要课程实施者凭借专业素养、经验和教学智慧在实践中加以克服。

（二）活动课程

“活动课程”亦称“经验课程”，是围绕着学生的需要和兴趣、以活动为组织方式的课程形态。也就是说它是以学生的主体性活动为中心组织的课程。活动课程以开发与培育主体内在的、内发的价值为目标，旨在培养具有丰富个性的主体。学生的兴趣、动机、经验是活动课程的基本内容。由于学生总是生活在特定的社会和文化之中，因此为了提升学生的经验和价值，活动课程也把学生感兴趣的当代社会生活问题以及学科知识转化为学生的经验。作为课程内容，活动课程的基本着眼点是学生的兴趣和动机，以动机为课程与教学组织的中心。

活动课程的优点是显而易见的。第一，活动课程强调学习者当下的直接经验的价值，把学习者的经验及其生长需要作为课程目标的基本来源，充分满足学习者的需要、动机、兴趣，有助于使学习者成为真正的学习的主体。第二，活动课程把人类文化遗产以学生的经验为核心整合起来，要求把学科知识转化为学生当下活生生的经验。它强调教材的心理组织，有利于学生在与学科知识交互作用的过程中实现个性的发展。第三，活动课程的主题和内容源自现实生活，容易激发学生的学习兴趣，有助于发展学生的实践和创新能力。

当然，活动课程也有其自身难以克服的局限性。首先，活动课程以学习者的经验为中心来组织，容易导致学科知识的支离破碎，使学生难以掌握完整系统的学科知识的体系。其次，活动课程以学习者的活动为中心，但学习者的活动具有多种性质，并非所有的活动都有教育价值，也并非所有的活动都能带来同样的教育价值。活动课程在实施中容易导致“活动主义”，为活动而活动，把握不当，会极大地影响教学效率和教育质量。最后，活动课程在课程实施中对教师的教学组织能力以及相关教学设施提出了较高要求。它要求教师具有相当高深的专业知识和教育艺术素养，在师资条件不具备的情况下，活动课程的实施并不能带来预期的效果。

（三）两者的关系

学科课程与活动课程并非对立关系，而应取长补短、相辅相成。活动课程并不一定是对学科课程的彻底否定，学科课程中渗透着经验课程，活动课程可以是对学科课程的一种整合式超越；学科课程也可以弥补活动课程中学生学习经验个人化和缺乏系统性方面的不足问题。当前，各国依然是以学科课程体系为主的，而把活动课程作为一种有益的补充。

二、分科课程与综合课程

分科课程与综合课程是以课程内容的组织方式为逻辑范畴而加以区分的两种类型。

(一)分科课程

分科课程是一种单学科的课程组织模式。它强调不同学科门类之间的相对独立性，强调一门学科的逻辑体系的完整性。从课程开发来说，分科课程坚持以学科知识及其发展为基点，强调本学科知识的优先性；从课程组织来说，分科课程坚持以学科知识的逻辑体系为线索，强调本学科自成一体。

分科课程与学科课程在所指对象方面是一致的，只是分类的视角不同。前者侧重从知识边界的相互关系角度划分课程，后者则将着眼点放在知识的内部结构和体系上。因此，分科课程的优势、局限与学科课程较为一致，这里就不再赘述。

(二)综合课程

所谓“综合课程”是指这样一种课程取向：有意识地运用两种或两种以上学科的知识观和方法论去考察和探究一个中心主题或问题。综合课程主要有以下三种类型。如果这个中心主题或问题源于学科知识，那么这种综合课程是学科本位综合课程(或称综合学科课程)。如小学科学课程就融合了地理、物理、化学等基础知识。

如果这个中心主题或问题源于社会生活现实，那么这种综合课程是社会本位综合课程。如有科学—技术—社会课程(简称 STS 课程)、环境教育课程、国际理解教育课程等。

如果这个中心主题或问题源于学生自身的需要、动机、兴趣、经验，那么这种综合课程是经验本位综合课程(或称综合活动课程、儿童本位综合课程)，如小学综合实践活动课程。

从学科本位综合课程来看，根据课程内容整合的程度，又可以分为关联课程、融合课程、广域课程。所谓关联课程是指加强两门或多门学科之间的联系和照应，使各门学科的学习互相促进、互相强化。比如，使数学课的教学和某门或几门自然科学课的教学互相配合；又比如，在语文和历史两课之间建立关联关系。融合课程比关联课程更进一步，不是仅在互相独立的学科之间建立密切联系，而是把两门相邻学科的教学内容糅合在一起，编成一门综合学科。广域课程是融合课程的扩大，即把数门学科的内容加以合并，组成一门综合学科。典型的例子就是在英、美等国广泛采用的社会研究课。它糅合了历史学、地理学、经济学、社会学、政治学、法学和人类学的内容。比如，综合自然学科则综合了物理、化学、生物、生理、实用技术等方面的内容。

综合课程具有以下几方面的优势：第一，打破了分科课程固有的界限，实现了课程内容以及教育价值的有机整合。尽管学科知识的分化有其合理性，但这并不意味着学科课程要相互隔离与封闭，文化或学科知识的健康发展需要不同学科间相互作用和相互交融。综合课程体现了文化或学科知识间相互作用、彼此关联的发展需求。

第二，能够增进课程内容与现实生活的联系。学生的发展与当代社会生活息息相关。过于强调分科课程易导致的一个弊端是使学生的学习与当代社会生活剥离。当学生的发展与当代社会生活的有机联系被学校人为地分离开来以后，必然导致学生对学习兴趣的缺失，体会不到学习的意义和价值。解决这个问题的办法是将学校课程以问题和观点为核心组织起来，与社会生活紧密联系，让学生感到学有所用。

第三，实现学生的心理的整体发展。每一个学习者都是基于其知识和经验的背景而整体地建构知识的。学生心理发展的整体性必然要求学校课程具有综合性。同时，综合的、探究取向的课程能够为学习者提供更多潜在的机会，以使其丰富和完善有意义的知识和技能，从而增强学习者的自我效能感和学习动机，提高学习者的兴趣。

综合课程的不足之处在于：第一，难以向学生提供系统完整的专业理论知识，不利于高级专业化人才的培养；第二，在课程内容的组织中，容易出现"挂一漏万"，课程内容组织的难度较大，容易形成"大拼盘"的现象；第三，在课程实施中对教师自身的专业素养提出了较高的要求，课程实施的难度增大。

(三)两者的关系

综合课程与分科课程二者相对独立。分科课程在掌握知识的系统性、逻辑性和专业性方面具有综合课程无法替代的优势；综合课程在反映知识间的内在联系方面，分科课程无法替代。

综合课程与分科课程间又存在内在联系。分科课程与综合课程的区分是相对的，分科课程总包含着知识之间某种程度的综合。开发出一门综合课程并作为课程计划的一部分之后，综合课程总是呈现出某种分科的形式。

三、必修课程与选修课程

(一)必修课程

必修课程是某一教育系统或教育机构规定学生必须学习的课程种类。在我国基础教育领域，主要是指同一年级的所有学生都必须修习的公共课程，是为保证所有学生的基本学力而开发的课程。

必修课程的根本特性是强制性，它是社会或机构权威在课程中的体现，具有多方面的功能：选择传递主流文化；帮助学生掌握系统化知识，形成特定技能、能力和态度；促进社会政治、经济、科技的发展；等等。

必修课程的优势主要包括：能够全面反映课程目标的要求，是实现既定教育任务的主要途径；能够使学生形成作为未来社会公民和个体生活所必需的基本素养。必修课程的不足之处在于：过分注重学生的共性发展，而忽视了学生的个性发展。

(二)选修课程

选修课程是某一教育系统或教育机构中，学生可以按照一定规则自由地选择学习的课程种类。它依据不同学生的特点与发展方向，允许个人选择，是为适应学生的个性差异而开发的课程。

选修课程一般分为限定选修课程与任意选修课程两类。限定选修课程是指在规定的范围内学生按一定的规则选择学习的课程。如学生必须在若干组课程中选修一定组数的课程，或在若干门课程中选修一定门数的课程。任意选修课程则是不加限制，由学生自由选择学习的课程。选修课充分体现了课程结构的选择性特征。

选修课程的优势为：第一，选修课程有利于不同地区根据自身经济文化发展需要，设置适应的课程；第二，根据不同学校的特点，有助于学校办出特色；第三，有助于适应学习者的差异性，满足学生个性发展的需要。

(三)两者的关系

必修课程与选修课程二者对立统一。必修课程与选修课程二者虽课程性质不同，但在育人功能发挥上有机统一。学生发展既有共性，又有个性。所以适应学生共同需要的必修课程与适应学生不同需要的选修课程必须相互结合，才有利于促进学生个性的全面发展。

四、国家课程、地方课程与校本课程

国家课程、地方课程与校本课程，这是从课程设计、开发和管理主体来区分的三种课程类型。国家课程的主导价值在于通过课程体现国家的教育意志。地方课程的主导价值在于通过课程满足地方社会发展的现实需要。校本课程的主导价值在于通过课程展示学校的办学宗旨和特色。

（一）国家课程

国家课程是指由国家统一组织开发并在全国范围内实施的课程。国家课程有广义和狭义之分。广义上指的是国家有关部门制定和颁布的各种课程政策。比如，教育部制定、颁布课程管理政策、课程方案、各类课程的比例和范围，教材编写、审查和选用制度等。狭义上指的是国家委托有关部门或机构制定的基础教育的必修课程(或称核心课程)的课程标准或大纲。无论是广义的国家课程还是狭义的国家课程，都集中体现了国家的意志，具有统一规定性和强制性的特征。

国家课程是一个国家基础教育课程方案的主体部分，体现了国家对学生发展的基本要求和共同的质量标准，是教育评价的重要依据，也是不同学校、不同地区甚至不同国家之间进行教育质量比较的重要依据。它是决定一个国家基础教育质量的主要因素，对于基础教育的发展，特别是对人才培养的质量和规格具有决定性作用。

（二）地方课程

地方课程是指由地方组织开发并在本地实施的课程，也有广义和狭义之分。广义的地方课程既包括地方对本地的国家课程的管理和实施，也包括地方自主开发的只在本地实施的课程；狭义的地方课程专指地方自主开发实施的课程，即由地方根据国家教育方针、课程管理政策和课程计划，在关注学生共同发展的同时，结合本地的优势和传统，充分利用本地的课程资源，直接反映地方社会、经济、文化发展的需求，自主开发并实施、管理的课程。在一般情况下，人们所谈的地方课程都是狭义的地方课程。地方课程的目的主要有以下几方面。

地方课程开发以合理利用和开发地方丰富的课程资源为基础，强调因地制宜，具有鲜明的地域性特征，具有较强的针对性，可弥补国家课程所没有涵盖，不能满足或无法考虑周全的内容空缺，促进国家课程的有效实施；地方课程可调动地方参与课程改革与课程实施的积极性，使地方能紧密结合本地的社会、经济和文化发展现状，充分利用本地的课程资源，促进地方社会、经济和文化的发展；同时地方课程也有利于培养地方的课程开发能力，从而促进课程改革的可持续发展。

（三）校本课程

校本课程是指由学校根据本校实际自主开发并在本校实施的课程，其主导价值在于创建学校的办学特色，提升学校的办学水平，并有助于学生的个性发展。对校本课程可做三个层次的理解：一是广义的校本课程，指的是学校所实施的全部课程，既包括学校所实施的国家课程、地方课程，也包括学校自己开发的课程。二是狭义的校本课程，即学校设计开发的课程，指的是学校在对本校学生的需求进行科学的评估，并充分考虑当地社区和学校课程资源的基础上，以学校和教师为主体，开发的旨在发展学生个性特长的、多样的、可供学生选择的课程。它是学校在实施好国家课程和地方课程的前提下，根据学校的实际条件和需要开设的具有学校自身特点的课程。目前，人们习惯上将学校自己开发的课程称为校本课程，以区别广义的学校课程。故狭义用法较为普遍。三是校本课程也可指学校对国家课程或地方课程进行再加工与再创造而形成的课程。这种课程是通过选择、改编、整合、补充、拓展等方式，对国家课程和地方课程进行的再加工和再创造，以更符合学生、学校和社区的特点和需要，体现学校的特点和个性。

校本课程的多样性和灵活性可以照顾学生的个别差异，满足学生多样化的需要；校本课程的开发要求教师成为课程与教学的领导者，在充分了解学生的发展特点和现实需要的基础上参与课程改革。这对促进教师的专业发展具有十分重要的意义，是实现教师持续性的专业发展的有效途径。

（四）三者的关系

无论是国家课程、地方课程，还是校本课程，都是课程结构中不可或缺的重要组成部分，在课程设置方案中都占有一定的课时比例，并通过具体的科目、门类落实到学校的教育教学中去，发挥各自独特的育人功能。当然，三类课程不是截然分开的，而是有机地整合在一起的，相互之间也有彼此增进的关系。

第一，义务教育阶段应以国家课程为主。国家课程体现了国家意志，既保证了全体学生接受教育的权利，也为学段之间的顺利衔接提供了保障。地方课程和校本课程的一个重要作用或目的也是保证国家课程的有效实施。地方课程是在国家课程的基本精神的指导下实施的，无论是地方出台的各种课程政策，还是地方开发的各类课程，其根本目的都在于提高人才的培养质量，满足学生多样化的发展需要，更好地达到或实现国家课程所确定的目标。因此，地方课程与国家课程在主要的目标上是一致的。

第二，地方课程可以弥补国家课程的空缺。国家课程是面向全国的，确保大多数学生甚至所有学生都能接受，强调普遍性，很难完全满足全国不同地区、不同学校、不同学生的需要，也很难适应不同地区的实际。地方课程正好可以弥补国家课程的这一不足。

第三，校本课程尽管是以校为本的，但从根本上说，它也是在国家宏观课程政策和国家课程标准的框架内实施的，要与国家的教育方针、教育目标特别是人才培养目标相一致，确保人才培养目标更好地实现。因此，校本课程可以是国家课程的改造与创新，也可以是学校在国家课程所确定的课程门类以外，新开发、开设的独具特色的课程。无论如何，都要求学校、教师树立课程意识，要了解、熟悉国家课程政策和课程标准，因此校本课程是国家课程和地方课程实施的催化剂和助推器。

第四，从纵向关系来看，在义务教育阶段，学校课程应以国家课程为主，以地方课程和校本课程为辅；随着年级的升高，从小学到高中应逐渐加大地方课程和校本课程的比例。

此外，有些课程还能体现国家课程、地方课程和校本课程三者合一。如我国新课程改革中实施的综合实践活动课程就实现了这三者的融合。说它是国家课程，是因为国家把它作为一门全国统一开设的科目，还明确规定了具体的课时空间；说它是地方课程和校本课程，是因为综合实践活动的组织管理、开发实施是由地方和学校来进行的。简言之，综合实践活动课程是国家设置、地方管理、校本实施的课程。

五、显性课程与隐性课程

根据课程呈现的形态，具体地说，就是根据从教育是公开地还是隐蔽地影响学生的角度，可将课程分为显性课程和隐性课程两类。

(一)显性课程

所谓显性课程，亦称“正式课程”或“正规课程”。显性课程是相对于隐性课程而言的，是指在学校课程体系中为实现一定的教育目标而设计的具有实际形态并以外显方式出现的课程。显性课程一般要求学生学习并通过考核，以达成课程目标。如小学开设的语文、数学、英语、科学等课程，就属于显性课程。

(二)隐性课程

隐性课程是指那些难以预期的，伴随着正规教学内容随机出现的，对学生产生潜移默化影响的那部分内容。它不在教学计划中反映，但对学生的知识、情感、信念、意志、行为和价值观等方面发挥着重要影响作用。

隐性课程在范围上主要体现在三个层面：一是学校物理环境构成的物质文化层面，诸如学校建筑及其结构和内涵、校园人造自然环境及其结构和内涵、校园生活水平及其结构和内涵等；二是制度风气层面，诸如校训、校风、班风、学风等；三是学生在学校各种人际交往中所形成的心理文化，诸如对教师的认同、对同学的信任等。

(三)两者的关系

显性课程与隐性课程在育人功能上相辅相成，相得益彰。显性课程是以开发和培养学生的智力为目的，隐性课程所涉及的则是指向学生的精神世界，以培养学生的品德为主要目标；显性课程的存在和作用方式是彰显的、外露的，隐性课程则是内隐的、潜藏的；显性课程是以课程计划、课程标准、教材形式明确陈述的课程，隐性课程则是以教育的物质环境、精神氛围等方式存在的，未明确陈述的课程。显性课程与隐性课程有机结合，更有利于实现小学阶段的培养目标。

第二节
课程开发与小学校本课程开发

一、课程开发概述

(一)课程开发的概念

关于“课程开发”的概念，有学者认为它是适应社会的变化，不断地评价、改革学校教育活动的计划(课程)的持续性活动；有学者将其定义为“借助学校教育计划——课程——的实施与评价，以改进课程功能的活动的总称”①。1974年，日本文部省与经济合作与发展组织(OECD)所辖机构——教育研究与革新中心(CERI)合作，在东京召开了课程开发国际研讨会，明确提出了“课程开发”的概念及其基本方向，认为“‘课程开发’是表示课程的编订、实验、检验—改进—再编订、实验、检验……这一连串作业过程的整体，大体相当于课程改造、课程改革之类的概念。总之，意味着伴随科学技术的进步与社会的发展而展开的新课程研究”②。与课程开发相近或者相同的概念还有课程编订、课程编制、课程建设等。

综合相关研究成果，本书认为：课程开发是指将由国家、地方教育行政部门或学校以及相关人员等课程开发主体设计而形成的课程方案(或计划)付诸教育机构(如学校)的教育教学实践，并通过课程实施和课程评价等环节不断优化课程的实践进程或实践系统。理解课程开发的概念需要注意如下要点：首先，课程开发的主体可以是国家、地方教育行政部门或者教育机构，也可以是上述机构的相关人员；其次，课程开发的目的在于不断地优化课程体系；最后，课程开发是一个包括课程设计、课程实施、课程评价等环节(阶段)或职能活动的完整实践进程或实践系统。

---

① 钟启泉：《现代课程论》，319页，上海，上海教育出版社，1989。
② 钟启泉：《现代课程论》，319～320页，上海，上海教育出版社，1989。

(二)几种经典的课程开发模式

课程开发模式是一套课程开发的具体操作程序，它既有助于教育管理工作者进一步厘清和规划具体的课程，也为一线教师提供了确定课程要素和课程开发程序的基本范式。小学课程开发模式是指小学课程开发的实践样态，或希望小学课程开发依照何种方式进行。

课程开发理论诞生至今虽不足百年，却已呈现出“百家争鸣”的态势。常见的课程开发模式包括泰勒的目标模式、斯滕豪斯的过程模式和斯基尔贝克的情境分析模式。这三种课程开发模式为小学课程开发提供了可遵循的方法论，为小学教育工作者的课程开发提供了指导思想和具体原则。

1. 泰勒的目标模式

泰勒经过八年研究(1934—1942 年)，最终在《课程与教学的基本原理》中将课程理论归结为四个最基本的问题，即我们如果要进行课程开发，就必须回答这些问题：①学校应努力达到哪些教育目标？②提供哪些教育经验才能实现这些目标？③这些教育经验应如何有效地组织起来？④如何确定这些目标正在得到实现？泰勒认为，不同的教育阶段、不同的学校，对上述问题的回答会存在差异。因此，他只是提出了课程开发的四个阶段——确定教育目标、选择学习经验、组织学习经验和评价学习结果。它们构成了一个完整的从目标到结果的过程，这是早期的课程学者(博比特、查特斯)的著作中没有体现出来的。针对上述四个阶段，泰勒又提出了一些具体主张。

(1)确定教育目标

教育目标是课程的灵魂，它的确定要依据三个来源：一是对学习者自身的研究；二是对校外当代社会的研究；三是学科专家的建议。

(2)选择学习经验

这里的学习经验主要是指学习者与环境主动相互作用的结果。选择学习经验应遵循五条原则：一是为了达到某一目标，学生必须具有使他有机会实践这个目标所隐含的那种行为的经验；二是学习经验必须使学生由于实践教育目标所隐含的那种行为而获得满足感；三是学习经验所期望的反应是在学生力所能及的范围之内的；四是许多特定的经验可用来达到同样的教育目标；五是同样的学习经验往往会产生多种结果。

(3)组织学习经验

组织学习经验必须坚持三项原则：连续性、顺序性和整合性。连续性是指直线式地陈述主要的课程要素；顺序性是强调每一后继经验要以前面的经验为基础，同时又对有关内容进行深入、广泛的展开；整合性是指各种学习经验之间的横向关系，以便学生获得统一的观点，并把自己的行为与所学的课程内容统一起来。

(4)评价学习结果

评价学习结果实质上是一个确定课程与教学实际达到目标程度的过程。它具有如下特点：一是把评价与目标结合起来，评价本身不是目的，而是达到目的的手段；二是把评价与行为联系起来，要求必须评估学生的行为，因为教育所追求的正是学生的行为变化；三是用评价来代表传统的测验，扩大评价的内涵。

泰勒的目标模式的最大特点是注重目标的重要性，它的整个课程开发过程都是围绕目标来进行的。同时，目标模式还提出了一个有章可循的实践模式，便于操作。但是，泰勒的目标模式的局限性在于其忽视对课程目标自身的评价，并忽视过程评价和对学生个性化发展的特殊性的关注。

2. 斯滕豪斯的过程模式

斯滕豪斯反对在课程开发中普遍使用目标模式，并针对目标模式的弊端，提出课程开发的过程模式。斯滕豪斯全面探讨了过程模式的理论。其基本思想为："人们可以通过详细说明内容和过程中的各种原理的方法来合乎理性地设计课程，而不必用目标预先指定所期望达到的结果。"①

斯滕豪斯认为过程模式不依赖于分解的目标来选择内容、活动和指导教学过程，它选择的依据是知识、活动的内在价值等。为此，他专门引用了拉思鉴别教育活动内在价值的 12 条标准。② ①在所有其他条件相同的情况下，如果一项活动允许儿童在活动过程中做出自己的选择，并对选择所带来的结果做出反思，则这项活动比其他活动更有价值。②在所有其他条件相同的情况下，如果一项活动允许学生充当主动角色而不是被动角色，则这项活动比其他活动更有价值。③在所有其他条件相同的情况下，如果一项活动要求学生探究各种观念、探究智力过程的使用，或探究当时的个人问题或社会的问题，则这项活动比其他活动更有价值。④在所有其他条件相同的情况下，如果一项活动要求学生涉及实物教具，即真实的物体、材料与人工制品，则这项活动比其他活动更有价值。⑤在所有其他条件相同的情况下，如果一项活动能够让处于不同能力水平的学生成功地完成，则这项活动比其他活动更有价值。⑥在所有其他条件相同的情况下，如果一项活动要求学生在一个新的背景下审查一种观念、一项智力过程的应用，或一个以前已经研究过的现存面临的问题，则这项活动比其他活动更有价值。⑦在所有其他条件相同的情况下，如果一项活动要求学生审查一些项目或问题，这些项目或问题是我们社会中的人们一般不去审查的，是典型的被国家的大众传播媒介忽略的，则这项活动就比其他活动更有价值。⑧在所有其他条件相同的情况下，如

---

① ［英］菲利浦·泰勒、［英］科林·理查兹：《课程研究导论》，王威廉、高佩译，59 页，北京，春秋出版社，1989。

② 陈伟军：《教育学》，183～184 页，济南，山东人民出版社，2014。

果一项活动使学生与教师共同参与“冒险”——不是生命或肢体之险，而是冒成功或失败之险，则这项活动比其他活动更有价值。⑨在所有其他条件相同的情况下，如果一项活动要求学生改写、重温及完善他们已经开始的尝试，则这项活动比其他活动更有价值。⑩在所有其他条件相同的情况下，如果一项活动使学生应用与掌握有意义的规则、标准及准则，则这项活动比其他活动更有价值。⑪在所有其他条件相同的情况下，如果一项活动能给学生提供一个与别人分享制订计划、执行计划及活动结果的机会，则这项活动比其他活动更有价值。⑫在所有其他条件相同的情况下，如果一项活动与学生表达目的密切相关，则这项活动比其他活动更有价值。

斯滕豪斯认为，课程评价不应以目标的实现情况为依据，而应以在多大程度上反映知识形式、实现程序原则为依据。过程模式从根本上说是一种批评模式，而不是一种评分模式。这不等于说在过程模式指导下的教学活动中学生不能被测验，而是过程模式更重视课程教学过程中的形成性结果，更倾向于形成性评价和教师的诊断。斯滕豪斯主张，在学生学习过程及结果评价中，教师应该扮演诊断者或者批评家的角色，而不是一位判分者。教师与学生所从事的有价值的活动有其自己内在的标准，成绩评定是通过批判地反映学生所做的工作来改进学生为达到这些标准工作要求的能力。斯滕豪斯还明确提出了“教师即研究者”的口号。[①]

斯滕豪斯的过程模式在一定程度上弥补了目标模式的局限性。这一模式强调以确定知识与教育活动的内在价值为基础，鼓励学生主动探索具有内在价值的知识领域，并重视培养学生的思考力和创造性，重视课程实施的复杂性，重视教师在课程设计与实施中的作用，提出了教师作为研究者的观点，这些都是有创见的。然而，尽管斯滕豪斯的过程模式提出了很好的课程开发思想，但由于其对过程原则的强调过于笼统，没有具体说明行动的方式，缺乏明确的要求，因而使人感到难以把握，甚至会影响课程教学的效率。

3. 斯基尔贝克的情境分析模式

斯基尔贝克主张课程开发立足于“应该针对单个的学校和它的教师”的基本假设。[②]具体而言，就是按照不同学校自身的实际情况，通过对学校环境进行多方面、多维度的分析和评估来设计课程。斯基尔贝克将课程开发的情境分析模式归纳为五个部分(参见图 3-1)。①文化分析，即对制约学校课程的内外因素及其相互作用的分析与考察。内部因素包括学生的心理特点，教师的价值取向、态度、技能、知识、经验，学校的风气，教学设备以及当前学校课程面临的发展问题。外部因素主要包括文化、社会及

---

① 汪霞：《课程开发的过程模式及其评价》，载《外国教育研究》，2003(4)。

② [英]菲利浦·泰勒、[英]科林·理查兹：《课程研究导论》，王伟廉、高佩译，61 页，北京，春秋出版社，1989。

意识形态的变迁，家长、社区及雇主的教育期望，教育政策、考试制度及教育系统、地方教育当局的要求以及教材性质的变化等。②拟定目标，即依据对情境中各种制约课程的因素(人类价值与经验、学生的学习方式、教师与学生的行动、学生可达到的学习结果的预期等)的分析和诊断的结果，确定体现着意在改变某方面情境的各种决策的课程目标。③编制方案，即依据已确定的课程目标选择学习材料、确定教学方法、选择适宜的结构性环境、设计教学活动方案，如教学顺序、结构、范围、活动方式、时间表、活动场所等。④解释与实施，指的是对课程方案实施中可能出现的各种实际问题予以解释，并在实施中提供设法解决问题的策略。⑤追踪与重建，指对教育结果进行全面的检查、评价，并对反馈的意见进行整理，提出改进方案的新策略。

斯基尔贝克的情境分析模式立足于学校内外具体情境的分析以确定目标、内容及实施策略，这使得学校层面的课程设计呈现出现实适应性及动态发展性。但是，斯基尔贝克的情境分析模式仅以不同学校具体的情境分析为依据而进行课程方案研制策略的选择，易于蒙上现实适应论的阴影，缺少了世界性、国家性、历史性和未来性等的视野。

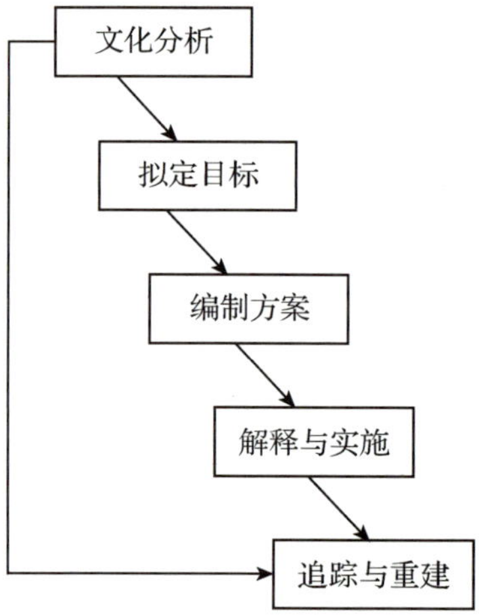

图 3-1　斯基尔贝克的情境分析模式

(三)课程开发的层次

按照不同的标准，课程开发可以分为不同的层次。

1. 宏观课程开发、中观课程开发和微观课程开发

从课程开发过程所承担的任务和产生的结果来分析，课程开发可以分为宏观、中观和微观三个层次。不同层次的设计，完成不同的任务，产生不同的结果。

(1)宏观课程开发

宏观课程开发的主体是国家，该层次的课程开发旨在解决课程的一些基本理念问题，如课程的价值、目的、主要任务、基本结构等；其开发结果主要是基本政策，包括课程宗旨、课程性质、课程目标、选择课程内容的指导原则等，具体表现为由中央政府、地方政府制定的官方文件。这些官方的课程文件或者对学校权力、要求加以限制，或者给予鼓励。它既包括维持整个课程系统的政策，也包括特定课程或具体课程的指导原则。在我国，宏观课程开发的主体是国家，颁发的官方文件是有关的课程计划。

(2)中观课程开发

中观课程开发指的是在宏观课程开发完成之后，进一步将其具体化为各门课程的大纲或标准，并以教科书或其他形式的教材为物质载体表现出来。这一层次的设计工作以宏观课程开发为前提和基础，是在具体的课程门类基础上进行的，因此往往也采用更为明确的概念，如科目设计、学科设计，等等。①

(3)微观课程开发

微观课程开发是指进入课程实施领域时，由教师根据各种相关因素的具体状况对课程进行再设计。这种设计一般不涉及课程的总体目标、学科目标。也就是说，影响微观课程开发的因素主要是学生的已有基础及学习状态、教师自身水平、可利用的课程资源等。

2. 国家课程开发、地方课程开发和校本课程开发

从教育行政机构的角度来分析，课程开发可分为国家、地方和学校三个层次。不同层次的课程开发反映了对课程要求的不同标准。

(1)国家课程开发

国家课程开发是由中央政府委派专门的课程开发机构或专家小组，依据整个国家的政治、经济发展的需要，针对全国中小学教育中普遍存在的问题，确立新的课程目标和课程方案，修订或新编教材，然后选择一些学校试验，再向全国推广，最后学校普遍实施，并接受国家考试机构或其他评估机构检测。这种开发模式是一种“研究—开发—实验—推广”的、自上而下的、由中心向边缘的课程开发。

(2)地方课程开发

地方课程开发是地方教育主管部门以国家课程标准为基础，在一定的教育思想和课程观念的指导下，根据地方社会发展及其对学生发展的特殊需要，充分利用地方课程资源所设计的课程。地方课程立足于课程的地方适应性，并关注地方发展的多样性，为学生提供了更多的选择机会。地方课程主要是综合课程，也可以是分科课程。它不

---

① 从立新：《课程论问题》，162页，北京，教育科学出版社，2000。

追求知识的体系化，而更注重知识面的拓展，注重与地方政治、经济和文化的整合。

(3)校本课程开发

校本课程开发是以学校教师为主体，在充分利用地方和社区课程资源的基础上，根据学校的办学思想而开发的可供学生自主选择的多样课程，包括对国家课程、地方课程的实施和校本课程的开发。校本课程开发是完全出于学校内部需要，完全依靠自身的条件和资源的全员参与、自我评价的课程开发活动。它是“实践—开发—反思—改进”的“草根式”开发模式，充分尊重和反映了学校全体师生的独特性和差异性。

现实的课程开发中，上述两种类型下的课程开发层次都是相互关联的。换言之，有的课程既可以逐层逐级开发，也可以自上而下地开发，还可以自下而上地开发。小学课程正处于全面创新的开发时期，我们应鼓励、引导各开发主体树立开发意识，以积极的心态投入课程开发的大潮。

二、小学校本课程开发的实施

(一)小学校本课程开发的定义

当前，学术界对校本课程开发的理解主要分为“校本课程的开发”和“校本的课程开发”。前者指学校自主开发的自有的独特的课程，后者指包括国家课程在内的所有课程的校本化改革。这两种理解的产生源于不同的教育管理体制。世界各国的教育管理体制大致可以分为两种。[①] 第一种即以国家层面的调控为主，在国家课程计划中预留10％～25％的空间作为学校决策的校本课程的范围。第二种是指学校在符合国家课程标准的前提下，对实施的课程整体有决策权。显然，我国的国情决定了当前我国的校本课程开发属于前者。在我国，校本课程强调的是，在实施国家课程和地方课程的前提下，对本校学生的需求进行科学评估，利用当地社区和学校的课程资源而开发的多样性的、可供学生选择的课程。

因此，小学校本课程开发指的是根据学校的办学思想，以学校教师为主体，在具体实施国家课程和地方课程的前提下，通过对本校学生的需求进行科学评估，充分利用学校和社区的课程资源，旨在满足本校所有学生学习需求的一切形式的课程开发活动。

(二)小学校本课程开发的原则

小学校本课程开发的原则，是指在校本课程开发过程中制约着开发活动的价值准

---

① 肖庆顺、孙伟霞：《校本课程开发的动力机制探源》，载《天津市教科院学报》，2004(1)。

则，是人们根据对课程开发过程的规律性认识而制定的用以指导课程开发的基本要求。课程开发的原则规范着课程目标的性质、课程内容的选择、课程实施的标准以及课程评价的取向等问题。

1. 主体性原则

校本课程开发是指学校根据自己的教育哲学思想，自主进行的适合学校具体特点和条件的课程开发。它实际上是一个以学校为基地进行课程开发的民主决策过程，即校长、教师、学者专家、学生、家长及社区人士参与学校课程计划的制订、实施和评价。

2. 适宜性原则

适宜性原则指学校校本课程的开发要从学校自身的实际出发，充分利用自身资源、量力而行，不盲目跟风。由于每所学校所处的地域、办学条件等不尽相同，必然会形成不同的校园文化和办学特色。校本课程开发就是要立足学校自身的实际情况，充分利用自身的优势资源，构建符合学生发展需求的校本课程，任何盲目照搬、照抄都背离了校本课程开发的本意。

3. 灵活性原则

灵活性原则指校本课程的开发相对于国家课程来说，开发周期较短，并且要随着学校资源和学生需求的变化而及时进行调整。满足学生的多种需求，促进学生的发展，是校本课程开发的出发点和归宿点。因此，学校要根据自身的培养目标、发展需要和学生的需求变化，不断调整校本课程。

（三）小学校本课程开发的途径

1. 独立开发校本课程

独立开发校本课程主要指学校或教师个人在认真分析和评估自身课程资源，如物质资源（场地、设施、设备、经费等），信息资源（教材、报刊及音像资料、网络媒体资源等），能力资源（教师业务能力、学生认知能力等）的基础上，开发出符合学生发展需求的校本课程。小学独立开发校本课程的基本步骤将在本小节的第五部分做详细介绍，此处不再详述。

2. 合作开发校本课程

合作开发校本课程是指“外部开发者”和“用户开发者”联合起来进行校本课程开发，具体包括五种合作。[①] ①校际合作模式，即学校与学校联合，各教育哲学与宗旨相近、区域跨距小、资源可互补的学校联合起来进行校本课程的开发，以此增强课程开发实力。②专家与学校合作模式。课程开发的实质是课程理论与课程开发实践不断发展、

---

① 刘英琦、钱扬义、刘建祥：《校本课程的开发研究》，15～17页，长春，东北师范大学出版社，2005。

丰富和完善的过程。一方面专家拥有较为丰富的课程理论知识，能够为学校课程开发提供理论指导；另一方面，具有开发条件的学校为课程理论与实践结合提供了重要基地。③研究机构与学校联合模式。当学校进行规模较大、难度较高的课程开发时，应与研究机构联合，因为研究机构拥有专家群体，具有系统开发和研究的能力。④教育机构与学校联合模式。在进行校本课程开发时，教育机构可做教育方针指示，进行财力、物力支持和地区间学校资源的调配利用，这些都有利于增强校本课程开发的综合力量。教育机构与学校合作时，必须遵从“非命令性”和“非干涉性”原则。⑤领导与教师合作模式。在校本课程开发过程中，领导和教师是核心力量。一方面，领导的个人风格、办学理念、管理策略彰显着学校的办学特色；另一方面，教师最了解学校和学生，能真正贯彻校本课程开发中“以人为本”的目的。两股力量相结合，校本课程开发可以完整地体现“学校本位”和“以人为本”的思想，可以更好地体现学校的办学特色。

无论是学校自主开发的校本课程，还是合作开发的校本课程，它们的根本宗旨是一致的，即旨在满足学生的学习需求，促进学生的全面成长和个性发展。至于学校选择何种方式开发校本课程，这要根据周边环境、师资情况、教育资源等实际情况来定。

(四)小学校本课程开发的常见形式

根据课程开发内容的来源，小学校本课程开发主要有选择、改编、整合、补充、拓展、新编等形式。

1. 课程选择

课程选择是校本课程开发中最普遍的活动，是学校从众多可能的课程项目中决定付诸实施的课程计划的过程。在小学，课程选择大致分为三种层次：科目选择、教材或教科书选择、教学内容选择。第一层次是课程计划中的科目选择，一般由具备课程开发机制的教育系统为学校提供一系列供选科目清单，学校从中选择他们所要开设的少数科目。第二层次是在科目确定的情况下，在同一科目的不同版本之间进行选择。第三层次则是课堂层次的选择，指教师和学生根据认知能力和学校的实际情况选择可以确保学生最大限度地掌握知识、获得能力的内容。

2. 课程改编

课程改编主要是指学校和教师对已有的课程(自己的或别人的)进行增加、删减和改变顺序等，进而形成一门适合自己实际需要的课程。课程改编一般涉及目标、内容选择与组织、实施方式、评价方式与课程资源五个方面中的某一方面或几个方面的修订。

3. 课程整合

课程整合是指超越不同知识体系而以关注共同要素的方式来安排学习的课程开发

活动。课程整合的目的是减少知识的分割和学科间的隔离，将学生身心发展所需要的不同的知识体系统一连接起来。课程整合的常见方法有开发关联课程和跨学科课程。其中，开发关联课程要求要在课程设计时就科目间的相关问题进行协调；而跨学科课程是把多门不同的学科糅合成一门课程来学习。

4. 课程补充

课程补充是指为了提高国家课程和地方课程的教学效果而进行的补充性材料开发活动。只要是有助于国家课程、地方课程目标的所有矫正性、补充性资源，都可以作为课程补充的材料，如课堂中布置的课外作业、阅读或谈论某事的活动、与科目内容相关的材料、图书馆或者网上的相关资料、为完成某一学习单元所必要的基础知识、为某位学生解决某一特定的问题而提供额外的或可供选择的指导等。

5. 课程拓展

课程拓展是指以拓宽课程的范围为目的而进行的课程开发活动。课程拓展的目标是拓宽课程的内容，拓宽学生的视野。课程拓展一般在纵向与横向两个方面展开，也就是我们平常所说的拓宽课程内容的深度和广度。就课程拓展的范围而言，包括整体拓展课程与专题拓展课程：前者是指整门课程所涉及的内容都需要进行拓展，后者是指拓展某一课程中的某些专题的内容。就课程拓展的服务对象而言，又可分为面向全体的拓展课程与个别化的拓展课程：面向全体的拓展课程是指经拓展后的课程为全体(全班或全年级)学生服务，个别化的拓展课程则是指教师为某些在某一方面具有兴趣和专长的学生而专门拓展的课程。无论是面向全体的拓展课程还是个别化的拓展课程，都应以师生双方必须完成国家课程所规定的基本内容为前提。

6. 课程新编

课程新编主要是指按照学生课程需求的评估以及可得到资源的分析，在先进教育教学理念的指导下确定开发一门全新的校本课程。这里强调的新编，主要是指课程的编制具有个性化特征，不拘泥于传统课程。许多学校的特色课程、乡土教材以及时事专题课程等，就属于此类，如校史教育、“我与上海世博会”等。① 需要注意的是，这种校本课程开发形式的分类只是为了学理上的清晰且局限于某一门课程的开发，并不是指校本课程整体方案的开发。

(五)小学校本课程开发的基本步骤

一般来说，小学校本课程开发是一个循环往复的过程，前一轮校本课程评价的结果是后一轮校本课程开发的依据。在必要的时候，校本课程开发可以从任何一个阶段开始。例如，在课程组织阶段或课程实施阶段，也可以进行环境分析或对课程目标进

① 崔允漷：《校本课程有哪些开发类型》，载《中国教育报》，2008-06-27。

行修改。以下，我们将结合宁波市镇海区三公司学校的校本课程开发方案来具体阐述校本课程开发的基本步骤。①

1. 组织建立

进行校本课程开发应先成立课程委员会或相应的工作小组，规模较大的小学必须建立校本课程开发的组织网络。这一机构主要负责引领校本课程开发的总方向，拟定校本课程开发的规章制度，审议教师申报的校本课程等。机构的成员应该具有广泛的代表性，不仅有学校教师和行政人员代表，还应有学生、家长、教育行政部门人员、社区人士、校外专家等代表，他们各自扮演不同的角色。

该学校在校本课程开发活动中，在成立校本课程开发工作小组的同时，先后成立了以校长为组长的校本课程建设“疑难问题解决”小组、以教科研骨干教师为核心力量的综合实践活动校本课程导师团。对外，这支队伍与相关部门保持密切联系，不断进行交流与沟通，获得课程开发的支持和开发经费的资助；对内，小组成员与任课教师、各处室主任形成课程研究与实践的共同体，建立内部反馈和激励机制。定期开展多种研修活动，不断破解课程研发中的疑难问题。

2. 环境分析

校本课程是针对本校、本年级或者本班级学生群体的发展需求开设的课程。每所学校所处的环境不同，所拥有的资源不同，其开发校本课程的类型和项目也会存在差异。因此，学校在校本课程开发过程中，必须先进行学校内外的环境分析。环境分析就是要在探讨校本课程开发各种必要性和可能性的基础上，对开发什么样的校本课程做出决策。它主要包括需求评估、资源调查等环节。需求评估就是对学生的学习需要、家长的期望、社区和社会的要求以及学校的发展需求等进行调查研究，这主要是调查开发相关校本课程的必要性。课程的适用范围越大，其有针对性地满足学生个性学习需要的可能就越小。学校可以采用多种手段，如观察、访谈和问卷调查等，评估本校学生兴趣的范围、层次和类型。资源调查是弄清校本课程开发的条件和限制，主要包括师资力量、各种课程材料和设备、资金状况以及社区潜在的教育资源等，这是调查开发相应校本课程的可能性。

该学校在进行校本课程开发前，对学校内外环境做了如下分析。

①学校背景。该学校的前身为中国石化集团第三建设公司子弟学校，是企业办的一所九年一贯制学校。2004 年 8 月，镇海区三公司学校整体从企业移交宁波地方办学，隶属镇海区教育局。2008 年 8 月，区域内学校布局调整后，学校由九年一贯制学校改为小学。学校的办学规模较小，但学校上下形成了一种共识——“小”学校也要追求“大”发展。多年来，学校领导班子带领全体教师坚定、自信地走进校本课程，开发实

① 魏巍：《宁波经验：小学校本课程开发与实施案例》，4～10 页，宁波，宁波出版社，2013。

施校本课程。

②学生需求。该学校生源以中国石化集团原第三建设公司职工子弟和附近一些外来务工人员的子女为主。80%以上的学生来自祖国各地，宁波是他们的“第二故乡”。因此，让他们更好地了解宁波，了解自己的成长环境，增强心理归属感非常重要。

③开发论证。2005年7月31日，结合宁波市创建全国文明城市的实际，宁波市政府大型活动办公室、宁波市地方志办公室和宁波晚报社联合开展了“宁波的中国之最”征文活动，相关的征文陆续在《宁波晚报》副刊登出。受此启发，时任该校副校长的邬明明建议以“宁波的中国之最”为主题进行校本课程开发。紧接着，邬校长带领教师们从课程开发的背景、学生发展的需求、教师资源的保障、组织机构的建立等方面进行了一系列的探讨、论证。例如，他们共发放了470份《告学生家长书》，就学校开发“宁波的中国之最”课程征求家长意见，共收回441份。课程开发设想得到了家长们的大力支持，99.3%的家长支持开设此课程，并收到各类建议184条。

3. 确定目标

课程目标是课程本身要实现的目标和意图。课程目标一旦确定，课程组织、课程实施和课程评价就有了依据。校本课程开发中课程目标一般分为总目标和具体目标。总目标是课程开发预期实现的最终结果，具有宏观性、长远性特点。具体目标是为实现总目标而设计的具体明确指标。

该学校按照新课程改革的要求，紧紧围绕“三维目标”，即知识与能力、过程与方法、情感态度与价值观，确定了“宁波的中国之最”课程的总体目标。

①总目标。利用与“宁波的中国之最”零距离的接触，将宁波人“敢为天下先”的文化精神，“敢创业、不守摊”的拼搏理念，“求发展”的思想活力及爱国爱乡的精神注入学生的心灵，逐步培养学生的科学人文素养和社会责任感。

②知识目标。了解家乡(宁波)各个领域中的“中国之最”，增进对自我、自然、社会和文化的认识和理解，拓展知识领域。知道“宁波的中国之最”是“诚信、务实、开放、创新”的宁波精神的具体体现，“创新”是宁波精神的本质所在。

③情感目标。了解“宁波的中国之最”，获得多方面的情感体验，感知宁波古老的文化和现代文明，养成良好的道德品质和文明行为，进一步体验宁波的可爱和祖国的伟大，形成热爱家乡的情感，增强对地方和社会发展的责任感、使命感。

④能力目标。了解家乡，知道获取信息的渠道，形成收集和分析处理信息、综合运用知识及解决问题的能力。开展“我和‘宁波的中国之最’零距离”实践活动，增强创新意识、自主探究精神和社会实践能力。

4. 课程组织

课程组织就是选择和确定校本课程的构成要素、课程内容及其呈现方式。课程组织必须具有针对性，要针对特殊的学生群体、特殊的教学目标和特殊的教育场所，避免不加选择地采用外来的课程组织方案。

该学校经过前期的论证和计划，选取了 67 个学生感兴趣的主题，并按第一学段、第二学段、第三学段编入校本课程——“宁波的中国之最”。表 3-1 呈现了 60 个学生感兴趣的主题。其中，小学第一学段配套教材涉及 20 个主题，采用注音版，文字浅显易懂，并配有丰富的插图，增强教材的可读性；第二学段、第三学段配套教材分别涉及 22 个和 8 个主题。

表 3-1 “宁波的中国之最”课程内容

学段	篇章	课程内容
第一学段	家乡特产篇	《慈城白条水磨年糕》《余姚榨菜》《一群色彩斑斓的猪》《镇海巨型高产长毛兔》《源远流长的宁席》
	文化名人篇	《新中国第一枚纪念邮票》《郑挥和〈宁波邮史〉》《桑兰点亮纽约新年之夜》《“亚洲第一飞人”柯受良》
	名胜古迹篇	《南国书城天一阁》《好大一棵金钱松》《镇海口海防遗址》《夹层石塘天下无双　镇海后海塘》《它山堰，古水利工程的奇迹》
	家乡战斗史篇	《中国人民解放军渡海第一仗》《壮哉！中法镇海之战》《戚家山战斗》
	家乡建设篇	《大榭跨海大桥》《中国第一座跨海钢铁浮桥》《甬江水底隧道》
第二学段	文化名人篇	《小提琴家俞丽拿》《著名的世界级声乐大师》《世界风光摄影家李元》《电影先驱桑弧》《电影事业的开拓者袁牧之》《郑崇兰和他的电影摄影机》《首位国际获奖的钢琴家周广仁》《宁波钢琴在维也纳金色大厅奏响》
	专家学者篇	《网络少帅丁磊》《周尧昆虫博物馆》《世界顶尖数学家之一施展》
	宁波甬商篇	《洒向民间都是爱》《“红帮裁缝”》《宁波人与中山装》
	名胜古迹篇	《金属抗币》《浙东一绝》《宁波花轿》《天下玉苑世界之最》《夺得千峰翠色来》《宁波与盆景缘分》《中国进士第一村走马塘》《全国首家石窗艺术馆东钱湖南宋石雕》
第三学段	甬籍院士篇	《院士之乡》《断肢再植的奠基人陈中伟》《中国遗传学泰斗谈家桢》《中国近代生物第一人童第周》
	文化名人篇	《民间文化的守望者冯骥才》《翻译生涯六十年》《国际法院首位中国院长》《越剧第一老生徐天红》《越剧编剧状元徐进》《京剧麒派宗师周信芳》
	家乡建设篇	《大榭岛成片开发国内首创》《泱泱东方大港宁波港》《杭州湾跨海大桥》《宁波诺丁汉大学》《国际万里学院》
	名胜古迹篇	《7000 年前的河姆渡稻谷》《世界上最古老的木屐》《绘图梁山伯》

5. 课程实施

校本课程实施指的是把已经设计和开发的课程付诸实际教学的过程。它是达到预期的课程目标的基本途径，是对设计和开发的校本课程进行改造和创新的过程。校本课程实施的途径有课堂教学、大课间活动、课外实践活动等。

为确保“宁波的中国之最”课程有计划、有步骤、有实施、有评价、有管理、有成效地实施，该学校采取了如下措施。

①以专题的方式在课堂上实施教学。在与“我看宁波”“我爱宁波”等综合实践活动的整合中，“宁波的中国之最”每学期安排 6 课时，合计总课时数为 12 课时。实施过程中，针对不同年级的学生，设计了不同的教法，分层实施课堂教学。

②以整合的方式在班队课上实施教学。每两周安排 1 课时，主要采用讲座、讨论、视听、角色扮演、模拟、参与社区活动等教学方法，精心设计教学活动，形成实际的德育课程，做到以课堂为基点，努力开展好向课外、生活延伸的种种实践活动。

6. 课程评价与修订

评价与修订是校本课程开发过程中的重要环节。评价的目的是判断校本课程开发过程中的成绩与不足，为进一步修订课程开发方案服务。这一过程包括两方面的工作：一是对校本课程实施过程中各种活动本身的评价，如教师对课程的适应程度、教学表现，学生在课堂和其他课程活动中的态度与行为，对学生发展的评价和对校本课程可行性的评价等。二是对此次校本课程开发活动本身的评价，如此次校本课程开发的原则，目标确定是否恰当、合理，校本课程内容是否适合学生，实施过程的管理，课程评价的适切性等。学校在对课程开发进行综合性的评价后，应进一步修订课程方案，以便更好地进行下一轮的课程开发工作。

该学校的“宁波的中国之最”课程以发扬人文和科学精神为基点，其教学过程具有活动性、开放性的特点，教学评价以形成性评价、过程性评价为主。对学生的评价不进行书面考试，关注学生的学习过程。

对学生的评价主要包括以下几个方面：①从学生提出问题、参与讨论、作业完成情况等方面进行评价；②从是否积极参加实践活动、现场考察、收集信息、整理资料以及创新意识、学习兴趣等方面进行评价；③对学生的学习成果，如作品、竞赛、评比、汇报演出等进行评价。每学期进行终结性评价一次，分“优秀”“良好”“一般”“需努力”四档，记入学生学期成绩报告单，并作为“优秀学生”评选条件之一，使学生在评价中成长。

对教师的评价主要包括以下内容：①对教师编写的教学计划、教材改编、教学设计的评价；②对教师课堂教学效果的评价，包括指导思想，教学目标，指导过程，学生学习是否体现全体性、全面性、主动性和创新性；③对教师保存整理学生作品及在活动、竞赛中取得成绩的资料的完整性的评价，教导处每学期对教师进行考核，记入业务档案。

这样一个理性的课程决策过程，并制定相应的制度和组织，才能保证校本课程开发工作成为一个持续的、不断改进的过程。

本章小结

课程内容由于性质、特点和组织方式的不同，形成了不同的课程门类。从课程内容固有的属性出发，可以把课程分为学科课程与活动课程；从课程组织的方式出发，可以把课程分为分科课程和综合课程；从课程呈现的形态来看，可以把课程分为显性课程与隐性课程；根据课程设置的要求，可以把课程分为必修课程和选修课程。每一种课程的类型都具有其特殊教育价值，也有其自身难以克服的局限性。课程开发是指将由国家、地方教育行政部门或学校以及相关人员等课程开发主体设计而形成的课程方案(或计划)付诸教育机构(如学校)的教育教学实践，并通过课程实施和课程评价等环节不断优化课程的实践进程或实践系统。它具有政治性、社会性和协作性。具有影响力的课程开发模式包括泰勒的目标模式、斯滕豪斯的过程模式和斯基贝尔克的情境分析模式。从课程开发过程所承担的任务和产生的结果来分析，课程开发可以分为宏观、中观和微观三个层次；从教育行政机构的角度来分析，课程开发又可分为国家、地方和学校三个层次。小学校本课程开发指的是根据学校的办学思想，以学校教师为主体，在具体实施国家课程和地方课程的前提下，通过对本校学生的需求进行科学评估，充分利用学校和社区的课程资源，旨在满足本校所有学生学习需求的一切形式的课程开发活动。小学在进行校本课程开发活动时，应遵循主体性、一致性、适宜性、灵活性等原则。小学校本课程开发的基本步骤包括组织建立、环境分析、确定目标、课程组织、课程实施、课程评价与修订六部分。

关键术语

课程类型；学科课程；活动课程；分科课程；综合课程；显性课程；隐性课程；必修课程；选修课程；课程结构；课程开发；校本课程开发

拓展阅读

1. 万伟：《课程的力量——学校课程规划、设计与实施》，上海，华东师范大学出版社，2017。

该书先从理论层面阐述了课程概念的发展、课程的意义价值，并结合当下的课程情境，梳理了课程理论的百年历史发展以及国外经典课程理论对当前学校课程实践的启示。同时，该书还结合大量生动具体的案例，从实践层面阐述了学校课程开发的具体流程、行动框架、操作技术与策略。

2. 靳玉乐：《潜在课程论》，南昌，江西教育出版社，1996。

该书从潜在课程的概念与特点、潜在课程研究的发展和流派、潜在课程的价值与功能、潜在课程的教育设计、潜在课程的实施和评价以及潜在课程研究的现代启示几方面进行了详细的论述。

3. 吴刚平：《校本课程开发》，成都，四川教育出版社，2002。

该书从国际背景、理论基础、操作技术、国外的经验、中国化的探索、前景展望六个部分介绍了校本课程开发的相关内容。

4. 罗生全、李本友：《小学课程设计与评价》，重庆，西南师范大学出版社，2017。

该书根据教师教育培养目标，本着改革创新的精神，在梳理丰富课程理论与实践经验的基础上，对小学课程设计与评价过程中需要注意与学习的内容进行了具体、翔实、深入的讲解与阐述。

5. 潘洪建：《我国活动课程发展 70 年》，载《课程·教材·教法》，2019(6)。

该文指出我国活动课程发展经历了活动“教育化”、活动“课程化”、活动“综合化”三个时期，论述了不同阶段所呈现的不同特质。70 年活动课程的开设优化了学校课程结构，学生的实践能力、创造精神和综合素养得到提高；活动目标、活动内容、活动设计、活动实施、活动评价以及活动管理诸方面不断完善。未来活动课程的改革与发展需要落实国家必修课程的地位，释放综合实践活动课程的教育功能，规范活动课程开发，切实提高综合实践活动课程的实施质量，加强课程督导与管理，确保综合实践活动课程常态运行，建立课程支持系统。

6. 丁邦平、顾明远：《学科课程与“活动课程”：分离还是融合——兼论“学生本位课程”及其特征》，载《教育研究》，2002(10)。

该文指出学科课程与“活动课程”曾经一度是彼此对立与分离的两种课程形态，但 20 世纪 50 年代以来经过两次国际课程改革运动和课程理论的发展，这两种课程形态由截然分开和彼此对立走向相互融合和趋向统一，熔于一炉，从而形成了以建构主义课程观为基础的“学生本位课程”。

7. 李俊堂、郭华：《综合课程 70 年：研究历程、基本主题和未来展望》，载《课程·教材·教法》，2019(6)。

该文指出新中国成立 70 年来，综合课程研究走过了从曲折探索到译介西方理论再到逐步建成研究体系的历程，并且在综合课程的性质、类型及其与教学的关系等方面取得了丰硕成果。未来的综合课程研究将进一步挖掘课程的人文价值，围绕核心素养理念进行设计，并更多地与教育技术革新紧密结合起来，解决内容组织、师资队伍建设以及课程评价等实践问题。

体验练习

1. 什么是学科课程？什么是经验课程？二者各有怎样的优势与不足？学科课程一定会导致灌输式教学吗？

2. 论述课程开发的概念和层次。

3. 小学校本课程开发应坚持哪些原则？

4. 论述小学校本课程开发的基本步骤。

第四章

小学课程结构

章结构图

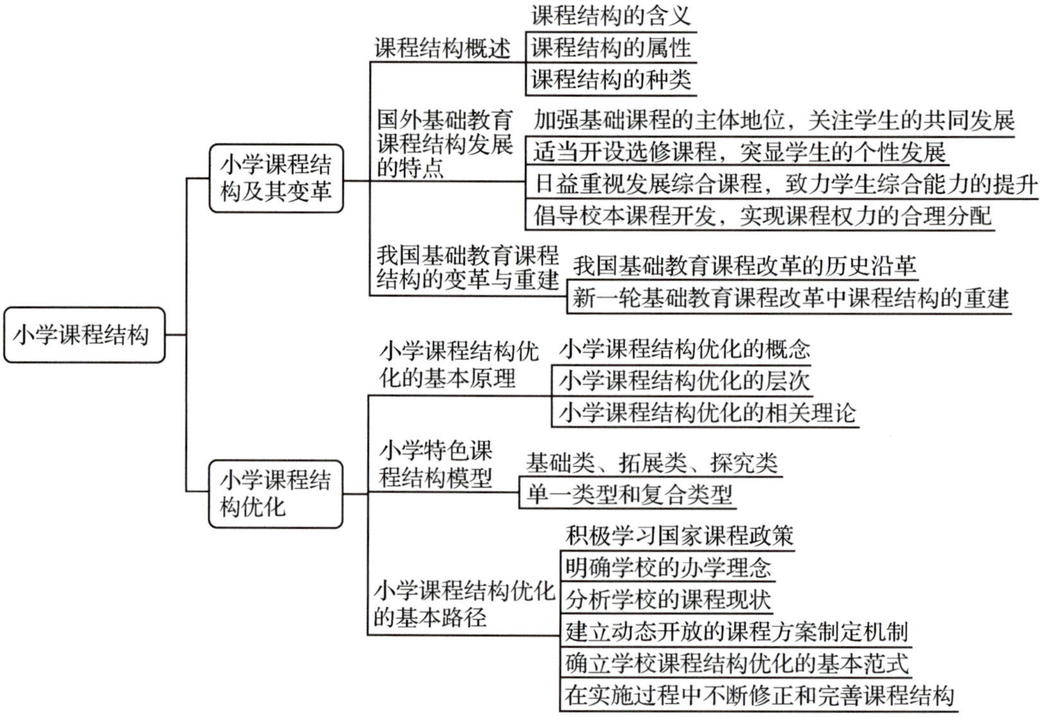

本章概述

本章内容主要包括小学课程结构概念及其变革、小学课程结构优化两部分。首先介绍了课程结构的内涵、属性和种类。其次从历史的角度梳理了世界以及我国基础教育课程结构的变革。再次，介绍了小学课程结构优化的基本原理和两大类常见的小学特色课程结构模型。最后，详细阐述了小学课程结构优化的基本路径。

问题情境

博才小学新来的王校长在研究学校的课程结构时发现，由于缺乏对课程的系统设计和整理，学校的课程基本处于碎片化的状态：不仅存在综合实践活动课程与学校的传统活动项目、校本课程交叉重合的现象，还存在学科课程“独占鳌头”，综合课程被“视为鸡肋”，校本课程“名存实亡”，隐性课程“无人问津”等问题。于是，他召集学校的教导处主任、教研处主任等，商讨如何整合各门课程，形成一个层次有致、清晰稳定的课程体系。正当大家准备给学校课程结构“动手术”时，有几个问题却困扰着他们：国家课程、地方课程和校本课程各应占多大比例？他们应采用什么方法来构建特色课程结构模型？看来，要构建清晰规范的课程框架，首先就要明确课程结构的概念，以及新课程标准对学校课程结构的改革指导。

第一节
小学课程结构及其变革

课程结构是一个系统。任何一个系统，除了包括构成的部分之外，还包括联系部分与部分之间的种种关系。即结构是由各个部分及相互之间的联系或关系所构成的有机整体。课程结构也是由各个学科间的相互关系，即课程的横向联系所确立的有机系统。

一、课程结构概述

（一）课程结构的含义

课程结构是指学校课程体系中各种课程类型及具体科目的组织、搭配所形成的合理关系与恰当比例，是由各类课程构成的有机的、完整的统一体。

理解课程结构需要注意两个问题：一是要素，即国家或学校根据课程政策的要求，为了实现其育人目标，需要设置哪些课程，这些课程构成了结构的要素；二是要素之间的关系，即学校有序组织这些课程要素，使其彼此间形成内在的逻辑关系，构成完整的课程系统。

（二）课程结构的属性

合理的课程结构必然具有以下属性。

1. 客观性

课程结构不是课程设计者主观臆造的产物，而是具有客观性的。客观性表现在：首先，课程作为一种文化现象，其内容来源于社会文化和社会生活。其次，课程内容各要素、各成分间的结构关系反映的是科学知识间的关系、各种社会生活经验间的结构关系以及不同学习活动间的结构关系，是一种客观存在。最后，在设计课程结构时必然要考虑学生的身心发展水平和学习规律。

2. 有序性

有序性就是指课程内部各要素、各成分之间相互联系的有规则性。有序性表现在两个方面：一方面表现为“空间序”。课程内部各成分的空间构成是有规则的。例如，在表层课程结构上，学科课程、活动课程和隐性课程总是有顺序地排列在一起的。在中观层次，工具科、自然科、社会、体育、艺术、科学等学科课程总是有机地排列在一起的。

另一方面还表现为“时间序”。学校课程的展开和实施是一个依次递进的过程，在这个过程中，课程内部各成分、各要素的呈现有一定的时间顺序。例如，每一学段的教学计划必须设计好学段内各门课程的开设顺序，每个具体教学科目都必须安排好各单元的先后关系。

3. 可转换性

课程结构也具有转换性。这种转换性就是课程内部各要素间的构成关系能依地区、学校和学生等条件的变化而进行相应调整的属性。正是由于这种转换，小学课程也能因地制宜，适应不同地区、不同学段、不同学生的特点和需要，实现课程结构的多样化。

4. 可度量性

课程内部各要素、各成分间的联系和结构方式往往可以用数量关系来说明，这表明课程结构有可度量的特性。分析学校课程的结构可以从考察以下几方面的各种比例关系入手：一是学科课程与活动课程的比例关系；二是必修课程与选修课程的比例关系；三是学科课程内部工具类课程、人文类课程、自然类课程和体艺类课程之间及其内部各具体科目间的比例关系；四是活动课程内各类活动项目间的数量关系。

(三)课程结构的种类

在课程设计过程中，选定的课程内容需要按照课程目标进行横向和纵向的组织。与此相对应，课程结构就有两个维度，即课程的横向结构和课程的纵向结构。

1. 课程的横向结构

课程的横向结构又叫水平结构，是指课程不同的成分之间在横向上的结构过程及其结果。通常具有宏观结构、中观结构和微观结构三个层次。

第一，宏观结构，即学校课程的类别结构。其基本构成成分是各种类型的课程。在课程的组织设计中，宏观结构涉及三个基本问题：一是国家课程、地方课程和校本课程的关系；二是显性课程(学科课程、活动课程、研究型课程等)和隐性课程的完备性及其相互关系；三是选修课程和必修课程的关系。

第二，中观结构，即课程的科类结构。它涉及以下四个问题：一是学科课程内工具科、人文社会科、自然科、体艺科之间的关系以及各科课程内部各门具体课程内容之间的关系；二是活动课程内艺术活动、科技活动、实践活动等活动项目之间的关系以及各类活动项目包含的内容间的关系；三是构成隐性课程的物质、组织、文化等各成分之间以及影响各成分的因素之间的关系；四是限定选修课程与任意选修课程的比例关系。

第三，微观结构，即各科目(或活动项目)内的结构以及隐性课程各构成要素内的结构。其集中地体现为教材的结构及其要素的相互关系，如课文系统(各种类型课文本身)与课文辅助系统(课文目录、编辑说明、课文注释、课文图表等)的关系；各学年(学期)教材间的纵向衔接关系以及各单元(课、节)的设置与纵横关系等。

2. 课程的纵向结构

课程的纵向结构又叫序列结构，是指将课程内容的各种要素，根据知识的内在逻辑与学习者心理发展的逻辑建构知识体系，以先后发展顺序排列来建构逻辑知识构架。主要有以下三种。

直线形课程结构是指在课程内容的排列上，由浅入深、由易到难，环环紧扣。直线形课程结构对于解决课程内容逐渐增加以及学生学习时间与精力有限的矛盾问题具有重要意义。例如，小学数学课程安排中，先学习加减乘除，再学习乘方、开方等，由易到难地开展。

螺旋形课程结构是指课程内容组织上采取螺旋排列方式。这种排列方式依据学习的巩固性原理，在相邻的两个以上主题、单元、年级或阶段里安排主题相同但深度或广度不同的内容，以便让学生逐步深入学习某门课程或某门课程的一个方面。例如，对于语文阅读能力的培养，小学阶段注重理解，初中阶段增加对文章的鉴赏，高中阶段进一步要求学生从审美和文化层面把握文章。

阶梯形课程结构是指根据学生发展的动态水平和阶段，将所要学习的教育内容和结果按难度高低由简单到复杂、从低级到高级地排列成上升的阶梯，一步一步地把预期教育结果内化为学生的发展成果。在阶梯形课程结构中，发展性寓于连续性中，连续性实现于发展性中。如小学语文的生字学习，会先学习笔画、偏旁、汉字的结构，之后临摹生字、独立书写生字，最后用生字组词、造句等由易到难一步步展开。

二、国外基础教育课程结构发展的特点

国外基础教育课程改革风起云涌，课程结构改革也纷繁复杂。概括起来，主要表现为以下几个特点。

(一)加强基础课程的主体地位，关注学生的共同发展

为了保证每个青少年儿童都具有社会共同生活所必需的基本文化科学知识、技能和道德观念，实行全国统一的基础课程是必要的。除了原来就实行全国统一基础课程

的国家外，过去一直以地方和学校各自为政、实施多样化课程的国家，近年来已经采取措施，实行全国性的统一基础课程。当前，国外各国所确定的中小学基础课程主要包括语文、数学、科学、历史、地理、艺术、体育、信息技术、公民等。[①] 其中，语文课的授课时数在整个中小学阶段总课时中的比例最大，数学其次。美国从 20 世纪 50 年代以来的课程改革，最为典型的表现就是英语课程不断得到加强，其在所有基础课程中所占的比例最大。1991 年颁布的《美国 2000 年教育战略》把英语、数学、自然科学、历史、地理列为五门核心课程。1994 年，美国政府颁布了《2000 年目标：美国教育法》，又把外语确定为核心学科。英国 1988 年通过的《教育改革法案》规定，英语、数学、科学、历史、地理、艺术、外语等是中小学的基础课程。加拿大安大略省为了培养学生坚实的读写和计算能力，在课时分配上加大数学、英语等学科的课时比例。如大多数学校都给予数学(最低 20%)、英语(最低 40%)更多的教学时间，并安排每天至少 1 小时的读写能力教学。[②]

(二)适当开设选修课程，突显学生的个性发展

国外各国在当前的中小学课程改革中普遍认为，为了适应社会经济和科学技术的发展对多种人才的需要，也为了满足不同能力、不同兴趣爱好的学生的需要，在设置必修课程、规定所有学生都必须学习的科目的同时，还应当开设选修课程，为学生提供多样性的选择。目前，绝大多数国外的国家主要在中学阶段开设选修课程。在美国，选修制这一课程制度已发展得比较完善了。全美中学阶段学科达 200 多种，而其中大部分都是选修课。可以说，在美国，几乎每位学生都有一张区别于他人的适合自己的课程表。这在较大程度上满足了学生的个性发展的需要。但如何协调好必修课程与选修课程的比例关系也一直是国外各国所关注的问题。欧美国家以往比较强调学生自由选择课程，选修科目安排过多，造成“喧宾夺主”的现象。许多学生为了凑够学分而选修一些要求不高、为个人服务的课程，放弃了学术性科目的学习，从而造成了教学质量的下降。

(三)日益重视发展综合课程，致力学生综合能力的提升

随着社会的发展，出现了许多复杂的问题，如环境问题等。这些问题是单一学科无法解决的，必须依赖于多种学科的共同努力。同时，科学在高度精细分化的情况下，必然出现综合趋势，如边缘科学的产生使现代科学成为一个相互联结、相互渗透的有机整体。另外，一些课程专家也指出，根据儿童身心发展的年龄特征，中小学课程尤

---

① 张蓉：《均衡性：世界基础教育课程结构改革的趋势》，载《外国中小学教育》，2011(1)。

② Sally Erling, *Allocating Time Within the School Year Calendar*, Toronto, Toronto District School Board, 2007, pp. 7-8.

其是小学课程的门类不宜过多，分科不可太细，课程设置应该向综合化方向发展。这既有利于学生从整体上完整地理解和掌握各门学科知识及其相互联系，又有利于减轻学生的学习负担。这些都向学校提出了开设综合课程的要求。现在，跨学科开设综合课程已经成为国外中小学课程结构改革的一个重要趋势。① 美国、加拿大、德国、瑞典、法国、匈牙利、日本、韩国等都开设了不同内容、形式的综合课程。如加拿大 1～8 年级的社会研究课程包括历史和地理，科学课程包括生物、物理、化学、地球和空间科学，艺术课程包括舞蹈、戏剧、音乐、媒体艺术和视觉艺术等。日本在小学 1～2 年级开设的生活科，将自然和社会两门科学知识合起来，对学生综合进行自然常识、社会常识、生活常识教育。德国的小学事实教学，以学习周围环境为目的，教学内容非常广泛，既把自然科学领域内的化学、生物、气象和社会科学领域内的地理、历史等学科知识都综合起来，还把家政、交通安全、性教育也包括进去。此外，给国外课程改革带来很大影响的科学、技术、社会(STS)课程也属于这一类型。

(四)倡导校本课程开发，实现课程权力的合理分配

20 世纪 70 年代，西方国家兴起了校本课程运动。这一运动兴起的直接原因是对 20 世纪五六十年代影响整个世界的国家课程改革运动的反思。20 世纪 80 年代中后期，英国、美国、澳大利亚等国进一步倡导校本课程开发。校本课程开发成为波及全球的中小学课程改革趋势。校本课程开发因国家教育管理体制的不同可以分为两种主要形态。② 一是国家在课程计划中预留 10%～25%的余地，让学校自主地进行新的课程开发，其余部分则由国家统一开发。采用这种形态进行校本课程开发的国家有法国、俄罗斯等。二是学校对实施的课程整体都有决策权，学校内部的所有课程都是校本的。学校可以在符合国家核心课程标准的情况下，对国家或地方开发的课程进行适应性改编，或自主开发课程。因此，这种校本课程开发包括对学校所有课程的一种整体开发。采用这种形态进行校本课程开发的国家有美国、英国和澳大利亚等。

整体来看，国外基础教育课程结构改革已经进入了一个“反思补缺”的新阶段。各国都在不断尝试根据时代发展的需要，依据本国的教育传统和国情，致力于寻求各种课程类型之间的恰当的比例关系，以达到一种动态平衡。

三、我国基础教育课程结构的变革与重建

对新中国成立以来我国基础教育课程结构改革的发展历程，不同的学者进行了

---

① 张蓉：《均衡性：世界基础教育课程结构改革的趋势》，载《外国中小学教育》，2011(1)。

② 张蓉：《均衡性：世界基础教育课程结构改革的趋势》，载《外国中小学教育》，2011(1)。

不同的历史分期。如依据社会转型期，将课程结构改革分为新中国初期、社会主义建设探索时期、历史转变时期、建设中国特色社会主义时期、世纪之交以及新世纪以来等时期；或以时代为标志，按照20世纪50年代、60年代、70年代、80年代、90年代、2000年以后的划分方式。相较而言，前者更符合基础教育课程改革的整体走势，也更具广泛认同性；后者则偏于粗犷，对历史阶段性特征的透视会因时间跨度过大而显得模糊。本书在借鉴第一种划分方式的基础上，基于历次基础教育课程改革的内在特征，以关键性历史事件为标志，对我国基础教育课程结构进行脉络梳理。

(一)我国基础教育课程改革的历史沿革

1. 以学科课程为中心的“苏式”课程结构

新中国成立后，国家立即开始了以“改造旧教育体制，创建新民主主义的新型教育制度”为宗旨的大规模教育改革。1949年12月召开的全国教育工作会议指出，教育和课程改造的基本原则为：建设新教育要以老解放区新教育经验为基础，吸收旧教育的某些有用的经验，特别要借助苏联教育建设的先进经验。在这种背景下，学校课程结构方面，从苏联那里学习和借鉴并形成了学科中心课程体系。1950年8月，教育部颁发了《中学暂行教学计划(草案)》。在课程结构上，这份教学计划设置了门类更为齐全的学科课程，如设置政治、语文、数学、自然、生物、化学、物理、历史、地理、外国语、体育、美术等课程，重视这些学科课程在德育方面的问题；并明确规定正式取消国民党反动的党史义、公民和军事训练课，取而代之以专门设立的政治课，加强学生的思想品德和革命人生观教育。1952年3月18日，教育部颁布试行的《小学暂行规程(草案)》规定，五年制小学开设语文、算术、自然、历史、地理、体育、图画、音乐8门课程，撤销了原来的“公民训练”和“劳作”课，将“国语”“美术”改为“语文”和“图画”，将合科教学的“社会”科改成“历史”“地理”两科，分开进行教学。教育部颁发试行的《中学暂行规程(草案)》规定，初中开设语文、数学、物理、化学、生物、地理、历史、外国语、中国革命常识、时事政策、体育、音乐、美术13门课程；高中开设语文、数学、物理、化学、生物、地理、历史、社会科学基础知识、共同纲领、时事政策、外国语、体育、制图13门课程。可以看出，新中国成立初期经过改造、吸收和借鉴后的学校课程结构较为单一，所有课程均为必修课和分科形式。

2. 以自然科学课程为中心的课程结构

“文化大革命”结束后，国家的重心放在了经济建设上，全社会力图谋求一种稳定有序的发展道路。在学校教育上，迫切需要改变无序混乱的状态，亟须培养大批社会主义建设的合格人才，使学校教育教学走上正轨。1978年1月，教育部颁发了《全日制10年制中小学教学计划试行草案》，统一要求中小学的学习年限各5年，从而结束了全国形式各样的学制规定。规定小学开设 8 门课程，包括语文、数学、体育、音乐、美术等，小学三年级增设英语，小学四年级增设政治和自然常识。规定中学设置 14 门课程，包括政治、语文、数学、外语、物理、化学、地理、历史、生物、农基、生理卫生、体育、音乐和美术。这套课程方案是对“文化大革命”前处于无序状态的全面恢复与纠正，显现出了尊重学科地位、看重科学知识、注重学生基础知识与基本能力的趋势。针对 1978 年颁布的教学计划在课程设置等方面存在的问题，1981 年国家又修订颁发了中小学教学计划，要求小学实行 5 年一贯制，开设 11 门课程，把原来的政治课改为思想品德课。语文仍然是一门课程，但分列为讲读、作文与写字三个部分。增设了地理、历史与劳动课。中学有五年制和六年制，都设 14 门课程，只是把原有的农基课改成了劳动技术课。另外，六年制偏重文科的中学增加了每周四节的选修课。1986 年，《中华人民共和国义务教育法》颁布不久，国家教育委员会就组织人力进行义务教育教学计划的制订工作，并于 1988 年公布了《义务教育全日制小学、初级中学教学计划(试行草案)》，将学制确定为五四制和六三制两种。在课程设置中，五四制仍然在初中保留了选修课，还在初中增设了 4 节课外活动课。六三制取消了选修课，也增加了课外活动。我国基础教育课程改革在课程结构方面大胆突破，打破了单一学科课程体系，增加了活动课程和地方课程。课程结构的灵活使多样化的课程实施成为可能，从而满足社会对教育多样化的需求。

“文化大革命”结束以后，恢复高考，基础教育课程中关于教育与生产劳动过“左”的行为得到纠正，建立了选拔性的“重点”小学和中学。为了进入“重点”小学和中学，各中小学加强自然学科课程设置，使数、理、化等课程的课时量增加得以进一步强化，出现了“学好数理化，走遍天下都不怕”的现象，形成了以自然科学为中心的学校课程结构。

3. 去中心化与综合化的课程结构

1992 年，国家教育委员会颁布的《九年义务教育全日制小学、初级中学课程计划》规定，中小学课程类型分为活动课程和学科课程两类，将课外活动纳入基础教育课程体系，使其成为中小学课程的重要组成部分。1998 年，教育部颁发《面向 21 世纪教育振兴行动计划》。1999 年，《中共中央国务院关于深化教育改革，全面推进素质教育的决定》提出，要改革与调整基础教育课程结构等，并实施三级基础教育课程管理体制。2001 年，教育部颁发《基础教育课程改革纲要(试行)》，将课程结构改革作为课程改革的六大目标之一。基础教育课程结构调整的过程中，注重课程的均衡性、综合性和选择性。该纲要提出小学阶段以综合课程为主；初中阶段注重分科与综合相结合，积极倡导各地选择综合课程，学校应努力创造条件开设选修课程；高中以分科课程为主。同时，强调从小学至高中设置综合实践活动。2014 年，《教育部关于全面深化课程改革落实立德树人根本任务的意见》提出“核心素养”的相关内容。2016 年，教育部正式发布

《中国学生发展核心素养》，并以此理论为指导，开发与设计中小学课程，变革课程结构，以更好地适应人才培养。如 2016 年，教育部等 11 个部门联合颁布的《关于推进中小学生研学旅行的意见》将研学旅行列入中小学课程体系。2017 年，教育部印发普通高中课程方案和语文等学科课程标准(2017 年版)，规定核心素养理念下的普通高中课程结构分为必修、选择性必修、选修三种类型。2019 年，《国务院办公厅关于新时代推进普通高中育人方式改革的指导意见》提出，要强化体育锻炼，加强美育工作，重视劳动教育。2019 年 6 月 23 日，《中共中央国务院关于深化教育教学改革全面提高义务教育质量的意见》强调优化综合实践活动课程结构，确保劳动教育课时不少于一半等，为进一步完善中国特色的基础教育课程结构指明了方向。2020 年，教育部印发普通高中课程方案和语文等学科课程标准(2017 年版 2020 年修订)，以落实立德树人根本任务。2022 年，教育部印发义务教育课程方案和课程标准(2022 年版)以进一步深化课程改革，全面落实立德树人根本任务。

至此，从课程设置上看，我国基础教育课程方案在变革中逐渐形成均衡灵活的课程结构，使德智体美劳方面协调发展的思想在课程体系上的体现更加充分。首先，课程设置与时俱进。改革开放以来，活动课程、地方课程、校本课程、选修课程等成为课程方案变革与发展的重要生长点。科学、历史与社会、艺术、体育与健康等课程作为我国 21 世纪课程综合化的产物而成为基础教育课程体系的重要组成部分。其次，课时比例趋于均衡合理。我国基础教育课程分为思想政治类课程、工具类课程、科学类课程、音体美类课程、劳动综合类课程。经统计发现，1952 年的课程方案中，工具类课程和科学类课程的课时比例偏高。此后基础教育课程方案不断调整各门课程的课时，课程结构逐渐趋于均衡合理。最后，课时安排更加灵活宽松。相对于此前课程方案详细规定周课时的方式，2001 年《义务教育课程设置实验方案》规定了各门课程的课时数和比例范围，且具有一定弹性幅度；《普通高中课程方案(2017 年版)》仅硬性规定了必修学分，选择性必修学分和选修学分均只规定学分范围①；《普通高中课程方案(2017 年版 2020 年修订)》同样硬性规定了必修学分；《义务教育课程方案(2022 年版)》规定了各门课程的课时数和比例范围，具有更大的灵活性。

(二)新一轮基础教育课程改革中课程结构的重建

尽管我国现行基础教育课程改革体系中课程结构与以前相比有了很大的变化和发展，但总体来看，我国现行基础教育课程结构存在一定的弊端和问题。针对这些问题，世纪之交启动的新一轮基础教育课程改革对之进行了批判性的重建。新一轮基础教育课程改革在课程结构方面表现出均衡性、综合性和选择性的特点。

---

① 龙安邦、余文森：《我国基础教育课程方案变革 70 年的回顾与展望》，载《中国教育学刊》，2019(10)。

1. 均衡性

新课程的均衡性，是根据人的全面发展理论和素质教育的精神提出来的，其宗旨在于促进学生德智体美劳全面、和谐和均衡地发展，避免学生的片面发展，以适应当今时代对于“完人”的需求。课程结构的均衡性是指学校课程体系中的各种课程类型、具体科目和课程内容能够保持一种恰当、合理的比例。要保证课程结构的均衡性，首先，整体上设置九年一贯的义务教育课程。这保证了课程结构的统一性、连续性和稳定性。其次，恰当地调整了各门学科之间的比例关系，使课时分配更合理。最后，在学科知识内部，调整了各类知识的比例，减少了工具性知识所占的比例，增加了人文性知识的分量。

2. 综合性

在构建基础教育课程结构的过程中，综合课程与分科课程在学校课程体系中所占的比例随年级的升高将分别有所变化，即在低年级阶段学校课程应以综合课程为主，而高年级阶段则应以分科课程为主。课程结构的综合性是基础教育的特殊需要，也是当代科学技术发展和学生自身身心发展的需要。课程结构的综合性主要表现为课程类型的多样化、课程内容的丰富性和综合性。要求对原有学校课程中的分科课程按照其内在的逻辑层面和价值层面的关联进行统整，并以开发、设置和实施各种类型的综合课程的方式实现学校课程的综合化。

3. 选择性

课程结构的选择性是指学校课程以充分的灵活性适应地方社会发展的现实需要，以显著的特色性适应学校的办学宗旨和方向，以选择性适应学生的个性发展。一方面，我国幅员辽阔，东西跨度大，历史、自然等原因导致了地区间发展的不平衡；另一方面，学生个性的丰富性也使学生之间表现出极大的差异。这也就导致了地方、学校和学生对课程有多样化的需求。因此，课程结构必须体现出灵活性和选择性以满足这些需求。新的基础教育课程体系强调加强地方课程和校本课程的开发、设置与实施和选修课的开设等，使学校课程真正从划一化走向弹性化，使地方和学校获得较大的办学自主权，并使学生拥有更多进行自主发展的权利和机会，这就是新课程改革中选择性特点的具体表现。

第二节
小学课程结构优化

《教育部关于全面深化课程改革 落实立德树人根本任务的意见》指出：“当前，高校和中小学课程改革从总体上看，整体规划、协同推进不够，与立德树人的要求还存在一定差距。”而课程目标有机衔接不够，部分学科内容交叉重复，课程教材的系统性、适宜性不强是造成一定差距的重要原因之一。要解决这一问题，就必须在开足开齐国家规定的课程的基础上，“通过课程的深度整合对学校课程进行全面系统的规划与设计，充分体现学校办学理念和办学的特色”①。由此可见，优化学校课程结构，可以规避同类知识的交叉、重复现象，突出重点、难点，有助于提升课堂教学质量和学校办学质量。实践也表明，特色课程结构能够给师生带来意外的收获。一些进行了课程结构优化探索的学校，其教师对自己所教的学科有了一种全新的感觉，甚至体验到了豁然开朗的感觉。②

一、小学课程结构优化的基本原理

(一)小学课程结构优化的概念

优化是事物的一个发展过程，指事物的优选、改造和进化。它涉及结构的优化和功能的优化。其中结构优化是基础，功能优化是外部表现。

课程结构的优化就是课程结构的合目的性的改造。小学课程结构优化的实质主要表现在两方面：一是课程内部结构逻辑性和顺序性的增强，二是课程整体功能的强化。小学课程结构优化的标志是以低的投入(简洁明快的课程体系)获得优化的整体功能(既定课程目标得到全面而充分的实现)。

(二)小学课程结构优化的层次

小学课程结构优化包括宏观课程结构的优化、中观课程结构的优化和微观课程结构的优化。其中，宏观课程结构的优化是中观课程结构和微观课程结构优化的基础，宏观课程结构的优化只有具体化到中观课程结构和微观课程结构的优化或与它们相结合，才能实现课程结构的整体优化。

1. 宏观课程结构的优化

宏观课程结构的优化包括两类课程结构的优化，即实质结构的优化和形式结构的优化。它的优化包含两个方面：一是宏观课程结构要素的优化。如为改变国家课程一统天下的局面，课程结构中增加了地方课程和校本课程。二是宏观课程结构各要素之间相互关系的优化。比如，新课程改革后，高中课程结构调整了必修课程与选修课程

---

① 田慧生：《落实立德树人根本任务 全面深化课程教学改革》，载《课程·教材·教法》，2015(1)。

② 田慧生：《落实立德树人根本任务 全面深化课程教学改革》，载《课程·教材·教法》，2015(1)。

的比例，增加了信息技术教育、研究性学习等选修课程的比例。

2. 中观课程结构的优化

中观课程结构的优化包括以下两方面。

一是中观课程结构构成成分的优化，即根据课程总目标和课程实质结构优化的要求以及各大类课程的特点，对各大类课程内部的构成成分进一步做合理分解，科学设置各科目和活动项目。主要涉及学科课程的分类及具体科目的设置；活动课程的分类及具体活动项目的设置；选修课的分类及具体设置；隐性课程的分类及因素筛选。如北京市某初中将选修课分为艺术类、自然科学类、人文社会三类。其中艺术类包括美术课、形体课、书法课等，自然科学类包括环境保护课、信息技术课等，人文社会类包括心理健康课、文学经典课等。

二是中观课程结构内各成分间关系的优化。主要涉及各种学科课程、活动课程和隐性课程以及各教学科目、活动项目和隐性课程因素间的比例关系等。

3. 微观课程结构的优化

微观课程结构优化指课程体系中每一门具体的课程本身，也就是教材的优化。比如，新版小学语文教材中安排了“听故事”的内容，改善了教材中读写占主导地位的不合理的教材结构，使得“听说读写”四项内容比例均衡，优化了教材内容。

针对小学课程结构而言，其构成要素如国家课程、地方课程和校本课程三大类课程的设置及三者之间的优化，属于宏观课程结构的优化。而其中任何一类课程内部具体的课程构成门类及其相互间的优化，属于中观课程结构的优化，如限定选修课程与任意选修课程的比例关系的优化。课程体系中每一门具体的课程本身(教材层面)的优化，如小学数学课程本身的构成如基本理论部分、实践操作部分及二者间的优化即属此类。

就本书而言，只讨论宏观课程结构、中观课程结构的优化问题。

(三)小学课程结构优化的相关理论

1. 模块组合论

模块组合论是指按照学科结构理论和智能结构理论，将课程组合设置成模块，根据学生发展的需要来优化课程结构。根据课程模块弹性化和因人而异的组合，使课程体系能够兼容多种类型人才的培养。

模块组合论首先根据课程所需达到的知识、能力、素质目标将课程分成若干个课程组，分组的依据主要是本专业的社会需要、知识类型以及个体的未来发展需求。其次，要遵守目标一致性、结构层次性等规范来进行拼接，使课程模块之间以及模块与学习者认知结构之间建立必然的联系，从而使课程结构形成一个完整的体系。此外，模块设置也要体现弹性化，对不同层次的学生需求均有体现。如同一门课程可以根据不同专业方向设计几个不同难度层次的课程，或者对某些课程进行一些个性化设置，以保证人才培养的针对性。

2. 核心课程论

核心课程论是指围绕最关键的课程进行课程安排，形成核心课程与边缘课程的内在有机联系体。核心课程这一概念一般认为起源于19世纪末20世纪初，以德国赫尔巴特学派教育家T. 齐勒(T. Ziller)所确立的“齐勒计划”和美国教育家F. 帕克(F. Parker)的帕克计划为核心。齐勒的课程设计侧重文化核心或学科核心，帕克计划则强调儿童核心。

核心课程论包括社会取向、经验取向、学科取向和混合取向的课程观。其中，社会取向的课程观强调学习者作为自身发展和社会发展的参与者的共同需要和问题；经验取向的课程观倡导以学生直接感觉到的需要和兴趣为核心来确定通识教育；学科取向的课程观强调文化与学科知识的重要性，认为应该将那些文化精粹或经典名著置于课程体系的核心展开课程设置；混合取向的课程观强调核心课程应谋求学生、社会与学科三者间的平衡与整合。在核心课程体系设计中，最关键的是处理核心课程与拓展性课程的关系。一方面，核心课程受国家意志、社会生产力、学生需求、学科水平等多种因素的影响；另一方面，核心课程与拓展性课程之间是一个相对的、动态的关系，会随着课程的价值、评价主体的取向和社会时代背景的不同而呈现出变动。

二、小学特色课程结构模型

(一)基础类、拓展类、探究类

依据学校课程在学生学习领域和课程层面建设的方式，学校课程结构模型可分为基础类、拓展类、探究类三种。

基础类课程指的是学科教师根据学生的能力和需求将原有的国家课程结构内的核心知识与思想方法进行梳理、重组、整合，并增添符合学生特点的其他教学内容。

拓展类课程指学校为了更好地实现不同类别课程的系统性和内在关联性，在国家课程结构下，根据学科基础课程的模块化重组架构，进一步开发出与模块相对应的课程。

探究类课程指学校为了给部分在某些学科上有着更高能力和需求的学生创造条件、搭建平台，培养其问题发现能力与问题解决能力，有针对性地设计的课程。以北京市海淀区翠微小学的“翠微课程”体系为例①，该校基于为师生深层次减负的目标，建立了“基础—拓展—探究”三个层级课程。其中，基础类课程为国家必修课程，包括语文、数学、英语(三年级以上)、道德与法治、科学、综合实践活动课程等；拓展类课程囊括了人文社会、自然科学、艺术审美、身心健康四大领域，具体包括德育课程、优秀传统文化课程和学科综合实践活动课程等；探究类课程打破学科边界，主要通过基于项目的学习和社会大课堂课程两个方面开展。可以看出，这三个层级之间既一脉相承，又层层递进：基础类课程既满足了国家课程的要求，同时又为学生提供了更加丰富的教学内容；拓展类课程兼顾了学科前沿和经典理论，注重理论深入与实践应用，为学生发展特长提供支持；探究类课程注重课程的生成性和创造性，尝试自主钻研和团队合作相结合的学习模式。

(二)单一类型和复合类型

依据学校课程间的主次关系和同属关系，学校课程结构模型可以分为单一类型(树状型或块状型)和复合类型(包括树状—块状型和块状—树状型)。

1. 单一类型

(1)树状型

学校课程结构犹如一棵富有生命力的树。树的各部分形成一体，树干和枝叶主次分明，同时又是这棵树必不可少的一部分。综合交错的课程结构中，存在树的主干和枝叶的关系。树干代表主干课程，枝叶代表拓展课程。只有“主干”和“枝叶”有机结合，才能形成合理的学校课程结构框架。② 其中，主干课程作为具体学段的基础课程，把公认的基础知识、基本能力和良好习惯、健康情感作为主要内容。枝叶课程作为具体学段的辅助课程，体现着社会发展的某种趋势和学生个性发展的某种需要。以长沙市岳麓区博才寄宿小学的特色课程结构为例(参见图 4-1)，该校的课程可以分为核心课程、主题课程和个性课程。③ 其中，核心课程(主干课程)的主体是国家基础课程。通过对国家基础课程进行优化整合，确定了品德、艺术、健康、语言、科学、数学六个版块。主题课程则以以上六个版块的核心课程提取综合实践活动的元素，分为“我与自己”“我与自然”“我与社会”“我与世界”四个主题实践活动方向，每学期开展两个主题实践活动。个性课程是实现学生在核心课程六个版块学习基础上的纵向深度发展，主要形式为兴趣课程与社团课程。

---

① 许培军、孟桂民、高佳颖等：《构建特色的翠微小学课程体系》，载《中国教师》，2015(18)。

② 张映红：《关于高职机电设备维修与管理专业课程体系的探索》，载《职教论坛》，2011(2)。

③ 刘江虹：《博才寄宿小学“六艺课程”体系构建的实践研究》，硕士学位论文，湖南师范大学，2016。

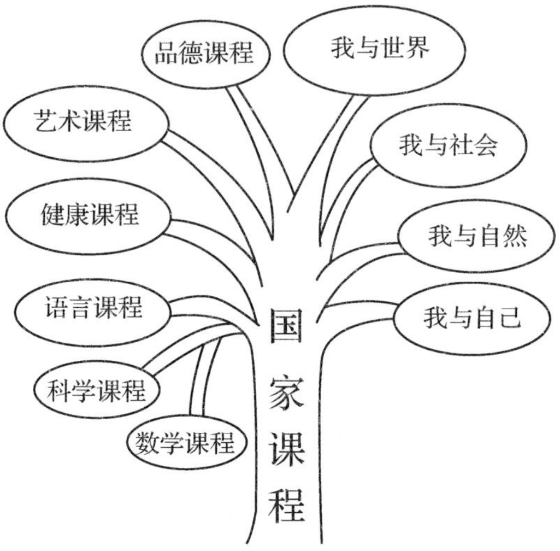

图 4-1　博才寄宿小学课程结构的树状图

(2)块状型

块状型课程结构即学校课程模块化，指的是学校按照学科结构理论和智能结构理论，将全部课程按其所要达成的知识、能力、素养目标，分成若干个课程组。如分成“必修课程组”“制定选修组”“任意选修组”，也可以分成“自然科学知识板块”“人文知识板块”“社会科学知识板块”。值得注意的是，对这些课程或知识分块并非简单地“合并同类项”，而是在综合考虑国家教育方针、办学核心理念、学科培养目标、师资情况以及某些课程间的知识关联、知识递进等进行优化整合。以青岛市崂山区实验小学的“和美”课程结构为例(参见图 4-2)，该校立足学生的发展需要，将国家“五育并举”的育人目标和该校“和谐・尚美”的校园核心文化相结合，对中国学生发展核心素养进行了独特的“实小表达”——提出了“培育身心和谐发展的时代美少年”的育人总目标，并以此统领学校课程结构的构建。[①] 学校将三级课程、课程资源和环境文化整合融通为和美养德、和美启智、和美健体、和美怡情、和美乐行五个课程模块，这些模块之间是独立并列的关系。

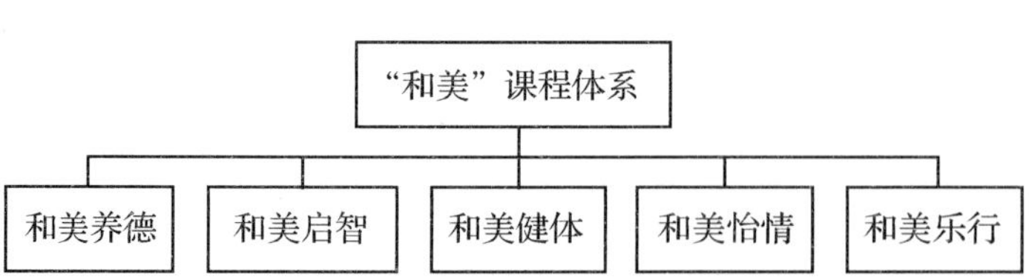

图 4-2　崂山区实验小学课程结构的块状图

① 张星：《基于和美文化的学校课程体系构建与实施策略》，载《基础教育课程》，2019(6)。

2. 复合类型

(1)树状—块状型

学校首先将课程分为国家课程、国家课程之外的课程(地方课程和校本课程)两类。即划分出学校课程这一棵大树的主干课程和枝叶课程；然后在主干课程和枝叶课程之下，某些联系紧密的课程将会被组合成为模块。以北京市翠微小学的“翠微课程”体系为例(参见图 4-3)，该校首先将课程分为基础类课程、拓展类课程、探究类课程三个课程主题。[①] 在这三个既一脉相承又层层递进的课程主题中，基础类课程为国家必修课程，拓展类课程分为校本必修课程和校本选修课程，探究类课程指打破学科边界的校本必修课程。因此，在整个学校课程这棵大树上，基础类课程为树干课程，拓展类课程和探究类课程属于枝叶课程。另外，该校根据学科及活动之间的逻辑关系，将三个课程主题下的所有课程按照人文社会、自然科学、身心健康、艺术审美的标准归类。如此一来，基础类课程、拓展类课程、探究类课程这三个课程主题下的四大领域课程，就又属于学校的块状课程结构。

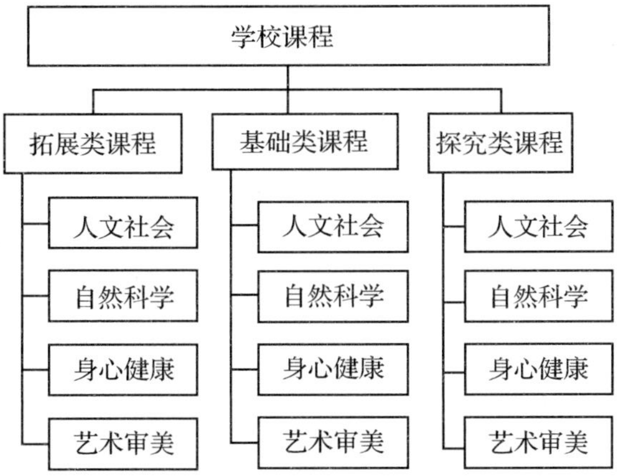

图 4-3 北京市翠微小学课程结构的树状—块状图

(2)块状—树状型

学校首先根据学生的发展需求，将联系紧密的课程进行整合，形成一个个新的主题式课程单元，即实现课程的模块化；随后以建设主干课程和枝叶课程的方式设置各个模块的课程。我们仍以青岛市崂山区实验小学为例，该校首先将整个课程归纳为和美养德、和美启智、和美健体、和美怡情、和美乐行五个主题，即完成了学校课程的模块化。[②] 随后，各课程模块下的课程又被分为基础类、核心类、拓展类和探究类四类课程(参见图 4-4)。其中，基础类课程是国家课程的总称；核心类课程是学校在国家育

---

① 许培军、孟桂民、高佳颖等：《构建特色的翠微小学课程体系》，载《中国教师》，2015(18)。

② 张星：《基于和美文化的学校课程体系构建与实施策略》，载《基础教育课程》，2019(6)。

人目标基础上凸显的个性化育人课程，如形体与健美、围棋、轮滑、戏剧、国际理解、小小发明家、最强大脑、和美思维等；拓展类课程包括面向全体学生开设的兴趣走班选修课和针对特长培养的社团活动课；探究类课程指的是以自然四季为统领，开发出的“访春”“嬉夏”“品秋”“暖冬”等主题活动系列课程。因此，如果把和美养德、和美启智、和美健体、和美怡情、和美乐行这五个课程主题分别看作一棵树，基础类课程即为主干课程，核心类课程、拓展类课程和探究类课程则是枝叶课程。

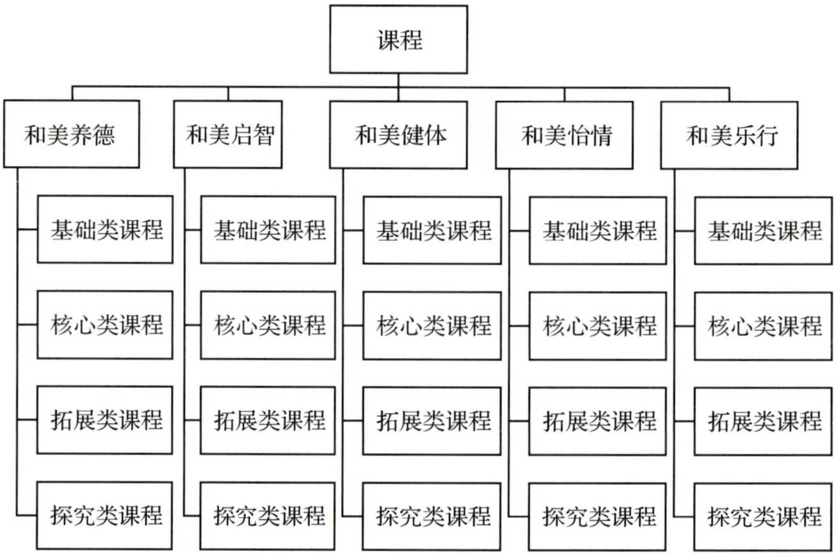

图 4-4　崂山区实验小学课程结构的块状—树状图

三、小学课程结构优化的基本路径

新课程改革以来，学校被赋予了更多的课程管理和开发的权力。“学校不再停留在实施预先设计好的课程这样的被动角色上，而是需要主动地进行课程方案的规划、设计、实施与评价。”①近年来，一些学校开设了多门校本课程，但是其开设的课程(包括国家课程、地方课程和校本课程)却没有形成有机的体系，处于混乱的状态。此外，还有一些学校受考试升学压力的影响，考什么、学什么，课程结构单一、僵化，无法满足学生多样化发展的需求。构建符合学校实际的特色课程结构，为每一位学生提供适合的课程，这是学校课程改革的一项重要内容。

① 李洪修、熊梅：《试析学校情境中的国家课程实施》，载《东北师大学报(哲学社会科学版)》，2009(6)。

(一)积极学习国家课程政策

学校课程结构优化必须是在国家宏观课程政策和国家课程标准的框架内进行的，要与国家的教育方针、教育目的特别是人才培养目标相一致，以确保学校育人目标更好地实现。《国家中长期教育改革和发展规划纲要(2010—2020年)》提出，要全面推进素质教育，深化教学改革；《教育部关于全面深化课程改革 落实立德树人根本任务的意见》要求基础教育基本建成中小学各学段上下贯通、有机衔接、相互协调、科学合理的课程教材体系。因此，学校课程结构优化应坚持以人为本，以培养人、发展人、赏识人为出发点。首先，学校课程结构优化要有利于学生个性发展、教师专业发展、学校特色发展，最终指向教师和学生的幸福。课程结构在内容、过程和评价上应充分尊重学生不同的智力倾向和非智力倾向，使学校课程更贴近学生，同时应充分考虑学生未来发展的需要，引导学生做好职业生涯规划；应充分发挥教师在课程建设中的自主性和创造性，让教师在课程建设中增强课程规划意识和能力。其次，学校课程结构要从学生身心发展的总体规律、阶段性规律出发，从教师发展的特点出发，通过国家课程的校本化实施、校本选修课程的特色开设、学生活动的课程化三大途径，整合各种课程资源，制定科学的课程规划和实施方案，形成课程模块指向学生的综合素养。最后，学校课程结构优化应针对学生的兴趣特长，通过问卷调查、访谈等形式认真研究学生喜爱的各种活动内容和活动形式，应针对教师现有的素质能力结构、专业兴趣、特长，开发出能充分尊重教师、发展教师，为教师专业发展提供宽广平台的课程。这样既应充分发掘学校所在社区、社会及学校自身独特的资源、条件，又应考虑各种条件的限制，避免课程规划和实施的不切实际。

(二)明确学校的办学理念

办学理念是指人们对于学校教育现象(活动)的理性认识、理想追求及其所形成的观念体系。办学理念通俗来说是办学的出发点，包括学校的办学宗旨、办学目标、办学策略等。办学理念是学校的灵魂。学校课程结构是学校在国家课程标准的指导下，为应对社会挑战和学生发展需要，依据自身的办学理念和发展目标，整合学校资源优势，根据所开设课程的门类而构建起来的一套适合本校学生发展的有机统一的、富有特色的课程结构组织形式。学校课程结构是突显学校本位文化特色的重要方式，是学校办学理念和发展目标的集中体现。凝练学校的办学理念需要对学校的办学历史和传统进行深入梳理和挖掘，并结合当今时代的精神和要求，在传承的基础上创新，与时俱进。如云南师范大学附属小学在充分挖掘学校前身西南联合大学附属小学办学传统的基础上，结合当前立德树人的时代要求，把“良习修美德，好好做个人”作为学校的办学理念，成为学校一切办学行为的行动指南。[①]

(三)分析学校的课程现状

学校的课程现状是学校进行课程结构设计的出发点。分析学校的课程现状就是分析学校现有课程结构的优势、不足，挖掘影响学校课程发展的有利因素，找出其不利因素，为学校课程的改革和发展明确方向。学校的课程现状可以采用 SWOT 的方式来分析。S(Strengths)是学校课程发展中具有积极正面意义的因素，是学校课程发展的优点、长处；W(Weaknesses)是影响学校课程发展的不利因素和学校课程发展的困境或缺点；O(Opportunities)是对学校课程发展具有促进意义的条件和环境；T(Threats)是对学校课程发展产生不利的外在影响因素。SWOT 分析方法旨在运用系统的思想，将影响学校课程的那些似乎独立的因素相互匹配起来进行综合分析，充分了解学校课程本身的优、缺点和危机点，归纳出学校课程发展的方向，从而使得学校的课程发展目标更加科学、合理。在对学校课程进行 SWOT 分析时，可以将学校的课程现状细化为不同的子项目，如现有课程、生源特点、教师队伍、学校设施、学校区位、家长社区、社会需求等方面。

(四)建立动态开放的课程方案制定机制

要科学有效地推进课程结构优化改革，必须建立动态开放的课程方案制定机制。第一，建设学校课程方案设计领导团队。美国课程专家兰姆波特提出，课程领导是一个团体，而非个别的领导者(如校长)，且组织内的每一个成员都有成为领导者的潜能和权利。因此，首先，校长要通过学习和思考，理解国家、地方课程纲要及其相关课程政策，全面把握前沿课程理论、学习理论和学生发展相关理论，及时了解新技术条件下教育发展趋势。其次，还应该广泛吸纳骨干教师、专家、家长代表甚至学生代表到学校课程方案的设计中来，成立课程委员会或工作小组，以为学校课程结构设计提供必要的组织保障，增进不同人员之间的交流、对话、沟通。第二，要重视课程方案自身的特点。如课程方案的清晰程度和可懂性、课程材料的质量、课程内容的选择、课程内容的编排、价值取向等都会影响课程的实施。第三，健全相应的支持性制度。学校在设计和调整课程方案之前，应该通过一定的宣传机制，营造支持课程结构调整的氛围，同时鼓励教师和学生对现有课程结构进行反思。学校在设计课程方案之初，要建立相应的对话交流平台，完善相应的教师培训制度，为教师参与课程方案的设计、适应课程方案的调整提供所需的各种资源。当学校已形成初步的设计方案并试行一段

---

① 周群：《传统名校办学理念的淬炼与升华——从西南联大附小到云南师大附小的传承与创新》，载《中小学管理》，2016(12)。

时间之后，要建立相应的评估反馈机制，及时了解师生对所试行的课程结构的意见及建议。

(五)确立学校课程结构优化的基本范式

通常情况下，点线面结合是小学优化课程结构的常见方法。即学校首先以专题突破为基本策略，将已经形成经验的教育教学活动课程化，形成一个个亮点；其次再聚合这些亮点，形成系列；最后将系列成熟化，实现形成体系的目标。具体的操作流程如下：第一，注意确立聚焦点，把握由点到面的时机。该聚焦点的形成一般有两种方法。一是预设法，即综合学校的特色文化、师资状况、学生需求等因素，先确定一个核心理念，再以此为指导，通过专题突破，逐步补充、完善，最终形成系列。二是生成法，即在开始分专题整合课程时，学校并没有明确的聚焦点。在专题的积累过程中，学校逐渐发现并提炼出聚焦点，随后反过来进行调整、补充，最终形成系列。第二，选择合适的系列构成方法。当学校活动逐渐课程化之后，应以让学生获得丰富的体验为目标，选择一定的主线或系列构成方法，对学校所有课程进行再次整合。第三，注意形成整体感。对已经形成系列的成熟课程进行深度加工，如凝练学校特色课程模式，添加目标序列，明确各专题间的关系等，使学校课程逐步成为一个紧密联系的有机整体。当前，比较成熟的学校课程结构表达方式有“1＋X”课程结构模型(主干课程＋枝叶课程)和“核心＋拓展”课程结构模型(学校课程模块化)。在“1＋X”课程结构模型中，“1”更多的是指基础性国家课程，“X”指在这一基础上的丰富和拓展。“核心＋拓展”课程结构模型中，在课程形式上，“核心”意指传统的课堂教学，“拓展”指对课堂教学时间和空间的拓展；就课程内容而言，“核心”既指国家课程中的既定内容，也包括拓展内容中由学校自主选择的核心内容，其他内容则可作为拓展内容纳入本校课程结构。

(六)在实施过程中不断修正和完善课程结构

结构的变化会引起功能的变化，课程结构的优化有利于发挥课程的整体功能。小学课程结构优化的复杂性决定了它不可能一蹴而就，需要整体构思与推进，需要在遵循三级课程结构的前提下不断修正和完善，使之适合学生的发展、教师的发展与学校的发展。首先，学校应积极营造一种全员分担责任、积极推进教育革新、勇于追求成功的氛围，对师生赋予尊重和理解，充分调动他们参与学校课程优化的积极性和主动性。当全校教师对学校的育人目标、课程优化的方案认可了，并能积极参与操作过程，学校课程结构优化的生命力将超越纸面了。其次，由课程专家和行政主管部门组成学校课程建设诊断小组，通过检查书面材料、征求师生的意见、请专家学者诊断等形式，重点评价教师和学生在课程实施过程中的成长和收获。最后，根据学校课程建设诊断小组的建议和师生的成长需要，进一步客观分析和判断学校课程的价值和生命力，对校本课程、班本课程进行合理的调整、删除、合并、增加和改进，最终构建起宽广灵活、富有适应性和选择性的课程结构。

本章小结

本章主要探讨了小学课程结构和小学课程结构优化问题。课程结构是指学校课程体系中各种课程类型及具体科目的组织、搭配所形成的合理关系与恰当比例，是由各类课程构成的有机的、完整的统一体。合理的课程结构一般具有客观性、有序性、可转换性和可度量性。从横向结构来看，学校课程结构可分为宏观结构、中观结构和微观结构三个层次；从纵向结构来看，学校课程结构可以分为直线形结构、螺旋形结构和阶梯形结构三个层次。新中国成立以来，我国基础教育课程的改革大致经历了三个阶段，其中课程结构的变革或轻或重，总体上表现出教育工作者为国家教育事业所做出的不懈努力；新一轮基础教育课程改革在课程结构方面表现出均衡性、综合性和选择性的特点。课程结构优化的实质是课程结构的合目的性改造，包括课程内部构成的改造和各构成要素的改造。结构优化可以从分析课程结构与课程功能的矛盾入手，关键是要构建一种在宏观、中观、微观三个层次上同时关注课程形式结构的优化和实质结构优化的新模式。小学课程结构优化的相关理论包括模块组合论和核心课程论。依据学校课程在学生学习领域和课程层面建设的方式，学校课程结构模型可分为基础类、拓展类、探究类三种；依据学校课程间的主次关系和同属关系，学校课程结构的类型可以分为单一类型(树状型或块状型)和复合类型(包括树状—块状型和块状—树状型)。小学课程结构优化的基本路径是积极学习国家课程政策，明确学校的办学理念，分析学校的课程现状，建立动态开放的课程方案制定机制，确立学校课程结构优化的基本范式，在实施过程中不断修正和完善课程结构。

关键术语

课程结构；小学课程结构优化；小学特色课程结构模型

拓展阅读

1. 李群：《学校课程建设的“知”与“行”》，北京，知识产权出版社，2017。该书重在对北京市学校课程改革基本问题进行反思和建构，是作者多年来在对北京市课程建设研究基础之上形成的研究思路，比较系统地介绍了北京市课程建设的实践研究成效，关注了学校课程建构的基本方式及具体应用价值。

2. 赵文平：《学校课程结构整体设计论》，桂林，广西师范大学出版社，2014。

该书是以学校为主对课程进行整体的规划设计，是学校在国家课程标准指导下，为应对社会挑战和学生发展需要，依据学校自身的办学理念和发展目标，整合学校资源优势，根据所开设的课程的门类而构建起来的一套适合学生发展的组织形式。

体验练习

1. 理解小学课程结构的内涵。

2. 调查当地一所小学，了解其整体的课程结构，并运用课程结构设计的相关理论对其进行评析。

3. 小学构建特色课程结构，应做好哪些方面的工作？

第五章

小学教学目标

章结构图

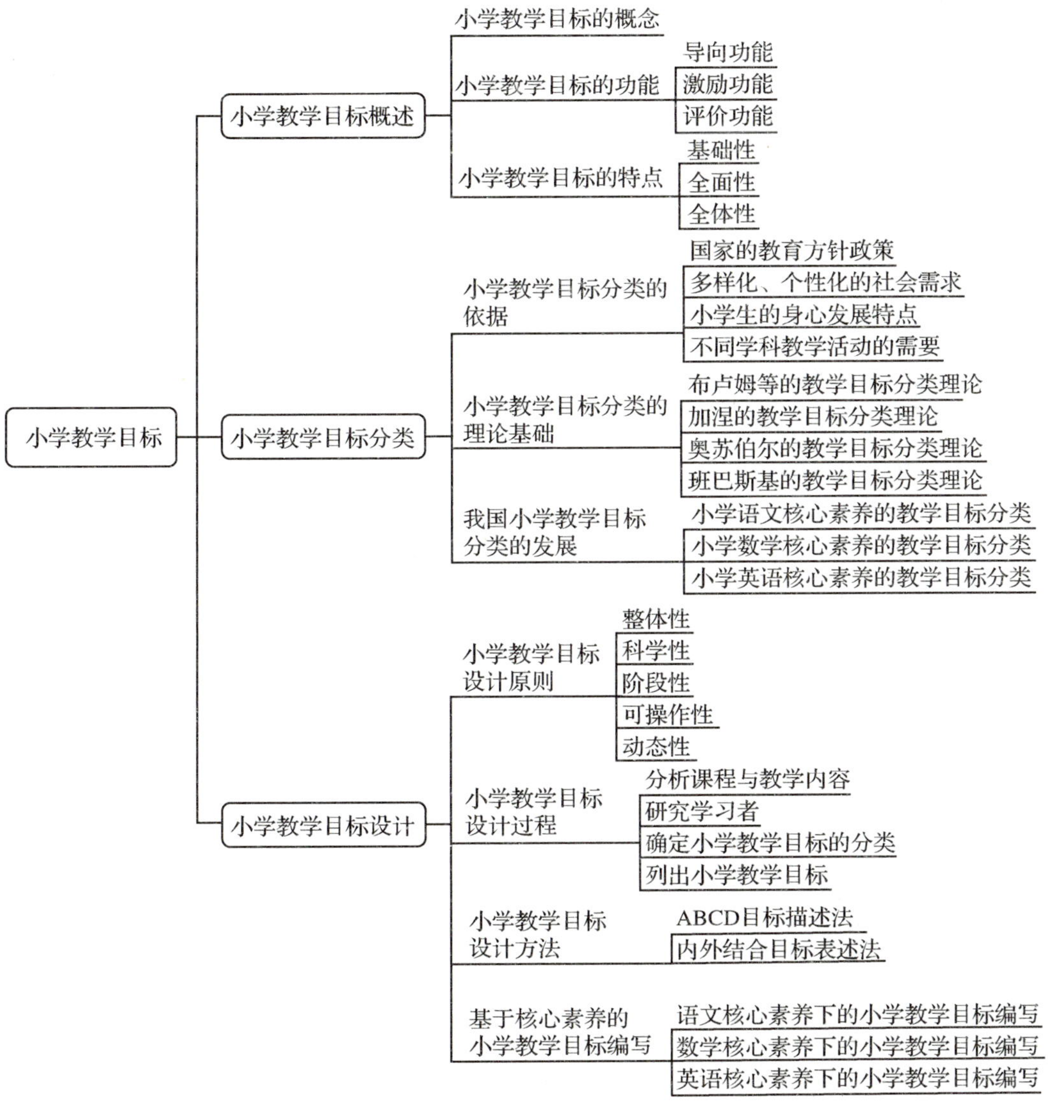

本章概述

本章主要论述了如何对小学教学目标进行认识、分类和设计三部分内容。首先，详细介绍了小学教学目标的概念、功能和特点。其次，在吸收借鉴布卢姆等人的教学目标分类理论的基础上，初步探索了小学语文、数学、英语核心素养下的教学目标分类。最后，通过对小学语文、数学、英语核心素养下教学目标编写的案例进行分析，为基于小学学科核心素养的教学目标设计提供参考。

问题情境

如何科学、合理地设计小学教学目标?

王老师是一名新入职的小学教师，在第一节课开始之前，她对本班学生的学习情况、学科的逻辑重点等依次进行了分析，并对自己的第一课“黄山奇石”做出了详细的教学设计。当她自信地把教学设计交给年级组的骨干教师，并向骨干教师请教时……

人教版小学语文二年级“黄山奇石”一课的教学设计

教学目标：

1. 会认识 12 个生字，会写 8 个字。
2. 指导学生正确、流利、有感情地朗读课文，背诵课文。
3. 了解黄山奇石的特点，体会对黄山奇石的赞叹，感受课文的语言美。

骨干教师明确指出“教学目标有问题，如目标 1 缺少可操作性，没有具体指出要学习的生字；目标 2 编写行为主体错误，没有从学生的角度出发；目标 3 的‘了解’一词缺乏具体性，不利于观测和评价……”王老师带着建议回到办公室，通过查找优秀案例和翻阅书籍，重新设计了教学目标。

1. 正确认读闻、名、景等 12 个生字，正确书写南、部、些等 9 个生字。
2. 学生能够做到不丢字、不少字地背诵 2～5 自然段。
3. 学生能够概括黄山奇石“变化多端、形态各异”的特点，能够说出自己最喜欢的奇石，并说明理由。

通过这次修改，王老师意识到设计出科学、合理的小学教学目标并不容易。那么，王老师修改后的教学目标符合要求吗?一起来学习本章内容就能找到答案。

第一节 小学教学目标概述

小学教学目标在小学教学工作中占据重要地位，是小学教学活动的起点和归宿。

本节主要对小学教学目标的概念、功能、特点展开论述。

一、小学教学目标的概念

小学教学目标是对小学教学活动所要达到的预期结果的标准和要求所做的规定和设想，是对小学生完成某一教学活动后身心所要发生的变化的具体描述。我们可以从以下三方面进一步理解小学教学目标。

第一，小学教学目标的行为主体是小学生。学生是教学活动的主体，小学教学目标达成与否最终还是要看学生的成长变化。只有重视小学生的体验和感受，使其真正参与到教学活动中，小学生身上的预期变化才能实现。

第二，小学教学目标的制定和实施依赖教学活动。小学教学目标是教学活动的出发点和最终归宿，对教学活动的展开具有重要的指导意义。同时，小学教学目标也离不开教学活动。小学教学目标只有落实到具体的教学活动中才能为师生的教和学指引方向。

第三，小学教学目标是对教学活动预期结果的一种规定和设想。小学教学目标是教师引导小学生学习后，小学生身上想要实现的预期变化，如获得某种文化知识，掌握基本的读、写、算技能，产生特定的态度和情感，认同某些价值观等。

二、小学教学目标的功能

小学教学目标主要有导向、激励和评价三个功能。

(一)导向功能

所谓导向功能，是指小学教学目标对整个教学活动的指引和定向功能。小学教学目标的导向功能主要包括以下三方面：第一，制约教学设计的方向，对教学过程具有指引作用。第二，有助于有意义结果的达成，帮助避开无意义或偏离预定方向的事物，保证教学目标的顺利实现。第三，提高教学活动的效率。在教学活动开始之前，教师向小学生提供明确的教学目标，帮助小学生有针对性地进行学习，以便达到预期中的教学效果。

(二)激励功能

所谓激励功能，是指小学教学目标能够激发小学生学习的积极性、主动性。小学教学目标的激励功能并非与生俱来，要想更好地发挥其激励功能，需要注意以下两方面：第一，小学教学目标要为小学生所认同。如统编版小学语文教材一年级下册“四个太阳”一课的教学目标之一为：学生为一年四季的太阳填充颜色。该目标以小学生喜闻乐见的作图绘画形式开展，为小学生所认同，能起到很好的激励功能。第二，小学教学目标的难度要适中。难度太高，小学生容易产生挫败感；难度太低，小学生容易缺乏学习的积极性。

（三）评价功能

所谓评价功能，是指小学教学目标是衡量教学效果的尺度和标准。小学教学目标是教学评价的重要依据。在教学活动过程中，教师需要不断对教学目标进行检查和评价，以便了解教学活动的进度、方式和效果，并且以此为调控教学活动的依据。

三、小学教学目标的特点

小学教学目标具有教学目标一般性的特点，即预期性、系统性、层次性和灵活性。除此以外，小学教育与中学、大学教育相比，还有其独特性。小学教学目标的特点主要体现在以下几方面。

（一）基础性

基础性主要体现在两个方面：一是教育事业的基础。小学教育是整个教育事业的基础，要提高整个教育事业的质量，必须重视小学教育。二是小学生发展的基础。小学教学目标除教给小学生读、写、算等基础性的科学文化知识外，注重培养小学生的阅读能力、自学能力等，帮助他们形成正确的人生观、价值观乃至世界观，养成良好的学习、卫生、品德、劳动等习惯，为他们进一步接受教育、学习做事、提高素质奠定基础。

（二）全面性

小学教育的全面性是指对小学生实施德智体美劳全面发展的教育，以促进小学生的和谐发展。因此，小学教学目标不仅要着眼于小学生的基础知识和基本技能的获得，还要注重培养小学生良好的行为品德，提高小学生的身心素质，为他们今后的发展提供更多的可能性。

（三）全体性

义务教育是指国家通过相关政策强制要求所有适龄儿童、少年接受的教育，具有强制性、免费性、普及性等特点。作为九年义务教育的开端，小学教育具有全体性，它的教育对象面向社会的全体适龄儿童，而非某一群体所独享。

第二节
小学教学目标分类

小学教学目标分类是指在小学教学中充分利用分类学的理论，对教学目标的类别进行科学合理的分类，从而形成一个多层次的教学目标分类系统。这是实现小学教学目标系统化、可操作化的基本方法。小学教学目标分类需要紧紧着眼于国家的教育方针政策，多样化、个性化的社会需求，小学生的身心发展特点和不同学科教学活动的需要。我国小学教学目标分类借鉴布卢姆、加涅等人的教学目标分类理论，从“双基”目标分类逐步发展成以核心素养为基础的小学教学目标分类。

一、小学教学目标分类的依据

(一)国家的教育方针政策

教育方针是国家在一定历史阶段提出的有关教育工作的总方向和总指针，是确定教育事业发展方向的总纲领。我国的教育方针是教育必须为社会主义现代化建设服务，必须与生产劳动相结合，培养德智体美劳全面发展的社会主义事业的建设者和接班人。党的二十大报告指出要办好人民满意的教育，全面贯彻党的教育方针，落实立德树人的根本任务。小学教学目标的分类必须紧紧围绕国家的教育方针政策。

(二)多样化、个性化的社会需求

小学教学目标分类要符合社会政治、经济、文化发展的需求。社会需求是小学教学目标分类的主要依据之一。当代社会需求的特点是多样化、个性化。例如，就社会对人才的需求而言，社会强调多样化的人才观，需要全面发展的人才，也需要具有创新意识和创新能力的个性化人才。多样化、个性化的社会需求要求小学教学目标分类必须细目化、系统化。

(三)小学生的身心发展特点

小学生的身心发展特点是小学教学目标分类的基本依据。小学教学目标分类不可千篇一律，需要关注小学生的年龄水平、心理成熟度、个体差异等；需要尊重小学生的成长发展规律；需要符合小学生的心理发展特点。科学的小学教学目标分类往往有利于促进小学生的认知发展。

(四)不同学科教学活动的需要

不同的学科教学，其教学目标也是不尽相同的。因此小学教学目标分类不可一刀切，必须着眼于不同学科教学活动的需要。例如，小学语文主要的教学目标是培养学生的语言文字运用能力和语言交际能力，提升学生的语言文化素养；小学数学主要的教学目标是培养学生的逻辑思考能力，激发学生的探究创新意识，引导学生学会用数学思维解决生活问题；小学英语主要的教学目标是激发学生学习英语的兴趣，培养学生对英语学习的积极态度等。

二、小学教学目标分类的理论基础

在20世纪，随着教育的不断发展，许多教育家对教学目标分类问题进行了深入的分析与研究，在此基础上提出了自己的观点，建立了相对成熟的分类体系，形成了关于教学目标分类的若干理论。其中具有影响力和代表性的是布卢姆等的教学目标分类理论、加涅的教学目标分类理论、奥苏伯尔的教学目标分类理论以及巴班斯基的教学目标分类理论，这些理论成为小学教学目标分类的理论基础。

(一)布卢姆等的教学目标分类理论

布卢姆是美国教育学家。20世纪50年代，在学习行为主义心理学和认知心理学的基础上，布卢姆等对教学目标进行了系统性的分类研究，将教学目标分为认知学习领域、情感领域和动作技能领域三个方面。同时在这三大领域基础上，他们又进行了具体细化的分类。

1. 认知领域教学目标分类

在认知领域，布卢姆将教学目标，从低级到高级，从简单到复杂分为六个水平。

(1)记忆

记忆包括再认和回忆，包括对某人、某事物、某知识和某方法的记忆。常用的描述动词有认识、定义、叙述、背诵等。例如，人教版小学语文教材四年级“短诗三首”一课的教学目标之一是认识漫、涛2个生字，会写繁、漫等8个字，正确读写繁星、藤萝等3个词语。

(2)领会

领会就是领悟与理解，即领悟所学材料和内容的意义，但不一定将其与其他的事物相联系。常见的描述动词有解释、辨别、概括等。例如，冀教版小学数学六年级下册第四单元“圆柱的表面积”一课的教学目标之一是通过观察圆柱体，概括出圆柱的特点。

(3)运用

运用就是使用，是将所学到的知识或方法根据实际需要运用到新的情境中去，也叫作迁移。常见的描述动词有计算、操作等。例如，冀教版小学数学教材五年级“异分母分数加减混合运算”一课的教学目标之一是能够计算异分母分数连加，能够运用运算定律进行简便计算。

(4)分析

分析是指将整体内容分解成各个要素，从而使各要素间的相互关系更加明确。常见的描述动词有分解、说明等。例如，人教版小学语文教材五年级“开国大典”一课的教学目标之一是通过阅读课文，能够说明关于“开国大典”活动安排的顺序。

(5)综合

综合是指将所学的零散的、碎片化的知识整合为体系，从而产生出新的模式和结构。常见的描述动词有合并、组成、编写等。例如，小学数学二年级“混合运算”一课的教学目标之一是通过观察与探究，能把两个算式合并成一个综合算式。

(6)评价

评价是指对事物做出价值判断的能力，合理的评价标准是检验评价是否公平的首要体现。常见的描述动词有评价、对比、比较等。例如，人教版小学语文教材三年级“陶罐和铁罐”一课的教学目标之一是通过陶罐和铁罐的对话、神态描写，能够比较出陶罐和铁罐行为的好与坏。

2. 情感领域教学目标分类

美国教育学者 D. R. 克拉斯沃尔(D. R. Krathwohl)等根据价值内化的程度，将教学目标分为接受、反应、价值化、组织、价值体系个性化五级，如表 5-1 所示。

表 5-1　情感领域教学目标分类

水平	含义	举例
接受	学习者对环境中正在发生的事情的低水平的感知	不经意地听，对老师的教学做出轻微的反应
反应	学习者主动参与，积极反应，表现出比较高的兴趣	积极举手回答问题
价值化	学习者将某对象、现象或行为动作与一定的价值标准进行联系	认为随手扔垃圾是不文明的行为
组织	学习者在遇到由多种价值观念呈现的情景时，会进行比较分析，从而形成个人的价值观体系	当被其他同学邀请玩游戏，而自己还未完成作业时，学习者思考后选择了写作业
价值体系个性化	学习者通过对价值观体系的组织，逐渐形成个人的特有品行，并表现出与个人品行一致的行为	有正义感，喜欢为处境不利群体打抱不平

3. 动作技能领域教学目标分类

美国教育学者 W. J. 辛普森(W. J. Simpson)和 A. 哈罗(A. Harrow)在 1972 年出版

了动作技能领域目标分类的专著，把动作技能领域的教学目标分为七级。

(1)感知

感知是认识某种事物或动作的较为真实的方法，是指通过感知器官体会和观察客体，从而形成对这一客体的认识。例如，学生认识羽毛球和羽毛球拍时，可以先摸一摸球和拍子，也可以观察球和拍子的形状，目的是对羽毛球和羽毛球拍有一个初步的了解。

(2)定势

定势是为了某种特定具体的行动或动作而做出的准备状态，包括心理定势、生理定势和情绪定势。例如，在羽毛球比赛即将开始，并做准备工作时，两位选手此时注意力高度集中，态度严肃认真，在心理上会分别做好发球、接球的准备，同时在动作上也会准备到位。

(3)指导下的反应

指导下的反应是指自我在相应的指挥引导下表现出来的外显的行为动作。进行这一行为动作的前提条件是做出反应的准备状态。例如，两位学生在练习如何发球时，教师可以在旁边观看。在练习中教师可以指出其练习方法不对的地方，然后再让学生练习，这样能及时纠正问题并加以改正。

(4)机制

机制是指已经成为习惯性的反应动作，也叫作机械动作。学生对进行某种行动已经有了一定的信心和具备了一定的熟练度。例如，学生打羽毛球到十分熟练的程度时，某些动作已经成为习惯动作，不需要再做过多的考虑了。

(5)复杂的外显反应

复杂的外显反应是指学生已经熟练地掌握了某项技能，并且能够做出稳定而准确的动作。例如，学生在打球非常熟练的情况下，如果遇到特殊情况，能及时反应过来，并且能很轻易地完成一系列动作。

(6)适应

适应是一种心理上的反应，为了使自己的动作适应不同的情况，就必须灵活地、随机地改变动作活动。例如，某一学生打羽毛球的水平较高时，他可以灵活运用多种打球技巧。

(7)创新

创新是指根据在动作技能领域中形成的能力和技能，在自己原有水平的基础上，创造新的动作或操作方法。例如，某一学生打羽毛球的水平很高并且天赋较好时，他会在自己积累的经验的基础上创造出自己特有的打法。

(二)加涅的教学目标分类理论

教育心理学家加涅是美国又一位对教学目标分类理论有系统研究的学者。他在《学习条件》一书中把教学目标分为言语信息、智慧技能、认知策略、动作技能和态度五个方面。

1. 言语信息

言语信息是指凭借口头或书面语言所表达的知识或信息。言语信息又可以分为三类：字与词的基础知识、简单的陈述性知识和有组织的整体性知识。

(1)字与词的基础知识

学生开始学习的时候，先需要从简单的字学起，再由单个的字组合成简单的词。这是学生需要学习的基础知识。

(2)简单的陈述性知识

由言语表达的简单的陈述性知识可以分为两类，一类是说明状态的知识。例如，“天空是蓝色的”。另一类是用来说明规则的知识。例如，“水在0℃以下会结冰”。

(3)有组织的整体性知识

由言语信息所表达的理论化、系统化的知识，都属于有组织的整体性知识。这类知识是在字与词的基础知识及简单的陈述性知识的基础上形成的。例如，物理学中有关压强的知识包括压强的计算公式、压强的符号、压力、受力面积、液体内部压强的规律等。这些分散的知识点通过整合形成了关于压强的整体性知识。

2. 智慧技能

智慧技能是指学生掌握知识、规则、方法并将其运用于新情境中的能力。加涅认为，学生智慧技能的学习包括辨别、概念、规则和解决问题四个层次。

(1)辨别

辨别是指学生能够对不同的刺激给予不同的反应，或者是从众多刺激中辨识出相同的刺激。它包括对物体的形状、颜色、气味等的辨别。

(2)概念

概念是指对具有共同属性的事物的概括性认识。加涅将概念分为两类：一类是具体概念，是指事物的共同属性可以具体显现的概念，如关于“板凳”“桌子”这两个词的概念。另一类是抽象概念，是指需要通过想象的方式来学习的概念，如关于“高兴”“痛苦”这两个词的概念。

(3)规则

规则是指在学习和生活中所遵循的法则。例如，在四则混合运算中，加法和减法叫作第一级运算，乘法和除法叫作第二级运算。根据规则，两级运算时应该先算乘除，后算加减，有括号时，先算括号里面的。

(4)解决问题

解决问题是指运用各种习得的规则去寻找问题解决方案的过程，问题解决常常需要多个规则的相互配合。例如，做小数乘法计算题时，既要注意数与数的相乘，又要注意小数点的位置。

3. 认知策略

认知策略是指学习者通过自主调节内部的心理活动，从而获得知识的一种方法。学习者运用认知策略指引自己的注意、记忆和思维想象等活动，因此它是一种内部定向的记忆。加涅指出，在教学中需要达成的教学目标是教学生学习以下三种认知策略：记忆策略、组织策略、元认知策略。

(1)记忆策略

记忆策略是指要学会运用记忆规律强化记忆，提高识记效果。① 例如，让学生清楚识记的目的和任务，强化学生对识记内容的理解，引导学生选择适当的识记方法。同时人的记忆也会遗忘，因此要根据遗忘规律有效地组织复习。又如，合理安排复习时间，恰当安排复习内容，尝试回忆法的应用。

(2)组织策略

组织策略是指整合所学新知识之间、新旧知识之间的内在联系，形成新的知识结构的策略。常用的组织策略有三种：一是分类。它是把学习材料整理划分为适当的类型，使需要掌握的学习内容条理化、系统化。二是列出提纲。在列提纲时，先对学习内容进行分析、归纳和总结，然后用简要的词语或句子，按照内容中的逻辑关系，写出要点。列出的提纲要具有概括性和条理性。三是利用思维导图。例如，学习中国历史时，可以按时间顺序，将主要历史人物、历史事件全部展现出来。

(3)元认知策略

元认知是对认知的认知，具体来说是个体对自己认知过程的认知。元认知策略是个体调节和控制认知行为的方法与规则，是在个体学习过程中随经验的增长而逐渐发展起来的。② 例如，人们在做数学题时监控自己的做题过程，采用自我提问的方式："这道题是什么意思？""我把这道题计算对了吗？"

4. 动作技能

动作技能是指通过人的一系列活动而习得的一套熟练的动作系统。这种技能的掌握会使操作变得高效、精细、流畅。例如，日常生活方面的穿衣、行走、开车等活动方式；生产劳动方面的安装、搬运等活动方式；体育运动方面的游泳、体操、打球等活动方式，这些都属于动作技能。

---

① 鲁忠义：《心理学》，81～83页，北京，科学出版社，2009。

② 鲁忠义：《心理学》，230页，北京，科学出版社，2009。

动作技能学习需要学习者自身具备某一技能所需要的动作及动作的程序。同时教师要给学生提供练习的机会，并提供精确的反馈与指导。

5. 态度

态度是指个体对人、事、物的选择倾向以及由内部倾向所体现出的行为。加涅提出了三类态度：一是儿童对家庭和其他社会关系的认识；二是对某件事所表现出来的情感；三是个人品德的表现。

态度学习的内在条件是学习者要尊重或崇拜所模仿的那个人，并具备模仿那种行为的能力。态度学习的外在条件是教师提供榜样，让学生进行模仿学习，当学生表现出良好的行为态度时，给予直接的赞许或奖励等强化。

(三)奥苏伯尔的教学目标分类理论

美国教育心理学家奥苏伯尔根据学习的内容，把学习分为机械学习和有意义学习。机械学习即不加理解、反复背诵的学习。有意义学习指的是习得的新知识与自我认知结构中已有的知识建立起非人为的、实质性的、有意义的联系。奥苏伯尔将有意义学习分为三种类型，分别是抽象符号学习、概念学习和命题学习。

1. 抽象符号学习

抽象符号学习是指把抽象符号与具体事物相联系，并能以抽象符号代表事物的学习。抽象符号学习的主要内容是词语学习。例如，学生听到“树”这个字或者看到“树”这个字，知道这代表实际的树；即使实际的树不存在，学生也能以语言的树或文字的树在大脑中引起想象。这时“树”这个声音符号或文字符号对学生来说就具有了意义。

2. 概念学习

概念学习是指能掌握同类事物的共同特征，并把具有共同属性的事物集合在一起的学习。概念学习可以分为两个阶段：第一个阶段是概念的形成，即同类事物的共同特征可以由学习者在大量的同类事物中总结出来；第二个阶段是概念的同化，即可以用定义的方式直接向学习者呈现，从而使学习者获得概念。

3. 命题学习

命题学习指学习由多个概念组成的句子的复合意义，即学习多个概念之间的关系。命题是在概念的基础上形成的。因此，学习命题必须先了解组成命题的有关概念的意义，才能获得命题的意义。例如，学习“圆的直径是它的半径的两倍”这一命题时，如果没有获得“圆”“直径”和“半径”等概念，便不能获得这一命题的意义。

(四)巴班斯基的教学目标分类理论

巴班斯基是苏联教育家，他强调教学目标的整体性，并把教学目标分为三类：教养性目标、教育性目标、发展性目标。

1. 教养性目标

教养性目标是指学生在课堂教学中掌握该学科的理论知识和该学科所特有的专业技能技巧。具体内容为：一要保证在课堂教学中掌握(复习、巩固)基本概念、规律和理论；二要培养(继续培养、巩固)该学科的专业技能及专业技巧与方法。

2. 教育性目标

教育性目标是指在课堂教学中学生要掌握爱国主义教育的各个基本方面。教师需要培养学生的辩证唯物主义世界观，对学生进行思想政治教育、劳动教育、道德教育、美育和体育。具体内容为：一要在课堂教学过程中帮助学生树立基本的世界观；二要促进学生完成规定的劳动实习实践教育和职业定向的任务；三要培养学生的美学观点和审美技能等。

3. 发展性目标

发展性目标是指发展学生的智力、意志、情感和动机等。具体内容为：一要培养一般的学习技能技巧，如拟定答案提纲、比较、概括、使用书籍、自我检查等；二要培养学生的意志和毅力，如通过解答疑难问题，引导学生参加讨论等；三要培养学生的情感，如通过在课堂上创造愉快、妙趣、离奇等的情境培养学生的情感；四要培养学生的学习兴趣，如指出所学知识对发展科学、技术生产的意义，指出这些知识对学生的职业定向以及培养爱好的作用，把游戏的情境引入教学。

三、我国小学教学目标分类的发展

我国小学教学目标分类的研究起步比较晚，在理论和实践方面都尚未得到完善。20 世纪 80 年代以来，随着我国基础教育课程改革的不断推进以及众多学者的研究，我国小学教学目标分类经历了从“双基”到“三维目标”再到“核心素养”的三个阶段。这三个阶段形成了我国基础教育课程改革所有的轨迹和路径，并产生了我国特有的课程思想和理论。①

关于核心素养，北京师范大学林崇德教授领衔的课题组在中国学生发展核心素养的总体框架中已有普遍性界定。关于学科核心素养，顾文指出：“核心素养体系的构建，应落实到各个学科。”②从学科的角度来说，学科核心素养是核心素养的教育功能与学科发展的有机结合，是体现该学科价值的根本所在。

---

① 余文森：《从“双基”到三维目标再到核心素养——改革开放 40 年我国课程教学改革的三个阶段》，载《课程·教材·教法》，2019(9)。

② 顾文：《从基础到拓展：小学数学学科核心素养培育的研究与实践》，10 页，上海，华东理工大学出版社，2017。

(一)小学语文核心素养的教学目标分类

《义务教育语文课程标准(2022 年版)》指出：语言文字是人类最重要的交际工具和信息载体，是人类文化的重要组成部分；工具性与人文性的统一，是语文课程的基本特点。[①] 小学语文核心素养是学生在积极的语文实践活动中积累、建构并在真实的语言运用情境中表现出来的，是文化自信、语言运用、思维能力和审美创造的综合表现。[②]

1. 文化自信

文化自信是指学生认同中华文化，对中华文化的生命力有坚定信心。通过语文学习，热爱国家通用语言文字，热爱中华文化，继承和弘扬中华优秀传统文化、革命文化、社会主义先进文化，关注和参与当代文化生活，初步了解和借鉴人类文明优秀成果，具有比较开阔的文化视野和一定的文化底蕴。

2. 语言运用

语言运用是指学生在丰富的语言实践中，通过主动的积累、梳理和整合，初步具有良好语感；了解国家通用语言文字的特点和运用规律，形成个体语言经验；具有正确、规范运用语言文字的意识和能力，能在具体语言情境中有效交流沟通；感受语言文字的丰富内涵，对国家通用语言文字具有深厚感情。

3. 思维能力

思维能力是指学生在语文学习过程中的联想想象、分析比较、归纳判断等认知表现，主要包括直觉思维、形象思维、逻辑思维、辩证思维和创造思维。思维具有一定的敏捷性、灵活性、深刻性、独创性、批判性。有好奇心、求知欲，崇尚真知，勇于探索创新，养成积极思考的习惯。

4. 审美创造

审美创造是指学生通过感受、理解、欣赏、评价语言文字及作品，获得较为丰富的审美经验，具有初步的感受美、发现美和运用语言文字表现美、创造美的能力；涵养高雅情趣，具备健康的审美意识和正确的审美观念。

小学语文核心素养的四个方面是一个整体。在语文课程中，学生的思维能力、审美创造、文化自信都以语言运用为基础，并在学生个体语言经验发展过程中得以实现。

---

① 中华人民共和国教育部：《义务教育语文课程标准(2022 年版)》，1 页，北京，北京师范大学出版社，2022。

② 中华人民共和国教育部：《义务教育语文课程标准(2022 年版)》，4～5 页，北京，北京师范大学出版社，2022。

(二)小学数学核心素养的教学目标分类

《义务教育数学课程标准(2022年版)》指出，义务教育数学课程具有基础性、普及性和发展性。数学素养是现代社会每一个公民应该具备的基本素养，数学教育承载着落实立德树人根本任务、实施素质教育的功能，使人人都能获得良好的数学教育，不同的人在数学上得到不同的发展，逐步形成终身发展需要的核心素养。数学课程要培养的学生核心素养，主要包括以下三个方面。①

1. 会用数学的眼光观察现实世界

数学为人们提供了一种认识与探究现实世界的观察方式。通过数学的眼光，可以从现实世界的客观现象中发现数量关系与空间形式，提出有意义的数学问题；能够抽象出数学的研究对象及其属性，形成概念、关系与结构；能够理解自然现象背后的数学原理，感悟数学的审美价值；形成对数学的好奇心与想象力，主动参与数学探究活动，发展创新意识。

2. 会用数学的思维思考现实世界

数学为人们提供了一种理解与解释现实世界的思考方式。通过数学的思维，可以揭示客观事物的本质属性，建立数学对象之间、数学与现实世界之间的逻辑联系；能够根据已知事实或原理，合乎逻辑地推出结论，构建数学的逻辑体系；能够运用符号运算、形式推理等数学方法，分析、解决数学问题和实际问题；能够通过计算思维将各种信息约简和形式化，进行问题求解与系统设计；形成重论据、有条理、合乎逻辑的思维品质，培养科学态度与理性精神。

3. 会用数学的语言表达现实世界

数学为人们提供了一种描述与交流现实世界的表达方式。通过数学的语言，可以简约、精确地描述自然现象、科学情境和日常生活中的数量关系与空间形式；能够在现实生活与其他学科中构建普适的数学模型，表达和解决问题；能够理解数据的意义与价值，会用数据的分析结果解释和预测不确定现象，形成合理的判断或决策；形成数学的表达与交流能力，发展应用意识与实践能力。

数学核心素养具有整体性、一致性，在不同阶段表现不同。在小学阶段，数学核心素养主要表现为：数感、量感、符号意识、运算能力、几何直观、空间观念、推理意识、数据意识、模型意识、应用意识、创新意识。表5-2为小学数学核心素养的教学目标分类指标。

---

① 中华人民共和国教育部：《义务教育数学课程标准(2022年版)》，1～6页，北京，北京师范大学出版社，2022。

表 5-2　小学数学核心素养的教学目标分类指标

指标	表现
数学眼光	数感、量感、符号意识
	几何直观
	空间观念
	创新意识
数学思维	运算能力
	推理意识
数学语言	数据意识
	模型意识
	应用意识

(三)小学英语核心素养的教学目标分类

《义务教育英语课程标准(2022 年版)》指出，义务教育英语课程体现工具性和人文性的统一，具有基础性、实践性和综合性特征。围绕核心素养确定教学目标，使学生逐步形成适应个人终身发展和社会发展需要的必备品格、关键能力。英语课程要培养的学生核心素养包括语言能力、文化意识、思维品质和学习能力四个方面。①

1. 语言能力

语言能力指运用语言和非语言知识以及各种策略，参与特定情境下相关主题的语言活动时表现出来的语言理解和表达能力。英语语言能力的提高有助于学生提升文化意识、思维品质和学习能力，发展跨文化沟通与交流的能力。

2. 文化意识

文化意识指对中外文化的理解和对优秀文化的鉴赏，是学生在新时代表现出的跨文化认知、态度和行为选择。文化意识的培育有助于学生增强家国情怀和人类命运共同体意识，涵养品格，提升文明素养和社会责任感。

3. 思维品质

思维品质指人的思维个性特征，反映学生在理解、分析、比较、推断、批判、评价、创造等方面的层次和水平。思维品质的提升有助于学生学会发现问题、分析问题和解决问题，对事物作出正确的价值判断。

4. 学习能力

学习能力指积极运用和主动调适英语学习策略、拓展英语学习渠道、努力提升英语学习效率的意识和能力。学习能力的发展有助于学生掌握科学的学习方法，养成良好的终身学习习惯。

小学英语核心素养的四个方面相互渗透，融合互动，协同发展。其中语言能力是核心

① 中华人民共和国教育部：《义务教育英语课程标准(2022 年版)》，1～6 页，北京，北京师范大学出版社，2022。

素养的基础要素，文化意识体现核心素养的价值取向，思维品质反映核心素养的心智特征，学习能力是核心素养发展的关键要素。表 5-3 为小学英语核心素养的教学目标分类指标。

表 5-3　小学英语核心素养的教学目标分类指标

指标	表现
语言能力	感知与积累
	习得与建构
	表达与交流
文化意识	比较与判断
	调适与沟通
	感悟与内化
思维品质	观察与辨析
	归纳与推断
	批判与创新
学习能力	乐学与善学
	选择与调整
	合作与探究

第三节
小学教学目标设计

小学教学目标设计是小学教学设计的关键环节，是有效教学的必要保障。合理设计和编写目标是教师应具备的基本工作技能。本节从小学教学目标设计原则、设计过程和小学教学目标设计方法三个部分，对小学教学目标设计进行论述。

一、小学教学目标设计原则

为了确定科学合理的小学教学目标，在设计时必须遵循一定的原则，主要包括以下五个方面。

(一)整体性

根据整体性的要求设计小学教学目标，必须把握好课程标准，分目标要与总目标保持一致。基于核心素养设计小学教学目标，要统筹核心素养的各个部分，形成相互独立又不可分割的有机整体，并兼顾各个目标要素，培养小学生的核心素养。如小学数学二年级“认识时间”一课的教学目标是从数学意识、数学思想、数学人文三大核心要素设计的，各目标要素相互独立又不可分割。

（二）科学性

小学教学目标设计要从客观规律出发，把握小学生的身心发展规律，树立科学的目标设计观。初步编写目标时要综合考虑学科课程标准、教学内容、小学生的认知特点等，对初步编写的目标进行分类和提炼，保证目标的科学有效性。在设计目标过程中要尊重学生的个性发展，不搞一刀切，考虑学生的最近发展区和目标实现的可能性。

（三）阶段性

学生身心发展的阶段性特点决定了小学教学目标设计具有阶段性。小学纵跨六年之久，一般分为三个阶段(一、二年级为第一学段；三、四年级为第二学段；五、六年级为第三学段)。每个阶段的发展速度不同，因此都有其具有针对性的发展任务。小学教学目标设计要根据阶段性特点的要求，分阶段设计目标，把握不同阶段的目标设计重点。

（四）可操作性

小学教学目标设计的可操作性表现在目标是可观察、可测量的，指出实现教学目标的具体途径，即从具体的行为、特征、指标上对变量的操作进行描述，将抽象的目标转换为被具体认识的、可操作性强的、容易评估的指标。如“正确听说、认读常见的动物单词 cat，dog，monkey，duck，pig”这一教学目标的表述比“能正确认读所学单词”的表述更具可操作性。

（五）动态性

小学教学目标设计应保持一定的弹性，为教学的生成预留一定空间。在师生活动过程中，常出现偏离预定目标的情形。此时应微调目标、关注学生的即时表现，以促进学生积极参与，培养学生自主探究的精神。

二、小学教学目标设计过程

（一）分析课程与教学内容

课程与教学内容是小学教学目标设计的主要载体，是学校教学活动的基本依据，直接影响着人才培养质量。课程与教学内容是根据课程目标有目的地选择的各种直接经验和间接经验的知识体系。小学教学目标设计，要分析好课程与教学内容的内在逻辑，要考虑好学科教学目标、年级教学目标、单元教学目标、课时教学目标之间的相互联系，合理选择内容并设计目标。

（二）研究学习者

只有充分了解学习者，才能设计出合理的教学目标。学生是学习的主体。设计小学教学目标时不仅要考虑学生的当前准备状态，如学生当前的知识基础、技能、态度等，也要考虑他们的特点，如年龄、性别、学习动机、学习风格等。学生的当前状态和目标状态的差异构成了学习需要。客观分析学情，有利于提高目标设计的适切性，突出教学的重难点。

（三）确定小学教学目标的分类

确定小学教学目标的分类是设计目标的关键环节。根据布卢姆等的教学目标分类理论、加涅的教学目标分类理论等，结合我国国情和学生的身心发展规律，我国小学教学目标的分类大体经历了从"双基"目标、三维目标，发展到以"核心素养"为主的目标设计过程。

（四）列出小学教学目标

将上述三个过程相综合，对目标进行规范性编写和表述，列出可操作的具体目标。初步编写目标要全面，可以根据重要性及实现的难易程度对目标进行排列和选择，突出核心要素、主要目标。

案例链接：人教版小学语文教材一年级"一个接一个"一课的教学目标①

1. 语言理解：理解作者的情绪变化，朗读全文，体会诗中"一个接一个"的含义。
2. 语言运用：借助句式"要是……就好了"进行说话训练，体会语言中的情绪变化，完整、流利地表达自己的观点。
3. 思维能力：有感情地朗读课文，列举生活中的高兴与不高兴，并与同学们进行交流和表达。
4. 审美创造：初步感知诗歌的韵律美、喜爱读诗歌，提高朗读能力，感受生活之美。

三、小学教学目标设计方法

小学教学目标的编写是教学设计的前提和基础。这就要求教师使用标准的编写语言将抽象的目标转化为具体的、可实现的目标。根据不同学科的要求和学习内容的特点，选择适当的目标阐述和编写方法。那么，如何正确、准确地写出教学目标呢？常

① 人民教育出版社、课程教材研究所、小学语文课程教材研究开发中心：《义务教育教科书教师教学用书 语文 一年级下册》，49页，北京，人民教育出版社，2017。

见的表述方式主要包括三种：ABCD 目标描述法、内外结合目标表述法、表现性目标表述法。

（一）ABCD 目标描述法

目前我们常用的教学目标描述方法是“ABCD 目标描述法”。ABCD 分别代表了 Audience（对象）、Behavior（行为）、Conditions（条件）、Degree（标准）。① 第一，行为主体。行为主体是指需要达到目标的学生，而不是教师。如“使学生完成植物观察表”，应改为“学生能够在课上独立完成植物观察表”。

第二，行为动词。在描述学生的具体行为过程中，要通过可观察、可测量的动词加以表述（依据布卢姆等的教学目标分类理论，对常用的行为动词进行汇总，具体参考表 5-4）。常用方法是使用动宾结构的短语，用行为动词说明学习的过程，用宾语说明学生产生的学习结果，以减少教学的不确定性。例如，“学会勾股定理的运用”，这种笼统、宽泛的目标编写无法指导教学，无法判断学生是否学会勾股定理，缺少可操作性。可以更改为“通过画图说明 $a^2+b^2=c^2$（a，b 为直角三角形的两条直角边，c 为其斜边），能够在已知的两条边下，求出第三条边的长度”。

表 5-4　行为动词描述

类型	学习目标层次	目标特征	可参考选用的编写动词
认知学习目标	知识	对信息的记忆	复述、背诵、下定义、辨别、排列、列举、选择
	领会	用自己的言语解释、说明信息	解释、分类、归纳、鉴别、区分、举例、摘要
	应用	将知识运用到新情境中	运用、计算、示范、改变、说明、修改、解答
	分析	分解知识，明确之间的联系	分类、比较、对照、检查、指出、评析、图示
	综合	将知识各部分重新组合成新整体	计划、总结、综合、编写、创造、设计、归纳
	评价	根据标准做出价值判断	鉴别、评定、判断、总结、证明、说出价值
动作技能学习目标	知觉能力	根据环境刺激做出调节	屈身、旋转、保持平衡、移动
	体力	提高基本素质	举重、快速反应、提高耐力
	技能动作	进行复杂动作	调节、演奏、操作、使用
	有意交流	传递感情的动作	用动作、音乐表达情感

第三，条件或情境。条件是指影响学习结果的特定限制或范围，即学生在何种环境、设备、时间等条件下完成指定操作。对条件的表述包含四类：一是辅助工具的限制，如“利用字典解释‘绝’在句中的含义”；二是时间的限制，如“三分钟内能正确计算出 50 道 20 以内的加减法口算题”；三是提供信息或提示，如“根据课下注释

① 王本陆：《课程与教学论》第 3 版，147 页，北京，高等教育出版社，2017。

能够翻译文言文”；四是完成行为的情境，如“在小组讨论中，能够流利地表达自己的观点”。

第四，行为标准或表现水平。行为标准是指学生对目标所达到的最低表现水准，用以衡量学习表现或学习结果所达到的程度。如“至少写出三种解题方法”。

虽然ABCD目标描述法比较全面，但在实际教学中，教师仍需注意两个问题。一是能够熟练编写目标后，不需要机械地照搬。编写过程中，“行为”表述不可省略，而“对象”“条件”和“标准”可以进行灵活选择和省略。例如，“能够概括出事情的发展过程”，省略了对象、无条件限制、未设定标准。在编写中，如果省略了标准，一般认为要求学生达到100%的正确率。二是要把握好目标撰写的层次性。从知识的认知层次来讲，首先是“了解”，其次是“理解”，最后是“掌握”与“运用”。与“了解”相同等级的有“知道”“初步认识”；与“理解”相同等级的有“认识”“会”；与“掌握”相同等级的有“能”；与“运用”相同等级的有“会用”。在教学目标设定过程中，我们要规范、准确地运用这些行为动词来设定教学目标。

（二）内外结合目标表述法

认知心理学家认为学习的实质在于内在心理的变化，目标的编写除了外显行为之外，更要关注学生内在的心理变化。因此，美国学者N. E. 格伦兰（N. E. Grounlund）提出了内部过程与外显行为相结合的表述方法，即先用描述内部心理过程的术语表述，然后再列举反映这些内在心理变化的外显行为样例。①

例如，人教版小学语文教材二年级“小毛虫”一课的教学目标为领会文章的中心思想，应先明确“领会”可能带来的学习变化。为了使内在变化可以直接进行测量和观察，要列举具体行为样例，目标可以设计为：①了解小毛虫变化的三个过程。②理解小毛虫内心独白的两个道理。③借助提示，用自己的话完整讲述故事。

在上述表述中，“领会文章的中心思想”是内部心理过程的表述，后面三句话是说明内部过程的外显行为，将两者相结合，避免了行为目标忽视内在心理过程、只重行为变化的缺点。

总体来说，目前的目标描述基本上以ABCD目标描述法展开，但是要兼顾外显行为表现和内部心理变化过程，弥补行为性目标的不足。所以在ABCD目标表述法的基础上，辅之以内外结合目标表述法，来完成教学目标的编写。

---

① 王本陆：《课程与教学论》(第3版)，148页，北京，高等教育出版社，2017。

四、基于核心素养的小学教学目标编写

核心素养被认为是适应21世纪个人终身发展和社会发展需要的必备品格和关键能力。核心素养的关键能力和必备品格是对三维目标的凝练和整合，是对其的继承与创新。[①]核心素养下小学教学目标的编写要立足于学生主体，采用规范性的编写语言，结合不同学科核心素养加以表述。

（一）语文核心素养下的小学教学目标编写

上一节已经提到语文核心素养是文化自信、语言运用、思维能力和审美创造的综合体现。语言是重要的交际工具和思维工具，语言发展的过程也是思维发展的过程，二者密切联系。语言运用是语文核心素养的基本部分，思维能力、审美创造和文化自信是在运用语言的过程中逐渐实现的。[②] 那么如何基于核心素养设计小学语文教学目标？

以人教版小学语文教材四年级“桂林山水”一课的教学目标设计为例。从教材的角度进行分析，本单元以“走遍千山万水”为主题，以“学会描写景物的方法”为单元目标；本文运用总分的写法抓住了桂林山水的特点，表达了作者的喜爱和赞美之情。从学情的角度进行分析，四年级学生处在从低年级向高年级的过渡期，接受新事物较快，处于皮亚杰的认知发展理论的具体运算阶段，所以要重点关注学生的思维能力这一核心要素。依据上述分析和核心素养下小学教学目标的编写要求，本课的教学目标可以表述为：①会认翡、骆、驼等8个生字，会写澜、瑕、绵等11个生字以及骆驼、连绵不断等7个词语。②有感情地朗读课文、背诵课文。③能从文中找出描写桂林山水特点的语句，并概括出桂林山水山清水秀、洞奇石美的特点，感受桂林山水的美好，热爱祖国大好河山。④能够运用总分的写作方法描写一处景物。

通过分析上述目标可以看出，目标①和②为语言运用目标，目标③兼顾了多重目标。其中“找出描写桂林山水特点的语句”“概括出桂林山水的特征”为语言运用目标。“感受桂林山水的美好”“热爱祖国大好河山”为审美创造和与文化自信目标，其实现是一个长期的渐进过程。教师通过给学生表现空间，如“说一说桂林山水美在哪里，列举自己最喜欢的景物并说明原因”来初步判断是否到达目标，促使其个性化、创造性地发展。目标④为思维能力目标，从课内到课外，运用所学的写作方法描写其他景物，将

---

① 喻平：《发展学生学科核心素养的教学目标与策略》，载《课程·教材·教法》，2017(1)。

② 中华人民共和国教育部：《义务教育语文课程标准(2022年版)》，5页，北京，北京师范大学出版社，2022。

课内学习应用到实际生活中，培养学生的思维能力。

结合小学语文核心素养的要求，设计目标时要注意三个方面。第一，目标凸显语言学习。语文学科的性质决定了小学语文教学目标要以语言学习为中心进行设计，让学生去关注语言现象，学习语言构成，发现语言规律，积累语言知识，创新语言表达等，通过开展丰富、多样、有层次的语言实践活动，提高小学生的语言理解和运用能力。第二，构建语言过程，提升思维能力。把发展思维作为小学语文教学的核心目标之一，在发展语言能力的同时，发展小学生的思维能力，激发想象力和创造潜能。语言建构的过程也是思维形成的过程，以语言文本为基础，不断综合、分析、判断，在合作探究、交流表达中实现语文思维目标。第三，坚持以文化人，实现文化自信与审美创造目标。热爱中华文化，继承与弘扬中华优秀传统文化；具有初步的感受美、发现美和创造美的能力，是小学语文教学目标的重点。在上述目标中，学生通过有感情地朗读课文能够欣赏语言美，感受景物美，并在朗读中自然而然地激发热爱祖国大好河山的情感。此外，情感教育活动的开展有助于拓宽小学生的文化视野，增强民族自豪感，激发审美创造潜能，实现文化自信。

(二)数学核心素养下的小学教学目标编写

《义务教育数学课程标准(2022 版)》把数学核心素养的内涵解读为：会用数学的眼光观察现实世界，会用数学的思维思考现实世界，会用数学的语言表达现实世界。依据上一节对小学数学核心素养的教学目标分类，主要从数学眼光、数学思维、数学语言三个核心要素统筹把握，设计目标。

以小学数学二年级“认识时间”一课为例，时间的长短不容易直接表达，教学重点在于体验和积累数学活动经验，激发学生对数学人文的学习兴趣。所以教学目标的设计要将数学核心素养渗入其中，突出过程性与方法性，充分发挥学生的主体地位。首先，对教材内容进行分析。“认识时间”有很大的探索空间，分两个层次编排：第一层次是用 5 分 5 分数的方法读取时间，并通过实际的操作，知道 1 小时＝60 分钟。第二层次是在 5 分 5 分数的基础上，再用 1 分 1 分数的方法读取时间，做到会读、会写几时几分。其次，从知识的连贯性进行分析。本课与一年级上册“认识钟表，会读、写整时数”内容相联系，对时间的认识是按照从特殊到一般、从简单到复杂的顺序整体编排的，符合核心素养下学生的认知规律。学生能够通过推理、抽象、建模将生活中的数学情境转化为数学问题，促使数学思维的发展。最后，基于二年级学生的特点，他们活泼、好动，以直观形象思维为主，所以目标设计要充分体现小学生的主体地位，促使小学生主动学习、实现自我发展，培养小学数学核心素养。根据上一节对小学数学核心素养的分类，以及对教学内容和学生的研究，本课的教学目标可以表述为：①进一步认识钟面，知道 1 小时＝60 分钟。②通过观察、比较、动手操作等活动经历探索知识的过程，能正确读写几时几分(5分5分数)。③培养珍惜时间的意识，养成良好的生活、学习习惯。

上述目标设计着重小学生的数学语言、时间观念和应用意识三大核心要素的培养。目标①是数学语言目标。数学语言通常包括数据分析意识、应用意识等。要引导学生不断增强数学意识，以数学眼光看待问题，发展理性思维。目标②是数学思维目标。时间观念对于小学生来说较为抽象，通过观察、动手操作使小学生能提出并解决数学问题，将生活情境转化为数学问题，发展思维能力。目标③是数学眼光目标。其实现是一个长期的内在变化过程，可以通过"能写出自己的时间规划表，说一说时间的重要性"等具体活动，初步检测小学生是否达到这一目标的要求，从而将数学与生活相联系，逐步养成从数学角度观察世界的意识与良好习惯。

基于上述的目标设计，为培养小学生的数学核心素养，我们要注意如下三个方面。第一，目标设计的落脚点应是促进小学生数学核心素养的形成。区别于传统的小学数学教学目标，如今的教学目标不仅要求掌握知识、技能和解题技巧，还要关注学生数学语言、数学思维、数学眼光的形成。上述案例的目标从发展小学生数学核心素养出发，以小学生为主体，将各核心要素相统一，最终促进小学生数学能力的提高和必备品质的完善。第二，本课的目标设计以数学眼光目标为主线，激发小学生数学交流的兴趣，使他们积极主动地探索时间变化的规律。小学数学教学目标最终是促进小学生数学核心素养的形成，目标设计中要给予小学生充分的自主探索空间，以发展其好奇心、想象力和创新意识。第三，数学语言目标的设计为小学生留有空间。小学生可以通过自主观察和操作，知道"1小时=60分钟"，并在问题探究中产生自己的体验和思考，使数学眼光、数学思维等都有进一步的提升，最终达成数学核心素养培养目标。

(三)英语核心素养下的小学教学目标编写

教学目标是课程目标的具体体现。《义务教育英语课程标准(2022年版)》提出，课程目标从语言能力、文化意识、思维品质、学习能力四个核心要素方面分别分成一至三级目标描述，义务教育六年级结束应达到二级目标要求。[①] 根据第二节对小学英语学科核心素养的教学目标分类，四要素相互融合、协调发展，整合了知识、能力与情感态度的各个方面，是小学生应具备的英语学科基本综合素质，也是英语学术质量综合评价的标准。

以外研版小学英语教材二年级"What's the weather like?"第一课时的教学目标设计

---

① 中华人民共和国教育部：《义务教育英语课程标准(2022年版)》，4～6页，北京，北京师范大学出版社，2022。

为例。Unit 1 的第一课时主要是谈论天气的对话，学习核心语言 What's the weather like? It's……对于二年级的学生来说，仍然是在“What's this?”的基础上拓展学习“What's the weather like?”，符合小学生的英语认知规律。基于教学内容的分析和小学英语核心素养的教学目标分类，目标可以表述为：①在语境中能听懂、会认读词汇 weather，like，sunny，windy，hot。能运用 What's the weather like? It's……询问并回答天气状况。②能在课文图片的提示下复述课文。③通过同桌间的对话练习等活动，发展小组合作学习的能力。④能指出不同季节的天气特征，感受到天气与人们的生活息息相关。

在上述目标中，目标①是学习基本的词汇和英语句式，属于语言能力目标。目标②在达到语言能力目标的基础上，提升思维品质。目标③为学习能力目标，在自主探究、合作互助中发展语言、大胆交流。目标④穿插在整个学习过程中，将英语学习与实际生活密切联系，激发小学生学习英语的兴趣。

基于小学英语核心素养的要求，设计目标时要注意三个方面。第一，小学阶段要重视语言能力的培养。语言知识包括语音、词汇、词法、句法和语篇的学习内容与要求，而语言能力是指小学生在感知、体验、积累和运用语言实践的过程中，进行理解、对话、表达的能力。① 语言能力目标是英语核心素养的主要方面。在上述目标设计中，教师以学习初步的语言知识为主线，开展对话、交流等丰富的英语活动，激发小学生英语学习的积极性。第二，提高小学生的英语学习能力，树立正确的英语学习目标，激发学习兴趣。主动学习在小学英语教学中发挥着重要作用。目标设计要以提高英语学习自信心，激发英语学习兴趣，培养积极的英语学习态度为主线，促使小学生想表达、敢交流，以便更好地提高小学生的英语核心素养。第三，注重小学生英语学习的思维品质，鼓励他们积极用英语进行交流，培养他们的英语思维能力和逻辑能力，实现个性化、创造性的发展。另外，可以从文化视角进行小学英语教学目标设计，帮助小学生了解不同国家的优秀文明成果，引导其形成正确的价值观和积极向上的审美情趣。

本章小结

小学教学目标是小学教学活动的起点和归宿，具有导向功能、激励功能和评价功能，其特点主要表现在基础性、全面性、全体性三个方面。依据国家的教育方针政策，多样化、个性化的社会需求，小学生的身心发展特点和不同学科教学活动的需要，以及在吸收借鉴布卢姆等人的教学目标分类理论

① 上海市教育委员会教学研究室：《小学英语单元教学设计指南》，5～9 页，北京，人民教育出版社，2018。

的基础之上，我国小学教学目标逐步发展成以核心素养为基础的目标分类。通过分析义务教育课程标准及不同学者的研究，本书提出了我国小学语文、小学数学、小学英语核心素养的教学目标分类。

科学合理的目标分类是为了更好地进行目标设计。小学教学目标的设计要遵循整体性、科学性、阶段性、可操作性、动态性的原则。其设计过程包括分析课程与教学内容、研究学习者、确定小学教学目标的分类、列出小学教学目标四个方面。基于核心素养编写小学教学目标，要突出小学生的主体地位、规范小学教学目标的编写语言、通过不同学科的案例分析落实学科核心素养培养。

关键术语

小学教学目标；布卢姆等的教学目标分类；核心素养下小学教学目标分类；小学教学目标设计

拓展阅读

1. 余文森：《小学数学：名师教学目标落实艺术》，重庆，西南师范大学出版社，2010。

该书立足于提高小学数学教师课堂教学目标的落实能力，从数与代数等几个领域出发，对相应问题的教学目标进行了具体分析，甄选特级教师在课堂上对教学目标的成功调控和落实的经典案例，并针对案例进行了教学延伸，对教学目标落实的策略、手段、方法和途径等进行了细致的探讨，力求为教师提供切实可行的教学目标落实艺术。

2. [美]Norman E. Gronlund、[美]Susan M. Brookhart：《设计与编写教学目标》第八版，盛群力、郑淑贞、冯丽婷译，北京，中国轻工业出版社，2017。

教学目标的编写，一直是国内有些一线教师感到难以驾驭的事情。该书经七次修订，已较为完善，对国内教师感到困惑的教学目标问题几乎都有所涉及，很适合我国教师学习和借鉴。该书通俗易懂，实例丰富，所举例子涉及中小学各科，具有较强的实践指导性。

3. [美]洛林·W. 安德森等：《布卢姆教育目标分类学：分类学视野下的学与教及其测评(完整版)》，蒋小平、张琴美、罗晶晶译，北京，外语教学与研究出版社，2009。

布卢姆教育目标分类法是一种教育的分类方法。该教育方法指出，问题有简单和复杂，应按照学习目标进行提问。该书对教学目标、教学过程中的教学活动和教学评估按目标单元进行了分类，构成了多种分类结果。

4. 林崇德:《21世纪学生发展核心素养研究》，北京，北京师范大学出版社，2016。

该书主要从基础理论研究、国际比较研究、实证调查研究、现行课标研究、教育实践探索等角度系统化地展开对核心素养的探索与分析，对于全方位理解和把握中国学生核心素养的内涵具有重要参考价值。

5. 李文萱:《聚焦学科核心素养的课堂教学》，上海，华东师范大学出版社，2018。

该书将课堂教学置于学科核心素养培育的背景下进行探索与研究，很大程度上帮助教师解决课程标准落实到课堂教学中的路径、工具、方法及专业支撑等重要问题，改变困扰教师的课程实施中的随意与低效状况，增强教师的课程意识，建构教师的课程能力，助推学校形成质量提升的变革力量。

体验练习

1. 如何理解小学教学目标?

2. 小学教学目标的功能有哪些?

3. 试述核心素养的含义及其进步性。

4. 论述布卢姆等的教学目标分类理论。

5. 结合小学各学科的义务教育课程标准，试着提炼和总结出各学科核心素养下小学教学目标分类的基本要点。

6. 简述小学教学目标设计过程。

7. 基于核心素养小学教学目标的编写要注意哪些问题? 结合某学科进行论述。

第六章

小学教学方法与手段

章结构图

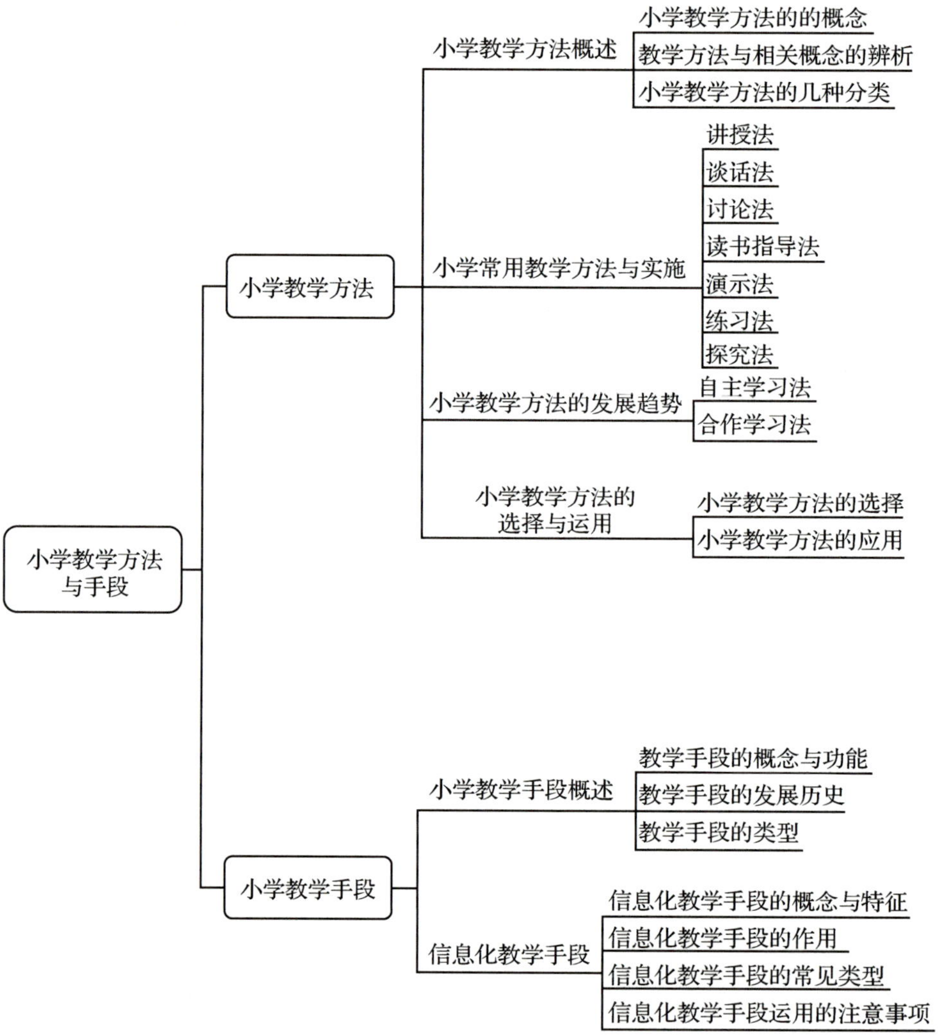

本章概述

本章主要针对小学教学方法和手段两方面内容进行了论述。首先介绍了小学教学方法的概念、实施以及选择与运用，揭示了小学常用的教学方法。其次，在传统教学手段向现代化教学手段不断改进的背景下，主要介绍当今信息化教学手段的特征、类型、运用与注意事项，指导教师正确、恰当地使用适宜的教学方法和教学手段，为完成教学任务和目标打下基础。

问题情境

如何合理有效地选择和使用教学方法和手段?

李老师要讲一年级下册的“古诗二首”。她认真地分析了教学内容:《池上》是唐代诗人白居易所作，用寥寥几笔勾勒出一个小孩子偷采白莲的事。其中“不解藏踪迹”句，写尽小童顽皮、纯真的情态。而杨万里的《小池》从“小”处入手，把大自然中极平常的细小事物池、泉、荷和蜻蜓写得相亲相依，和谐自然，犹如一幅色彩明丽的水墨画。其中“小荷才露尖尖角，早有蜻蜓立上头”，捕捉到景物稍纵即逝的变化，极富情趣。她还认真分析了本单元的语文要素和课后习题的要求，设计了“古诗二首”第一课时的教学目标，如下。

小学语文教材一年级下册“古诗二首”一课第一课时

教学目标：

1. 认识首、踪等 12 个生字。会写首、无 2 个生字。
2. 能正确流利地朗读两首古诗。背诵《池上》。
3. 图文结合，感受诗中蕴藏的夏天的情趣。

李老师有了教学目标，可是用什么方法教呢? 古诗虽然字数少，但是要求会认的字很多。一年级的学生年龄小、好动，识字量少，虽然有半年的课堂学习经历，但是注意力仍然易分散，坚持不了 20 分钟。李老师心想:运用什么样教学方法才能完成本课的教学目标呢? 使用哪些手段可以让教学效果更好呢? 带着李老师的疑问，让我们一起学习本章关于小学教学方法和手段的内容。

第一节
小学教学方法

小学教学方法是教师按时完成教学任务、实现教学目标和提高教学质量的方法。合理恰当地选用教学方法，可促进教学目标有效的落实。本节主要对小学教学方法的概念、分类、方法的实施、选择和运用等方面展开论述。

一、小学教学方法概述

在教学实践中，方法的重要性是不言而喻的。任何学科都需采用相应的教学方法，教学方法的合理选用有利于提高教学效果。

(一)小学教学方法的概念

什么是教学方法？教学方法是为了达到教学目标，运用教学手段进行的，由教学原则指导的师生共同围绕教学内容相互作用的一整套行为方式。① 我们要深入理解教学方法的概念，关键还是要把握以下四个要点。

第一，教学方法的选择和运用是为特定的教学内容和教学目标服务的。在教学过程中，选择和采用各种教学方法，与教师的教学风格和教学个性有关，但更为重要的是，这些教学方法的选用都是为实现特定的教学目标而服务的，并受到教学内容的制约。如某教师在教授人教版小学语文教材五年级“古诗三首”时，在备课阶段分析道，学生要达到的学习目标不仅包括会认、会写生字和熟练背诵课文等知识与技能目标，还包括能够想象并说出诗句描绘的情景，体会其中的童真童趣等情感目标。但是由于小学生已有的文言知识基础较为薄弱，因此教师需要运用讲授法来讲解故事，让学生能够理解内容，以此来达成知识目标。教师再借助关键词语和插图，引导学生仔细观察、展开想象，以此来达成情感目标。

第二，教学方法离不开教学手段的应用。教学手段是教学方法应用的物质载体和借助的技术条件，教学方法是借助这些工具和技术条件的行为序列或方式。例如，在小学数学“图形的认识”这一课中，教师展示了一些图形模具，让学生进行观察触摸，以此了解图形的特点和构造，并引导学生在课上制作图形模具进行展示。其中教师在教学过程中进行图形展示的方法为教学方法中的演示法，而在此过程中使用的图形模具则为教学手段。

第三，教学方法离不开教学原则的指导。教学原则是根据教学目的、反映教学规律而制定的指导教学工作的基本要求。我国当前小学采用的教学原则主要有直观性原则、启发性原则、系统性原则、巩固性原则、量力性原则和理论联系实际原则等几种不同教学原则。教学方法的选择和运用应遵循教学原则的基本要求，才能产生良好的教学效果。

例如，学生在学习“认识图形”一课时，教师在教学中首先渗透直观性原则，引导学生从教室中寻找图形，认识长方形、正方形、三角形和圆；其次渗透启发性原则，通过小组合作方式，启发学生尝试归纳出不同图形的特点；最后针对学生归纳中的不足，继续渗透巩固性原则，进一步通过问答法不断进行启发、追问，帮助学生不断完善对图形的认识，最终达成本节课的教学目标。

第四，教学方法是教师与学生之间交互作用的一整套持续的行为方式。教学方法

---

① 王本陆：《课程与教学论》第3版，153页，北京，高等教育出版社，2017。

是师生之间交互作用的行为方式。在实践中要克服两种倾向。一是教学方法只有教法，而无学法。在传统教学中，人们往往把教学方法与教师的教相联系，把教学方法简单地等同于教师的教法，在一定程度上忽视了学生的学法，这是不恰当的。二是教学方法只有学法，而无教法。新课程改革中，有些学校重视学生自主、合作、探究学习，而弱化教师的教，也是不恰当的。

教学方法是一个持续性的行为方式，既有教，又有学，二者不可分离。教法是为了引导学生会学，学法又依靠教法的引导，二者统一于教学方法中。如教学方法的运用既包括教师的讲解与学生的听讲，又包括教师的示范与学生的模仿等。

(二)教学方法与相关概念的辨析

为了更好地认识和理解教学方法的概念，还要辨析其与教学方式、教学策略的联系和区别。

1. 教学方法与教学方式

教学方式是运用各种教学方法的技术，是教师教和学生学的具体动作。教学方法是教学方式的上位概念，任何一种教学方法都是由一系列教学方式所组成的，每一种教学方法都可以分解为各种具体的教学方式。[①] 例如，在运用演示法时，教师可以用自己动手演示的方式，也可以选用让学生演示的方式，还可以用多媒体演示的方式。

2. 教学方法与教学策略

教学策略是教学方法的上位概念。教学方法是教学过程中具体详细、可操作的方式、手段和途径。教学方法可以看作教学策略的具体化，介于教学策略与教学实践之间。教学方法受制于教学策略，教学过程中选择和采用什么方法，受到教学策略的支配。教学策略不仅表现为教学的程序，而且包含对教学过程的元认知、自我监控和自我调整，在外延上要广于教学方法。

(三)小学教学方法的几种分类

在漫长的教育历程中，人们在教学实践中创造了种类繁多的教学方法。随着现代科学技术、教学理论与教学实践的发展，各种新的教学方法不断涌现。为了更好地了解教学方法，下面将介绍几种具有代表性的教学方法分类。

1. 按照外部形态分类

按照外部形态，教学方法分为五类：一是以语言传递信息为主的方法，包括讲授法、谈话法、讨论法和读书指导法等；二是以直接感知为主的方法，包括演示法、参观法等；三是以实际训练为主的方法，包括练习法、实验法、实习作业法；四是以欣

---

① 王本陆：《课程与教学论》第3版，154页，北京，高等教育出版社，2017。

赏活动为主的教学方法，如陶冶法；五是以引导探究为主的方法，如发现法、探究法等。这种分类是最有代表性，也是运用最普遍的一种教学方法分类。

2. 按照从具体到抽象层次构成分类①

按照从具体到抽象层次构成，教学方法分为三个层次。一是原理性教学方法，如启发式、发现式等，是用来解决教学规律、教学思想、新教学理论观念与实践联系问题的教学方法。二是技术性教学方法，如讲授法、谈话法、演示法、参观法、实验法、练习法、讨论法、读书指导法和实习作业法等，是用来解决理论向实践转化问题的教学方法。三是操作性教学方法，如语文课的分散识字法、外语课的听说法、美术课的写生法、音乐课的视唱法、劳动技术课的工序法等，是不同学科教学中具有特殊性的教学方法。

3. 按照主体因素的构成分类②

按照主体因素的构成，教学方法分为三类：一是以教师教为主的教学方法，分为以语言形式获得间接经验的教学方法，如讲授法；以直观形式获得直接经验的教学方法，如演示法；以实际训练形式形成技能、技巧的教学方法，如练习法。二是以学生学为主的教学方法，有自主学习法、合作学习法、探究学习法。三是教与学并重的教学方法，包括以感受体验形式获取知识的教学方法，如角色扮演法；以参与互动形式获取知识的教学方法，如讨论法；以质疑问难形式获取知识的教学方法，如谈话法。这种分类标准的概括性比较强，能把现在很多新的方法都囊括其中，让人一目了然，比较容易被大家接受。

二、小学常用教学方法与实施

根据6～12岁小学生身心发展的规律，小学教师需采用多种教学方法来进行教学，以适应小学各学科教学内容。在现阶段，小学教师常用的教学方法主要有讲授法、谈话法、讨论法、读书指导法、演示法、练习法、探究法等。

(一)讲授法

讲授法是教师通过口头语言向学生描绘情境、叙述事实、解释概念、论证原理和阐明规律的教学方法。它是教师使用最早、应用最广的教学方法。根据讲授的方式不同，讲授法又分为讲述、讲解、讲读、讲演。

1. 讲述

讲述是以叙述或描述的方式向学生传授知识的方法。在教学中，教师通过简明形

---

① 朱丽：《如何运用教学方法》，8页，上海，华东师范大学出版社，2014。
② 郑金洲：《教学方法应用指导》，11页，上海，华东师范大学出版社，2006。

象的讲述帮助学生理解教学内容，形成清晰的表象和概念，便于学生记忆知识。

如人教版小学语文教材六年级“狼牙山五壮士”一课，记述的是抗日战争时期五位英雄抵御外敌、英勇奋战的故事。对于小学生来说，发生在抗日战争时期的事情离他们当下生活较为遥远，这就造成小学生很难通过自行阅读来深刻认识这段历史。这时，教师可以通过口头语言向学生讲述抗日战争时期的历史背景，让学生深刻感受那段艰苦而荣耀的抗日岁月，缅怀逝去的英雄们。

运用讲述法时，教师需抓住重点，指点到位，注意语言清晰、准确、简明，便于小学生快速地记忆掌握，避免语言啰唆，表述混乱，逻辑不清。

2. 讲解

讲解是教师用逻辑严密的语言向学生说明、解释或论证概念、原理、公式和定理的方法。讲解适用于小学各个学科的教学重点或难点的教学。

如人教版小学语文教材一年级“小青蛙”一课中，教师主要讲解与“青”有关的形声字。由于一年级小学生对字音和字形都比较相近的生字比较容易混淆，因此教师在讲解过程中先让学生观察清、晴、睛、情、请这些字的字形，找出它们的相同点和不同点，为讲解做好准备。然后教师抓住形声字偏旁表意的特点，结合学生生活中熟悉的事物和情境，从音、形、义三个角度生动有趣地讲解了清、晴、睛、情、请五个形声字的异同，便于学生理解和记忆。

要运用好讲解需要注意的是，教师讲解的内容需直观、形象，符合小学生的思维特点，与小学生的“最近发展区”衔接，容易被小学生理解，通俗易懂，尽量少使用专业术语。

3. 讲读

讲读是通过师生诵读来传授和学习知识的方法，即把讲、读、写等综合运用起来进行教学的方法。它多运用于小学语文和外语这两门学科的教学，其目的主要是把学生的多种感官调动起来，以提高学生学习的积极性和教学效果。

如人教版小学语文教材一年级“秋天”一课的教学重点是正确、流利地朗读课文。由于一年级学生的识字量少，教师运用讲读法，通过范读和师生、生生诵读的方式，指导学生正确、流利地朗读。这样既降低初读课文的难度，又使学生感受到秋日景色的优美，激发学生读的兴趣，为理解课文内容打下基础。

运用讲读法教学时，教师需学会等待，给小学生充足的时间去读，避免越俎代庖，急于求成，干扰小学生自读，妨碍知识内化。另外，要做到读前有要求，读中有指导，读后有评价。

4. 讲演

讲演主要是教师以某一个教学内容为专题，对其进行比较系统的分析、论证，并做出科学结论的方法。它主要是以演说和报告等形式出现，与一般意义上的学术报告有相似之处，但是其深度和广度又低于一般的学术报告。讲演中不用提问和演示，要求学生做比较详细的笔记。这种方法一般是在小学高年级教学中使用。

为了更好地运用讲授法，教师需注意以下几个问题。

第一，要认真组织教学内容。讲授内容要有科学性、思想性。如在历史学科中学习岳飞的相关内容时，教师主要讲授有关岳飞的历史事实，体现科学性；同时，教师还注重讲授岳飞的英雄气节，体现思想性。

第二，要注意启发诱导学生。教师在讲授过程中要善于提问并引导学生积极思考，使他们积极开展认识活动，自觉地领悟知识。如教师在讲授圆锥体积公式时，运用圆柱的体积公式，启发引导学生得出圆锥的体积公式。

第三，要注意语言的艺术性。语言要生动形象、富有感染力，清晰、准确、简练，条理清楚、通俗易懂；音量、语速要适度；语调要抑扬顿挫，适应学生的心理节奏；注意运用体态语，提高语言的感染力。

第四，要组织学生认真听讲。教师要讲明教授内容的内在联系；善于观察学生的反应，及时调整自己的讲授内容，变换讲授方式；在讲授各段落时，结合复述、问答等方式，使学生的思维始终处于积极状态。

(二)谈话法

谈话法也称问答法，是教师根据一定的教学目标和教学内容，向学生提出问题，要求学生回答，在问与答的过程中引导学生获得新知识、巩固所学知识的方法。谈话法是一种在小学运用得非常普遍的教学方法。

根据谈话的目的和任务不同，可以把谈话法分为四种形式：复习性谈话法、总结性谈话法、启发性谈话法、研究性谈话法。下面结合案例来说明每种谈话法的用途和特点。

1. 复习性谈话法

复习性谈话法是教师在学生所学知识的基础上设计并提出一些问题，让学生通过回答问题的方式来巩固和加深对知识理解的教学方法。

例如，在“年月日”一课中，教师先运用谈话法复习“时、分、秒”的知识，然后提出问题：“现在想一想，你们已经知道年、月、日的哪些知识了?”教师利用这个问题指导学生从复习“时、分、秒”，到回忆生活中“年、月、日”的知识，实质也是一种复习。

由此可见，教师运用复习性谈话法，既可以了解学生已有的知识，又可以调动学生的主动性。

2. 总结性谈话法

总结性谈话法是指一个主题或一个单元的教学结束后，教师向学生提出一些能概括所学内容的问题，通过学生回答来总结和巩固知识的教学方法。

如某教师在讲授人教版小学语文教材五年级“杨氏之子”一课时，首先通过复习性谈话法总结先前阅读文言文的学习方法来导入新课，回顾和总结了以前的学习方法；然后提出了本节课的学习主题：有理有据地说一说文中句子的意思。学生在通过联系上下文、看注释、查工具书、看插图等方式学习以后，围绕主题发表了自己的见解。教师及时肯定学生善于思考的态度，总结了“用工具书查找字义，并把字义放到句子中读一读”的做法。教师的提炼和总结有利于学生掌握新知识，提高学习效果。因此，总结性谈话法有利于教师及时反馈学生的学习效果，迅速直接地向学生传授专业知识，适时适度地改善教学中的不足，及时解决课堂中出现的问题。

3. *启发性谈话法*

启发性谈话法是指教师在学生已有知识结构的基础上提出一些学生尚未学习的新知识、新内容，并为即将开始的新知识的学习做好铺垫、打下基础的教学方法。

在“杨氏之子”一课中，教师要求学生理解：“孔君平诣其父，父不在，乃呼儿出。为设果，果有杨梅。”教师在学生原有理解的基础上，进一步启发学生说一说“为”的读音的判断依据；然后接着问学生如何判断“应”的读音，来启发学生迁移运用据义定音的方法，去判断和解决问题，在教学中起到了承上启下的作用，突破了教学重点。因此，启发性谈话法有助于教师调控教学进程，抓住教学的重难点，激发学生内在的学习动力；有利于调动学生的学习积极性，启发学生独立思考，实现教师主导作用与学生主动性相结合。

4. *研究性谈话法*

研究性谈话法是指教师提出一些富有启发性和学生还尚未形成结论的问题，引发学生思考和探究的教学方法。其目的是培养和发展学生的创新精神和研究能力。

如在小学科学课“米饭变色了”中，教师先让学生把手洗干净，用碘酒对手进行杀菌消毒，并请学生用刚才消过毒的手挑两粒米放在白纸上。学生认真地捡数着米粒，随即发现米饭和手指上的颜色发生了变化。学生们感到非常惊讶，纷纷问道：“为什么会变颜色呢?”“是什么让米粒变成了黑紫色?”“米粒还干净吗?”“是我们的手弄脏了米粒吗?”……教师马上抓住这个关键的教育时机，顺势提出本节课的教学问题：到底是什么原因让手指和米粒变了颜色？通过学生手指和米粒变色这一环节，教师巧妙地设置了悬念，引发学生思考，激发了学生探究的兴趣。

在运用研究性谈话法时，设置的话题要具有一定的探究性，能够激发学生的好奇心，激发学生的探索欲望，开启学生的思维活动，努力促进学生探究能力的发展。

谈话法在实际教学过程中容易旁斜逸出，影响教学任务的顺利完成。因此教师在运用谈话法时，应该注意以下几点。第一，谈话前设计好问题。教师设计的问题要符合教学目标的要求，符合小学生身心发展的特点和规律；设计的问题还要有启发性，对小学生的知识迁移、思维发展和能力提高有促进作用；设计的问题要有层次性，围绕核心问题，做到层层深入，循序渐进。第二，谈话时教师要善于提问。教师向学生提出的问题要具体、明确、有趣味性、有启发性，能激活与深化学生的思考；同时，教师还要选择好提问的时机，在学生“心求通而未得之意”“口欲言而未能之貌”时向学生提出问题。第三，谈话时要面向全体学生。首先，谈话的内容应当是教学中具有普遍性和重要性的问题，要能够引起全体学生的注意；其次，根据问题本身的难易程度，教师应当选择不同水平的学生代表进行谈话；最后，谈话时要耐心等待学生的回答，学生回答若有困难，教师要注意启发。第四，谈话后教师需及时总结。谈话结束后，教师要及时归纳或小结，促使学生的知识系统化，同时注意纠正学生的一些错误认识，帮助他们准确地掌握知识。

（三）讨论法

讨论法是学生在教师的指导下为解决某个问题而进行探讨、辨明是非真伪，以此提高学生认识或弄清问题的方法。

运用讨论法时，需要学生具备一定的基础知识、理解能力和独立思考能力，因此讨论法在小学高年级运用较多。

讨论法的运用有利于学生加深对学习内容的理解，实现知识的融会贯通，提高学生的迁移和运用能力；也有利于培养师生之间、生生之间的合作精神，集思广益、互相启发、互相学习。

在实际课堂教学中，由于学生各抒己见时，只是只言片语，表达不充分、不清晰，容易偏离主题，比较耗费教学时间，因此教师在运用讨论法时需注意以下几点。

一是选好讨论的主题。讨论主题的选择要注意三个方面：第一，讨论的主题要具有针对性。教学中讨论主题的选择要切实符合课堂教学内容，要直接为教学服务。第二，讨论的主题要具有挑战性。讨论的主题要有一定的难度，太简单没有讨论价值，太难不利于调动学生的积极性。因此要根据学生的实际和讨论主题的特点，选择一些让学生“跳起来摸得着”的主题。第三，讨论的主题要具有趣味性。讨论的主题要新颖有趣、不落俗套，能激起学生探究新知识的好奇心，让学生跃跃欲试。

二是把握好讨论的时机。第一，要抓住学生学习新知识时，与旧知发生交汇的“不确定对错”点，引发学生讨论，使学生更深刻地理解新知识；第二，当学生提出辨析性问题时，抓住时机，组织学生讨论，利于学生主动学习；第三，在教学过程中学生进入一种“愤悱”状态时，适时讨论，会使学生的思考更积极。如教师执教三年级“分数的初步认识”一课时，首先抛出本节课要解决的问题：把一个圆不平均分，得到两部分，其中一部分是整体的二分之一吗？有的学生认为对，有的认为不对，意见分歧很大。在吴老师的组织下，认为正确的学生为正方，认为错误的学生为反方。正反两方各推选代表，向对方阐述自己的理由。可见，对于这个问题，学生在认知上是模糊的，此问题也恰恰是教学的重点。教师抓住学生"愤悱"的时机，通过学生正反方的辩论，最后得出结论：只有把一个整体平均分成两部分，其中的一部分才是整体的二分之一。

三是安排好讨论的程序。由于小学生的年龄小，活泼好动，注意力容易分散，讨论时教师需要分配好讨论的角色：低年级可采用同桌或前后座两个人的讨论方式，高年级可采用4～6人小组的讨论方式。高年级讨论时，要选好讨论的主持人、中心发言人、记录人，让小组讨论处于有组织的状态，人人都参与，保证讨论有序有效开展。

四是使用好讨论的结果。讨论的结果主要为教学服务，服务形式有三种：一是将讨论结果返回到教学流程，使其成为下一步的教学资源；二是将讨论主题布置成书面作业，让学生通过作业进一步掌握新知识，发展学生的思维；三是对于小学高年级，可以将讨论主题外延化，鼓励学生进行课外探究，提高学生的综合素质。例如，在"黄山奇石"一课中，教师通过组织讨论，使学生了解：文中是通过借景抒情的写作手法及其比喻、拟人等修辞手法，来表现山石的奇形怪状的。讨论结束后，教师布置了小作文作业，要求学生尝试运用文中涉及的写作手法和修辞手法，来描写旅游时看过的山的形态，以此锻炼学生的写作能力。

五是训练好讨论技能。教师使用讨论法需要培养学生的三种主要能力：一是思维能力，初步培养学生思维的灵活、创造、批判、敏捷、深刻等素养，培养学生的聚敛性思维与发散性思维；二是口头表达能力，初步培养学生能清晰、准确、有逻辑地表达自己观点的能力；三是交际能力，培养学生乐于与人交往、善于与人交流的能力。这些技能可以在学生的学习、生活中有意识地进行训练。

(四)读书指导法

读书指导法是教师指导学生阅读教科书或课外书，获得知识、巩固知识和培养学生自学能力的教学方法，多用于指导学生预习新知，复习旧知，拓展知识面，培养良好的读书习惯。

根据读书方式的不同，读书指导法可以分为精读法、略读法、默读法三种。

1. 精读法

精读法是以掌握阅读方法、发展阅读能力、了解文章内容、积累知识为目的的读书方法。学生要精细深入地阅读，要把字字句句读明白，达到融会贯通的理解水平。如在"少年闰土"一课中，教师要求学生画出文中运用外貌、语言、行为的描写手法的句子并赏析。这就要求学生必须通过精读法，认认真真阅读课文，理解文章中运用描写手法的句子并进行赏析。

2. 略读法

略读法又叫通读法，即对课文内容进行通篇阅读，着重注意内容，对课文内容的某些细节暂不提出具体阅读要求。略读时要注意引导学生整体理解文章，提高阅读效率。如在“故乡”一课中，教师首先可以采用略读法，要求学生浏览课文大意，划分段落，概括出故事内容，找出具体人物。略读时要注意引导学生以最快的速度掌握文章大意即可，不必在只言片语上纠缠不休，也不追求对所有细节都理解。

3. 默读法

默读法是语文教学上训练学生阅读能力的重要方法。由于省去了发音动作，因此速度快，不互相影响，可保持环境的安静，便于学生更集中地思考、理解文章的内容，并且不易疲劳，易于持久。如在小学语文五年级“新型玻璃”一课中，教师在学生整体感知课文后，采用默读法要求学生在文中找出各种玻璃的特点和用途。由于学生在默读时注意力非常集中，在很短的时间内学生便通过边默读边勾画的方式掌握了各种玻璃的特点和用途。教师在引导学生默读时，要注意提醒学生做到眼到、心到、手到，激发学生的多种感官参与学习，提高学习效率。

在小学阶段，激发学生的阅读兴趣是根本。如果学生读书时任务太多、过重，读书指导法的效果会大大降低。因此，运用读书指导法时，教师要注意以下三点：第一，做好“读”前准备。选好读物，指导学生制订阅读计划，同时要教给学生阅读的顺序和方法，指导学生做好阅读笔记。第二，重视“读”的过程。读书指导法必须把学生的“读”作为主要方面，要专心致志地读，积累阅读经验；要持之以恒地读，灵活运用阅读方法；要读思结合，善于质疑问难，促进思维发展。教师需给学生充足阅读的时间，帮助学生形成良好的终身读书习惯。第三，“读”的要求有层次性。运用读书指导法时，不同年级学生的读书指导法的侧重点和要求也不同。低年级以图文结合的绘本、故事书为主，注重激发学生的读书兴趣，使学生能大致读明白故事即可；中年级以图文结合的中短篇读物阅读为主，注重培养学生广泛的阅读兴趣，使学生能独立读完整本书的内容并能有条理地转述阅读内容，能说出自己的感受和观点即可；高年级以中长篇整本书阅读为主，注重培养学生对专题或主题内容的阅读兴趣，使学生能在规定时间内读完全部内容，能讲清楚内容梗概，对重要内容能创造性地转述，提出自己的一些观点即可。

（五）演示法

演示法是教师使用直观的教具或现代化教学手段进行演示实验，配以适当的讲解和谈话，引导学生进行系统性的观察，获得新知识的教学方法。这种方法在小学各科教学中被广泛采用。

在小学教学过程中，演示的手段大体有三类。

1. 实物直观

实物直观即实物或模型、标本、图片、图画的演示，目的在于使学生获得某一事物或现象的外在感性认识。如在学习 20 以内整数的加减法时，教师可以用小木棍代替数字的实物演示法，以增加或减少小木棍的方法来帮助学生理解加法和减法，将抽象知识具体化。

2. 模像直观

模像即事物的模拟形象，模像直观是对事物的模拟形象进行直接感知的一种直观方式。模像直观在很大程度上克服了实物直观的局限性，提高了直观效果。如在科学课上，教师可以借助虚拟图像模拟软件模拟“种子发芽”“花的生长”“蚕的生命周期”的发展过程，创设一些可感可知的直观情境，从而有助于学生加深对相关科学知识的理解。

3. 言语直观

言语直观是指在生动形象的语言作用下，教师利用语调和生动形象的事例激发学生的情感，唤起学生的想象，以构建知识的框架。例如，在低年级的数学教学中，教师可利用拍儿歌展开教学：“你拍一，我拍一，1 像铅笔，1，1，1；你拍二，我拍二，2 像鸭子，2，2，2……”教师通过语言游戏，将数与形有效结合形成直观的表象，以加深学生的记忆，并让学生在轻松愉快的氛围中学习数学。

演示法通过刺激多种感官，做到看、听、想、问相结合，有利于激发学生的学习兴趣，为学生获得新知识提供丰富的感性材料，加深对所学内容的印象，提高学习的效果。但是演示法有一定的适用范围，不是所有的学习内容都能演示。因此，运用演示法时，教师要注意如下三点：第一，演示目的需明确。演示法是为特定的教学任务和教学目标服务的。教师演示时确保每个步骤清晰、明确，指向教学目标，让学生看完演示后就能理解教学的内容，获得感性的认识。第二，演示的现象易观察。在运用演示法教学时，演示内容要贴近小学生的生活，演示的现象要符合他们的观察特点、习惯和水平，容易被小学生理解和接受。第三，教学演示前需精心准备。教师要对演示的动作、程序和仪器心中有数，对演示的内容和重点要胸有成竹，尽量避免演示时出现错误，保证一次性演示成功。

(六)练习法

练习法是教师指导学生运用和巩固知识，从而形成技能和技巧的教学方法。练习法的特点是具有重复性，目的是以一定的知识为基础，通过反复练习，形成学习知识的技能技巧。

由于学科性质、教学任务不同，练习的种类也有所不同。一般根据练习的内容，练习可以分为语言练习，如学习英语、汉语等语言表达的练习；解答问题练习，如数学课上解答 10 以内加减法计算题等练习；实际操作练习，如体育课上对体操、田径、球类等操作性内容的练习。

根据练习的形式，练习可以分为口头练习，如音乐课上的唱歌练习、英语课上的口语练习等；书面练习，如小学语文、数学等教材上的课后习题练习等；操作练习，如体育课上的体操学习、科学实验课上的观察洋葱表皮细胞等操作练习。

根据练习的层次，练习可以分为模仿性练习和创造性练习。模仿性练习，如在小学数学“认识分数”一课中，课本例题为“把一块月饼平均分成两份，每份是这块月饼的一半，也就是它的二分之一”。例题后设置了模仿性练习题：“把一块月饼分成 4 份，每份是它的(　)分之一，写作(　)”等，以此来巩固新知识点的学习，帮助学生理解分数的含义。创造性练习，如小学语文“狐狸和乌鸦”一课的课后练习题为：发挥想象，以“肉被叼走以后”为题编一个小故事。这些内容的安排紧密联系学生的阅读和生活实际，让学生通过想象创造练习来拓展思维。运用练习法时，教师需要注意以下几点。

第一，练习目的清晰明确。在指导学生练习时，教师要让学生清楚地认识到练习的目的，提高学生的自觉性和主动性。这对提高练习的效果具有重要的意义。

第二，练习内容要科学合理。针对小学生身心发展的水平，每次练习应把集中练习和分散练习结合起来，时间不宜过长，确保低年级 10～15 分钟，中、高年级 30 分钟左右。另外，教师还应该采用多种生动有趣的练习方式，保持学生对练习的兴趣和注意力，提高练习效果。

第三，练习后及时反馈结果。运用练习法时，教师应不失时机、恰到好处地反馈练习结果。反馈结果越及时，练习法运用的效果就越好。

(七)探究法

探究法是指在教师的引导下学生自己通过阅读、观察、实验、思考、讨论、听讲等途径去主动探究问题，自行发现并掌握相应原理和结论的一种方法。探究学习的过程分为七个阶段：提出问题、做出假设、设计方案、求证假设、得出结论、评估成果、表达和交流。①

下面结合小学数学四年级“营养午餐”一课来进行具体分析。

1. 提出问题

探究之前，教师采用多种方法创设问题情境，使其既要符合课程目标要求，又要适应学生的心理发展水平。教师巧设情境，通过谈话导入：“民以食为天，每个人都离不开吃。大家平时在家里中午都喜欢吃些什么菜?”教师追问：“你认为自己吃得科学、合理吗?今天我们就来做一回小小营养师。”在教学中，教师组织学生以小组活动的形式，通过创设学生喜闻乐见的“研究有关‘吃’的学问”的问题情境，激发学生的探究动机。

2. 做出假设

在探究学习中，教师应引导学生按照探究问题的要求，根据已有的知识和经验，做出假说或猜想，并对各种猜想、设想进行整理排列，以便一一验证。教师首先组织

---

① 朱丽：《如何运用教学方法》，109 页，上海，华东师范大学出版社，2014。

学生按喜好点菜——“理想午餐”，让学生从教师所给菜谱中点出自己爱吃的3道菜，想吃什么就点什么，并做出假设：“理想午餐”的搭配达到了营养标准。

3. 设计方案

设计方案需说明检验的条件、程序、方法和完成期限等。方案可由学生独立提出，也可由教师适当指导。在教学中，教师引导学生通过小组合作的方式确定本次活动的探究方案，主要为：一是通过小组合作设计出“理想午餐”的方案；二是了解“理想午餐”的营养标准；三是遵循营养标准检验午餐方案；四是小组代表汇报探究结论。

4. 求证假设

求证假设是收集信息来验证假设的实践过程，包括收集证据、求证、形成解释等环节。在尝试搭配午餐的过程中，学生首先通过小组合作罗列出“理想午餐”的搭配方案。随之教师引导学生运用排列、组合和图表等数学知识统计营养数据，求证“理想午餐”的搭配达到了营养标准。

5. 得出结论

学生在实践的基础上，通过类比、分析、演绎归纳等思维方法，找出事物的因果关系，证明假说的真伪，进而得出结论。通过对照专家的营养标准，学生经历观察、计算、比较、分析、归纳的数学学习过程，感受到按个人喜好点菜的“理想午餐”不一定营养，发现荤素搭配均衡更合理，从而引导学生找到最科学的搭配方法。

6. 评估成果

评估成果是检查和思考探究计划的严密性、证据收集的周密性以及解释的科学性，并对结论的可靠性做出评价。在观察、分析、比较的基础上，教师引导学生根据统计表的信息，运用所学知识绘制复式条形统计图。教师将各小组的条形统计图一起展示在黑板上，据此利用教师点评、小组互评的方式来进行探究结果评估。

7. 表达和交流

表达和交流是通过撰写报告或论文，以及举办研讨会等形式，交流自己的探究过程和结果，解释和阐述探究过程中形成的见解和结论。教师组织学生通过小组代表汇报的形式提出小组的见解与主张，并形成简单的研究报告。

运用探究法教学时，教师要注意以下几点。

第一，教师要适度。探究法突出了学生的自主活动，但学生的探究并不是一种自发的、随心所欲的活动，需要教师适时启发和点拨。教师的指导是提高学生研究性学习效果的重要前提。教师在学生的探究过程中既不能介入太早，干涉过多，剥夺学生自主发现的机会，也不能介入太晚，以至于学生长久处在无主状态，放任自流。教师应该在学生充分展开自主探究以后，学生有了探究的体验和结果后再介入。

第二，正确对待探究学习中的失败。探究是一个反复验证假说的过程，是一个让学生学会探索、学会学习的过程。探究中，教师不要急于纠正学生的错误，而应鼓励学生勇于试错。这样学生才能体会到科学探究不是一蹴而就的，只有坚持不懈，才有可能获得成功。

第三，正确认识探究学习的实践限度。探究学习耗时较长、学习挑战性较大，多适宜小班化教学，在大班级实施时难度较大。小学生的学习精力和实践能力是有限度的，难以通过实践探究来掌握全部的教材内容。因此，教师要根据教学目标、教学内容的特点和学生的知识、能力水平，确定是否有必要开展探究学习。

三、小学教学方法的发展趋势

随着教学改革的不断深入推进，小学教学方法已由单一的言语讲授模式发展成一个庞大的教学方法体系。其发展也呈现出一种新的趋势，主要表现在学生的主体地位越来越突出，自主、合作、探究式学习方法的运用更加灵活，教师在教学方法的运用中更多地围绕如何发挥学生的主动性、能动性和积极性进行设计。

(一)自主学习法

自主学习法是在教师的指导下学生主动建构知识体系的一种教学方法。它具有主动性、独立性、反馈性和个体差异性等特点。自主学习法以学生的自我意识发展为基础，对学生自身条件的要求很高，并非任何条件下都能运用。

自主学习需要学生具备以下五个条件。

一是具备一定的自主学习能力。自主学习能力包括有独立地确定学习目标、制订学习计划、选择学习内容、运用学习方法、监控学习过程和评价学习结果的能力。一般来说，小学三年级以后，学生在学习过程中具备初步的自我监控能力，掌握了一些基本的学习技能，对学习结果能进行简单的自我评价；教师可以指导学生进行简单知识的自主学习。

二是具有内在的学习动机。学习动机也就是“我要学”，与自主学习性成正比。良好的学习动机可以促使学生自觉地确立学习目标，启动学习过程，运用学习策略，进行自我监控和自我评价。学习动机越高，自主学习性越强。

三是具备一定的学习策略。学生掌握一定的学习策略，也就是“我会学”。学习策略可以分为两类：一类是一般性的学习策略，它适合于任何学科的学习，如设置学习目标、制订学习计划、管理学习时间、理解学习内容、评价学习结果和调控学习情绪。另一类是具体的学习策略，适用于具体的学习内容，如做笔记、复述、背诵、画重点、列提纲、做小结、画示意图等。自主学习既需要一般的学习策略，也需要具体的学习策略。学会学习是一个随着学生的年龄不断增加而逐渐获得的能力。

四是具有一定的学习意志力。意志力就是能够“坚持学”。一般来说，学生在学习之初都有一定的学习动机，但是随着学习的进行、学习困难的增加，学习动机的推动作用会逐渐减弱，而使学习得以坚持的力量是意志控制成分。① 在学习的过程中，学生难免会遇到这样或那样的学习困扰和干扰，这时候就需要学生用意志来努力控制自己，坚持学习。

五是教师的支持与指导。对于小学生来说，他们在自主学习时仍然需要教师帮助其确定学习内容，获得学习策略，提供学习反馈。只是学生在自主学习的过程中，教师的角色发生了变化。由于学生的自主学习能力是一个自我发展的过程，即“学会学习”的过程，不是教师“教”的过程，因此教师的角色从规划者转为促进者，从管理者转为引导者。

总之，运用自主学习法时，学生需要具备一定的学习能力、学习动机、学习策略和意志力等内部条件，是自主学习的基础；教师的支持与指导是外部条件，起到调动和支持的作用。内部条件和外部条件都具备，才能发挥良好的教学效果。小学一、二年级的学生由于自我意识没有发展起来，学习动机和学习策略都比较缺乏，对学习的自我监控能力比较差，掌握的学习技能比较少，这种方法就不适用。

在指导学生自主学习时，教师需要注意以下几点：一是选择合适的学习内容和材料。教师需要对现有教材做出处理、简化或者适当的补充，帮助学生更好地理解教材，主动构建知识。二是教师给予外部支持。自主学习并不等于绝对独立地学习，学生遇到困难时可以寻求他人的帮助。教师帮助学生时，需设置合适的学习目标，给予实用的方法，利于学生有计划、有目标、有步骤地自主学习。三是树立学习榜样，克服畏难情绪。学生在自主学习中遇到困难时，教师可以通过展示其他同学的学习进展和成果，让学生通过观察模仿学习榜样，总结学习策略、整合学习技能到自己的认知结构中，获得积极的自主学习体验，从而克服畏难情绪。

(二)合作学习法

合作学习法是教师指导学生以小组活动的方式进行学习，小组成员之间分工协作来达成共同的学习目标的教学方法。王坦先生在《合作学习——原理与策略》中概括了合作学习的种类，包括以师生互动、生生互动、师师互动以及全体互动为特征的合作学习，并强调目前世界各国所研究的合作学习主要是指以生生互动为特征的合作学习。常用的合作学习法有以下五种。

一是小组成绩分工法。学生分成 4 人一组，要求成员在成绩水平、性别等方面具有差异性。教师讲授完知识以后，让学生在小组中学习、交流，待所有成员掌握学习内容之后，参加个人测试，测试后对小组进行总体评价。运用这种方法的目的是激发

---

① 庞维国：《论学生的自主学习》，载《华东师范大学学报(教育科学版)》，2001(2)。

学生互相鼓励和帮助，来掌握教师所教的知识。它适用于有一个正确答案、目标明确的教学，如数学计算与应用、语文用法和技巧、科学概念和事实等。

二是小组游戏竞赛法。教师在讲授新课之后，小组利用教师发的两张学习任务单和两张答案单进行合作学习。所有成员掌握学习内容以后，学生参加每周一次的以游戏形式开展的学业竞赛。学生通常 3 人一组或 4 人一组。游戏的问题以教学内容为主，目的是测试学生对教师讲授内容的掌握情况。学习速度慢的学生与其他组学习速度慢的学生进行竞争，学习速度快的学生与其他组学习速度快的学生进行竞争。竞赛结束后，将本小组组员的成绩相加，所得总分除以参加游戏的小组人数，得数为小组平均数。为保证竞争的公平性，每周根据学生的成绩对竞赛桌的安排做一次调整。在竞赛时，小组成员不能合作、互相帮助。

三是小组辅助个人法。这种方法把合作学习与个别化教学融合在一起。小组 4 人学习的进度和内容不一致。学生根据学习能力测验的结果进入个别化的程序，按照自己的学习速度进行学习。一般来讲，小组成员各学习不同的单元，根据答案单相互检查作业，在遇到问题时相互帮助。但是在小组成员参加最后检测时，成员之间不能相互帮助。评分工作由学生班长进行，教师每周统计所有小组成员学习的单元的总数，根据最后通过测试的人数对超过标准分的小组进行认可或给予奖励。

四是合作性读写一体化法。这种方法主要用于小学高年级的阅读和写作教学。在合作性读写一体化中，教学流程是教师教学—小组练习—小组预测—正式测试。小组学生结对进行互相朗读故事、预测故事的结局、总结故事大意、完成和互相检查学习单等一系列认知活动。学生在确认他们小组成员都做好准备时，才接受正式测验。小组的奖励是根据所有小组成员在阅读和写作中的平均表现给予的。学生对小组的贡献依赖于他们的测试成绩和最后的书面作文。

五是切块拼接法。这种方法适用于所有书面材料的教学。教师的教学材料可以是书中的一个章节、一个故事、一个单元等类似的叙述材料，每位学生分到有关章节、故事或单元的材料进行阅读。每个小组成员都得到一份“专家作业单”，分别就不同的问题进行阅读。每个人都完成阅读任务后，不同小组阅读同一内容的成员组成“专家组”，共同讨论他们的问题直到掌握。“专家们”在学会之后返回其所在小组中，轮流将自己所学的内容教给其他学员。除了自己掌握的那部分内容外，学生还要认真倾听其他成员的讲解，以掌握其他内容。最后，学生参加包括所有学习内容的测试，并将测试结果转化为小组得分。

在实际课堂教学中，合作学习往往存在注重形式、忽视实质，教学缺少实效性的现象。因此教师运用合作学习法时应该注意以下几点。

一是学习内容要明确，时机要适宜。合作学习适合较为复杂、较高层次的认知学习任务。学生在学习中需要互动、互助、协同、整合、求新、辨析、评判和表现时，教师才组织开展合作学习。[①] 例如，当教学任务需要学生之间交流沟通、彼此理解、共同分享时，可用合作学习法；当教学任务包含了不同层次的要求，部分学生存在理解、掌握障碍，需要向他人求助，可以考虑采用合作学习法。而简单的问题，如语文中生字学习，教师示范、讲解即可，无需用合作学习法。因此，教师需明确学生的认知层次和学习内容的难易程度，把握适宜的时机运用合作学习法，才会收到良好的学习效果。

二是小组成员需承担责任、遵守规则。在小组内，每个成员都承担一定的学习任务，任务的多少可自愿认领，也可以由教师或小组组长指定。要防止出现小组内个别成员承担大部分任务，而有的学生无所事事的现象。进行合作学习时，在小组组长的主持下，每位学生都需要依次发表个人意见并认真互相倾听，发言精彩时需肯定鼓励，不足时需补充完善；小组内由一人负责记录并整理出统一的意见。通过分工合作，学生之间做到优势互补，取得最大的整合效益；学习的责任和规则对小组合作学习既能起到约束作用，又能保障合作学习的顺利进行。

三是合作学习时教师需发挥主导作用。在合作学习中，教师要从旁指导，不能站在讲台上袖手旁观，让学生放任自流。教师应走到小组中去，多观察、倾听小组的讨论交流。通过观察和倾听，教师及时掌握共性问题，在班级内进行讲解；对于个别问题，教师要做到个别指导，提高课堂教学效率。当课堂呈现出热闹甚至是喧杂的状态时，教师需及时干预和维护课堂秩序。合作学习强调组内合作、组间竞争。

教师在评价时应多肯定学生合作学习的成效，赞赏他们独到的见解，激发他们合作学习的兴趣和欲望，增强他们的自信心，使他们不断获得成功的喜悦。

四、小学教学方法的选择与运用

小学教学方法多种多样，每一种教学方法，既有其所长，又有其所短。如何正确、合理地选择教学方法呢？怎样恰当地运用教学方法来提高教学效率呢？下面重点讨论这两个问题。

(一)小学教学方法的选择

从系统论的角度出发，教学方法的选择受到教学内容、教学对象、教学目标、教师自身风格的特点和教学条件等因素的影响。

1. 教学内容的特点

每个学科的教学内容不同，需要选择的教学方法也不相同。即使是同一学科，不

---

① 盛群力：《什么样的教学任务适宜合作学习》，载《人民教育》，2004(5)。

同属性的教学内容，需要选择的教学方法也不一样。比如，一、二年级语文教学中识字教学是重点，因此多采用讲授法、练习法；而五、六年级语文教学注重阅读与表达，因此多采用读书指导法等。小学数学教学注重逻辑思维的训练，多采用讲解法、练习法和演示法。音乐、美术教学注重艺术修养的训练，较多采用演示法、参观法。科学课多采用实验法、探究法。道德与法治和综合实践活动课程的教学多采用讨论法、实习作业法、参观法、探究法等。

2. 教学对象的特点

小学阶段的教学对象是6～12岁的儿童。同时，每个年龄段的学生有着不同的认知和思维特点。低年级学生主要以形象直观思维为主，讲授法、演示法是教师上课常用的教学方法。高年级学生由形象思维向抽象思维发展，教师可以使用实验法、探究法、讨论法培养学生自主、合作、探究的能力，促进学生思维的发展。

3. 教学目标的特点

教学目标不同，需要选择的教学方法也不同。知识性和技能性的教学目标需要记忆、理解和运用，多选用讲授法、演示法和练习法；过程性和方法性的教学目标需要在学习过程中掌握方法、形成能力和养成习惯，多选用实验法、探究法等；情感、态度和价值观的目标需要感染、熏陶和形成思想共鸣，多选用谈话法、讨论法和读书指导法等。

4. 教师自身风格的特点

不同的教师有不同的教学风格特点。有的教师语言表达能力和感染能力强，善于描述，可优先选择讲授法、谈话法；有的教师语言表达能力弱，但是善于运用直观教具或实验配合进行教学，可优先选择演示法、实验法等。教师在选择教学方法时要结合自身的优势，注意扬长避短。

5. 教学条件

学校资源条件在一定程度上制约着教学方法的选择。由于发达地区的学校软件和硬件设备相对齐全，教师在教学时可以借助多媒体、实验器材等条件，运用多种教学方法进行教学。比如，科学课上学习“雨的形成”时，教师可以运用实验法进行教学，组织学生在实验室里利用实验器材探究雨的形成过程；或者通过演示法在课堂上利用教具，通过示范实验的方式来探究雨的形成；还可以通过收集一些相关影音、图片资料，在大屏幕上播放，供学生了解雨的形成原因。在偏远山区，由于一些小学的条件较匮乏，教师可能难以应用上述直观性、操作性较强的教学方法来上课，这就需要因地制宜，合理选择讲授法、讨论法、谈话法等以语言传递为主的教学方法。

6. 教学方法本身的特征

每种教学方法都有自身的特点，有一定的使用范围和条件。因此，教师在选用的时候要充分考虑教学方法的优缺点，扬长避短，互相搭配，确保获得最佳的教学效果。

比如，运用讲授法可以在短时间内较系统地传授知识，有利于发挥教师的主导作用，但是容易忽略学生个体的差异。而谈话法、讨论法和研究法有利于发挥学生的积极性，但是又比较耗费时间；同时在谈话、讨论交流和探究过程中容易脱离主题，影响教学任务的顺利完成，这就需要教师能有效地加以控制和调整。

（二）小学教学方法的运用

教学方法是否能得到有效运用，主要看教学方法是否适应学生有效的学习。在运用教学方法时，教师要坚持三个根本的原则：综合性原则、灵活性原则和启发性原则。

1. 综合性原则

综合性原则要求教师运用教学方法时采取不同的组合方式，博采众长，优势互补，最大限度地发挥各种教学方法的价值。首先，教学方法的综合运用有利于教学目标的全面实现。在教学过程中，学生获取知识、发展智力和培养非智力因素，只依靠一种教学方法是无法完成的，而应博采众法之长，加以综合运用，才能全面实现教学目标。其次，由于每种教学方法都有一定的使用范围，只有多种教学方法搭配使用，共同发力，才能克服各自的局限。一般来说，一节课应运用二至三种教学方法，多种教学方法扬长补短，相互配合，相辅相成，会使教学过程更流畅，教学效果更有效，教学目标更好地完成。最后，由于小学生的注意力容易分散、专注时间短的特点，教师综合运用多种教学方法，能使教学过程富于变化，使小学生对学习充满期待和好奇，有利于激发小学生的学习兴趣、调动小学生的学习积极性，提高教学效果。

如在“乘法的初步认识”一课中，教师先采用图片演示法，依次贴出熊猫的集合图，引导学生观察，让学生从感性层面理解“求几个相同加数的和”是什么意思；接着增加相同加数的个数，个数越多，算式越长，这时学生就感到非常麻烦了……教师抓住时机提出问题：该如何解决越来越多的相同加数的和的计算问题呢？随后教师组织学生展开小组讨论。讨论结束后，教师采用讲授的方式总结出：“求若干个相同加数的和的简便运算叫作乘法”。可见，本案例中，教师综合运用了讲授法、演示法、讨论法，帮助学生在头脑中形象地构建起乘法的概念。

2. 灵活性原则

灵活性原则要求教师在教学过程中运用教学机智灵活应对课堂生成事件，适时调整教学方法，保证教学顺利实施。众所周知，教学过程是一个动态生成的过程，教学方法要随着教学过程的变化而变化。为此，教师一方面需要熟知和掌握多种教学方法，并且能够明确各种教学方法的优缺点；另一方面在面对复杂多变的教学实践活动时，能灵活运用教学方法，保证教学活动顺利推进。

如小学数学五年级“质数”一课中，在讲解概念时，教师讲道：所有的自然数不是质数，就是合数。讲完以后，教师突然意识到了错误，但他没有刻意回避错误，而是突然停止讲解，用两眼扫视全班，平静地说："同学们，你们同意我刚才的分析吗？有没有什么不同的观点?"全班愕然，继而展开了讨论。通过讨论，学生发现了问题，指出了教师讲解中的错误：自然数 1 既不是质数，也不是合数。在此生成过程中，教师巧妙地选择讨论法，引导学生继续深化认识，处理得当。一次无意的教学失误演变成了一个教育契机。

3. 启发性原则

启发性原则指在教学中教师要充分发挥主导作用，最大限度地调动学生学习的积极性和自觉性，激发学生的思维活动，促使其主动探求知识，增强其独立分析问题和解决问题的能力。如在小学数学三年级"认识分数"一课中，教师教授有关分数的加减法时，为启发学生的数学思维，有针对性地设计了一些需要学生积极思考的问题。教师首先利用课件展示了分数 1/2 和 1/3，然后提出问题："这两个分数是否相同?"学生回答道："分母不一样。"教师接着问道："这两个分数能不能直接相加呢？如果能，为什么？如果不能，为什么?"在这样由浅入深的提问下，学生纷纷开始了思考和探究。

总之，教学方法是多种多样的。教师需从多方面考虑，选用最恰当、最有效的方法展开教学。在选用教学方法时，遵循"教学有法，但无定法，妙在变法，重在得法"这一原则，切实合理地选择好教学方法，为教学服务，为学生的学习服务。

第二节 小学教学手段

从古至今，教学手段总是随着科学技术的发展而不断发展的。自 19 世纪末以来，幻灯、电影、电视机、计算机等相继被发明，科学技术的手段在教学领域中得到普遍的推广应用，其作用也日益彰显。时至今日，现代教学手段包括电脑、软件等在教学中的运用，对提高教学质量起着不可或缺的作用。由此，小学教学手段也从常规、传统的教学手段向多媒体、信息化教学手段不断发展。本节主要对小学教学手段，尤其是信息化教学手段的特征、类型和应用与注意事项展开论述。

一、小学教学手段概述

小学教学手段在教学过程中发挥着积极作用。它能辅助教学顺利地完成，实现教学的预期目标，提高教学效果，为教学提供有力的保障，因此教学手段越来越被重视。

(一)教学手段的概念与功能

教学手段是指教师和学生在教学活动中互相传递信息使用的工具、设备以及所借助的技术条件。教学手段为教师和学生的教学活动提供中介桥梁和支持作用，它既包括传统的黑板、粉笔、挂图、模型、标本等，也包括现代化的计算机、互联网、大数据、云计算等。

教学手段是师生组织和开展教学活动的重要依托，是教学活动不可或缺的要素。它在教学活动中发挥着以下几个作用。

1. 呈现多样的教学内容

教学手段是重要的教学中介，承载着教育教学内容，并直接影响着教育效果。传统的印刷课本可以条理化、系统化、逻辑化地呈现教学内容，但是它无法立体化地呈现知识点，也很难汇集丰富的课程资源；而计算机可以结合音频、视频等技术，使课程内容展示出较强的直观性、审美性，有利于激发学生的学习兴趣，协助教师完成演示、练习、实验等多种教学任务。网络背景下的大数据技术的应用，集成多种媒体功能，储存并传递大量的信息，可以进一步地实现教育教学内容的个性化。总之，现代的教学手段具有网络化、数字化、智能化等多种优势，极大地拓展了教学内容的容量，推进了课程内容呈现方式的多样化。

2. 提供多样的教学活动方式

在教学活动中，丰富的教学手段使师生的教学活动也越来越多样化。在原始社会，借助口头语言、身边实物是主要的教学手段，口耳相传是最为原始的教学方式；纸质教科书出现后，学生可以在教师的指导下通过阅读完成自主学习，教学方式发生了改变；多媒体计算机应用于教学之后，教师在教学方式上获得了广阔的空间，学生可以根据自身的实际情况调整学习节奏；当下，丰富多样的信息化教学手段，不仅可以实现高品质的以讲授为主的课堂教学，而且也可以为学生开展发现学习和探究学习活动创造条件，甚至还可以提供虚拟仿真的实训机会。总之，教学手段越丰富，越能促进教学活动方式的多渠道、多样化。

3. 创设教学活动环境

教学活动环境既包括物质环境，也包括心理环境。教学手段对创设生动有趣、和谐融洽、满足个性发展的教学活动环境有重要的作用。在物质环境方面，多媒体技术能够集视、听、触等各种感官刺激于一体，打造多通道认知的教学环境；虚拟技术可以创造一个超时空的逼真环境，让学生可模仿真实情境中的学习，获得在现实情况下无法或难以获得的感性经验，并习得一些特殊技能。在心理环境方面，现代化的教学手段能够符合学生的个性特点和满足学生的个性需求，帮助学生主动获得和利用丰富多样的教学资源，缓解教学中“一刀切”的突出矛盾，改善师生关系。另外，教师还可以利用班级论坛和在线教学辅导平台，有针对性地分析学生在学习中出现的具体问题，切实关心每一位学生的发展。

总之，教学手段在教学实践中发挥着重要的教学功能，合理运用教学手段可以大大提高教学质量和教学效率。

(二)教学手段的发展历史

教学手段的发展经历了不同的阶段，划分的方法也不同。根据教学活动发展的历程，我们可以将教学手段的发展大致划分为：原始的教学手段、古代的教学手段、近代的教学手段和现代的教学手段四个基本阶段。

1. 原始的教学手段

在原始社会，人类最早的教育都是在生产劳动和社会生活中实施的，教学手段是原始、简单的，而且发展十分缓慢。原始的教学手段主要是利用口授、耳听、观摩、手势等交流思想，传授生产知识、劳动技能和生活经验。进入氏族公社末期，有些部落开始借助自然物作为记事和教育工具。

2. 古代的教学手段

人类进入阶级社会之后，作为专门化教育机构的古代学校也随之产生了。在古代学校里，文字系统以及书写工具的出现，标志着教学手段的巨大进步。继泥板、纸莎草纸、简牍、羊皮卷之后，造纸术和印刷术的规模化使用，使书本逐渐成为非常重要的教学手段。与原始的口头语言相比，文字书本大大突破了信息传递在空间和时间上的限制，克服了原始社会口头语言不能脱离传授者的局限，为学习者提供了自主学习的条件。

3. 近代的教学手段

17 世纪中期到 19 世纪末期，近代科学技术取得史无前例的大发展，教学手段也随之丰富起来，粉笔、黑板、算盘、图片、模型、标本、地图等逐渐出现在课堂教学中。

4. 现代的教学手段

20 世纪初期以来，人类进入现代社会。在现代社会中，教学手段的最大变化就是电子化、信息化、智能化。教学手段电子化的序幕始于 19 世纪末 20 世纪初幻灯片的教学应用，幻灯片的使用大大增加了教学的直观性。1924 年，美国心理学家普莱西发明了世界上第一台自动教学机器；此后 20 年，在斯金纳的推动之下，以教学机器为依托的程序教学开始走进学生的生活。20 世纪 40 年代末，美国视听教育家戴尔在《视听教学法》一书中提出了“经验之塔”的理论，对幻灯片、广播、电影等视听媒体在教学中的作用进行了分析和论证，视听教育逐渐在教育领域中掀起热潮。

20 世纪 90 年代以后，以计算机为代表的信息技术发展日新月异，多媒体计算机辅助教学系统，被广泛应用到教学活动中。21 世纪以来，随着技术的智能化发展，交互式电子白板、电子书包、远程教学平台等智能化教学手段的不断涌现，极大地拓展了教学手段的范围，丰富了教学手段的种类，优化了教学手段的功能。信息化教学手段改革一直是世界各国教育教学改革的焦点。

（三）教学手段的类型

根据教学手段的发展，可以将其分为两类：传统教学手段和现代教学手段。

1. 传统教学手段

传统教学手段是与现代教学手段相对而言的，它主要指一部教科书、一支粉笔、一块黑板、几幅历史挂图等，多为直观教学服务，具有静态性、功能单一性的特点。

2. 现代教学手段

现代教学手段是指在现代信息技术的条件下，以计算机为核心的现代信息技术(包括多媒体计算机技术和网络通信技术)在教学领域中应用的各种方法、形式的总称。它是在传统教学手段的基础上发展起来的，其涉及面相当广泛，包括投影仪、幻灯片、录像资料、音像材料、三维动画、多媒体课件、课堂教学软件、实验软件系统、教学行政管理系统等。当前，一般把网络教学手段称为现代教学手段。根据教学信息与人的感官作用机制，可将现代教学手段分为如下四类。

一是听觉手段。利用听觉手段时，教学信息主要作用于人的听觉器官，包括录音设备、传声器和扩音器、语言实验室以及相应的教学软件。其特点主要是能够录取语言和声音，然后根据需要重放；能够快速传播信息，不受时空的限制；录音可以长期保存，建立有声资料室。

二是视觉手段。利用视觉手段时，教学信息主要作用于人的视觉器官，包括幻灯机、投影仪等，以及相应的教学软件。其特点是能使学生在静止状态下观察扩大了的图像；能将某些实物、标本、实验物放大显示；放映时间可长可短，不受限制；教学软件的制作比较简单，投影片可以当黑板使用。

三是视听手段。利用视听手段时，教学信息同时作用于人的视觉器官和听觉器官，包括电影放映机、电视机、录像机、闭路电视系统、广播电视系统、卫星电视系统等，以及相应的教学软件。其特点是能给学生听觉、视觉两方面的信息；能以活动的图像逼真地、系统地呈现事物及其变化发展过程；能调节事物和现象所包含的时间要素，将缓慢的变化与快速的动作清楚地表现出来；能将实物扩大或缩小；能重新构成现实，去掉非本质因素，将事物的本质特征用明白易懂的形式呈现出来；具有速效性、同时性、广泛性。

四是交互教学手段。它包括程序学习机、计算机教学系统、网络学习平台以及相应的教学软件等。运用交互教学手段，可以使教学信息与学习者实现双向交互；能长期贮存大量的教学资料，供师生在任何时候检索；能把学生的反应记录下来，进行综合分析，并为教师的教学和学生的学习提供具体的指导性意见；能为学生创造良好的自学条件，让他们可以按照自己的水平和能力进行学习，使学生有更多的练习机会。

二、信息化教学手段

随着科学技术的快速发展，从20世纪末开始，计算机技术、网络通信技术和数字处理技术被应用到教学中。教学手段的信息化已经成为当代教学的一个重要特征。

(一)信息化教学手段的概念与特征

1. 什么是信息化教学手段

信息化教学手段是指以现代信息技术运用于教学活动为基本特征的教学手段，主要表现为多媒体课件、网络视频、电子书包、电子白板、智慧课堂等。信息化教学手段将抽象的文字转变为声、像、文并茂，有助于激发学生的学习兴趣与热情，优化教学活动。

2. 信息化教学手段的特征

一是教材多媒体式。采用多媒体技术，扩展传统文字教材的内涵，如多媒体课件、实用教学软件等，使教学内容富有动态、形象、直观的特点。

二是教学管理自主化。利用计算机及网络技术，可以实现单机或异地网络化考试与评分、教学问题诊断、教学任务分配等；建立储存教学档案，可以为教学评价提供基础数据，既支持终结性评价，也支持过程性评价。

三是教学环境虚拟化。在计算机技术构造的虚拟环境中，学生借助虚拟现实来满足学习知识、认知对象、动手实践的需求。另外，虚拟现实技术可以超越现实。教师可以借助虚拟技术，实现真实世界无法或难以进行的活动，扩展学生的认知空间，增加学习体验。

四是教学系统开放化。教学系统的开放，首先是教学内容上的开放和教学资源的开放共享；其次是教学结构上的开放，通过合理利用相关计算机管理技术，及时调整和更新教学组织形态；最后是教学功能的开放，使学生的主体地位再次得到加强，实现学生与计算机之间、学生与学生之间、教师与教师之间、学生与教师之间的多向实时交流，真正实现师生之间在空间、时间和心理上的“零距离”，做到因材施教，使所有学生都能获得满意的学习成果。

(二)信息化教学手段的作用

信息化教学手段的恰当运用，在当前教学中的作用日益彰显，对提高教学质量起着举足轻重、不可或缺的作用。总体来说，它在整个教学中的作用主要有以下四个方面。

1. 扩展优质资源的覆盖面，实现城乡教学资源均衡

信息化教学手段能够穿越时空，扩大高品质教学信息的传播范围，尤其可以弥补落后地区教育资源短缺的状况，使学生能够享有同等优质教学资源。如在偏远地区教学点的师生，借助信息化教学手段，通过专递课堂、同步课堂等形式，与城区学生同上一堂课，以此共享优质教学资源。

2. 创设良好的教学情境，激发学生的学习兴趣

通过信息化教学手段，教师可以将教学内容以声音、图片、动画等多种形式生动形象地呈现出来，活跃课堂教学气氛，创设良好的教学情境。如在"海底世界"一课中，教师通过播放海底世界纪录片的方式，将海底世界的神奇景色展现给学生，利用美丽的画面为学生创设了身临其境般的教学情境，激发了学生的学习兴趣。

3. 丰富教学内容，提高教学效率

传统教学手段承载的信息量有限，信息化教学手段则具有较为丰富的表现力。借助信息技术条件，教师可以呈现古今中外、天文地理、风土人情等多种类的知识资源。此外，信息化教学手段能够调动学生多种感官共同参与认识过程，并刺激其大脑两半球协调活动，有利于提高教学效率。

4. 加强学生的个性化学习，培养学生的创新精神

信息化教学手段为个性化教与学提供了空间上和技术上的支持。学生可借助信息化教学手段在课前依据教师的要求进行自我预习；在课中依据教师对教学疑点、难点的讲解，开展针对性学习；在课后通过电子设备的数据分析反馈错题、难点，采集自己的知识盲点，再进一步展开练习、测试，形成自我个性化学习。此外，教师可借助信息化教学手段创设生动、有趣的问题情境，激起学生强烈的探究欲望，培养学生的创新思维。如在小学美术一年级"乘上大船游世界"一课中，教师先播放一段电影《泰坦尼克号》中游轮起锚的视频短片。视频中世界上最大的邮轮即将启航的场面让学生纷纷流露出好奇与喜悦的目光。学生脑海中开始浮现大船在海中航行的样子，接着教师引导学生发挥想象自行设计一艘游船。通过这样的情境创设，学生的创作兴趣被充分激发出来，他们纷纷拿出纸笔设计各种各样的游船。有的将游船设计成鲸鱼的形状，有的为渔船装上了烟囱，有的为游船加装了电视……在这一过程中，教师巧用多媒体教学手段，使学生的个性得到了充分释放，创造力得到了有效发挥。

(三)信息化教学手段的常见类型

新的信息技术教育促进新的教学手段的应用，新的教学手段也为教学活动注入了新的活力。下面对当前小学常用的信息化教学手段进行简单介绍。

1. 多媒体课件

多媒体课件是指借助计算机技术，为了达成一定的教学目标，将文本图片、音频、视频、动画等多媒体因素通过有机整合而形成的教学程序。从20世纪末开始，多媒体课件作为教学手段逐步走进小学课堂，成为小学教师开展教学活动的重要手段。

多媒体课件的特点比较鲜明，主要体现在三方面：一是集成性。教师利用多媒体课件，通过计算机的数字信号系统，可以综合处理文字、声音、图形、动画、图像、视频等多种信息，并将这些不同类型的信息有机地结合在一起。二是交互性。交互就是参与活动的对象，可以互相交流、双方互动。多媒体课件是在教师控制下运行的能够将教学信息按照一定策略和方式传递给学生的程序。教师输入要求和指令，这个程序就能及时做出反馈，体现了友好的交互性，为教学服务。三是表现性。多媒体课件具有丰富的表现力，多姿多彩，能自然逼真地表现视听世界，将静态变为动态，化抽象为形象，充分表现教学内容，突出教学重点和难点。

当下，多媒体课件的教学功能表现在如下三个方面。

第一，突破时空的限制，促进学生的思维发展。教师利用多媒体课件能综合呈现文、图、声、像并茂的多种信息，调动学生的多种学习通道，实现多渠道的信息传递。教师还可以借助多媒体课件展示宏观世界与微观世界，演示事物的发展和变革过程，多角度展示呈现实物影像等，创设生动的教学情境，加强学生对知识的感知度，激发学生的学习兴趣和求知欲望，拓展学生的思维空间，引发学生主动探究。

第二，实现资源共享，优化教学方式。随着计算机网络技术的发展，多媒体课件可以在生生之间、师生之间、师师之间实现相互交流、自由传输，从而使每一位学生或教师能够拥有无限的信息来源，实现教学信息交流、资源的高度共享。同时，教师利用多媒体对教学内容进行再加工、再创造，形成多媒体课件，灵活地将教学方法运用到教学中去，依据教材、教学内容、学生的特点优化教学方式，助力高效课堂。

第三，省时，高效，便捷，提高教学效率。多媒体课件作为一种先进的教学辅助手段，和以前的传统“黑板＋粉笔”的教学方式相比有着无可比拟的优势。它以其特有的文字、声音、图像、动画等功能，使课堂教学更具直观性、生动性，更加能突出重点，化解难点。在呈现某一板书和板图时，教师只需要用鼠标轻轻一点即可。这样不仅省时省力，而且相当美观，大大提高了课堂教学时间的利用效率。

2. 交互式电子白板

交互式电子白板是指将电子白板连接到计算机，并利用投影机将计算机上的内容投影到电子白板的屏幕上，在专门的应用程序的支持下，构造一个大屏幕、交互式的教学环境。

交互式电子白板与传统的白板相比有很大的不同。传统的白板是为了避免粉尘危害师生的健康，而交互式电子白板实现了白板与计算机、演示者与听众之间的双向互动。电子白板操作系统是存在于计算机中的一个软件平台，是一个兼容操作各种软件的智能操作平台。它不仅支持人与白板、计算机、投影仪之间的信息交换，而且自带一个强大的学科素材库和资源制作工具库。教师可以在白板上随意调用各种素材或应用软件进行教学。现在，交互式电子白板技术越来越成熟，成为世界各国中小学课堂教学的重要手段。

交互式电子版的教学功能主要体现在以下四个方面。

第一，利用批注绘图，呈现学生的学习过程与成果。交互式电子白板提供方便的书写和绘画功能，可以实现学生边思考、边批画的学习方式，呈现学生练习、阅读和思考的过程和成果，让教师可以及时发现问题、及时评价。此外，交互式电子版还可以提供圆规、画角、量角度、画圆等多种智能工具，便于教师随时调出使用。

第二，利用遮挡拖放，凸显教学主题和重难点。交互式电子板提供遮挡拉幕、拖放、照相、放大和缩小的功能。教师可以根据教学内容和进度的需要，用遮挡拉幕功能，导入图片、创设情境，分批呈现教学资源，呈现不同的教学主题。教师还可以利用拖放、缩放的功能，集中学生的注意力，使学生专注于教学过程中的不同认知任务，突出呈现教学重难点，便于学生观察探究，发现问题、解决问题。

第三，利用储存回放，呈现教学脉络，巩固新知。交互式电子板提供资源库、储存和回放的功能，使教学过程可以被保存下来。教师可以随时调出已有或现场生成资源，重新展示和回顾学习过程，重温学习思维脉络，帮助学生查找问题，总结学法，提炼方法，梳理思路，解决问题。如低年级的识字教学中，教师将汉字书写的过程录制下来，在教学时可以随时回放书写汉字的过程，让学生边看、边写、边练，快速了解和记忆汉字书写的笔画和笔顺，突破了汉字的书写难点。

第四，利用模式切换，方便教学演示。交互式电子白板提供了三种模式的切换功能。教师可以利用交互式电子白板切换到普通操作模式，进行普通电脑操作，如播放课件、播放视频和打开文件等，整合教育资源，便于课堂的演示和批画。

总之，交互式电子白版有利于增强学生的学习动机，提高学生的参与度；有利于学生加深对抽象概念的理解，增强学生对教学内容的掌握；有助于促进知识的共同构建，提高课堂教学的有效性。

3. 电子书包

电子书包是将学生书包里的教材、作业本、课内外读物、字典等全部数字化后，整合在一个轻便的移动终端的电子产品中。从教育教学的系统功能架构视角来看，电子书包是学生的个人学习环境，除了能支持每一位学生随时随地进行学习链接外，还能满足每一位学生个性化学习的需求。①

---

① 祝智庭、郁晓华：《电子书包系统及其功能建模》，载《电化教育研究》，2011(4)。

随着信息技术的深入发展，电子书包具有很多全新的教育教学功能。

第一，提高学生的自主学习能力。教师利用多媒体同步互动系统，可以将教师端的文字、音频、图片和视频，呈现在学生端的电子书包上。同时，电子书包的作业模块包括布置作业、查看作业、作业统计等功能。教师可以根据教学内容和教学评价的需要，为学生布置家庭作业，制作拓展练习，让学生可以随时进行测验并获得及时反馈。教师还可以开展个性化的阅读、探究实验等活动，提高学生的自主学习和探究创新的能力。

第二，方便教学管理。通过在学生端的电子书包上安装相应软件，教师可通过屏幕监控到学生的实际情况，掌握学生的学习状态和进展情况。电子书包的消息功能包括发布消息、查看消息、消息统计、请假功能，便于教师掌握学生的学习动态。

第三，家校互助互通。在电子书包这个平台上，学生和家长可以用同一个账号登录，与教师端进行互通。利用电子书包可以在学生、教师、家长、学校之间架起一道沟通的桥梁。学生可以在线或离线的方式，提出自己不懂的知识与同学或教师进行交流。学校可以与家长共享教学资源，让家长可以查阅学校的教育资料库，包括各类数字教育资料、电子教育杂志等，找到适应孩子的教育方法，也可以留言记录教育经验。家校合作共同帮助学生健康成长。

4. 微视频

微视频是随着互联网的普及、智能移动终端的发展以及 Web 2.0 时代的全面到来而出现的。在教学活动中，微视频是长度在 30 秒至 20 分钟的，可以通过电脑、手机、摄像头等多种视频终极端播放的教学短片的统称。

微视频的突出特点在于短、精、小，制作相对简单便捷，重视分享与互动。微视频在教学中发挥着独特的教学功能，主要体现在如下三个方面。

第一，吸引学生的注意力，激发学生的兴趣。微视频把宏大的内容解构为相对完整的特定微主体，内容短小精辟，目标明确突出，知识清晰明了，能用来创设活泼生动、轻松愉悦、短小精致的学习情境，适合小学生的年龄特点，有助于激发小学生的学习兴趣和好奇心，集中小学生的注意力，提高教学效果。

第二，利用灵活的学习方式，为自学提供便捷。教师把教学内容制作成微视频，通过网络上的学习平台，可以传送到学生的个人电脑、智能手机、平板电脑等移动设备，为学生提供灵活、自主的移动化学习。

第三，便于调用，适合多种学习情境。微视频的教学针对性强。教师可根据教学需要将其灵活运用于正式学习和非正式学习。随着科技的发展，微视频除了用于面对面的教学外，还可以常常应用到在线学习或混合学习中。

微视频是当代教学发展的产物。随着微视频的特点不断被发掘，它会在多种学科的教学领域中得到发展和广泛使用。小学教师应当在适当的时候运用好微视频，提升教学效果，增强学生的学习兴趣，提高学生的学习效率。

(四)信息化教学手段运用的注意事项

要运用好信息技术手段，进一步优化课堂教学结构，突破教学重难点，提高教学效果，可以从以下三方面来考虑。

1. 注意与常规教学手段相结合

常规教学手段，如教师的言语、表情、手势和板书等在教学中所表现出的教师人格魅力和潜在的课堂影响力是信息化教学手段难以实现的。而信息化教学手段所具有的功能，如直观化、虚拟现实和强大的媒体功能也是常规教学手段所望尘莫及的。故此两类教学手段各有优势与不足，具有很好的互补性，厚此薄彼都是片面的。只有教师明确认识到其优缺点，在教学过程中取用二者的优点，去除短处，使二者有机结合，才能更好地提高课堂教学效率。如在“赵州桥”一课中，教师可通过现代化教学手段直观、形象地演示赵州桥的构造、设计，让学生感受它的雄伟、坚固和美观。这样既激发了学生的学习兴趣，又能加深学生对赵州桥的具体认识。同时教师通过常规教学手段以讲授、板书的方式向学生介绍了本课说明文的文体知识。这样两种教学手段互相配合，能更好地提高课堂教学质量，发挥教学手段的最大效益。

2. 恰当选用信息化教学手段

第一，根据教学任务选择。选用信息化教学手段的目的是高效地完成教学任务并实现教学目标。当信息化教学手段有助于激发学生的学习兴趣，突破教学重难点，达成教学任务时，其在教学上才有真正的实用价值。例如，在教《鲸》这篇课文时，由于学生对鲸并不了解，导入新课时，教师运用多媒体课件播放与鲸有关的视频和录音，将鲸活灵活现地呈现在学生的眼前。这种有趣的画面和悦耳的声音，激发了学生认识鲸的强烈欲望，使学生对阅读课文有了浓厚的兴趣，有助于学生顺利达成本课的教学目标。

第二，根据教师的条件选择。教师的条件主要包括教师的教学能力、专业素质、管理能力、对各种信息化教学手段的特征和使用方法的熟悉程度等。比如，某位数学教师在一次公开课上，选用了一个别人开发的教学软件，然而由于自己不熟悉软件的使用，无法顺利打开很多预设的内容，最后又不得不求助于传统的粉笔与黑板，高级的信息化教学手段在课堂上纯粹成了一件摆设。因此，教师对信息化教学手段的选择应该充分考虑自己的实际情况，“勉为其难”只会导致“适得其反”。

第三，根据教学对象的特点选择。学生的特点包括学生的年龄、兴趣爱好、学习能力、学习经验、学习态度以及学生群体的规模等，这些因素都影响信息化教学手段的选用。比如，对小学低年级的学生，可选用微视频、Flash 动画等形象化的信息化教学手段来辅助教学，吸引学生的学习兴趣；对小学高年级的学生，则可选用电子书包等手段来丰富学生的学习方式，培养学生的自主学习能力。

3. 注重理念与实践的紧密结合

当前，教师的信息化教学理念与实践教学融合较弱，教师的信息化教学理念往往只停留在认知概念上。教师利用的信息化教学手段较为单一，以多媒体课件为主。甚至有些教师虽采用了信息化教学手段进行教学，但其教学方法仍为传统的“满堂灌”，不能很好地调动学生学习的主动性，无法发挥信息化教学手段的良好作用。所以，教师运用信息化教学手段时不能仅仅停留在认知层面，也要重视信息化教学实践，学以致用，将理论与实践相结合，提高授课质量。通过不断地“做与学”，教师才能了解并熟练掌握信息化教学手段，整合信息化教学资源，更新信息化教学理念，在实践练习中提高信息化教学设计、实施和评价能力。

本章小结

教学方法是指为了达到教学目标，运用教学手段进行的，由教学原则指导的师生共同围绕教学内容相互作用的一整套行为方式。当前，小学常用的教学方法主要有讲授法、谈话法、讨论法、读书指导法、演示法、练习法、探究法。随着教学改革的不断推进，小学教学方法也表现出新的发展趋势，混合式教学方法应运而生。此外，小学教学方法的选择受到教学内容、教学对象、教学目标、教师自身风格的特点和教学条件等因素的影响。小学教学方法的有效运用要遵循综合性、灵活性和启发性三原则。教学过程本身是一个动态过程，从教学过程内、外部因素的影响来看，教学方法同样处在一个变量位置。这需要教师在实际教学活动中根据教学过程的动态特点灵活运用教学方法，以争取实现最好的教学效果。

教学手段是指教师和学生在教学活动中互相传递信息时使用的工具、设备以及所借助的技术条件，在教学活动中发挥着不可或缺的重要作用。根据教学手段的发展可将其分为传统教学手段和现代教学手段。正确处理好传统教学与现代教学的关系，是提高教学效果的重要途径之一。随着科技的发展，教学手段的信息化已成为当代教学的一个重要特征。信息化教学手段的常见类型包括多媒体课件、交互式电子白板、电子书包、微视频。教师不能一味地追求现代化的教学手段而完全放弃传统的教学方法，要因材施教，合理地综合利用各种教学方法和教学媒体。

关键术语

小学教学方法；小学常用教学方法与实施；小学教学方法的选择与运用；小学教学手段；信息化教学手段

拓展阅读

1. 王本陆：《课程与教学论》第3版，北京，高等教育出版社，2017。

该书在内容上从问题情境出发来阐述现代教学这一核心概念问题，并从教学历史演进的角度对此加以分析探讨，力求为学生提供清晰明了的学习思路。该书在结构上强化了从学生需求出发设计教材的体例，进一步突出情境性，增强了操作性，增加了图片、表格等直观性较强的表现方式，并通过二维码链接了视频、案例、拓展材料等资源，力图实现文本学习、网络资源库应用支持和移动学习等方式的融合，突出教的方式和学的方式的多样化。

2. 朱丽：《如何运用教学方法》，上海，华东师范大学出版社，2014。

该书立足课堂教学的核心环节，把关注点集中于教学行为指导，浓缩和提炼了一线教师的智慧，并以翔实的案例加以分析，细致讲解了常用的教学策略、教学方法和教学模式的运用和注意事项，力图把教学理论和观念向实践转变。

3. 蒋蓉、李金国：《小学课程与教学论》，北京，北京师范大学出版社，2013。

该书注重理论与实践相结合，强调学科基础知识与学术新成果的融合，力求体现全面性、实用性和时代性。该书注重案例的丰富性与典型性相结合，涉及各学科、各学段以及各地区的案例，同时选择富有代表性的案例。该书还便于教师教学和学生自学，体例有所革新，形式活泼多样，可读性强，同时语言力求深入浅出，简明扼要。

体验练习

1. 简述教学方式、教学策略与教学方法的区别与联系。
2. 小学常用的教学方法有哪些？
3. 比较讲述法与谈话法的异同。
4. 运用练习法时应该注意什么？

5. 如何运用好演示法？

6. 选择小学教学方法时，应该遵循什么原则？

7. 运用信息化教学手段时应该注意什么？

8. 观看一节课，从教学内容、教学对象、教学目标、教师自身风格的特点等方面分析这节课教师运用了哪些教学方法，选用的教学方法是否合适。为什么？

9. 设计一节课的教学活动，尝试运用本章学习的一些教学方法。

10. 观看一节课的视频，观察这节课运用了哪些教学手段，这些手段的运用有哪些好处。

11. 设计一节课的教学活动，运用本章学到的小学教学手段，教授本课的教学内容。

第七章

小学教学模式

章结构图

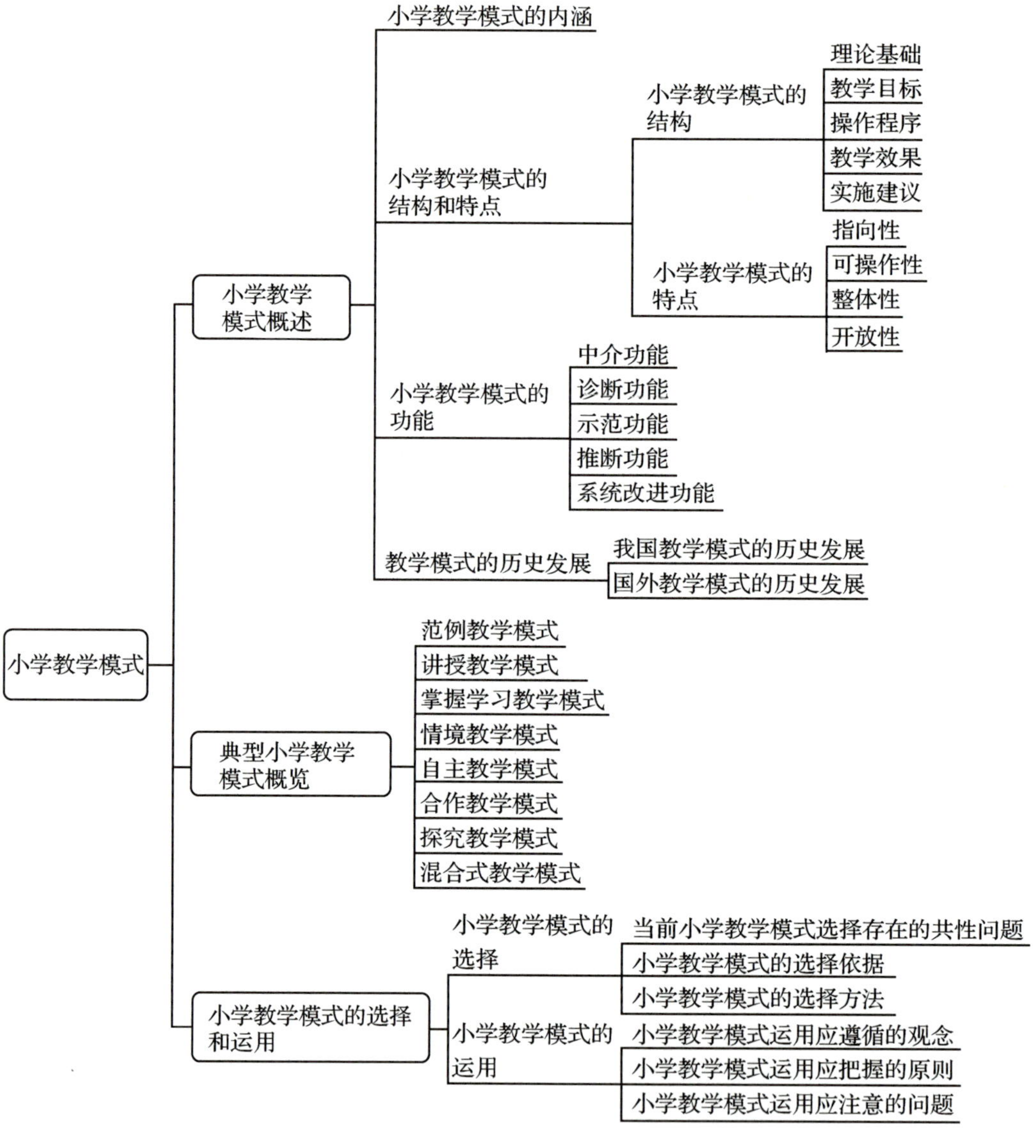

本章概述

教学模式是教学实践的范型，是实践经验的提炼、概括，它兼有理论与实践的成分，是理论和实践之间进行转化的“桥梁”和“纽带”。[①] 本章主要围绕小学教学模式概

① 王庭波：《小学语文“视域融合”教学范式研究》，博士学位论文，东北师范大学，2013。

述、典型小学模式概览以及小学教学模式的选择和运用三部分内容展开。首先详细介绍小学教学模式的内涵、结构、特点和功能等；其次以主要人物为线索梳理国内外教学模式的历史发展，并重点介绍了适用于小学的八种典型教学模式；最后对小学教学模式的选择和运用进行分析和说明。

问题情境

花园小学为了做好师资队伍的梯队建设，实施了“青蓝工程”。小强是该校工作不满 5 年的青年骨干教师。在学校的安排下，小强老师与周老师和赵老师进行了师徒结对。小强经常利用自己没课的时间听两位师父的课。在学习中，小强收获了很多，但也产生了一个困惑。

周老师是一位有着 20 多年教学经验的权威型教师，学生对他非常敬畏。凭借多年丰富的教学经验，在课堂上，周老师大多以讲授教学模式进行教学，教学逻辑清晰，学生课堂纪律好，听讲认真，课堂效果令人满意。讲授教学模式对小强的影响很大。

赵老师是一位有着十几年教学工作经验的名师，经常做示范课，在当地有一定的影响力。赵老师的课堂与周老师截然不同：在课堂上，赵老师往往先组织学生进行自主学习；当学生产生问题的时候，再组织学生进行探究性学习和小组合作学习，并且在这个过程中进行点拨。小强感觉这样的教学模式符合新课程理念，学生参与度高，主体地位得以体现。

两位师父的两种不同的教学模式，使小强陷入困惑：究竟在上课时应该用哪一种教学模式呢?

那么，究竟什么是教学模式？小学常见的教学模式有哪些？如何选择适合自己的教学模式……带着这样的问题，让我们一起开始本章的学习。

第一节 小学教学模式概述

一、教学模式的内涵

模式指主体行为的一般方式，是理论与实践的中介环节，是一种可操作的知识系统和可再现的理论结构。美国学者B. 乔伊斯(B. Joyce)和M. 韦尔(M. Weil)最先将“模式”一词引入教学领域，并进行系统研究。1972年，他们的《教学模式》一书问世，首次提出了“教学模式”的概念并系统地介绍了22种教学模式，拉开了对教学模式进行系统研究的序幕。在该书中，他们认为教学模式是“系统地探讨教育目的、教学策略、课程设计和教材以及社会和心理理论之间相互影响的、可以使教师行为模式化的各种可供选择的类型”①。随后，美国学者冈特、施瓦布等在《教学：一种模式观》中认为，教学模式就是导向特定学习结果的一步步的程序。

我国教育界对教学模式的研究始于20世纪80年代中期，并出现了一些重要的研究成果，也出现了对教学模式概念的多种界定。其中具有代表性的有理论说、程序说、结构说、方法说等。理论说认为：教学模式是在教学实践中形成的一种设计和组织教学的理论②；程序说认为：教学模式“是在一定教学思想指导下建立起来的完成所提出教学任务的比较稳固的教学程序及其实施方法的策略体系”③；结构说认为：教学模式是一定教学思想或理论指导下建立起来的各种类型教学活动的基本结构或框架④；方法说认为：“常规的教学方法俗称小方法。教学模式俗称大方法。它不仅是一种教学手段，而且是从教学原理、教学内容、教学的目标和任务、教学过程直至教学组织形式的整体、系统的操作样式，这种操作样式是加以理论化的。”⑤

这些观点从不同的角度阐述了教学模式的内涵：乔伊斯对于教学模式的定义强调综合运用，而我国学者对教学模式的定义虽然是基于多种不同的研究角度，但这些概念之间不是相互对立和矛盾的，而是共容的关系。例如，理论说和方法说都认同教学模式具有一定的理论性；程序说和结构说看似不同，但是程序、体系和结构、框架之间并不是完全割裂的等。结合已有研究，我们认为教学模式是在一定教学理论的指导下，通过相关教学理论的演绎或对教育教学实践经验的概括和总结所形成的一种指向特定教学目标的比较稳定的基本教学范型。⑥ 为进一步理解此概念，我们需要把握如下三方面内容。

第一，教学模式是有教学理论指导的。教学模式反映了一定教学理论和思想，是理论指导下的教学行为规范。例如，斯金纳的程序教学模式是基于行为主义学习理论而设计的，这是一种个别化的教学方式，让学生以自己的速度和水平自学以特定顺序和小步子安排的材料。

---

① 《当代西方教学模式》，丁证霖、赵中健、乔晓冬等编译，23页，太原，山西教育出版社，1991。
② 张武升：《关于教学模式的探讨》，载《教育研究》，1988(7)。
③ 甄德山：《教学模式及其管理浅议》，载《天津师大学报》，1984(5)。
④ 吴也显：《我国中小学常用教学模式》，2页，昆明，云南教育出版社，1993。
⑤ 叶澜：《新编教育学教程》，333页，上海，华东师范大学出版社，1991。
⑥ 王本陆：《课程与教学论》，193页，北京，高等教育出版社，2004。

第二，教学模式是通过教学理论演绎或教学实践总结形成的。教学模式的形成有两种途径：一种是教学实践的总结，另一种是教学理论的演绎。教学实践的总结指的是对教学实践中某一类有效的教学活动方式的优选。教学经验经过抽象概括，系统化为教学模式，从而进一步提升为教学理论。如顾冷沅教学改革实验小组的“尝试指导，效果回授”教学模式，就是在普查青浦当地数学教学情况，筛选众多教学经验的基础上，通过边学习教育理论，边改革实验、研究推广，总结归纳出来的。教学理论的演绎指的是由教学理论推演出指导教学实践的范型。如罗杰斯的情感教学理论认为真正的学习涉及整个人，教学是为了促进学生成为一个完善的人。在此基础上，罗杰斯提出了非指导性教学模式，该模式强调以学生为中心，重视情感因素在教学中的作用。教师需要构建良好的人际关系和营造轻松愉悦的课堂氛围，促进学生学习。

第三，教学模式具有相对稳定性。教学模式一经形成，就具有稳定性。随着教学理论、教学实践的发展，教学模式本身也在不断地变革、修正和完善，所以教学模式的稳定性也是相对的。例如，讲授教学模式在古代开始萌芽，在实践运用中逐渐发展形成了较为稳定的模式，近代以前的典型形式是讲、听、读、记、练。近代以后随着教育实践发展，它又演变为观察、记忆、理解、练习；现代又进一步发展，有其独特的操作程序：复习旧知—明确学习目的—讲授新课—巩固新知—检查评价。

二、小学教学模式的结构和特点

(一)小学教学模式的结构

小学教学模式的结构指什么？一般来说，完整的小学教学模式通常包括理论基础、教学目标、操作程序、教学效果和实施建议五个要素。

1. 理论基础

小学教学模式是在一定的教学理论或教学思想的基础上形成的，理论基础为教学模式提供理论渊源。不同的教学模式所依据的理论基础是不同的。比如，范例教学模式是以知识迁移理论和教养性学习的教育思想为基础的一种教学范型；探究教学模式的理论基础是建构主义理论。

2. 教学目标

小学教学模式是为了完成一定的教学目标服务的。因此教学目标是教学模式中的核心要素，决定着教学模式的操作程序。比如，探究教学模式是为了培养学生的创新精神；合作教学模式是为了培养学生的合作、协作意识；范例教学模式则是为了培养学生的分析能力，让他们理解规律和原理。

3. 操作程序

小学教学模式都有自己开展的时间序列或逻辑步骤，即操作程序。它具体确定了教学中各步骤应完成的任务以及师生应该先做什么、后做什么等。比如，赫尔巴特教学模式的操作程序为：明了—联想—系统—方法四个步骤；杜威实用主义教学模式的操作程序为：情境—问题—假设—解决—验证。小学教学模式所提供的操作程序对小学教学具有参照作用，具有一定的稳定性。

4. 教学效果

任何一种小学教学模式都不是万能的，都有其适用的教学情境。由于不同的教学模式所完成的教学目标、使用的操作程序不同，所达到的教学效果也必然不尽相同，还要考虑到教学时间、教学条件以及教学环境等因素的影响。例如，某节课的教学目标的重点在于培养学生的自主学习能力，则更适合选择自主教学模式。如果教学目标的重点在于加强学生基础知识的学习，则更适合采用注重系统知识传授的讲授教学模式。

5. 实施建议

实施建议是指在运用教学模式的过程中，为了完成教学目标，而对教师和学生采用的教学方法、方式和措施提出合理建议。它包括对教学活动中师生关系、教学内容、教学方法、教学手段和教学组织形式等各方面的具体要求。

(二)小学教学模式的特点

1. 指向性

任何教学模式都有明确的应用目的或中心领域，而且有具体的应用条件和范围。例如，讲授教学模式有利于系统知识的传授，但对培养学生的动手实践能力却不合适。

2. 可操作性

教学模式比一般的教学理论更接近于教学实践，每种教学模式都清晰地呈现了其特定的、比较稳固的操作程序、方法和策略，具体规定了教师的教学行为，方便教师理解、把握和运用。例如，使用讲授教学模式的教师在备课时，可以按照其操作程序复习旧知—明确学习目的—讲授新课—巩固新知—检查评价五个步骤设计教学过程。

3. 整体性

教学模式是由各个要素有机构成的整体，是教学实践和教学理论构想的统一，其本身都有一套比较完整的结构与机制。如暗示教学模式以无意识心理学为理论基础，在教学实践中有具体的操作程序：说明内容—朗读—边播放音乐、边朗读—角色表演—伸展活动，以及独特的教学策略——暗示教学三原则、放松练习等。

4. 开放性

教学模式是一个动态开放的系统，有一个产生、发展、完善的过程。它会随着教学实践、观念和理论的发展变化而得到丰富、创新和发展。如赫尔巴特的形式阶段理论将教学分为明了、联想、系统、方法四个阶段，经他的学生发展完善为预备、提示、联合、总结、应用五个阶段。

三、小学教学模式的功能

在教学活动中，教学模式的应用，发挥着调节、导向、控制和优化教学的作用，以确保教学取得预期效果。具体来说，小学教学模式的功能主要包括：中介功能、诊断功能、示范功能、推断功能和系统改进功能。

(一)中介功能

小学教学模式为教师提供一套科学的模式化教学法体系，是联系教学理论与教师教学实践的桥梁，借助教学模式这一工具，有助于教师解决主观经验式教学的困境。一方面，教学模式受教学理论指导，其具体教学实施程序中反映教学理论基本特征，保证教学实践有理可依。另一方面，教学模式服务于教学实践，在对一定教学活动方式进行选择、概括、加工后，为教师提供相对稳定的操作框架，促使教学理论真实落地。

(二)诊断功能

小学教学模式具有相对稳定的框架结构，一般由理论基础、教学目标、操作程序、教学效果、实施评价五个要素构成。根据小学教学模式的五个要素，教师可以对教学活动进行诊断，及时发现教学过程中存在的问题，如教学目标的设置不合理、操作要领不规范等，并据此改进实际的教学。

(三)示范功能

小学教学模式为一定的教学理论运用于教学实践提供了较为完备、便于操作的实施程序。根据教学模式中的示范引导，教师能够促使教学活动的有序开展，减少试误的时间和精力。小学教学模式的示范功能旨在促进教学活动的规范化，同时也注重发挥教师的主动性和创造性，教师可以根据实际的教育条件和情境选取合适的教育模式，并且灵活的做出调整，形成适合教学实际的“变式”，实现教学效果的最优化。

(四)推断功能

小学教学模式能够帮助教师预测教学效果。虽然小学教学模式的结构框架相对稳定，但不同的教学模式各有侧重，如范例教学模式侧重培养学生的独立思考和推理判断能力，合作教学模式强调学生的主动参与和团队协作精神。教师选择何种教学模式进行教学，就能够对该模式所侧重的教学效果进行合理地推断。教师可以根据教学模式的五个要素对教学的合理性、有效性以及学生的学习结果进行预测。小学教学模式推断功能的有效发挥，能够帮助教师增强对于教学过程的控制与调节，取得预期的教学效果。

(五)系统改进功能

小学教学模式在教学活动中的应用，使得教学活动构成了一个系统化、规范化的整体。作为一个有机的整体，小学教学模式对教学活动中的诸要素都发挥着作用，小学教学模式是在整体上对原有个别教学经验的超越和突破。需要注意的是，教师在教学中运用某种教学模式并不是生搬硬套其程序方法，而是通过应用—实践—改造的过程，推进整体教学活动系统优化，不断促进教学模式适应于自身教学。

四、教学模式的历史发展

随着教育教学理论的逐步发展，关于教学模式的论述也从最初的萌芽状态发展到不同教育家依据教育研究所做的理论化阐释。学习国内外有代表性的教育家对教学模式的探索和论述，了解教学模式的历史发展，有助于人们借鉴传统，更好地理解当代各种新教学模式，把握教学模式的发展趋势。

(一)我国教学模式的历史发展

封建制度确立以前，生产力的发展水平比较低，人口少且不重视知识的学习，教育通常以口耳相传的形式为主，个别教学形式占据主导地位；到了春秋战国时期，孔子在《论语·为政》中指出“学而不思则罔，思而不学则殆”，说明了“学”与“思”的关系。① 在此基础上，他提出了“学思”结合模式。此外，孔子提出“不愤不启，不悱不发，举一隅不以三隅反，则不复也”。意思是说教师不要向学生直接灌输知识，而是要恰当地给予启发诱导，最后达到举一反三的效果。由此也可以看出启发诱导也是孔子提倡的一种教学模式。《学记》是世界上第一部专门论述教育教学的论著，继

① 思履：《论语全解》，420页，北京，北京联合出版公司，2015。

承并发展了孔子的启发诱导思想，主张教师在教学过程中要“善喻”，如今流行的启发式教学正是源于此。在两汉时期，学生的人数激增，因此开始出现了请经师进行大班授课讲学的课堂教学模式。在宋元时期，地方官吏新创了“分斋教学”这一教学模式，该模式的主要特点是设置不同专业供学生学习。朱熹是我国南宋理学的集大成者，他的学生把“朱子读书法”归纳为六条：循序渐进、熟读精思、虚心涵泳、切己体察、着紧用力、居敬持志。① “朱熹读书法”从本质上说也是一种学习模式。此外，朱熹提出学习包括感知—理解—巩固—应用四个阶段，而这正好与现代心理学认为学习过程的规律是感知—理解—巩固—应用的观点相一致，在教学模式的发展史上具有重大意义。

鸦片战争后，我国教育的近代化开始，以儒学为主要内容的封建教育一统天下的格局被打破，我国开始向西方学习新式教育。清末以来，西方教学模式渐次输入中国，如讲授教学模式、道尔顿制、设计教学法等。讲授教学模式源自赫尔巴特的五段教学法，是一种通过教师的系统讲解而帮助学生获得大量系统性知识的教学模式。随着班级授课制的引入，讲授教学模式受到教育工作者的推崇。它不仅有利于发挥教师在教学中的主导作用，也有利于提高教学效率，时至今日仍是我国的主流教学模式之一。道尔顿制由于其切合当时我国教育的实际需要，引入我国后立刻受到教育界人士重视，不少中小学积极主动地开展教学改革实验。虽然道尔顿制有利于学生养成自动求学、合作学习的习惯，但由于经费困难、高素质教师较少、学生学习的主动性不足、教学设备缺乏等因素，道尔顿制教学改革以失败告终。设计教学法被引入后的境遇也和道尔顿制颇为相似。

随着改革开放以及教育的不断普及，我国加大了对教学模式的研究并取得了显著成果。在新型教学模式中，比较有影响力的教学模式包括中国科学院心理研究所卢仲衡的自学辅导教学模式、上海育才中学的八字教学模式、湖北大学黎世法的六课型单元教学模式、李吉林的情境教学模式、邱学华的尝试教学模式、马芯兰的迁移—发展教学模式、顾泠沅的尝试回馈—反馈调节教学模式、杜郎口的教学模式等。近年来，由于计算机网络技术在教育领域逐步得到应用，传统的课堂教学开始与网络学习相结合，从而产生了混合式教学模式，它既有利于教师在教学过程中发挥引导、启发、监控的主导作用，又充分体现学生作为学习过程主体的主动性、积极性与创造性。

---

① 转引自孙培青：《中国教育史》修订版，224～225页，上海，华东师范大学出版社，2000。

纵览国内教学模式的发展史，呈现出了以下趋势。[①] 一是从单一模式建构到多种模式的综合运用。学习多种教学模式，掌握各个教学模式的优缺点，在课堂教学中根据教学实践选择合适的教学模式，并进行优化组合，才能达成教学效果的最大化。比如，“先学后教”类教学模式与讲授教学模式、案例教学模式、情境教学模式等多种教学模式相结合，可以进行综合运用。二是从以“教”为主的单维建构向“教”“学”并重的双维建构发展。跟传统教学模式不同，当前的教学模式不再以教师为中心，强调教师在教学过程的主导地位，着重发展学生的主体性，让学生有更多参与课堂的机会，锻炼他们的自主学习能力。三是结合课程内容的特点进行教学模式的分类建构。在教学实践中，教学的实施要依赖课程内容，脱离课程内容的教学模式一般会存在很多的局限，如无法体现学生的差异、学科的特点等。因此，新的教学模式的研究必须考虑到课程内容的重新加工、整合和建构，使其更加符合学生的学习规律和认识结构特点。

(二)国外教学模式的历史发展

古希腊时期的教育思想里，就已经有了教学模式思想的萌芽。在当时，苏格拉底开创了一套与众不同的教法，即“苏格拉底方法”，又称作“产婆术”，具体包括讥讽、助产术、归纳和定义四个步骤。[②] 他特别指出教育应该是将儿童潜在的才能不断挖掘、拓展的过程，而非依靠外界的强制性灌输、练习、锻造的过程。他组织开展教学的第一步是引出问题，不将现成的答案直接告诉学生，而是让学生自己进行一定的思考，形成自己的看法，然后再反复地提问学生，让学生从自己的答案中找到不合理的地方，循序渐进地引导学生最终得到正确的答案。该教学法通过师生之间轻松愉快的交谈方式来营造一种问题情境，激发学生的好奇心与求知欲，从而使他们积极主动地思考，最终成功解决问题。与我国古代孔子的启发诱导的观点类似，它注重学生在学习中的自主性，反对强行灌输知识。

到了17世纪，自然科学兴起，直观教学法和班级授课制开始进入教学领域。夸美纽斯主张把讲解、提问、答疑、练习统一于课堂教学，并提倡在课堂教学活动体系中增加观察类等直观性教学活动。他认为，教授一切知识从感官的感知开始，然后才由想象的媒介进入记忆的领域；随后才由具体事物的探讨对普遍生出理解；最后才有对业已领会的事实的判断。[③]

---

① 万伟：《三十年来教学模式研究的现状、问题与发展趋势》，载《中国教育学刊》，2015(1)。
② 吴式颖：《外国教育史教程》，57页，北京，人民教育出版社，1999。
③ 吴式颖：《外国教育史教程》，201页，北京，人民教育出版社，1999。

到了19世纪，赫尔巴特从心理学的角度出发，为教师开创一个清晰明了的教学程序，即明了—联结—系统—方法的四阶段教学模式。之后他的学生又进行了改造，最终演变为包括预备—提示—联结—概括—应用的五阶段教学模式。19世纪20年代，随着社会的进步，个性化思想逐渐兴起并成为主流，以赫尔巴特为代表的传统教学模式面临挑战，杜威的以儿童为中心、强调做中学的教学模式受到广泛推崇。杜威的教学模式的基本程序为创设情境—发现问题—提出假设—验证假设—得出结论。该教学模式有效破除了过去教学模式的单一性，弥补了传统教学模式的不足。它注重学生的主体性，主张活动教学，引导学生探索新事物，培养他们发现问题、分析问题及解决问题的能力，为现代教学模式发展开辟了新视角。

20世纪50年代以后，科学技术逐渐发展，专家学者开始思考如何将教育与科学技术更好地结合。认知科学逐步揭示了人脑的活动机制，系统论、控制论、信息加工理论等理论的诞生给教学模式的发展带来了新的启发。教育领域诞生了众多独特的教学模式。诸如，从认知发展出发的范例教学模式、以整体优化为着眼点的最优教学模式、着眼于探究的发现教学模式等都是独特的教学模式。

回顾国外教学模式的发展历程，具有以下特征：一是由单一化朝着多样化的方向发展。教学模式上有强调个别教学形式的，也有建议采取班级授课制的，还有主张将两者相结合的，呈现出百花齐放、百家争鸣的局面。二是由归纳型朝着演绎型的方向发展。归纳型侧重于总结经验，它是从经验出发，经历归纳后形成思维。演绎型侧重于以一种科学理论假设为着眼点，不断推测、演绎，基于此形成一种新的教学模式，然后设计科学、全面的实验对其效用进行验证。它是以理论假设为起点，经历一系列的演绎过程后得以形成思维。归纳型教学模式源自实际教学经历的总结，不可避免地存在或多或少的不确定性，有些地方还可能相互矛盾。但演绎型教学模式具备一定的理论支撑，能够解释得清晰透彻，形成一套体系。三是由以教为主朝着注重发挥学生学习主体性的方向发展。杜威的实用主义教育理论侧重强调学生的主体性，尊重学生在学习中的主体地位，也由此开始了以“学”为主的教学模式的研究。四是教学模式的日益现代化。信息技术和多媒体的发展，网络教学逐渐成为潮流，这要求我们的教学模式要与时俱进，如线上线下相结合的翻转课堂教学模式的产生及发展。

纵观国内外教学模式的发展历史，我们可以发现并不存在完美的教学模式，每一种教学模式都有明显的时代烙印。随着社会的不断发展，教学理念与时俱进，新旧教学模式必将在交替与更迭中不断向前发展。

第二节
典型小学教学模式概览

在课堂教学中，合理选择与运用教学模式，能够起到事半功倍的效果。根据课程与教学改革的趋势，结合小学生身心发展的特点，我们介绍几种在小学常用的教学模式。

一、范例教学模式

20世纪50年代，为了适应科技发展和知识激增对学校教育提出的挑战，德国采取不断扩充学校教学内容的方法，推行“百科全书”式教育。在这种教育下，教学内容庞杂、臃肿，学生学习负担加重，学生学习的主动性和积极性受到抑制，学校呈现一种混乱无序状态。面对这种情况，瓦·根舍因和克拉夫基等教育家通过对课程进行改革和研究，提出了范例教学体系。范例教学模式就是根据好的、特别清楚的、典型的事例进行教学，使学生掌握科学知识和科学方法，并把科学的系统性与学生的主动性统一起来，以“范例”为主要突破口的教学模式。①

(一)理论基础

范例教学模式是以知识迁移理论和教养性学习理论的思想为基础的一种教育理论体系。在范例教学模式中，知识迁移理论体现为教师在所教授知识领域中选取一些具有代表性的、典型的例子，引导学生通过对这些范例的学习，掌握从特殊到一般、从一类知识到一般规律的学习，进而实现学习的迁移，培养学生发现问题、分析问题和解决问题的能力。教养性学习理论的影响主要是通过对典型范例的学习发展学生的独立性，即将学生从范例学习引向连续起作用的知识、能力和态度养成。学生通过范例的学习，能够举一反三，依靠特殊的例子掌握一般的知识，并借助这种一般独立的范例进行学习。通过这种学习，学生可以处在一种不断接受教育和培养的状态中。

---

① 吴立岗、夏慧贤：《现代教学论基础》，188页，南宁，广西教育出版社，2001。

(二)教学目标

范例教学理论认为，范例教学不但可以说明一个学科的整体，即传授知识，而且可以开拓学生的整个精神世界，包括他们的认知、智能和对客观世界的态度。学生在获得关于自然科学和社会文化的一般知识的同时，也能获得新的能力(包括了解事物的方式、解决问题的策略和行为观点)。[①] 总之，范例教学的目标就是使学生积极主动地获得一般的知识、能力和态度，促使学生由“知”向“能”发展。

(三)操作程序

范例教学模式一般可按以下四个阶段来实施。

一是阐明“个”的阶段。通过个别的典型范例来说明事物的特征，其目的是让学生掌握事物的本质特征。

二是阐明“类”的阶段。根据第一阶段获得的关于“个”的知识，用多个在本质上与“个”一致的事物归纳、推理，使学生认识一“类”事物的本质特征。其目的是使学生从“个”的学习迁移到“类”的学习中，掌握这一类事物的普遍特征。

三是掌握规律的阶段。利用前两个阶段获得的认识，进一步探究，总结出规律和原理。其目的是使学生掌握事物发展的普遍规律和客观趋势。

四是获得关于世界关系的切身经验的阶段。在上述三个阶段教学的基础上，使学生获得关于世界的经验、生活的经验。其目的是使学生认识世界、了解社会，同时也加强对自身的认识，学会正确地评价自己，增强行为的自觉性。

(四)教学效果

范例教学模式主张把学生获得知识、培养能力和态度作为教学目标，在一定程度上打破了知识、能力或教育、教学相割裂的现象；在教学内容上侧重优化组合，提出要用经典的、带有“基本性”“基础性”和“范例性”的内容组织教学，有利于学生实现知识的迁移，触类旁通地掌握知识，形成技能；在教学程序上，从“个”到“类”再到掌握规律、获得切身经验的四个阶段，符合人类认识世界、了解事物的一般规律。范例教学模式将学科知识分解为一个个的典型案例，改变了传统的线性的教学模式，但是在具体的实施过程中存在一定的难度。比如，处理不妥当会在一定程度上影响到学生对学科知识的系统掌握。同时，范例教学模式强调选用的教学内容要符合基本性、基础性、范例性三个原则，精选典型范例，并且要做到每节课都与整个知识体系的有机衔接。但是目前对这三项原则并没有具体的标准，这对教师的教学专业能力提出了更高

---

① 顾明远、孟繁华：《国际教育新理念》，93～94 页，海口，海南出版社，2001。

的要求，也为该模式的实施带来了难度。

(五)实施建议

范例教学模式在实施过程中最为关键的就是精选典型范例。所以教师要不断加强自身业务修养，深入钻研教材内容，深刻理解教参意图，从学生的知识基础和生活经验入手，选择、创造合适的、准确的范例，真正做到用教材教，而不是教教材。另外，对范例的讲解，不是大量练习的累加。一旦教师把范例当成大量的练习讲解，势必将学生带入题海战术。故在教学实施过程中要注意以下三个方面。

1. 教学内容上坚持“三个性”

一是基本性。对学科的教学内容而言，要选择一些基本知识，包括基本概念、基本原理、基本规则、基本规律等，使学生掌握学科的知识结构。

二是基础性。对授课的教学内容而言，应该是基础的东西，必须从学生的实际出发，适合学生的认识水平和智力发展水平，切合学生的生活经验，难度适当。

三是范例性。对教师传授的学科内容而言，必须是教师精心挑选的、基本的、基础的知识和典型的范例材料，使学生能够以点带面、举一反三地掌握知识，帮助学生实现学习的迁移和实际的运用。

2. 教学要求上达到“四个统一”

一是教学与教育的统一。教学和教育是密不可分的。在教学中，教师要将传授知识技能和进行思想道德教育结合起来。

二是问题解决与系统学习的统一。教学是按照课题进行的，一方面要针对学生存在的或提出的问题进行教学；另一方面，这些课题之间应当是有联系的，是一个知识体系，要保证学生能够系统掌握学科知识。

三是掌握知识和培养能力的统一。在教学过程中，教师要做到将传授知识和培养能力“两手抓、两手都要硬”。

四是主体和客体的统一。主体是指学生，客体是指教材。教师既要熟悉和掌握教材，又要了解和熟悉学生，熟悉学生的智力水平和个性特征。只有把这两个主要教学要素结合起来考虑，才能有效地达成教学目标。

3. 备课上对教材要做到“五个分析”

一是基本原理分析。分析教材中哪些是带有普遍意义的内容，这些内容对以后教学起什么作用，选择哪些范例能使学生掌握基本原理、规律、概念，使教学目标明确，有利于学生对知识进行迁移。

二是智力作用分析。分析课程内容对学生智力活动应起什么作用，以便在教学时突出重点，强化学生的智力活动。

三是未来意义分析。分析课程内容对学生今后的学习和生活的意义和价值，吸引学生的注意力，调动学生学习的积极性。

四是内容结构分析。分析课程内容有哪些要素，其重点、难点、层次如何，各要素之间有什么样的关系。

五是内容特点分析。分析课程内容有哪些特点、形式等，哪些内容能引起学生的兴趣，通过哪些直观手段引发学生提出问题，布置什么作业能使学生有效地应用知识等。

案例链接：小学数学六年级“解决问题”一课的教学片段

教师利用课件呈现例题：这是某种清洁剂浓缩液的稀释瓶，瓶子上标明的比表示浓缩液和水的体积之比，分别是1∶3，1∶4和1∶5。按照这些比，可以配制出不同浓度的稀释液。问：按1∶4的比例配置一瓶500毫升的稀释液，其中浓缩液和水的体积分别是多少？

生1：我知道了有三种配制方式，分别是浓缩液和水按1∶3，1∶4和1∶5的比进行配制。

生2：我知道了要按1∶4的比配制500毫升的稀释液。

师：500毫升表示什么？1∶4又表示什么呢？

生：500毫升表示配制好的稀释液的体积，1∶4表示浓缩液占其中的1份，水占4份。

师：也就是要把稀释液平均分成5份，浓缩液占其中的1份，水占4份。同学们试着列一下算式。（教师板书略）

师：把稀释液平均分成5份，浓缩液占其中的1份，水占4份，说明浓缩液是总体积的几分之几？水呢？

生：浓缩液是总体积的$\frac{1}{5}$，水是总体积的$\frac{4}{5}$。

师：同学们试着列一下算式，教师板书。（略）

师：在五年级下册，我们学习了用方程解答应用题。列方程解应用题最关键的是找等量关系，那么在本题中的等量关系是什么呢？

生：浓缩液的体积＋水的体积＝稀释液的体积。

师：因为浓缩液和水的比是1∶4，我们就可以把浓缩液的体积设成x毫升，把水的体积设成$4x$毫升。你会列方程了吗？试着用方程解答一下该题。

点评：以上案例是选择基础性例题作为教学范例，通过对范例的分析，使学生由

“个”迁移到“类”，掌握这一类问题(比的应用题)的解决方法。教师引导学生将份数、分数和方程联系起来，将旧知识和新问题进行整合，揭示了这一类应用题的本质，实现了数学知识内在的联系，开拓了学生的思路。

二、讲授教学模式

19世纪，德国教育家赫尔巴特提出了教学形式阶段理论，将教学划分为明了、联想、系统、方法四个阶段，后经过他的学生齐勒等的改造发展为预备、提示、联合、总结、应用的五段教学法。进入20世纪，苏联教育家凯洛夫在赫尔巴特的五段教学法的基础上，提出了一套完整的教学过程体系，即组织教学、检查复习、讲授新课、巩固新知、布置作业。多年以来，讲授教学模式因其便捷、高效的特点，一直是我国教师在教学中常用的、主要的教学模式。

(一)理论基础

讲授教学模式是以布鲁纳的学科基本结构理论和奥苏伯尔的有意义学习理论为基础的一种教学范型。布鲁纳认为，学生掌握学科基本结构是学习知识方面的最低要求。学生掌握了学科基本结构，就能更有效地记忆该学科的具体知识和技能，就能更好地理解、掌握整个学科。奥苏伯尔将学习分为机械学习和有意义学习。有意义学习是指将符号所代表的新知识和学生认知结构中已有的适当观念建立起非人为的联系。所谓非人为的联系是指新知识与学习者原有认知结构中有关的观念建立在某种合理的或逻辑基础上的联系。

(二)教学目标

通过教师的说明、分析、论证、描述、设疑、解疑等教学语言，学生可以在短时间内获得大量的系统科学知识，促进学生对基础知识与技能的系统掌握，形成良好的认知结构，增强基本技能。

(三)操作程序

讲授教学模式一般可按以下五个步骤来实施：复习旧知—明确学习目的—讲授新课—巩固新知—检查评价。以冀教版小学数学教材二年级“乘法的初步认识”一课为例，对讲授教学模式的操作程序进行讲解。

复习旧知是为了强化记忆、加深理解、加强知识之间的相互联系和对知识进行系统梳理。例如，在学习“乘法的初步认识”时，教师向学生出示情景图(明明和他的同学一起植树)，向学生提问“明明他们一共种了多少棵树”，并引导学生以一排一排数和一列一列数的方法列出两种算式：7＋7＋7＋7＝28(4 个 7)；4＋4＋4＋4＋4＋4＋4＝28(7 个 4)。之后教师再向学生说明还可以用一种更简便的算式计算，进而引出学习的内容——乘法的初步认识。

明确学习目的要求教师一上课就讲明学习目的，使学生了解本节课的重点内容，保证学生的注意力保持在本节课所要学习的内容上。例如，上课之初，教师先向学生明确今天的重点学习内容——乘法各部分的名称；怎样列乘法算式。

讲授新课是教学的核心。这个过程中主要以教师的讲授和指导为主，学生要遵守纪律，跟着教师的教学节奏，完成教师布置给他们的任务。例如，在教学生乘法的基础知识时，教师先带领学生数"7＋7＋7＋7＝28 里有 4 个 7，写成乘法就是 4×7＝28，读作 7 乘 4 等于 28"；教学生写乘法算式："数一下几个几就可以了"。教师再教学生学习乘法各部分的名称。

巩固新知是学生在课堂上对新学的知识进行运用和练习解决问题的过程，是检验课堂教学效果的有效途径。例如，在新知识讲解完成后，教师利用拍手游戏检验学生对乘法各部分的名称以及如何列乘法算式的掌握程度，由学生写出加法算式和乘法算式。

检查评价是通过学生的课堂和家庭作业来检查学生对新知识的掌握情况。例如，教师可以让学生独立完成"乘法的初步认识"一课的课后习题，根据完成情况检验学生是否掌握本节课的重点内容。

(四)教学效果

讲授教学模式的应用有利于学生系统地掌握学科知识；对于教师来说，讲授的要求相对简单，容易实行、应用范围比较广；在课堂应用中，讲授具有便捷、高效的特点。但该模式注重理论知识的传授，不利于培养学生协作、实践等能力；教师运用不当容易走入"一言堂"的教学误区，阻碍学生发挥学习的主体性等。

(五)实施建议

在课堂教学实践中，教师在运用讲授教学模式时，要注意进行启发式的讲授，要即时关注学生已有的知识和经验等。一般来说，教师要根据教学内容的难易、顺序等而采取精讲、细讲、先讲、后讲、重讲、串讲、略讲或不讲的方法。例如，重点内容精讲，难点内容细讲，系统内容经常串讲，次要内容略讲，易懂内容不讲等。同时，讲授教学模式强调教师的主导作用，重视引导学生积极地参与课堂之中。所以，教师在运用讲授教学模式时要注意以下几点。

1. 注重营造学习氛围

轻松愉悦的学习氛围能激发学生的学习兴趣，让学生更愿意主动去学，而不是被动接受。例如，教师在讲解完如何列出乘法算式后，以拍手游戏——“教师拍手时每次拍三下，一共拍四次，让学生计算一共拍了多少次”的方式来检验学生是否掌握该知识。在这个过程中，教师并没有让学生机械地重复知识，而是以游戏的方式调动课堂氛围，激发学生的积极性。

2. 讲授内容避免面面俱到

在讲授教学模式的运用中，教师应该变多讲为精讲，把握好教材的重点、难点、关键。例如，教师在讲“狼牙山五壮士”一课时，用近乎一半的时间在讲抗日战争的时间、背景，忽视了本节课的重点教学目标——掌握“10 个生字”，感受五壮士为祖国、为人民的利益牺牲的精神。

3. 讲授富有趣味性

在讲授新知识的过程中，教师要发挥教学艺术的作用。教学艺术就是指运用幽默风趣的教学语言和灵活多变的教学方法，增强课堂活力，激发学生的学习兴趣。例如，英语教师在教学生学习 26 个英语字母时，并不是带领学生一遍一遍机械地重复，而是将英文字母编成有旋律的字母歌方便学生记忆。

案例：冀教版小学数学二年级“除法的竖式计算”一课的教学设计

一、教学目标

1. 能够抽象出除法竖式的书写过程，体会到除法竖式每一步的实际含义。

2. 能正确掌握除法竖式的书写格式。

3. 借助已有的经验和知识进行学习，体验数学学习的乐趣和价值。

二、教学重点

正确书写除法竖式。

三、教学难点

掌握除法竖式中各部分的名称及含义。

四、教学过程

(一)创设情境

师：同学们，这学期学校改善了教学条件，我们搬进了新的教学楼。为了美化环境，学校又配备了一些花草，我们一起来看一看吧！

(二)讲授新知

1. 师：仔细观察这幅图，你从图中了解了哪些数学信息？

2. 师：根据得到的数学信息，谁能提出数学问题？

生：把12盆花平均分给6个班，每个班分几盆？

3. 师：谁能列式？

生：12÷6=2(盆)(教师板书。)

4. 师：谁能读一下这个算式，并说出算式中各部分的名称。(手势要到位。)

(先读除法算式，再说出各部分的名称)

5. 师：你们是怎么算出结果的？(学生说算法。)

师：利用乘法口诀可以得出结果。其实除法也有竖式计算，今天我们就一起来学习除法的竖式计算。(板书课题)

师：坐端正，听仔细，看我怎样列竖式。

6. 教师边讲解边板书。

(1)先写“厂”表示除号。(手势要到位。)(写除号时要给横式留一些距离。)

(2)把被除数12写在除号的里面(写时提醒学生要把被除数和除号分开一些)，把除数6写在除号的左面，它就是12÷6。

师：12是什么数？6又是什么数？

生：12是被除数，6是除数(板书：被除数、除数)。

师：12表示什么？6又表示什么呢？

生：12表示一共有12盆花，6表示6个班。

(3)师：12÷6的商是多少？

生：商是2。

师：把2写到除号的上面。大家想一下，2应该和哪一位对齐，为什么？(学生回答后，教师板书：2和商。)

师：2表示什么呢？

生：每班分2盆。

(4)师：每个班分2盆，6个班分到了多少盆？(板书：12)。这个12是怎么算出来的呢？

生：6×2=12。(板书：6和2的乘积)

(5)师：一共有12盆，分到了12盆，分完了吗？有剩余吗？

师：正好分完，没有剩余，可以用几来表示？

生：0。

师：0写在横线的下面，写时与被除数的个位对齐。

师：0是怎么算出来的呢？12−12=0。

7. 师：认真观察列竖式的过程。结合这道题，看一下竖式中各部分的名称，想一想它们在这道题中表示的意思。

8. 同桌之间互相说一说。

9. 师：谁来前面指着说一说。(找一位学生)

10. 师：这个除法竖式大家会说了，谁来说一下这个除法竖式各部分的名称。(课件出示)

11. 总结：书写除法竖式时要注意什么？

(三)尝试练习

36÷9=　　　　　　40÷5=

师：我们已经认识了除法竖式，并知道了各部分的名称。这两道题你会列竖式吗？谁来给大家读一读这两道题。(找一位学生大声地读)

教师展示一本既正确又整洁的作业，并让这位学生说一说是怎么做的，以及各部分的名称。

(四)巩固练习

师：刚才同学们用自己的聪明才智，不仅解决了分花盆的问题，而且学会除法的竖式计算。下面就让我们进入今天最具挑战性的活动——“智慧大闯关”(课件出示)

第一关：判断对错

要求：学生齐打手势，并到台前指出如何改正。

第二关：竖式计算我最棒

教师巡视并随手批改学生的作业。

教师展示一本学生的作业，让同桌互相订正。

第三关：智力大比拼

学生独立思考。在完成练习后，教师再找一位学生说出理由，用课件出示结果。

第四关：实际问题我解决

要求：既要列出横式，又要列出竖式。

(五)课堂小结：这节课你学会了什么？有什么收获？

点评：以上是一节典型的讲授教学模式在数学教学中成功运用的案例。首先，教师通过学生身边的实际情境，既让学生复习了旧知，又引出了新问题，激发了学生的学习兴趣；其次，教师通过对话，引导学生积极思考，讲授了除法竖式的计算过程，并结合具体的情境讲授了竖式计算的算理和算法，突破教学重难点；再次，教师还提出竖式计算过程中的规范性要求，提高了课堂教学效果，通过尝试练习和巩固练习及时对新知进行训练和检测；最后，教师在学生的反思和评价中结束本课，完成教学目标。

三、掌握学习教学模式

第二次世界大战以后，在第三次科技革命的推动下，科学技术得到迅猛发展。为了使大多数人成功地接受中等和高等教育，美国开始了大规模的教育改革。美国教育家和心理学家布卢姆认为，教育是一种有目的的活动；大部分学生能够掌握所教的知识才是正常的；如果我们的教学是有成效的话，成绩的分布应该与正态曲线不同。在此基础上，他提出了以“为掌握而教”“为掌握而学”为特征的掌握学习教学模式。

掌握学习就是在“所有学生都能学好”的思想指导下，以集体教学为基础，辅之以经常、及时的反馈，为学生提供所需的个别化帮助以及所需的额外学习时间，从而使大多数学生达到课程目标所规定的掌握标准。①

(一)理论基础

掌握学习教学模式借鉴了卡罗尔等提出的学校学习模式以及布卢姆所提出的掌握学习理论。

1. 学校学习模式

学校学习模式是卡罗尔提出的一个与常规学校学习不同的模式。卡罗尔认为，在能力倾向呈现正态分布的情况下，如果教学的类型、数量与质量以及学生可以用来学习的时间等，能够适应班级里的每一位学生，那么最终学习成绩的分布将呈现高度偏态，大部分分数会聚集在学习成绩的高分端。据此，他提出根据能力倾向测验不可以预测学生的学习成绩，二者之间的相关也应该是接近于零。②

2. 掌握学习理论

布卢姆的掌握学习理论主要强调学生学习效果的好坏不是由他学习能力的强弱直接决定，学习能力的强弱仅决定他获得所需学习内容所要耗费时间的多少。如果教师给予学生充分的学习时间和必要的帮助，大多数学生能够掌握相关学习内容。掌握学习教学模式对改善教学方法与教学过程，充分调动学习者的学习动机和学习能力，以及对提高整个教学的质量都产生了积极且深远的影响。布卢姆认为只要用于学习的有效时间足够长，学生有足够的毅力，教学质量就能得到保障；教师给予学生及时的反馈以及个别化的帮助，几乎所有人都能学会学校所教的知识。③

---

① 蒋蓉、李金国：《小学课程与教学论》，178页，北京，北京师范大学出版社，2013。

② 徐碧波：《布卢姆的掌握学习理论》，载《湖北大学学报(哲学社会科学版)》，1992(3)。

③ [美]本杰明·S. 布卢姆等：《布卢姆掌握学习论文集》，王钢等译，48页，福州，福建教育出版社，1986。

(二)教学目标

布卢姆等对教学目标进行了系统的分类，他们认为完整的教学目标应包括认知领域、情感领域、动作技能领域三个主要部分。

认知领域的教学目标从低到高分为六个层次：记忆—领会—运用—分析—综合—评价；情感领域的教学目标分为：接受—反应—价值化—组织—价值体系个性化；动作技能领域的教学目标分为：感知—定势—指导下的反应—机制—复杂的外显反应—适应—创新。

通过有目标的教学，教师可以使学生在知识、能力、态度等方面得到较大的发展，解决学生学习效率低的问题，大面积地提高教学质量。

(三)操作程序

掌握学习教学模式的操作程序可以概括为以下环节：教学准备—学生定向—集体授课—反馈—矫正—总结性评价。

教学准备：教师对教学目标和教学内容进行分析，确定教学计划。为了使教学适合学生的需要，实施因材施教，教师需要对学生进行诊断性测试，进而了解学生的认知前提和学习动机、学习态度等情感前提。

学生定向：教师向学生介绍掌握学习的方法、策略，使学生明确学习目标并树立能够学好的信心，让学生掌握学习内容，为掌握而学习。

集体授课：教师按照事先设计的教学单元进行集体授课，依据教学目标提出问题，启发学生思考、讨论，给予学生相同的学习时间。

反馈：在一个教学单元完成之后，教师对学生进行本单元的形成性测验，并向学生指明已经学会了什么，在掌握下一学习任务之前还需要学习些什么。形成性测验可以反映不同学生的学习进度和学习困难，让教师可以根据学生的学习情况及时调整后续的教学安排，对学生的学习困难及时矫正。

矫正：布卢姆认为掌握学习教学模式的关键在于采用系统的反馈—矫正程序。在反馈的基础上，教师针对学生在学习上遇到的困难，为每位学生提供个别化的矫正性帮助。对于达到掌握水平的学生，教师可以让其辅导未达到掌握水平的学生；对于未达到掌握水平的学生，教师可以采用个别化的辅导方式，如学习小组、个别辅导、教辅材料学习等，直到学生掌握所教内容后，再进行下一单元的教学。

总结性评价：教师在教学结束时实施总结性测验，进行教学评价，评定学生对于教学目标的达成度，给予学生相应的等级。

(四)教学效果

掌握学习教学模式强调因材施教，将集体教学、小组教学与个别教学三者融为一体，从而寻求集体学习与个别学习的最佳结合点。它既照顾了多数学生的学习需求，又针对个别学生的弱点给予矫正，使大多数学生达到课程目标所规定的掌握标准，实现教学质量的普遍提升。该模式没有改变班级授课模式，并且以明确的教学目标为教学导向，使教学活动始终处于教学目标的控制之下。因此它在很多国家得到了相当程度的普及，对我国现代的教学也有影响。当然掌握学习教学模式也有它的适应性和局限性。例如，掌握学习教学模式针对可测的、便于确定认知目标的基本知识点、基本技能等学习内容有明显的教学效果；对具有开放性和创造性的学习内容没有较明显的教学效果，会限制学生的求异思维，不利于学生的个性发展。同时，掌握学习教学模式在一定程度上增加了教师的负担，而且对于成绩优秀学生的深化学习和拓展学习问题难以解决，反馈与矫正性练习的方式还有待进一步细化。

(五)实施建议

掌握学习教学模式在实施过程中要使教师和学生对“掌握学习”抱有信心，使教师对学生抱有期望。教师在实施这一教学模式的过程中，要明确学习内容范围，明确具体的掌握目标，还要制订能够达成掌握目标的具体教学计划。另外对于学生在教学中存在的问题，除了利用课堂上的个别化教学加以解决外，还可以让家长参与到孩子的学习过程中，指导孩子矫正，充分发挥家校合育在孩子成长过程中的作用。

四、情境教学模式

最早在教育学意义上运用“情境”一词的是美国哲学家杜威。19世纪后期，他提出“思维起于直接经验的情境”，并把情境列为教学法的首要因素。此后到了20世纪30年代至60年代，为了更好地促进教育教学的发展，英国应用语言学家在教学过程中有针对性地创造了具备特定的感情色彩、以形象为主体的生动具体场景，从而引导学生产生某种情感体验，进而帮助学生充分掌握教材内容，促使其心理功能得到发展。

具体来说，情境教学模式是指在教学过程中，教师要以情感调节为主要手段，以学生的实际生活经验为基础，通过创设与教学内容相符合的场景，辅之生动的语言，以形象化的方式再现教材情境，使学生如闻其声，如见其人，如临其境，在此情境中实现情感与认知相互作用的一种教学方法。江苏省南通师范学校第二附属小学李吉林老师创造的情境教学模式是我国情境教学模式的典型代表。李老师借鉴我国古代文学理论中的“境界学说”，根据课文描绘的情境，创作形象鲜明的图画，结合生动的语言，借助音乐的感染力，再现课文描述的情境，使学生如闻其声、如临其境。这种情境中开展的教学活动易使教学成为一种具有吸引力、有趣而有意义的活动。

(一)理论基础

李吉林借鉴现代心理学理论、情知教学论和暗示教学理论创造性地构建了情境教学模式的基本原理体系：暗示诱导原理、情感驱动原理、角色转换原理。

1. 暗示诱导原理

暗示诱导原理体现为：教师根据教育教学的目标，针对学生的自身特点，运用图画、音乐、表演等艺术的直观，或者运用实际生活中的情境，诉诸学生的感官。当学生进入这种情境时，会激发自身强烈的情感体验，形成无意识的心理倾向，从而积极投入教学活动。

2. 情感驱动原理

情感驱动原理体现为：教师利用移情作用，让学生形成身临其境的主观感受，并在加深情感体验中陶冶情操。概括而言，学生从产生对教育教学内容的积极态度倾向，到激起情绪投入教学活动，自己的情感不由自主地转移到教学情境的相关对象上。随着情境的延续，学生的情感逐渐加深，最终渗透到学生内心世界的各个方面，作为相对稳定的情感态度、价值取向逐渐内化，融入学生的个性。①

3. 角色转换原理

具体的教育教学情境中，包含着教育者的意图。角色转换原理体现为：教师结合教材特点所设计的角色，不仅可以促使学生再现相关角色的活动，也可以引发学生进入角色、体验角色、评价角色的心路历程。

(二)教学目标

情境教学模式的教学目标为：教师通过情感的积极作用，把学生的情感活动和认知活动结合起来，使学生的情感不断得到激发、陶冶、升华，使学生的个性得到健康发展，让学生积极主动地投入整个学习活动，有效地促进知识技能的掌握。

(三)操作程序

一般来说，情境教学模式的操作程序可以概括为以下环节：感知—理解—深化。

感知：创设画面，引入情境，形成表象。在教学过程的起始环节，教师可以通过展示图片、录像等方式展现情境，创设情境导入新课，激发学生的学习兴趣，调动学

① 刘玉珍：《初中数学情境教学策略研究》，硕士学位论文，东北师范大学，2004。

生学习的积极性，让学生主动参与其中，获得精神上的愉悦。这一教学环节通过采用生活再现、实物演示、图画再现和语言描述等多种方式，将抽象的语言转化为鲜明的形象，体现了情境教学的“形真”，即入境。

理解：深入情境，理解知识，进行体验。教师根据教授的内容可以设置不同的情境，使用多种方法，引导学生能够由外到内、由表及里，深入理解所学内容。这一教学环节体现了情境教学的“意远”，即入思，主要是引导学生入境、入情。其目的是引导学生进行思考，促使学生真正学到知识、理解语言文字表达的内涵。

深化：总结转化，深化情感。教师在学生理解的基础上，重视对所学知识的实践性操作，引导学生体会所学内容蕴含的思想感情，深化知识结构，并提高自身的综合素质。

(四)教学效果

情境教学模式主要以情境激发学生的情感，使学生在积极的情感体验下，发展个性、培养人格，领悟如何对待生活、认识自己和对待他人。情境教学中，学生是学习活动的主体，教师起组织和指导作用。学生的积极性、主观能动性和创造性得到充分发挥，学生的能力和合作意识得到提高，教学质量明显增强。情境教学模式解决了学生认识过程中的形象与抽象、感性与理性以及旧知识与新知识之间的矛盾。但是不可否认，情境教学模式也有它的局限性，它过于强调整体结构，忽视语言分析、讲解和训练；而且当教学情境设计不恰当时，学生的注意力容易分散，影响教学目标的达成。此外，情境教学模式还存在一定的学科局限性，多用于语文、英语等学科教学。

(五)实施建议

情境教学模式在实施过程中要注意情境的创设与学生的实际生活相联系，只有这样才能引起学生的注意和情感共鸣，激发学生的求知欲；情境的创设要结合学生的现有知识水平，不能超出学生的实际水平，否则很难引起学生的共鸣。进行情境教学时，教师要注意控制课堂气氛和学生的情绪，要松紧得当。情境教学模式一般比较适用于语文、英语、道德与法治等课程的教学，但是随着现代教学媒体的运用，该模式也在其他学科得到尝试。由于情境创设是该教学模式的核心，因此在创设不同学科的情境时，教师需要努力提高情境覆盖教学信息的程度和情境的真实性，防止情境与教学内容相脱离、与生活实际相脱离，避免为了创设情境而创设情境。

案例：冀教版小学数学教材一年级“找规律”一课的教学设计

一、教学目标

知识技能目标：通过具体的情境，能发现并逐步用数学语言描述事物中的规律，解决简单的实际问题。

过程方法目标：在具体的情境中，能够经历探究事物规律的过程。

情感态度目标：在具体的情境中，能够体验学习数学的兴趣和探究的精神，感受数学与生活的密切联系。

二、教学过程

(一)情境引入

(教师播放超市开业的情境图，并配上喜庆热闹的背景音乐。)

师：超市的门口布置得好漂亮，你们看到了什么呢？

(学生可能会说到彩旗、彩带、灯笼、花篮、花盆等。)

师：其实这些事物中都藏着很多的规律，你们发现了吗？打开课本，看着书上的图片，把你的发现跟同桌说一说吧。(教师巡视课堂。)

(二)探究新知

1. 彩旗的规律。

师：谁来说一说你的发现？

生：我发现彩旗是按照红色、黄色、蓝色，红色、黄色、蓝色，红色、黄色、蓝色，红色、黄色、蓝色的规律排列的。

师：他说得怎么样？其实在描述彩旗的排列规律时，我们可以用这样的话来描述。(教师板书：____________为一组，一组一组重复出现。)谁能用这样的话再来说一说。(找3～5位学生说一说)

2. 学生汇报其他事物的规律。

(1)彩带：彩带是按照红色、蓝色、黄色为一组，一组一组重复出现的。

(2)灯笼：灯笼是按照红色、粉色为一组，一组一组重复出现的。

(在学生描述灯笼的排列规律时，教师要引导学生从不同的角度发现规律，如颜色、形状等；并且指出在找规律的时候，一般情况下要出现三组或三组以上。)

(三)巩固练习

师：下面就让我们到超市里去看一看吧。

(1)体育用品区：球的排列规律(引导学生用2个足球、2个篮球为一组进行描述)。

(2)生活用品区：钟表的排列规律。

(3)玩具区：积木的排列规律(引导学生从数和形两个方面入手进行分析)。

(4)玩具区：小棒的排列规律。

(5)图书区：教师阅读绘本《寻找消失的宝石王冠》。教师一边阅读，一边让学生从中找出规律。

(四)寻找身边的规律

1. 教师让学生先从身边的事物中找规律。

2. 教师配乐播放生活中有规律的现象。

(五)课堂小结

师：这节课你学会了什么？有什么收获？

(在此教师引出本节课的课题并板书。)

(六)作业

我是小小设计师。(略)

点评：以上教学案例是情境教学模式在数学课堂教学中完美运用的呈现；以“超市开业”为情境，以“逛超市”为主线，让学生在一个大情境中完成了新知学习和巩固练习。首先，教师创设超市开业的情境，让学生通过观察初步感知了规律无处不在；其次，教师通过讲解灯笼的排列规律，让学生对规律有了更深刻的理解；最后，教师引导学生逛超市，让学生了解不同物品的摆放规律，感受生活中处处有数学，沟通了数学与生活的联系。该案例还将绘本引入课堂，很新颖，能够有效地激发学生的学习兴趣。学生在欢快的音乐氛围中开始学习，又在轻松愉悦的氛围中结束学习，在收获知识的同时，获得情感的体验。

五、自主教学模式

“自主”一词的含义是自己做主，不受别人支配；“自主学习”即学生能够自己主动去学习。随着社会发展对高素质人才的需求持续高涨，自主学习成为教育研究的一个重要主题。培养学生的自主能力，使学生由“学会”转变为“会学”，不仅能够提高学生的学习效率和学习效果，还能磨练学生的意志，对学生自身的发展大有裨益。在实际教学中，要保证学生主体地位的真正确立，充分发挥学生学习的主动性，使学生的自学能力有所提高，这是教学改革探讨的重要问题。自主教学模式是以学生自学为主，在学习过程中辅之教师指导，以提高学生自学能力的教学模式。这种模式在教与学的过程中，重视培养学生的主体性、参与性、创造性，使学生真正成为学习的主人。

自主教学模式在我国由来已久，无论是《学记》中“道而弗牵，强而弗抑，开而弗达”的教学思想，还是《论语》中“不愤不启，不悱不发”的教学观点，都强调学生先要经过自学对知识有一定理解之后，教师再去启发诱导。没有经过自学的教学活动是低效的。近代以来，国外程序教学、个别教学等教学思想传入我国，深刻影响着我国自学理论的形成与发展。[①] 为此，一些教育者积极开展自主教学改革研究，典型代表如卢仲衡等。卢仲衡于 1965 年开始探索自学辅导教学模式，该实验前后历经 34 年，分为四个阶段：①1965—1966 年为实验初创阶段；②1967—1985 年为实验的恢复和扩大阶段；③1986—1990 年为实验继续发展和扩大阶段；④1991—1995 年为实验继续深化阶段。1995 年之后，自学辅导实验陆续在全国各地推行实施。[②] 卢仲衡首创了“启、读、练、知、结”的自主教学过程，重视学生学习的自主性，对基础教育改革产生了积极影响。

(一)理论基础

人本主义的学生观、建构主义的学习观和程序教学理论为自主教学模式提供了三大理论支柱。人本主义的学生观主张学生是完整的人，把学生看作学习的主体，其目标是学生的自我实现。20 世纪 60 年代以来，人本主义作为心理学又一崛起的势力，批判了认知心理学将人当作“没有感情的人”的不足，强调心理学应该探讨完整的人，而不能把人分割成某些方面。教师要帮助学生认识并实现自身的价值，让学生能够有目的地选择并塑造自己的行为，并从中得到满足。

建构主义的学习观认为学生的学习不是由教师向学生传递知识，而是学生自己建构知识的过程。学生根据自己的经验背景，对外部信息进行主动选择、加工和处理。学生是信息的主动建构者，而不是信息的被动吸收者。由于学生已有的知识经验不同，因此他们对于同一信息的理解也不相同。

程序教学理论是自主教学模式重要的理论基础。该理论提出了四种原则，分别是小步子原则、自定步调原则、及时反馈原则以及强化原则。第一，小步子原则指按照知识的内在联系以及学习程序，将学习内容进行分解，从而使学生一步一步完成学习任务；第二，自定步调原则指学生根据自己的学习情况制订学习计划，循序渐进地学习，最终实现因材施教的教学目标；第三，及时反馈原则指教师根据学生完成任务的情况，及时进行评价，提高学生的学习积极性；第四，强化原则指的是教师根据学生的学习结果，进行正面或负面强化。[③]

---

① 李晖：《卢仲衡自学辅导教学模式述评》，载《课程·教材·教法》，2016(8)。

② 王本陆：《课程与教学论》第 3 版，257 页，北京，高等教育出版社，2017。

③ 王本陆：《课程与教学论》第 3 版，257 页，北京，高等教育出版社，2017。

(二)教学目标

自主教学模式力求达到三个教学目标：一是提高学生的自学能力。通过教师的引导，学生在学习活动中运用已有的知识自觉主动地发现知识、探索知识、建构知识，达到综合运用的目的，养成自主学习能力。二是提高学习成绩。学生通过自主学习和教师指导，掌握相关知识和技能，提高成绩。三是实现因材施教的教学目标。教师根据学生自身的学习情况合理选择学习内容，调整学习进度，及时反馈和指导，达到因材施教的教学目标。①

(三)操作程序

在教学中，根据教学内容和目标的不同，自主教学模式有很多变式，但其操作程序大致为：设定学习目标—自主学习—师生互动、解决问题—当堂训练、巩固成果—总结反馈。以人教版小学语文教材三年级“带刺的朋友”一课为例，对自主教学模式的操作程序进行讲解。

设定学习目标：教师要让学生从总体上明确本课的学习任务和要求，指导学生自学教材。例如，在上课之初，教师出示本节课的学习任务：了解刺猬偷枣的内容；体会课文生动的语言；能够独立讲解刺猬偷枣的故事。

自主学习：学生根据导学案学习。同时，教师进行方法指导，引导学生掌握自学方法，提高自学能力。例如，学生明确目标后开始自学——默读课文《带刺的朋友》，边读边勾画相关语句；朗读课文，边读边体会生动的语言。在这个过程中，教师要巡视了解学生的自学情况，并进行个别指导。

师生互动、解决问题：通过讨论、点拨，教师帮助学生进一步加深对所学知识的理解。例如，在学生自学完成后，全班围绕“刺猬偷枣”的内容进行交流。教师提炼关键词并板书，帮助学生进一步厘清刺猬偷枣的过程。

当堂训练、巩固成果：教师通过学生完成课上的练习题，检测学生是否达到了教学目标的要求。例如，教师指名学生讲一讲刺猬偷枣的故事，并分享自己认为文中生动的句子。

总结反馈：巩固知识，帮助学生厘清思路，达成教学目标。例如，在这节课的最后，教师带领学生一起总结“小刺猬偷枣的五个过程”，并解决个别学生的疑难问题，达成教学目标。

① 王本陆：《课程与教学论》第 3 版，257 页，北京，高等教育出版社，2017。

(四)教学效果

自主教学模式关注和着眼于学生的需求和发展，体现以学为中心、以学生为本的教育理念，对培养学生的自学能力、自信心和良好的学习品质等有积极的作用。在自主教学环境下，教师是学生自主建构知识的引导者和促进者，能更好地建立和谐、平等、协作的师生关系。在自主学习过程中，学生的积极性和主动性得到激发，以高效地达成教学目标，提高教学质量。但是，自主教学模式也存在一些局限。自主教学因其强调个体的主动性和独立性，对教师的组织教学能力提出了更高的要求。另外，自主教学对学生的自主、独立、自学、合作等学习能力也有很高的要求，在小学低年段开展自主教学模式很难达到预期目标。

(五)实施建议

首先，自主学习要有时间保证，不能流于形式。教师要确保学生自主学习的时间，创设让学生充分发展的机会，提高学生的自主学习效果，并及时了解不同程度的学生在自学中遇到的问题，给予有针对性的指导。其次，自主是教师引导下的自主，不是放任自流。在自主教学中，教师要做到适时地进和退，在学生自学遇到困难不能完成任务，学生的思维需要推向更深层次时要发挥导向作用。最后，在教学中，教师应根据教学内容，联系学生的生活实际创设问题情境，引导学生提出有价值的问题，促使学生带着问题去学习，在展示交流和巩固训练的过程中达成教学目标，等等。然而自主教学模式并非适合于所有教育情境，它要求学生具有较高的自学能力，普遍应用该模式容易导致学生学业分化和严重的学困生问题。因此，教师在教学实施的过程中，要平衡好学生自学和教师指导两者之间的关系。

案例： 人教版小学语文教材三年级“大自然的声音”一课的教学设计（节选）

一、明确学习任务，学生自学

教师规定学习内容，出示以下学习任务，明确学习目标。

1. 借助图表，了解本课的内容。
2. 体会课文生动的语言。
3. 仿照课文，围绕一种听过的声音写几句话。

二、教师启发指导

学生围绕学习任务进行自学。教师巡视了解学生的学习情况，并进行个别指导，教给学生学习方法。

三、学生提问，教师答疑

学生在自学过程中，遇到疑难问题，及时向教师寻求帮助。教师根据学生提出的问题，有针对性地进行集中讲解。

四、课堂小结，及时反馈

教师梳理本课学习的内容，强调本课的重难点，达成教学目标。

点评：以上教学案例呈现了教师主导下学生进行自主学习的全过程。首先是明确学习任务，学生自学。学生在任务驱动下聚焦课文内容、生动的语言进行自学，教师巡视指导。其次是教师启发指导。学生在教师的指导下解决问题，落实学习目标。再次是学生提问，教师答疑。教师高效、系统地解决学生提出的问题。最后是课堂小结，及时反馈。教师还要对本节课的内容进行简要总结，巩固教学效果。从中可以看出，自主学习过程中，任务层层递进，自主学习逐步走向深入，教学目标渐渐达成。

六、合作教学模式

20 世纪 70 年代初，合作学习在美国兴起，并在 20 世纪 70 年代中期至 80 年代取得实质性发展。具体来说，合作教学模式是指在教学过程中，以学习小组或团队为教学的基本组织形式，以合作为教育教学关系的核心，在教师的引导和学生的共同参与下，教师与学生之间、学生与学生之间以及教师与教师之间，彼此通过协调的活动，共同完成学习任务，并将小组团体评价和个人评价等多种评价方式相结合的一种教学模式。

(一)理论基础

合作教学模式之所以能在课堂教学中得到广泛应用，成为教师常用的教学模式之一，其根本原因在于合作教学的产生和发展具有坚实深厚的教育学、心理学和社会学等的理论支撑。综合来看，主要有建构主义学习理论、马斯洛的需要层次理论和群体动力学理论。

建构主义学习理论认为，学生学习知识并非凭空而来，而是建立在学生的已有经验基础之上，在社会文化背景和一定的情境下，经由与教师以及同伴之间的合作交流，积极主动构建认知结构的过程。基于建构主义学习理论，在尊重学生固有经验的基础上，教师创设相应的教学情境，让学生于合作互动中实现知识的有意义建构。

马斯洛的需要层次理论将人的需要分为五大部分，需要层次由低到高依次是生理需要、安全需要、爱和归属的需要、尊重需要和自我实现需要。在合作教学模式下，学生必然在团队交流中与他人分享合作，学会尊重他人的同时被他人尊重，满足交往、表现、尊重与爱的需要。

群体动力学理论认为，群体内的个体会受到他人的影响，并且成员之间因共同目标而形成的相互依赖性会转化为整个群体的动力。在群体内，由于成员之间具有不同的生活经验、认知结构、思维方式等，成员可在合作之中进行思想等方面的碰撞交流，从而相互学习，共同发展。

(二)教学目标

合作教学模式的教学目标指向学生核心素养的培育。据此，合作教学模式的教学目标可概括为：第一，能在交流互动中深化对知识的认识，发展概括能力、探究能力、问题解决能力。第二，掌握人际交往技能，提高合作意识、合作能力，乐于与他人沟通互学。第三，发展主体性，真正确立合作教学活动中的主体地位。第四，丰富情感，增强自信、自尊，养成良好的个性。

(三)操作程序

合作教学模式的操作程序主要包括以下四个环节：创设情境，明确目标—独立思考，自主尝试—小组研讨，集体交流—教师总结，反馈评价。以小学数学六年级“小数乘分数”一课为例，对合作教学模式的操作程序进行讲解。

创设情境，明确目标：教师根据学生已有的学习经验，创设生动具体的问题情境，引出合作学习主题和目标，引导其开展合作学习。例如，教师给出信息：“松鼠的尾巴长度约占身体长度的四分之三，松鼠欢欢的身体长 2.1 分米，松鼠乐乐的身体长 2.4 分米”，向学生提问“欢欢和乐乐的尾巴长多少”，引导学生列出算式，并进一步引出学习主题——小数乘分数。

独立思考，自主尝试：个体独立学习是合作学习的基础。学生根据自己的能力和水平尝试独立思考、解决问题，为小组间进行有深度的讨论奠定基础。例如，引出学习主题后，教师向学生发问：“我们已经学习了整数乘分数，分数乘分数，那么小数乘分数可以怎样计算呢?”学生独立思考或自学课本，尝试计算。

小组研讨，集体交流：教师引导学生依据“组间同质，组内异质”的原则组建小组，一般以 3～5 人为宜。在小组讨论中，学生各抒己见，相互启发、相互补充。在小组讨论的基础上，学生再进行全班交流。例如，大部分学生用自己的方法计算出结果后，小组成员间相互交流算法，尝试总结出小数乘分数的计算方法；然后在全班展开讨论，让各组代表在全班汇报本组总结的小数乘分数的计算方式。

教师总结，反馈评价：教师总结归纳合作学习的主要内容，引导学生进行小组内的个人评价，并结合小组表现给予恰当的评价。例如，在小组内部、小组之间充分交流以后，教师总结小数乘分数的计算方法；最后教师以小组为单位，对学生在合作学习过程中表现出来的学习态度、学习能力等方面进行评价。

(四)教学效果

合作教学模式有利于教师依据共同的学习目标，将班级学生分成不同的学习共同体。只有小组成员积极参与，承担起自己应尽的责任，才可实现小组整体的发展。这一过程中，可增强学生的集体意识，激发学生学习的积极性。合作教学模式是以学生为主体的教学模式，教师在合作教学中以参与者的身份对学生进行有效引导；在具有民主性、积极性的合作氛围中，学生之间相互探讨，达到“人人教我，我教人人”的效果，加深了对知识的理解和掌握程度，发展了概括能力、表达能力，也提高了学习的主体性。① 相比传统的讲授教学模式，合作教学模式更有利于培养学生的社会适应性。在团队合作中，学生分工协作、相互交流，不断强化交往意识，提高人际交往技能，促进了自身的社会化发展。

合作教学模式也有一定的局限性，具体表现为合作小组内易出现责任扩散问题以及教学模式应用的形式化问题等。责任扩散是指在小组学习过程中，成员之间相互推卸责任，造成小组任务由个别学生完成或使所有成员都对合作学习丧失信心的现象，不利于合作教学的有效开展。② 合作教学模式在应用过程中，对教师各方面的能力提出了较高的要求。如若教师没有对合作教学的方法、合作教学的进程、合作教学中学生可能出现的问题等方面有较为全面的把控，极易使合作教学流于形式。

(五)实施建议

合作教学模式的实施要求教师对学生的合作意识和合作方式进行训练和培养，营造相互尊重、平等和谐的合作学习环境，使每位学生都乐于参与到合作学习之中；要针对学生的特点和学习能力进行组内异质和组间同质分组，并分配好各自在小组内的工作，保证小组成员分工明确、积极承担起完成组内任务的责任；在小组合作学习之前，组织学生独立思考，发挥学生的个体能动性；要结合课程内容和教学目标组织学生进行合作学习，精心设计合作讨论的环节，有效组织讨论；在小组交流后，还应组织集体展示，实现全体学生的合作共享。

---

① 王升：《小组合作与主体参与》，载《教育理论与实践》，2001(3)。

② 杨宝忠：《合作教学浅析》，载《教育理论与实践》，1996(4)。

案例：小学数学六年级“小数乘分数”一课的教学设计(节选)

一、教学目标

知识技能目标：学会并掌握小数乘分数的计算方法，能根据实际情况灵活选择合适的计算方法。

过程方法目标：经历尝试计算的过程，在小组合作交流中体会算法的多样性。

情感价值目标：体会通过小组合作探索获得新知识的乐趣，获得成功的体验。

二、教学过程

(一)创设情境，引入新课

师：认真读题，你能得到哪些数学信息？

(松鼠的尾巴长度约占身体长度的$\frac{3}{4}$，欢欢的身体长2.1分米，乐乐的身体长2.4分米等。)

师：根据得到的数学信息，你能提出什么数学问题？

(欢欢的尾巴有多长？乐乐的尾巴有多长？)

师：求一个数的几分之几是多少，怎样计算？

(用乘法计算。)

师：(学生列出算式)今天我们就来学习小数乘分数。(板书课题。)

(二)独立思考，自主尝试

师：我们已经学习了整数乘分数，分数乘分数，那么小数乘分数可以怎样计算呢？认真思考，尝试计算$2.4\times\frac{3}{4}$和$2.1\times\frac{3}{4}$。(学生独立思考或自学课本，尝试计算两个算式。)

(三)小组合作，交流算法

大部分学生用自己喜欢的方法计算得出结果后，教师组织学生在组内交流自己的算法；如果有不同的算法，在能理解的基础上，用不同的方法再计算。

(四)汇报交流，总结提升

(在学生充分交流后，教师组织学生在全班汇报交流组内方法。)

1. 教师根据学生的汇报，决定先交流哪个算式的算法。

2. 教师要求学生写出计算过程。

3. 教师组织学生之间进行互评，理解算法。

4. 组内补充或小组之间互相补充，呈现不同的算法，渗透转化的数学思想。

5. 教师组织学生交流第二个算式的解法。

6. 教师引导学生将两个算式的算法进行对比，让学生体会数据的特点对计算方法的影响，优化算法。

（五）巩固练习，加深理解

（完成课本中的题“做一做”。）

点评：以上案例展示了合作教学的全过程，并且将探究学习融入其中。首先，教师根据情境，让学生明确了学习任务；其次，学生尝试计算，在探究中完成新知识学习；再次，小组内交流，学生进行思维碰撞，完成第一次合作学习任务；最后，全班汇报，小组间相互补充评价，进行师生评价，完成第二次合作学习任务，对新知识有了深刻的理解，逐步达成教学目标。

七、探究教学模式

探究教学模式有广义和狭义之分。广义的探究教学模式强调教学思维的探究性，而狭义的探究教学模式则注重强调科学探究的过程与方法。这里所讲的探究教学模式主要指狭义的探究教学模式，它是在课堂教学中为学生提供真实的问题情境，在教师的引导下学生通过创设情境、发现问题、提出假设、验证假设、得出结论，来获取知识、提高独立思考能力和探索研究技能的一种教学模式。

（一）理论基础

探究教学模式是以建构主义学习理论为基础发展而来的。在知识观上，建构主义学习理论认为知识不是靠教师灌输，而是靠学习者通过探究学习主动建构的。在学习观上，建构主义学习理论主张要以学习者为中心，提倡在互动交流中明白探究的意义。在教学观上，建构主义学习理论提倡在教与学的过程中教师要培养学生独立思考、发现问题、分析问题和解决问题的能力。建构主义学习理论认为教师应是课堂教学的引导者、管理者和组织者，而学生则是课堂的中心和学习的主体；教师应积极关注学生在课堂中的直观体验和感受，注重培养学生的创造性和主体性。在师生关系上，建构主义学习理论提倡师生之间应是平等、互动的合作关系，认为这样的师生关系更有益于学生获取知识，提高探究能力。

（二）教学目标

探究教学模式的教学目标体现为：第一，坚持以教师为主导，引导学生进行一系列探究式活动，使学生在探究学习中形成独立思考的能力，主动获取知识，形成基本技能。第二，坚持以学生为主体，以问题为中心展开探究，培养学生的科学意识和科研技能，提高学生的探究能力、合作能力和创新能力。第三，采用创设情境、发现问题、提出假设、验证假设、得出结论的教学程序，使学生的科学思维能力得到提升、学习方式得到优化，提高学生的探究性、自主性、合作性和创造性。

(三)操作程序

探究教学模式的操作程序可以概括为以下环节：创设情境—发现问题—提出假设—验证假设—得出结论。

创设情境：它是探究教学的第一个环节，创设情境的目的在于促使学生发现问题。教师在确定学习对象后需要创设情境导入教学主题，激发学生的学习兴趣和自主探究动机，以此引导学生进入目标知识点的学习。

发现问题：为了使探究教学取得良好的效果，通过创设情境确定学习目标后，教师应依据当前教学知识点的若干问题及时引导学生深入思考，让学生发现这些问题并去学习和掌握相关的知识和技能。这一过程的主要目的是让学生经过独立思考自主地发现一些有价值的问题，也就是主动地进入课堂学习的过程。

提出假设：它是探究教学的关键环节。教师在提供大量学习资料的基础上，应注重培养学生的假设意识，对学生的想法给予肯定，让学生能够主动地依据已有的知识和经验对某一问题做出猜想或假设。

验证假设：本环节与提出假设环节密不可分。为了进一步深化学生对当前所学知识的意义建构，教师应引导学生在提出假设的基础上对假设进行验证。通过请教教师、相互交流、观点碰撞、共享学习资源与学习成果等，学生在验证假设的过程中进一步深化对当前所学知识的认识与理解。

得出结论：它是探究教学的最后一个环节。教师要引导学生回答与分析问题，对学习结论进行总结和归纳，对问题形成一个正确的解释，最终得出结论或揭示规律，从而更深刻地达成有关教学目标的要求。

(四)教学效果

探究教学模式是将知识传授、能力培养和素质提高融为一体，能够营造开放式的教学空间，为学生提供研究问题的时间和空间，让学生不再拘泥于课堂中单一的讲授学习，体会到发现问题、探索问题的快乐，提高了学习的积极性和主动性，让学生深刻意识到自己是学习的主体。探究教学模式能够提高学生独立思考和自主探究的能力，让学生乐于合作、交流、共享，帮助学生深入理解并掌握知识技能，促进师生之间的相互交流，构建和谐平等的新型师生关系。最重要的是帮助学生学会以发展的眼光看待自己，永不满足，不断创新。当然探究教学模式也有其适应性和局限性。比如，在探究教学模式具体实施过程中，如何选择具有探究价值的问题或学习材料具有一定的难度，这对教师自身的发展提出了更高的要求。

(五)实施建议

探究教学模式的有效实施不是一朝一夕的事情，教师要有强烈的发展意识和探究意识，教师还要对教材内容进行挖掘，选择合适的探究问题和材料、设计教学内容。另外，探究教学模式的成功实施需要坚持教师主导、学生主体的原则，这就需要教师在进行探究教学时要控制自己的表现欲，要充分发挥自身的引导作用，让学生在课堂中拥有更多的时间进行自主探究与合作学习，改变课堂教学机械沉闷的现状，让课堂充满生机和活力。

案例： 冀教版小学科学教材四年级“变色游戏”一课的教学设计

一、教学目标

知识技能目标：了解切开的苹果会发生颜色变化的现象；了解物体之间混合时发生的颜色变化现象。

过程方法目标：用实验的方法证明切开的苹果片会发生颜色变化的现象，并仔细观察苹果片的颜色是怎样发生变化的。

情感态度目标：开展变色游戏，理解变色原理在现实生活中的应用和作用。

二、教学重点

探究切开苹果变色的现象和原因，掌握物体变色的原理。

三、教学难点

运用实验的方法开展探究活动，在实验中理解科学探究的基本方法，了解探究教学的意义。

四、教学准备

课件、小刀、苹果、蒸发皿、柠檬汁、试管、清水、淀粉、漂白粉、彩色布条等。

五、教学过程

(一)创设情境

师：同学们，今天老师给大家带来了一些苹果，我们今天用苹果来做个小游戏。你们注意过切开的苹果放置一段时间后是什么样子吗？今天让我们一起来探究一下吧。

(教师通过创设情境，让学生自主发现问题，猜测切开后的苹果放置一会儿颜色是否会有变化，激发学生的学习兴趣。)

(二)发现问题

教师用课件呈现两张关于苹果的照片：第一张照片是刚切开的苹果，第二张照片是切开后放置一段时间的苹果。

(教师展示学生熟悉的苹果照片，让学生通过观察、讨论发现问题：切开后的苹果放置一段时间后颜色是否会发生变化。)

(三)提出假设

生：切开后的苹果放置一段时间后会发生颜色变化，变成黄褐色。

生：切开后的苹果放置一段时间后几乎不变色。

(教师通过让学生大胆发言，提出假设，充分凸显学生的主体地位；将学生的问题假设作为研究的主题，激发学生的学习兴趣。)

(四)验证假设

1. 教师用小刀将苹果竖切成两半。

2. 教师将两半切开的苹果分别放入两个相同的培养皿，向其中一个培养皿里加入柠檬汁，对另一个培养皿中的苹果片不做任何处理，将其直接暴露在空气中。

3. 15 分钟后，教师引导学生观察两半苹果颜色的变化。

学生先动手实验，15 分钟后汇报结果。学生从中发现：直接暴露在空气中的苹果变成了黄褐色，蘸过柠檬汁的苹果不变色。

师：两个培养皿里的苹果颜色变化一样吗？变色的苹果还能恢复成原来的颜色吗？为什么？同学们可以讨论一下。

生：两边苹果在颜色上发生了不同的变化。变色的苹果无法恢复成原来的颜色。这是因为苹果裸露在空气中与某种物质发生了反应。

师：同学们知道得真多。苹果在空气中发生了氧化反应，产生了一种新的物质。这种变化是不可逆转的，因此变色后的苹果无法恢复成原来的颜色。但是老师还有一个疑问，这两种变化相同吗？

生：不同。将苹果切开，苹果只是形态发生了变化，没有产生新物质；而苹果变色是产生了新物质。

师：同学们回答得非常好，前者属于物理反应，后者属于化学反应。所以两边苹果颜色的变化当然就会不同。

师：刚刚我们知道了切开的苹果在空气中会发生颜色变化。下面，咱们再继续做几个变色游戏吧。

比较：在一份淀粉中加入清水，在另一份淀粉中加入碘酒；将一个彩色布条放在清水里浸泡，将另一个彩色布条放在漂白粉溶液中浸泡。

活动：记录实验现象，汇报实验结果，讨论为什么。

(教师出示课件，总结说明淀粉加碘酒会变成蓝色；彩色布条放入漂白粉溶液会褪色。)

(通过不同的实验，学生分别对各种颜色变化进行验证，仔细观察物体变色的现象，并用自己的话阐述变色游戏的原理。)

（五）得出结论

在学生充分进行探究学习后，师生共同总结归纳，得出结论。

物质的变化有如下两种。

1. 只改变形态。（物理变化）

2. 不但改变形态，还会产生新物质。（化学变化）

点评：以上案例展示了探究教学的全过程。根据情境，教师让学生明确了学习主题；然后利用两张图片引导学生发现问题；在仔细观察两张图片里的苹果时，学生独立思考后开始相互交流，提出假设："苹果颜色是否会发生变化"；在提出假设后，教师开始引导学生动手实验，验证假设是否成立；最后通过实验记录、汇报交流、师生合作，教师进行总结归纳，让学生对本课的新知识有了深刻的理解，初步完成教学目标。

八、混合式教学模式

随着教育信息化的迅速发展，混合式教学模式走进了人们的视野。具体来讲，混合式教学模式是指把在线教学和传统教学的优势结合起来的一种线上、线下相结合的教学模式。教师通过这两种教学形式的有机结合，可以把学习者由浅层次的学习引向深度学习。对于混合式教学模式的内涵，可以从以下几个方面进行理解。一是混合式教学模式将教学分为两部分，分别是以课堂为媒介的传统教学和以移动终端设备为媒介的在线教学。二是混合式教学模式对教师提出了更加严格的要求：不同于传统教学中教学内容的呈现方式，混合式教学模式要求教师在教学中考虑学生的接受程度、教学内容特点，以及在教学进行时能够根据学生的反馈及时调整教学活动的设计与安排，因此教学过程更加动态化。三是混合式教学模式更加尊重学生之间的个体差异。线上学习能使学生掌握一定的教学内容，有助于学生在线下课堂教学中有目的、有准备地进入教学情境，改变原有学生被动接受知识的局面，让学生主动参与到教学活动中，提出自己的见解，从深层次探究知识。①

（一）理论基础

1. 掌握学习理论

掌握学习理论认为，学生之所以未能取得优异成绩，是因为缺乏适合自己特点的学习方法和学习时间；教师应该以学生是否掌握知识而教。无论学生的能力水平高低、学习速度快慢，学生都可利用网络平台中的资源来学习。混合式教学模式很好地实现

① 苏真真：《混合式教学实施的个案研究》，硕士学位论文，河南大学，2019。

了掌握学习的理念，能提供满足学生所需要的学习时间。教师利用混合式教学模式设计的课程，将教学目标分解到具体教学环节中，引导学生小步子、循序渐进地完成整个大目标。在这个过程中，教师根据网络平台上学生的表现，能够适时调整教学进程，及时反馈并督促学生完成学习任务，提升学生学习的积极性。

2. 学习动机理论

学生的内在动机是指一种比较稳定且持久的动力，是学生主动自觉地进行学习的力量源泉。学生在内部动机的驱使下，能够将知识进行理解、吸收。从现实生活来看，学生内在的学习动机很大一部分来自外部原因。而传统的面授教学由于教师难以了解学生的全部情况，也难以了解每位学生的掌握程度，因此不利于学生形成良好的内部动机。在混合式教学模式中，教师可以根据学生的网上答题、小结成绩等多方面情况，了解每位学生的学习状态，并及时给予学生鼓励和指导，使学生在得到鼓励与认可的同时，仍具有继续学习的欲望，逐渐地由外在动机向对学习本身感兴趣的内部动机转化。

3. 联通主义学习理论

联通主义学习理论强调的学习不只是个人内化知识的活动，更是学习者之间通过网络进行知识联通的活动。① 随着时代的发展，当新技术在学习中被运用时，学生的学习形式也会发生相应的变化。对于互联网时代下的学生来说，他们不仅要有学习的能力，还必须有从大量的学习资源中获取知识的能力和保持联结的能力。与此同时，师生、生生之间会组成互相交织的网络：教师通过学生的网上学习数据了解学生的知识掌握情况，并依据教学情况组建灵活动态的小组；学生通过彼此之间的互动创新建构自己的知识网络，实现学习资源使用率的最大化。联通主义学习理论强调促进学生彼此之间形成伙伴关系，培养学生的合作能力和处理问题的能力，这为混合式教学提供了强大的支撑。

(二)教学目标

混合式教学模式是线上学习和线下教学方式的混合，其教学目标是在整个学习过程中的课前、课中和课后三个不同阶段，利用互联网平台上多样的数字化学习资源，将单一的课堂讲授与线上自主学习结合起来，让学生在学习平台的支撑下开展自主学习，将传统课堂真实环境和网络虚拟环境相结合，形成混合式教学环境，打造自由的学习空间。同时旨在突出学生的主体地位，以培养学生的学习兴趣和思维能力，有效提高学生的综合素质。

---

① 郭玉娟、陈丽、许玲等：《联通主义学习中学习者社会网络特征研究》，载《中国远程教育》，2020(2)。

(三)操作程序

混合式教学模式目前已经发展得较为成熟。其中李逢庆提出的课前、课中、课后三阶段式混合式教学实施流程的影响较大。① 混合式教学模式的操作程序可以概括为以下环节，如图 7-1 所示。

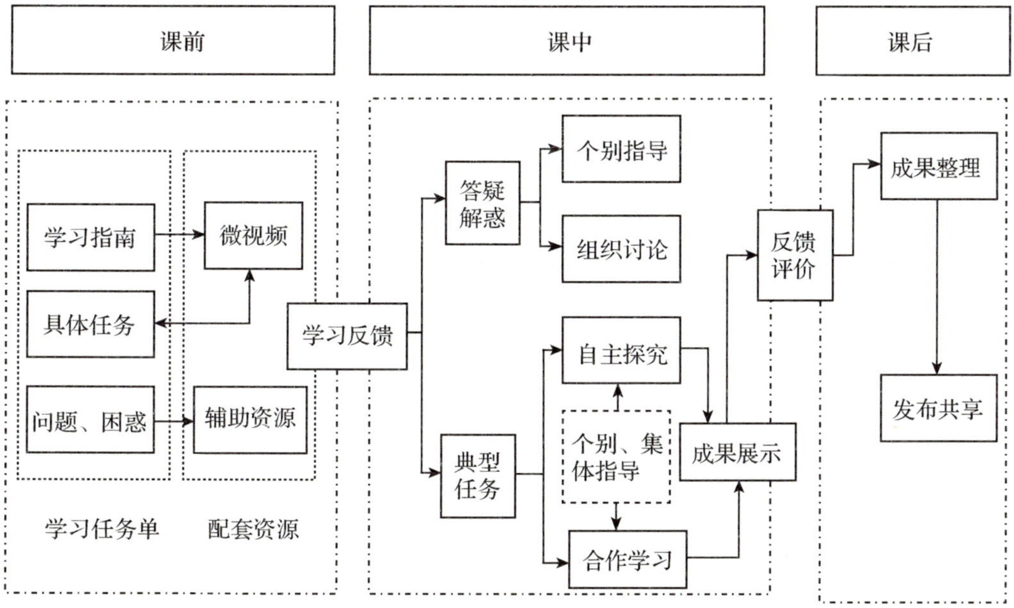

图 7-1　混合式教学模式的操作程序

在真实的课堂教学开始前，学生在学习指南和学习任务单的指导下，通过微视频资源进行自主学习并在教学平台上上传自学过程中遇到的问题及困惑，通过辅助资源等进行交流。在真实的课堂上，教师根据学生的学习反馈采用引导、启发的方式解答学生的疑问，并让学生通过典型任务进行实际练习，展示成果，进行多元评价。在课堂教学结束后，学生整理本节课的内容并交流共享，形成一个螺旋上升的系统。混合式教学模式旨在课前让学生学会简单的知识，利用课堂上的时间为学生答疑和让学生进行深度学习，在课下进行总结，极大地提高了学生的学习效果。

(四)教学效果

混合式教学模式能够帮助学生在利用网络资源的过程中提高自主学习能力；能够帮助学生通过多种形式的、探究合作的学习提高合作的能力；能够帮助学生通过多种评价的方式激发学习兴趣，促进高级思维的发展；能够帮助学生从被动学习者向自主

① 李逢庆：《混合式教学的理论基础与教学设计》，载《现代教育技术》，2016(9)。

学习者转变，在学习过程中有主动性和自控力。

（五）实施建议

混合式教学模式不是简单地将线上学习与线下学习相加，而是根据教学所需进行整合，达到最优化的教学效果。混合式教学模式能为学生提供比较自由和便捷的学习时间，能激发学生的学习兴趣及提高学生的学习效果。在混合式教学过程中，真实课堂教学与线上教学要互相配合、互相补充。教师要根据线上学习数据及时了解学生存在的问题，及时为学生解答疑惑并引导学生进行深度学习，课下及时总结交流，使课前、课中、课后三部分形成良性的循环系统。

案例：冀教版小学科学教材三年级“认识水的性质”一课的教学设计①

一、教学目标

科学知识目标：知道水是一种无色、透明、没有气味和味道、没有固定形状的可以流动的液体。

科学探究目标：能够运用眼、耳、鼻、舌、手探究水的性质，学会用科学的语言描述这一物质。

情感态度与价值观目标：能够对大自然产生好奇与探究的情感，对周围事物保持兴趣及热情。

二、重难点

运用五种感官对水的性质进行探究。

三、教学过程

（一）课前准备

课前教师先设计好微课程，通过网络平台给学生提供将要学习的内容，布置一定的任务并进行关于水的性质、节约用水的方法、水的形态转化等多方面内容的小测验。根据学生的网络答题状况，教师掌握学生在学习微课时存在的问题。

（二）课中组织

1. 课中成果展示并讲解答疑

教师展示线上学习成果，通过课前网上学习的数据分析，了解到学生在自学过程中存在的问题，并在课堂上解决。例如，学生缺乏科学的观察方法。针对此问题，教师可在课上为学生演示实验“用五种感官探究水的性质”，并讲解观察方法，使学生的

---

① 高媛：《基于微课的小学混合式教学模式的设计与应用研究——以中段科学教学为例》，硕士学位论文，河北师范大学，2018。

观察更加直观。

2. 鼓励学生动手操作

在课中，教师引导学生根据已经学到的实验知识进行动手操作，鼓励学生在实践和交流中进一步理解水的知识。学生做完实验后，利用网络平台自主填写教师提前设计的实验观察表。连接平台与多媒体设备，屏幕上能直接呈现学生的填写情况。

3. 课外拓展，自主设计与评价

教师为学生准备"拔高"材料。在学生掌握了课堂知识后，教师为学生设计一道利用已学知识能解决的活动题，即用观察水的方法观察盐水、醋、牛奶等多种物质。学生在这一阶段也可以自主设计实验，每位学生都能展示自己的独特点与创新点。之后，教师采用生生评价、自我评价和教师评价相结合的方式，对学生本课的学习情况进行评价，并及时给予学生反馈。

（三）课后交流

学生课后交流与讨论问题，教师将焦点放到与下一节课相关的问题上。例如，学生发现将物体扔到水里后有沉底的，有浮起来的。教师适时布置家庭作业，让学生观察什么样的物体能够沉下去，什么样的物体能够浮起来，为下一节课"沉与浮"的学习做铺垫。

点评：以上教学案例展示了混合式教学的全过程。首先，教师通过网络平台布置学习任务，运用现代教育技术设计本课的微课程，借助后台数据了解学生存在的问题，做好充足的课前准备。其次，教师在面授课上及时灵活调整教学方法，鼓励学生动手操作，帮助学生突破教学难点。最后，教师采用生生评价、自我评价、教师评价相结合的方式，对学生进行全面的评价。

第三节
小学教学模式的选择和运用

教学模式具有简便、直接、高效地为教学服务的优点，在教学实践中发挥着重要的作用。当前已有的教学模式种类繁多，并呈现出千姿百态、异彩纷呈之势。在小学教学中，面对各种教学模式时需要注意把握两个问题：一是小学教学模式的选择，二是小学教学模式的运用。

一、小学教学模式的选择

(一)当前小学教学模式选择存在的共性问题

在当前小学的实际教学过程中，教师对于教学模式的选择往往存在一些共性的问题，这些问题会影响教学质量的提高和教学模式的有效运用。了解当前教学模式选择中容易出现的问题，有利于我们在教学中规避这些现象，更好地开展教学工作。当前小学教学模式的选择主要有以下问题。

1. 不能综合考虑影响教学模式选择的因素

影响教学模式选择的因素具有多样性、多角度的特点。比如，从教学的角度出发需要考虑教学目标、教学内容、教学时间、教学物质条件等因素；从教师的角度出发应考虑教师的特点和能力等因素；从学生的角度出发应考虑学生的身心发展水平等因素。在实际的教学模式选择过程中，有些教师容易忽视其中的某项因素，不能综合全面地考虑影响教学模式选择的因素。比如，在科学课中，教师考虑到教学目标和教学内容的要求时则更偏向于选择探究教学模式。但对于义务教育第一学段的学生来说，其认知特点和身心发展水平并不适于采用自主探究式的学习。这一现象就说明了教师在选择教学模式时，没有全面考虑影响教学模式的因素，忽视了学生的身心特点。所以在选择教学模式时，教师必须综合全面地考虑影响教学模式的各种因素。这样才能使选择的教学模式在实际教学过程中达到应有的教学效果，满足教师和学生的需要。

2. 教学模式的选择存在“盲目从众”和“跟风”现象

在选择教学模式的过程中，有些教师还存在从众心理，盲目地选择一些当前比较“盛行”的教学模式。随着课程改革的深入，不同学校和地域都在推广其成功的教学经验，其中也出现了一些较为优秀典型的教学模式。教学模式自身具有较强的可借鉴性和操作性特点，往往更容易吸引人们的目光。于是在这样的背景下，一些教学模式被带上了“名师”教学模式的光环，从而使一些教师为了凸显其教学成绩而盲目地跟风引用。但由于一些教师只为追求其新颖性，并没有深入了解这些教学模式的科学内涵和适用条件，只了解了表面内容，而未学到其精髓和本质，因此最终往往使教学模式的运用流于形式，机械地照搬其操作程序，却并不符合实际的教学需要。所以在选择教学模式时，教师可以在一定程度上参考采纳当前具有时代性的、较为新颖的成功的教学模式，同时也要避免盲目从众的跟风现象，应结合自己的教学实际情况选择最适合的教学模式。

(二)小学教学模式的选择依据

任何一种教学模式都有其特点、功能、适用条件和范围，并且只有在一定的条件下才能发挥出最佳效果。我们在选择小学教学模式时，应先深入了解不同教学模式的科学内涵，然后从教学的实际出发选择最优的教学模式。具体可以考虑以下因素。

1. 教学目标

每种教学模式都有其指向和服务的教学目标，教学目标不同，所采用的教学模式也应随之变化。对于每堂课中具体的教学目标而言，有的侧重知识学习，有的侧重情感态度的培养，有的则侧重技能的训练。我们应根据教学目标的不同指向选择那些有利于更好地实现教学目标的教学模式。比如，着眼于培养学生的自学能力，可采用自主教学模式，在课堂上给予学生充分的自主学习时间，并在其有困难的地方进行指导，实现培养学生自学能力的教学目标。着眼于培养学生的技能、技巧，就可以采用示范—模仿教学模式。教师通过示范相应的方法、步骤，再由学生模仿练习，最终实现培养学生技能的教学目标。所以在选择教学模式之前，教师应先明确要达到怎样的教学目标，然后再选择与之相适应的教学模式。

2. 教学内容和学科性质

由于教学模式对课程设计的方法和结构都有不同的要求，因此教学内容是影响教学模式能否实行的重要因素之一。比如，发现教学模式要求教学内容本身应具有较强的结构性。范例教学模式要求教学内容具有较强的基础性、范例性。情境教学模式要求教学内容具有一定的情境化、感情性特点。因此在教学过程中，面对不同的学科或相同学科的不同内容时，教师应选择不同的教学模式。如对于语文、英语教学而言，由于教学内容蕴含着一定的情感因素，采用情境教学模式更有利于陶冶学生的情感，培养学生的态度；对于数学等具有结构比较严谨、逻辑性强的教学内容的学科，可以采用探究教学模式；对于科学等具有较多实验和探索性的教学内容的学科，可以采用探究教学模式和合作教学模式；对于体育、艺术等具有较强技能性的教学内容的学科，可以采用范例教学模式等。

3. 学生的身心发展水平

不同的教学模式对学生的认知、能力发展水平具有不同的要求。只有选择那些适合学生年龄特征和身心发展水平的教学模式才能发挥出其应有的效果。在小学第一学段，学生的思维处于具体运算阶段，以具体形象思维为主；其认知能力发展不充分，注意力集中时间较短，意志力较弱。所以他们几乎不具备自学能力和独立钻研教材的能力，需要教师对教学内容进行讲解和指导。针对小学第一学段学生的这一认知特点，教师应较多采用讲授教学模式。在小学高年级，随着认知能力的发展，学生已经逐渐达到抽象逻辑运算阶段，其思维和逻辑能力已经接近成人的水平。这一阶段的学生思维活跃敏捷，并开始对教材和教师的教学质疑和形成自己的理解。教师应把学生的接受学习转变为主动探索式的学习，以更好地培养学生的创造力和探究精神。针对小学高年级学生的认知特点，教师可以更多地采用合作教学模式和探究教学模式。

4. 教师自身的优势和特点

教师是教学模式的选择者和使用者，所以在选择教学模式时应全面考虑自身的能力、学识、性格特点等方面的条件，尽量扬长避短，选择那些最能展现自己的教学能力、体现自己的教学风格的教学模式。比如，一位语文教师若具有较好的嗓音、较强的表现力，他就可以采用情境教学模式，充分发挥其朗读和演示的感染力，以便取得良好的教学效果；相反，如果教师具有较为深厚的学识和启发、引导的能力，他就可以采用探究教学模式或自主教学模式。

5. 教学时间

教师需要根据教学计划完成相应的教学任务，有的课时安排比较充裕，有的则比较紧张。不同的教学模式在教学实施中有不同的时间要求，所以在选择教学模式时，教师应考虑教学时间这一因素。教学时间较充裕时可以选择合作教学模式、探究教学模式等，为学生提供较为充足的交流、讨论、探究时间。教学时间较紧张时可以选择讲授教学模式等，以保证教学内容的完整讲授。

6. 教学的物质条件

教学的物质条件包括学校所能提供的仪器、图书、设备、设施等。不同的教学模式对物质条件具有一定的要求，如采用程序教学模式就应有教学机器；采用探究教学模式就要有探究实验器具。选择教学模式时应考虑学校现有的物质条件基础，选择最便利、易于实施的教学模式。超越现有的教学物质条件，选择运用一种耗费人力、物力的教学模式，往往会加重师生的负担，影响教学模式原有价值的实现。

(三)小学教学模式的选择方法

在选择小学教学模式时，教师可以根据自身的经验和能力水平采用不同的选择方法。主要有直接采用、改造选用与自主创造三种方法。

1. 直接采用

直接采用是指教师从目前已有的、较为成熟的教学模式中，直接选择适合教学目标、教学内容和自己能力特点的教学模式。这种方法较适用于新入职的教师，可以使其更快熟悉教学内容，积累教学经验。当然还需要注意的是，在选择教学模式时，教师一定要结合具体的教学内容和教学目标来进行。教师可以借鉴目前在一些学科教学中已经使用较为广泛的教学模式。比如，小学低年级语文较适用于采用情境教学模式等。这种选择方法突出的特点就是简单便利，可以帮助教师节省时间，提高教学效率。

2. 改造选用

改造选用是指对已有教学模式的部分内容根据具体的教学需要进行适当的改造，使其更适合学生的特点，更好地为教学服务。对教学模式的改造方式包含改变操作程序、增减模式内容、调整适用范围等。比如，讲授教学模式的一般操作程序为复习旧知、激发学习动机、讲授新课、巩固新知、检查评价。在这种教学模式中，教师为主要教学内容的讲授者，学生自主学习的机会较少。对于小学高年级的学生来说，他们具有较强的自学能力和理解能力。所以教师对小学高年级学生采用讲授教学模式时，可以在讲授新课之前增加自主学习的操作环节，使教学模式更加符合学生的发展需要。在探究教学模式中，一般操作程序为创设情境、发现问题、提出假设、验证假设、得到结论。教师一般只为学生创设情境，其他步骤由学生自主完成。然而对于小学低、中年级的学生来说，他们自主发现问题一般较为困难。所以教师可以将“发现问题”改为“提出问题”，以更适合学生的学习情况。这种教学模式的选择方法使教学模式的应用更加灵活，更具可操作性。同时这对教师的教学经验和能力也具有一定的要求，一般适用于课堂实践经验丰富、理论知识较为扎实的教师。

3. 自主创造

自主创造就是指教师在教学实践工作中采用自己独立创造的教学模式。在自主创造教学模式时，教师应结合所教学科和内容的特点，以及自己的能力和兴趣特长来进行。在创造教学模式的过程中，教师应注意理论与实践的结合，使教学模式既要符合一定的科学教育理论要求，又要避免过于理论化，成为“空中楼阁”无法应用到实际教学中的现象。例如，自主教学模式有利于教师发挥其主导作用并调动其教学积极性，创造出更有利于教师和学生的教学模式，提高教学质量。同时这一模式对教师自身的水平有较高的要求，所创造的教学模式还需要在教学实践中不断加以检验、调整、优化，以达到最佳的教学效果。

小学教学模式的选择是开展教学的一个重要环节，能够直接影响教学效果和教师与学生的课堂体验。选择教学模式时应先深入了解各种教学模式的科学内涵，在综合考虑影响教学模式选择的各种因素的基础上，选择最适宜的教学模式，以促进教学质量的提升。

二、小学教学模式的运用

随着新课程改革的深入推进，很多传统的教学模式在继承的基础上得到了改造，出现了新的教学模式。恰当合理的教学模式有助于学科教学目标的达成，有助于学生学习效果的增强，有助于学科教学质量的提升。然而，当下有关教学模式的运用主要存在以下几个问题。

一是盲目创新，虚假繁荣。随着时代的发展，教学模式的研究和运用呈现出一片生机勃勃的景象。为了凸显创新，一些地区和学校都热衷于建构形式多样的模式，功利色彩过于浓厚，导致教学模式在某种程度上的泛滥。

二是片面解读，认识单一。部分学校对教学模式的应用只是一种简单的教学程序或结构的模仿。这在一定程度上说明存在对教学模式认识和理解的片面化和简单化现象。注重形式，忽视内容，结果出现偏差。

三是夸大作用，或根本否定。一方面，有些人夸大教学模式的作用，放大某种教学模式的功能，期待用一种教学模式来改变教学现状。另一方面，有些人对教学模式充满了抵触情绪，认为教学模式是机械化的，不利于学生的个性发展。

基于以上的分析，在实践中，小学教学模式的运用应遵循四种观念、把握三大原则、注意三个问题。

（一）小学教学模式运用应遵循的观念

1. 系统观念

系统论是关于研究一切系统的模式和原理的科学。从系统论的观点来分析，教学模式所揭示的是教学系统的教师、学生和教材三个要素的相互关系及其运行状态。因此我们将运用教学模式的出发点放在教学系统的基本要素上。例如，学生的认知结构、生理特征以及教材内容是教师运用教学模式的重要依据。

2. 效率观念

为使教学效果达到最优化，需要运用最优化的教学模式。评价教学模式的重要标准之一就是教学效率。在某种或多种教学模式的实施过程中，当教师和学生低耗高效地实现了预期的教学目标时，就可以说这是最优化的教学模式。因此教学模式的运用必须强调效率观念，切勿只注重形式，而忽视内容。

3. 整体观念

教学活动是一个过程。因此，各种类型的教学模式作为解决教学问题、实现教学目标的一种工具，必须相互配合，才能更好地发挥各自的功能。没有任何一种教学模式是为所有的教学活动而设计的，也没有任何一种教学模式是孤立存在的。我们必须坚持整体观念，不可简单地将其分裂。

4. 创新观念

教学模式的运用不可千篇一律，更不可一成不变，在教学中运用教学模式时需有所创新与发展。然而教学模式具有相对稳定性，往往出自前辈的经验总结或理论升华。所以，我们应在模仿和借鉴的基础上，从实际出发，从模仿走向创造，才能发展出独具特色的教学模式。

（二）小学教学模式运用应把握的原则

1. 学生主体原则

学生主体原则即在运用教学模式的过程中，尊重学生在教学活动中的主体地位，充分考虑学生的发展水平、兴趣爱好、能力倾向等。教师在实际教学活动中，要坚持把学生自身的发展作为运用教学模式的出发点和落脚点。这样做既有利于学生积极性、主体性的发挥，又有利于教学模式的高效运用。

2. 生成性原则

在运用教学模式的过程中，生成性原则包括两层含义。第一，学生学习结果的生成性即学生在学习活动中，除了完成教学目标规定所学内容之外，还产生了额外的收获。教师在运用教学模式的过程中应当注意学生学习结果的生成性，以促进学生更快更好的成长。第二，教学模式本身的生成性即教学模式在运用的过程中并非照搬照抄，而是根据实际教学情况生成。因此，教师应当发挥自身能动性，促进教学模式不断发展、改进、生成。

3. 多样综合原则

多样综合原则是指教师在充分把握已有的教学模式的优缺点、结构流程、适用范围的基础上，综合运用多种多样的教学模式，以达到最优教学效果。其中，多样是指教学模式的多样性，从古至今、从国内到国外，教学模式可谓百花齐放、层出不穷。综合是指博采众长、自成一体的过程，是对多样的综合，某一教学任务或教学目标，往往不能单靠一个教学模式来完成，需要综合多种教学模式。① 把握多样综合原则需要我们做到以下两点：第一，教师应当尽可能多地掌握教学模式，并且还要熟练地把握各种教学模式的优缺点、结构流程、适用范围等，方便在教学活动中选择运用；第二，教师应当根据实际情况，以一个或几个教学模式为基础，把其他有关联的教学模式的有效措施加以选择、改造、利用，最终在综合多种教学模式的基础上形成适用于当前实际情况的教学模式。

(三)小学教学模式运用应注意的问题

1. 整体把握，内容与形式相结合

无论是哪种教学模式都具有一套完整的理念和结构设计，同时也是相对完整的教学系统。在运用教学模式时，教师要尽可能多地学习、理解和掌握这种教学模式，领会其内在的本质和精华内容。同时教师也要关注教学模式的形式，做到理论内容与形式的统一，这样才能发挥教学模式的优势，提高教学效率。

2. 立足教学实际，不断创新和发展

在教学中，教学模式为教学提供了范例，具有一定的示范性和操作性。但是教师不能把教学模式一成不变地搬到课堂上。教师在运用教学模式时，要立足于教学实际，具体问题具体分析，在原有教学模式的基础上根据教学需要进行创新和发展。教师需要做到：以教学模式为指导，在此基础上进行创新，达到优化教学的目的。

---

① 黄济、王策三主编：《现代教育论》，3 页，北京，人民教育出版社，1996。

3．优化组合，灵活运用教学模式

教学目标是具体和全面的，教学过程是灵活和变通的，教学内容是丰富和多层次的，因此试图用一种单一的教学模式来进行教学几乎是不可能的。在具体的教学实践中，教师要优化组合、灵活运用多种教学模式。多种教学模式互相支持、互相补充，才能更好地实现预定的教学目标。

总之，小学教学模式的选择和运用受到许多条件的影响和制约。因此这要求教师在选择教学模式时，应具体全面地、综合灵活地考虑各种因素，学会权衡利弊，并择善而教；同时在结合自身优势和教学风格的基础上，敢于创新，以最大限度地发挥教学模式的实践价值。

本章小结

小学教学模式是在一定教学理论的指导下，通过相关教学理论的演绎或对教育教学实践经验的概括和总结所形成的一种指向特定教学目标的比较稳定的基本教学范型。每一种教学模式包含理论基础、教学目标、操作程序、教学策略和实施建议五个要素，具有指向性、可操作性、整体性和开放性的特点和中介、诊断、示范、推断、系统改进功能。虽然对教学模式的系统研究起步比较晚，但是中外学者对教学模式的研究从来没有停止过。随着社会的不断进步，教育教学理念、新旧教学模式必将在交替与更迭中向前发展。

小学常用的教学模式有范例教学模式、讲授教学模式、掌握学习教学模式、情境教学模式、自主教学模式、合作教学模式、探究教学模式、混合式教学模式等，并还在不断地创新和发展。

小学教学模式的选择和运用是实施的关键。结合对当前小学教学模式选择存在的共性问题的分析，指出小学教学模式选择的依据和方法；结合教学模式在运用时出现的三个问题，提出了教学模式运用应遵循的四种观念、三大原则。

作为即将走上讲台的新教师，有模式可循，就不会走偏，就能很快地成长起来。但是我们也要清楚地认识到：没有任何一种教学模式对所有教学活动是普遍适用的，我们要在具体的教学活动中，根据教学内容、教学条件、学生特点等选择不同的教学模式。

关键术语

小学教学模式；范例教学模式；讲授教学模式；掌握学习教学模式；情境教学模式；自主教学模式；合作教学模式；探究教学模式；混合式教学

模式

拓展阅读

1. 吴立岗、夏慧贤:《现代教学论基础》，南宁，广西教育出版社，2001。

该书从理论性和应用性出发，对原有的教学理论进行分析、综合、概括与创造，设计出了教学论的三大板块体系，即“教学原理”“教学模式”“教学活动”。该书通过对“古”和“外”的分析比较，结合“今”和“中”的特点，取其精华，去其糟粕，勇敢创造，并且把理论研究和应用研究紧密结合起来。

2. 关文信:《初等教育课程与教学论》，北京，中国人民大学出版社，2006。

该书从整合的视角构建全书的逻辑体系，首先对课程与教学论进行整合研究，形成课程与教学论在实践层面的完整链条，其次分别对课程和教学的基本问题进行研究。该书阐述了课程与教学论的基本内涵及其发展，对课程与教学的目标、内容、实施、评价，课程结构，校本课程与校本课程开发，教学设计，教学模式，教学环境，教学方法，教学组织形式，教学媒体等内容做了深入的研究，反映了学科的发展趋势，体现了初等教育的特色。

3. 蒋蓉、李金国:《小学课程与教学论》，北京，北京师范大学出版社，2013。

该书具体介绍了小学课程目标与课程内容、小学课程类型与课程结构、小学课程实施与课程评价、小学校本课程开发、小学教学设计与教学模式、小学教学管理与教学评价等内容。该书以课程论和教学论的基本概念、原理为主线，与基础教育改革和小学教学实践相结合，实用性较强。

4. 吴立岗:《教学的原理、模式和活动》，南宁，广西教育出版社，1998。

该书由以下三部分组成:第一编是“教学原理”，它是根据哲学、系统科学和教育科学的最新研究成果阐述了教学论的逻辑起点及方法论基础。第二编是“教学模式”。首先，它介绍了教学模式的历史沿革。其次，它评价了国外和国内各种有代表性的教学模式。第三编是“教学活动”。它具体阐明了教学活动中各个环节实施的依据、策略和方法。

教学论是一门既古老又年轻的科学。要写好教学论专著，除了要有丰富的教学实践经验外，还要在哲学、教育学、心理学、生理学、社会学、美学、伦理学、经济学等学科上有较深的学术造诣。

5. 王本陆:《课程与教学论》第3版，北京，高等教育出版社，2017。

该书在内容上具体涉及课程概论、课程的表现形式、课程目标与课程内容、课程开发与学校课程建设、教学概论、教学目标、教学方法、教学手段、教学组织形式、教学评价、教学模式、教学设计与实践；以课程论和教学论的基本概念和原理为主线，同时注意联系基础教育改革发展的新形势和新要求，具有较强的知识性、时代性和实用性；在结构上强化了从学生的需求出发设计教材体例，进一步突出情境性，增强操作性，强化对话交流，增加了图片、表格等直观性较强的表现方式，并通过二维码链接了视频、案例、拓展材料等资源，力图实现文本学习、网络资源库应用支持和移动学习等方式的融合，突出教的方式和学的方式的多样化。

6. 庞维国：《自主学习——学与教的原理和策略》，上海，华东师范大学出版社，2003。

该书是国内第一部对自主学习进行系统研究的专著，是作者多年来从事自主学习研究所取得的成果的汇总。该书在国内第一次较为系统地介绍了自主学习的有关理论，对中外自主学习的研究历史和现状做了全面分析，对与学生的自主学习问题相关的教育问题做了全面论述。该书分自主学习概论、自主学习心理论、自主学习指导论三大部分，力求把自主学习的教学指导建立在科学的学习心理学基础上，力求通过实例来诠释自主学习的实质、策略和指导方法，力求为自主学习的教育实践提供具体的、可操作的技术。

体验练习

1. 小学教学模式的结构包括哪些内容?
2. 简述小学教学模式的特点。
3. 简述小学教学模式的功能。
4. 联系具体实例，谈一谈如何根据教师自身的优势选择教学模式。
5. 用自己的话解释下列概念：小学教学模式、范例教学模式、讲授教学模式、掌握学习教学模式、情境教学模式、自主教学模式、合作教学模式、探究教学模式、混合式教学模式。

第八章

小学教学组织形式

章结构图

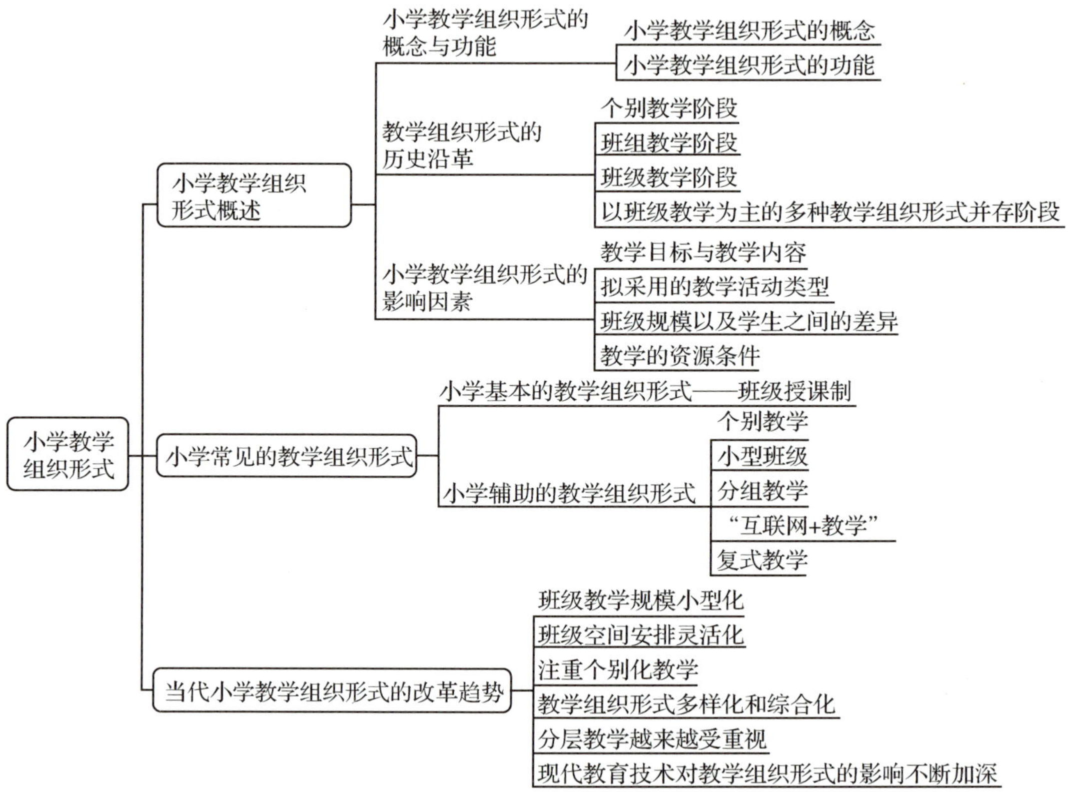

本章概述

教学组织形式研究是研究教学活动应该怎样组织和进行，教学时间、教学场所和设备等应该如何有效加以控制和利用等问题的。作为课堂教学改革的重要内容，教学组织形式在教学理论和实践中处在具体落脚点的位置，发挥着促进课堂教学有效运转的作用，是教学活动有机运行的机制。本章将从小学教学组织形式的概述、小学常见的教学组织形式以及当代小学教学组织形式的改革趋势三个方面展开论述。

问题情境

小 A 老师是育才小学的一位青年骨干教师。最近几年，随着学校的教学改革，他接触到了不少新理念。其中令他印象最为深刻的是自己所教的班级作为学校课堂教学改革实验班，率先进行了小组合作学习的试验：学生课桌摆放成围坐式，每4位学生结成一个学习小组，教师站在学生中间进行授课，课堂活动以学生自学—小组讨论—全班交流为主。一个学期结束后，本班授课教师普遍反映学生课堂纪律差，注意力不集中，组织教学难度大。更让小A老师感到困惑的是学生在课堂上表现活跃，但期末成绩并不理想，这和他当初极力要进行课堂教学组织形式改革的预期形成了较大的落差。那么，究竟应该怎样正确认识多种多样的教学组织形式？如何科学而合理地选择教学组织形式？如何应对教学组织形式的改革和发展呢？

第一节 小学教学组织形式概述

本节从小学教学组织形式的概念与功能、教学组织形式的历史沿革和小学教学组织形式的影响因素三个方面分别进行阐述，以便对小学教学组织形式这一概念有充分认识，了解其功能和历史沿革，知道影响小学教学组织形式选择的具体因素，从而掌握小学教学组织形式的基本特征。

一、小学教学组织形式的概念与功能

（一）小学教学组织形式的概念

在教育领域，人们对“什么是教学组织形式”的思考一直没有停止过。中外学者对教学组织形式概念的表述各不相同。

1. 国外对教学组织形式概念的表述

“组织形式”这个概念是由德国教育家沃尔夫冈·舒尔茨提出的。他在1965年发表的文章《课堂教学——分析和规划》中提出，教学组织形式使学生学习内容和与他人一起学习之间的关系发生变化。① 但这个定义还不够明确。欧美国家的教育著作中，较难看到对“教学组织形式”这一概念的直接描述。这些国家的研究与苏联、日本和我国不同，它们主要针对某些具体的类型，把“形式”理解为具体的方法和策略。②

---

① ［德］希尔伯特·迈尔：《课堂教学方法·理论篇》，尤岚岚、余茜译，185～188页，上海，华东师范大学出版社，2011。

② 周锐：《新课改视野下中学课堂教学组织形式变革研究》，硕士学位论文，湖北大学，2013。

国外对教学组织形式概念的描述主要集中在苏联和日本。

苏联学者认为："教学的组织形式就是由既定的作息制度和规章制度规定的师生之间的相互作用。"①它强调教学组织形式的两个特点：一是服从作息制度和规章制度，二是师生间的相互配合。

休金娜认为："教学组织形式是教学过程的极重要的组成部分。教学组织形式中体现出对学生的学习活动进行严密的、按时间的组织，它与教师的活动又是相互联系的。这种活动可以是全班教学、小组教学、个别教学，还可以是群众性的教学。"②它强调教学组织形式是对师生活动的组织。

索罗金认为："教学组织形式是教师和学生按规定的秩序和一定的制度而实现的协调的活动的外部表现。教学组织形式具有社会制约性，它们规定教师和学生的共同活动，确定个别教学和集体教学的相互关系，决定学生在认识活动中的积极程度和教师给予指导的程度。"③它强调教学组织形式规定教师和学生的活动。

日本学者不用"教学组织"一词，而是用"教授组织"，认为教授组织是"把教学过程中学生和教师的'搭配'在一定程度上定型化了的持续的模式"④。它强调教学组织形式是师生相互配合而形成的固定模式。

苏联和日本学者对教学组织形式的概念阐释，虽然表述各不相同，但都揭示了教学组织形式的特点：一是从表现在外部的职能特点来看，教师和学生都服从一定的教学程序；二是教学组织形式应服从作息时间和规章制度；三是教师和学生的相互配合，是通过直接或间接的接触实现的，教学组织形式成为师生交流的固定形式。⑤

2. 国内对教学组织形式概念的表述

国内学者关于教学组织形式的概念的观点也各有不同，其中有代表性的观点如下。

王策三认为："教学组织形式理论所要研究和解决的问题，就是教师以什么形式把学生组织起来，并通过什么形式与之发生联系？是个别的、小组的，还是班级的？是固定的，还是灵活变动的？教学活动如何安排？教学时间如何分配？如此等等。"⑥它强调教学组织形式用什么方式将教学活动各要素组织起来。

顾明远认为：教学组织形式"简称'教学形式'。教学活动的一定结构方式。受教育

---

① [苏联]斯卡特金：《中学教学论——当代教学论的几个问题》，赵维贤、丁酉成、刘梦华等译，266页，北京，人民教育出版社，1985。

② [苏联]休金娜：《中小学教育学》，华东师范大学比较教育研究所译，395页，北京，人民教育出版社，1984。

③ [苏联]Ю. К. 巴班斯基：《教育学》，李子卓、杜殿坤、吴文侃等译，243页，北京，人民教育出版社，1986。

④ [日]筑波大学教育学研究会：《现代教育学基础》，钟启泉译，423页，上海，上海教育出版社，1986。

⑤ [苏联]斯卡特金：《中学教学论——当代教学论的几个问题》，赵维贤、丁酉成、刘梦华等译，265页，北京，人民教育出版社，1985。

⑥ 王策三：《教学论稿》第二版，267页，北京，人民教育出版社，2005。

普及程度、学科性质、教学任务制约，其发展变化反映社会生产方式的要求。”[①]它强调教学组织形式发展变化的制约因素。

有学者认为：“教学组织形式是指为完成特定的教学任务，教师和学生按照一定制度和程序相互作用的结构形式，或者说，是师生的共同活动在人员、程序、时空关系上的组合形式。”[②]它强调教学组织形式是人、物、时间和空间对师生活动的限定。

有学者认为，教学组织形式是为完成特定的教学任务，教师和学生按一定要求组合起来进行活动的结构。[③] 它强调教学组织形式是人员、程序、时空关系上的组合。

有学者认为，教学组织形式是指教师与学生为完成特定的教学任务而按一定要求组合起来进行活动的结构，是教学活动的结构特征；它规定了什么样的外部形式使教学活动的各个方面在特定的空间和时间条件下展开运行。[④] 它强调教学组织形式涉及教学活动和教学时空等问题。

王维花认为：“我们对教学组织形式作如下定义：为实现教学目的而确立的师生相互作用方式，时间分配、空间利用和活动安排的制度与结构形式。小学教学组织形式是指小学教师和小学生在教学过程中为了实现教学目的而确立的时间和空间上的结构关系，以及教学活动组织实施的制度。”[⑤]它强调教学组织形式是师生相互作用方式和组织实施制度。

郭文安认为：“教学组织形式是指为完成特定的教学任务，教师和学生按一定要求组合起来进行活动的结构。”[⑥]它强调教学组织形式是教学活动的结构。

上述国内学者的观点，虽然侧重点有所不同，但都在一定程度上揭示了教学组织形式的基本特征，主要包括以下几点。

第一，从表现在外部的特点来看，教师和学生都要服从一定的教学程序，要么集体上课，要么小组或个人，以完成规定的学习任务。

第二，师生的活动必须服从一定的时间和空间限制，并结成某种搭配关系。

第三，教师和学生以某种程序和搭配关系共同活动，直接或间接地相互作用。

第四，这种相互作用包括教学内容、方法、手段、程序步骤在时间和空间上的适当组合或集结。[⑦]

总之，国内外教育界对教学组织形式的概念尚未形成一致的看法，各种表述互不相同，在揭示教学组织形式的基本特征上各有侧重。在学者们研究的基础上，本书对

---

① 顾明远：《教育大辞典》简编本，203页，上海，上海教育出版社，1999。
② 裴娣娜：《教学论》，223页，北京，教育科学出版社，2007。
③ 王本陆：《课程与教学论》第3版，201页，北京，高等教育出版社，2017。
④ 石鸥：《小学教学论》，129页，长沙，中南工业大学出版社，1999。
⑤ 刘树仁：《小学教学论》，233页，北京，人民教育出版社，2003。
⑥ 王道俊、郭文安：《教育学》第七版，229页，北京，人民教育出版社，2016。
⑦ 李秉德：《教学论》，229页，北京，人民教育出版社，1991。

小学教学组织形式的概念做出如下表述：小学教学组织形式就是在小学教学活动中，师生通过人员、程序、时空关系上的组合方式而产生相互作用的结构。

(二)小学教学组织形式的功能

教学组织形式具有重要功能，科学而合理的教学组织形式能促进教学活动的有序进行和教学任务的完成。综合学者们的观点，小学教学组织形式的功能可概括为以下几个方面。

第一，小学教学组织形式是开展小学教学活动的重要保证。王策三先生认为，教学组织形式在教学理论和实践中，处在具体落脚点的地位，带有综合、集结的性质。①也就是说，教学目的、教学任务和教学内容等只有集结到一定的教学组织形式中，形成人员、程序和时空关系上的组合，才能构成师生共同的教学活动。教学目的的实现、教学任务的完成和教学内容实施等一切教学活动都离不开具体的教学组织形式。因此，小学教学组织形式是小学教学活动顺利开展的保证，对小学教学活动具有重要意义。

第二，科学而合理的小学教学组织形式能提高教学质量和效率。随着世界经济、科技的迅猛发展，各国都把发展教育尤其是基础教育当作国家发展的重大战略来抓，并投入大量的人力、物力、财力来研究教学问题，最大限度地发挥教学系统的功能，其中研究教学组织形式具有特殊的重要意义。教育史上诸多例子证明了教学组织形式对教学质量的影响：苏联 20 世纪 20 年代和我国 1985 年以后的一段时间，由于随便否定了班级教学，导致教学质量下降。巴班斯基指出："教学形式和教学效率之间有规律的联系也已明确：教学效率有规律地受制约于所选择的教学形式。"②从教学组织形式的历史发展可以看出，教学组织形式从个别教学向班组教学再向班级教学过渡，教学效率也逐步由低到高变化。因此，教学组织形式在提高教学质量、教学效率等方面起到了举足轻重的作用。

第三，小学教学组织形式对学生个性的形成和情感的培养产生影响。教学活动是一种交往活动，教学组织形式所反映的是在学校中师生之间以及学生之间的相互交往方式。这种方式对学生的个性和情感发展会产生重要影响。例如，小学教学活动中恰当地使用小组教学，不仅能提高学生的参与度，而且能增进学生间的情感交流，促进学生人格的健康发展，进而提高学生的学习能力和素质。因此，恰当而合理的小学教学组织形式，是师生、生生间正常交往以及学生个性和情感发展的保障。

由此可见，小学教学组织形式对提高教学质量、教学效率以及促进学生发展等多方面都发挥着重要作用。同时，重视小学教学组织形式的研究，不断改进并探索新的

---

① 王策三：《教学论稿》第二版，267 页，北京，人民教育出版社，2005。

② [苏联]Ю. K. 巴班斯基：《教学教育过程最优化》，吴文侃译，5 页，北京，教育科学出版社，2001。

小学教学组织形式，对小学教育发展具有重要意义。

二、教学组织形式的历史沿革

教学组织形式不是固定不变的，会随着社会进步而不断发展变化。其发展变化主要受以下条件的制约：一是社会发展对人才培养的客观要求；二是反映人类认识成果的教学内容的深度和广度；三是科学技术为教学手段、方法的变革所能提供的必要条件；四是课程结构及其复杂程度。这些条件的变革必然会导致教学组织形式的发展变化。综合来看，历史上教学组织形式的发展演变大致经历了个别教学、班组教学、班级教学和以班级教学为主的多种教学组织形式并存四个基本阶段。

(一)个别教学阶段

个别教学是指教师指导一个或几个学生，以掌握教学内容为基础，自定学习进度的教学。它的特点为：没有明确或固定的学习年限；不进行分科、分年级学习；带有明显的师徒相传性质。

自奴隶社会之后，教学逐渐从社会生活中脱离出来，迫切需要相应的教学组织形式。由于教学受到社会生产力低下和学校只对少数人开放等原因的制约，因此个别教学的组织形式开始出现。如我国孔子创办的私学、古希腊的文法学校、古埃及的宫廷学校等，都采用个别教学的组织形式。

个别教学难以完成系统化、程序化的传授知识的任务，教学效率低下，只适合在学生人数较少的情况下采用。随着时代的发展，必然将出现新的教学组织形式。

(二)班组教学阶段

班组教学是个别教学的次级阶段。与个别教学相比，它已具有按集体形式组织开展活动的成分。它的基本特征是，教师同时教一组学生；由数名教师分工负责班组的教学工作；班组学生有某些共同的学习活动；课程安排有一定的顺序。

随着封建社会持续稳定的发展，一方面扩大了受教育者的规模，另一方面增强了对学校教育的依赖程度，因而班组教学应运而生。在我国自宋代起，书院开始盛行。它实行制度化教学，确立了班组教学的组织形式。比如，朱熹修建的白鹿洞书院就根据分科课程对水平相似的学生进行集体教学。欧洲中世纪末至文艺复兴的学校教育也采用了班组教学的组织形式。比如，德国平民生活兄弟会建立的代文特文法学校分了8个年级，每个年级的学生有共同的学习活动和学习课程。这种对学校分班级教学和管理的工作，为近代学校的班级教学和组织管理奠定了基础。

班组教学可以说是个别教学发展到一定阶段的产物，它具备集体学习的某些初级特征，因此有人称其为班级教学的雏形。但班组教学中通常学生人数并不固定，学生入学和退学较为自由，对学生的年龄、文化程度、学习进度和学习内容没有明确的统一要求。作为一种由个别教学向班级教学过渡的教学组织形式，班组教学为后来的班级授课制奠定了重要基础。

（三）班级教学阶段

班级教学，也称班级授课制或课堂教学，是随着资本主义生产方式的产生和发展而逐步完善起来的。其萌芽于 16 世纪末期，形成于 17 世纪初期，普遍推广应用于 19 世纪。

16 世纪，西欧的一些学校就已出现按班级编制进行课堂教学的形式，这是班级授课制的萌芽。

17 世纪，捷克教育家夸美纽斯适应时代的需求，总结了捷克兄弟会的学校教育经验和自己的教学实践，在其著作《大教学论》中最早提出了班级授课制，并进行了系统性的研究和理论性的论述，从而奠定了班级授课制的理论基础。夸美纽斯认为，一位教师同时教多位学生是完全可能的，但要具备适当的条件。他阐述的条件大致可以概括为以下几点：一是根据学生的年龄和知识水平编班。同一个班级的学生学习相同的内容，学习进度也相同。二是教学应有计划、有组织。学校的教学应该有学年的划分，学生同时开学、放假，学年开始时同时升入一个年级；开学以后不再招生，也不能随便退学。三是教学采用上课的形式。上课要有一定的目标，按计划进行教学。四是每个班应用同样的课本，采用同样的教学方法，完成同样的功课，使学生的注意力都集中在同一个目标上。五是每天上课分上、下午进行，各 2 小时，共计 4 小时。另外的时间为自学，星期六下午不上课，星期日放假。①

这种教学组织形式反映了人类社会生产和文化科学发展到更高水平的客观要求，因此被逐步推广，并日益完善。欧美各国最先推行班级授课制。19 世纪初，英国工业革命后，工业生产需要大批具有初级文化的工人，扩大初等教育覆盖面提高工人教育素养日益迫切。英国牧师贝尔和兰卡斯特在初等教育中创立了“导生制”，又称“贝尔—兰卡斯特制”。教师先对年级高或成绩优秀的学生进行教学，然后由这些学生将教学内容传授给其他学生；教师负责检查学生的教学任务是否完成和维持教学秩序。导生制有利于扩大教育名额，对推广班级授课制起到了很大的促进作用，但由于教学质量有限，因此很快就被取代了。

我国最早采用班级授课制的是 1862 年清政府在北京设立的京师同文馆。直到 1901 年清政府废科举、兴学堂，班级授课制才在我国学校得到广泛使用。目前，班级授课

---

① 陈旭远：《课程与教学论》，272 页，长春，东北师范大学出版社，2002。

制仍是我国的基本教学组织形式。

作为一种集体教学组织形式，班级授课制把一定数量的学生按年龄和知识水平编成固定的班级，根据周课表和作息时间表，有计划、有组织地让学生集体上课，使学生的学习内容和进度相同，教学效率得到大大提高。班级授课制尽管受到怀疑和抨击，但依然没有退出历史舞台，迄今仍是学校的主要教学组织形式。

（四）以班级教学为主的多种教学组织形式并存阶段

进入20世纪以后，由于社会大生产的发展和科学技术的进步，对具有适应各行各业能力的人才的需求不断增加。为了适应资产阶级发展的需要，有些资产阶级教育家针对班级授课制只能强求各个儿童“齐步走”，不能适应个别差异的弊病，提出了一系列新的改革措施。教学组织形式进入了多种组织形式并存阶段。

1. 分组教学

为了解决班级授课制不能适应学生个别差异的问题，19世纪末20世纪初，一些西方国家出现了按照学生的能力、学习成绩或其他标准将学生分成水平不同的小组来进行教学的形式，这就是分组教学。

分组教学的类型有很多，常见的有能力分组、内部分组、外部分组等（在本章下一节详细介绍）。总体来看，分组教学对学生自主学习能力的要求较高。一些学生如果自制力较差，会导致教学秩序混乱，因此分组教学受到了抨击。

20世纪30年代以后，分组教学在世界范围内的影响逐渐减弱。

近年来，因为可以照顾学生的个别差异，实现因材施教，分组教学又渐有起色，在一些西方国家又被广泛采用。不过，由于对学生的能力和水平很难科学地鉴别，加上一些学校对不同小组的区别对待，分组教学不但违背了教育公平，更产生了不少负面影响，增加了教师的工作负担和行政管理的难度。因此，分组教学一直在争议中存在。

2. 设计教学法

设计教学法是1918年杜威的学生克伯屈创立的。它打破了班级授课制，其理论基础为杜威的“从做中学”的实用主义教学论。设计教学法主张由学生自己决定学习目和内容，在自己设计、自己负责实行的单元活动中去获得有关知识和能力。教师的任务只是利用环境的因素激发学生的学习动机，帮助学生选择活动时所需要的教材等。

克伯屈认为，应把建立在学生的兴趣和需要之上的有目的活动作为教育过程的核心。设计教学法以学生的生活经验为基础，能够激发学生的学习兴趣和学习积极性，但它降低了班级教学所具有的系统性和科学性，不利于学生获得系统的科学知识。

20世纪初，设计教学法开始在中国出现，随着杜威访华在我国得到传播。陶行知提出的“教学做合一”的形式就是在设计教学法的基础上加以补充和修改而形成的。

1925年，陶行知提出了“教学合一”主张，形成了“教学做合一”思想。“教学做合一”是其生活教育理论中的教学论，指的是师生教与学的活动要统一在“做”上，要求教学同实际生活结合起来，以现实生活为实践的基础。

3. 道尔顿制

道尔顿制是美国海伦·柏克赫斯特所创立的，1920年在美国马萨诸塞州道尔顿城的道尔顿中学实施，因此得名。其突出的特点是重视学生自学和独立作业。教师不再向学生系统地讲授教材，而是为学生分别确定自学参考书、布置作业，由学生自学和独立作业，让学生有问题时再向教师请教。各科教师与学生按月订立“学习公约”，教师根据学生的程度给学生指定任务。学生根据自己的能力，自由地掌握学习的速度和时间，完成本月的公约且考试及格后才能学习下一个月的公约。

道尔顿制的优点是强调学生的个性，有利于培养学生的学习能力和创造才能。缺点是不利于学生学习系统的科学知识，不利于发挥教师的作用。道尔顿制对教学设施的要求较高，其实施需要有较多的作业室，要求室内按学科性质提供参考图书、实验仪器、标本等教学和实习用具，因此未得到大范围推广。

4. 文纳特卡制

文纳特卡制是美国教育家华虚朋于1919年在芝加哥市文纳特卡镇公立学校实验的一种教学组织形式。其指导思想和道尔顿制大致相同，但做法不完全一样。文纳特卡制注重教学的个别化与社会化的统一。它把课程分成两部分：第一部分课程是学习将来生活所必需的知识和技能，进行个别化教学，在上午进行。课程按学科开设，由学生自学读、写、算和历史、地理方面的知识技能。第二部分课程是开展学校社会化活动，在下午进行。利用音乐、艺术、运动、集会以及开办商店、编辑、出版、组织自治会来培养和发展学生的社会意识。

文纳特卡制打破了班级教学的组织形成，并盛行于20世纪30年代。但这种教学组织形式使相关学科之间缺乏联系，容易造成偏科现象。因此，20世纪30年代以后文纳特卡制日渐衰弱。

5. 特朗普制

特朗普制是20世纪后半叶美国教育学者劳伊德·特朗普提出的一种新的教学组织形式，又称“灵活的课程表”。这种教学组织形式试图把大班、小班和个人三种教学形式结合起来，实行大班上课、小班研究和个别教学。大班上课是把两个及以上的平行班结合起来，由优秀教师采用现代化技术手段讲课；小班研究是每班20人左右，由教师或优秀学生指导，研究、讨论大班课上学习的教材；个别教学是学生独立完成作业，部分作业指定，部分作业自选。这三种形式的时间分配为：大班上课占40%，小班研究占20%，个别教学占40%。

从教学组织形式的历史沿革可以看出，教学组织形式是随着社会的发展而不断发展变化的。从个别教学到班组教学、班级教学再到以班级教学为主的多种教学组织形式并存，新的教学组织形式不断出现，且各有长处。教学组织形式的多样化成为教学改革的必然趋势。

三、小学教学组织形式的影响因素

小学教学组织形式的影响因素多种多样，既有客观因素，也有主观因素，如社会的发展变化、人们对教学理论的认识等。作为教学研究的重要内容，在教学活动中，灵活地选择和运用小学教学组织形式，需要考虑以下因素。

(一)教学目标与教学内容

教学目标的确定和教学内容的选择是为了促进学生的发展，但教学目标和教学内容不会自动实现学生的发展，需要借助特定的教学组织形式来实现。一般来说，教学目标和教学内容不同，所选择的教学组织形式也是不同的。例如，在小学阶段，以知识传授为主要内容的教学，通常采用集体教学形式；以高级认知目标为主的教学，适宜采用小组教学形式；以培养动手操作技能或创造力为主的教学，可以采用个别教学形式。在小学教学中，多种教学组织形式通常会综合使用，在实现教学目标、掌握教学内容的基础上达到最佳教学效果。

(二)拟采用的教学活动类型

教学活动类型多种多样，常见的有讲授式、谈话式、讨论式、探究式等。采用何种教学组织形式往往会受到教学活动类型的影响。例如，讲授式教学活动，通常采用的教学组织形式就是集体教学；讨论式教学活动，通常会采用分组教学形式；探究式教学活动，则适合个别教学形式。

(三)班级规模以及学生之间的差异

班级规模以及学生之间的差异是影响小学教学组织形式选择的重要因素。如果班级规模太大，学生之间的差异又比较明显，则应将小组教学与个别教学作为班级授课制的补充形式；反之，如果班级规模不大，学生之间的差异不显著，则适宜采用班级授课制的形式进行教学。

(四)教学的资源条件

对教学组织形式而言，主要的教学资源有教师、教学时间、教学空间、教学设备、教学资料等。不同的教学组织形式实施需要不同的教学资源，教学组织形式的选择必须考虑相应的教学资源条件。例如，如果教学设备等资源不足，以自主探究为主的个别教学就很难展开；相反，如果学校的现代化教学设备充足，慕课、翻转课堂等新型教学组织形式便可推行。

在小学教学中，单独使用某种教学组织形式的情况是很少见的。因此，教师要根据具体的教学目标、教学内容、学生状况、教学资源条件等，有针对性地选择教学组织形式，从而实现良好的教学效果。

总之，小学教学组织形式是随着社会进步而不断发展变化的，每种小学教学组织形式都只能在一定条件和范围内发挥作用。只有全面掌握小学教学组织形式的性质和功能，结合实际教学情况，对教学组织形式加以综合利用，才能更好地完成教学任务，提高教学质量。

第二节
小学常见的教学组织形式

通过上一节的学习，我们知道了教学组织形式不是一成不变的，它随着社会的发展及其对人才培养的要求而不断变化和改进。本节将具体介绍几种常见的小学教学组织形式，包括小学基本的教学组织形式——班级授课制，以及几种辅助的教学组织形式。

一、小学基本的教学组织形式——班级授课制

班级授课制是小学基本的教学组织形式。以班级为单位的教学组织形式最早出现在国外的一些学校。夸美纽斯对其进行了总结，并在《大教学论》中进行了论述，后来经赫尔巴特和凯洛夫的不断完善而形成完整的理论体系。我国在 1862 年开始使用班级授课制，普遍采用班级授课制则是在“废科举，兴学堂”之后。

(一)班级授课制的基本含义

班级授课制又称课堂教学，是一种集体教学形式，是把年龄和知识程度相同或相近的学生，编成固定人数的班级集体，然后根据固定的授课时间(作息时间表)和授课顺序(课程表)，根据教学目的和任务，安排教师有计划地向全班学生集体上课的教学组织形式。它是学校教学的基本组织形式，也是国际通用的教学组织形式。

(二)班级授课制的特点

第一，在教学人员的安排上，以“班”为基本的活动单位。班级是由年龄和知识程度相近的学生组成的，并且具有固定的人数。教师同时对班级全体学生进行同样内容的教学。

第二，在教学活动的程序安排上，以“课”为组织单位。教学活动按学科和学年分为许多分量不大且相同的小的部分，这每一小部分内容和教学活动，就叫作一“课”。一堂课既是一门学科全部教学工作的组成部分，同时又是相对独立的教学段落。课与课的衔接保证了教学过程的完整性和系统性。

第三，在教学时间的安排上，以“课时”为基本单位。一个课时是指一堂课的教学时间。每一节课都规定在统一而固定的单位时间内进行，课与课之间有一定的间歇和休息。目前，我国小学每节课的时间通常为 40 分钟或 45 分钟。

(三)班级授课制的优势与局限

1. 班级授课制的优势

与其他教学组织形式相比，班级授课制有明显的优势。主要表现在以下几个方面：第一，一位教师同时面对几十位学生教学，扩大了教师的教学能量，有助于提高教学效率；第二，按计划和统一要求教学，有利于大面积提高教学质量；第三，各科教学齐头并进、穿插进行，教学内容比较全面，有利于学生多方面的发展；第四，由教师设计、组织并上课，以教师的系统讲授为主兼用其他教学方法，可以充分发挥教师的主导作用；第五，学生在一个集体中学习，有利于相互启发、帮助，从而发挥集体的教育作用。

2. 班级授课制的局限

班级授课制的局限主要表现在以下几个方面：第一，重视统一要求，难以照顾学生的个别差异，不利于教师因材施教；第二，教学活动多由教师完成，学生参与程度低，学习的主动性、积极性受到一定程度的限制；第三，学生主要接受现成的知识成果，容易形成学习上的依赖思想，不利于培养独立思考能力和创造力；第四，学生动手接触实践的机会少，容易出现理论脱离实际的现象，不利于培养学生的实际操作能力。

班级授课制从创立到运用已有 300 多年的历史，虽然在此期间出现过许多意在否定班级授课制或纠正其不足的教学组织形式，但由于班级授课制本身的优点，其他教学组织形式并未能完全取而代之。直到现在，班级授课制仍然是基本的教学组织形式。

二、小学辅助的教学组织形式

(一)个别教学

个别教学是我国和欧洲古代学校普遍采用的教学组织形式，也是教育发展史上持续时间最长的一种教学组织形式。即使在今天这个高度发达的社会，个别教学依然具有较强的生命力。前文所讲的文纳特卡制、道尔顿制等，都属于个别教学形式。孔子和苏格拉底分别是中、西方采用个别教学形式展开教学的典范，而且古代的家庭教育也是个别教学的一种表现形式。

1. 个别教学的含义

个别教学就是教师向学生传授知识、布置和批改作业、提出各种要求等，都是个别进行的，即教师对学生一个一个地轮流施教；教师在教某位学生时，其他学生按教师对自己的要求进行学习。① 个别教学与班级教学或集体教学相对，教师一次只面向一位学生进行教学。它是最古老、生命力最强的教学组织形式。现在小学实施个别教学一般是通过个别指导、指定不同作业等方式进行的。

个别教学当前主要有两种表现形式：一是独立式的个别教学。教师从学生的个别差异出发，对教学过程所涉及的各个环节进行组织、调整，分别对个别学生进行教学，它与班级授课制相对。二是补充式的个别教学。为弥补班级授课制的弊端，针对部分学生在课堂学习中的疑惑之处，课后对学生进行个别辅导。它仅作为班级授课制的有益补充。比较而言，补充式的个别教学在当前更为普遍。

2. 个别教学的特点

第一，个别教学是适应学生的个别差异、发展学生个性的教学组织形式。它要求教师从学生的个别差异出发，对教学过程中所涉及的各个教学要素、各个环节及时进行调整和组织。因此，从重视个体发展的角度来看，个别教学是真正意义上的学习机会均等。

第二，教学进度根据学生的学习情况而确定。在个别教学中，教学进度并非取决于教学计划，而是取决于学生的接受情况。当学生完全掌握了一部分内容后，教师才会进行下一部分内容的教学。因此，在个别教学的过程中，教学内容和进度各不相同，教学时间也不做统一安排，教学效率相对较低。

---

① 石鸥：《小学教学论》，130 页，长沙，中南工业大学出版社，1999。

3. 个别教学的优势与局限

(1)个别教学的优势

第一，有利于教师因材施教，使教学适合每位学生的学习需要、能力水平和学习速度；第二，有利于学生主体性的发展，可以调动每位学生的积极性，使每位学生都能从教学中受益；第三，有利于训练和培养学生的自学能力，尤其是对隐性知识的学习；第四，学习时间和空间的灵活性大，让学生可以根据实际情况对学习时间和地点进行选择。

(2)个别教学的局限

第一，教学效率低。对于缺乏学习自觉性的学生来说，他们可能会有拖延学业的情况。第二，缺乏群体动力，削弱了师生之间、学生之间的相互作用、相互影响。第三，个别教学“代价昂贵”。教师一次只面对一位或少数几位学生进行教学，教学效率较低。第四，不利于学生交往能力的发展，学生之间的交流、合作能力难以得到提高。

总之，个别教学是根据学生个体的兴趣、能力、需要而设计的，是一种小规模的教学组织形式，在当前我国小学阶段只能作为班级教学的有益补充。

(二)小型班级

班级规模的大小影响着课堂教学的质量。过大的班级规模会影响课堂教学过程中教师对个体的关注，不利于学生与教师、学生与学生之间的交往，还可能导致较多的纪律问题，从而影响课堂教学的实际效果。针对这种情况，就出现了小型班级。它是现代化教育的发展趋势，有利于培养 21 世纪需要的高素质人才。

1. 小型班级的含义

小型班级又称为小班化教学，是指以全面提高学生的素质为目的，在减少班级学生规模的基础上，通过对教学内容、教学方法、教学过程以及教学评价等环节的改革，使学生获得全面而个性化发展的一种新型的班组教学组织形式。

2. 小型班级的特点

(1)班级规模较小

小型班级最外显的特征就是班级学生人数少。在我国，小型班级通常把学生人数控制在 24～34 人，国外人数更少些。

(2)使“关注每个孩子”成为可能

在小型班级的教学组织形式下，学生个体获得的关注度得到极大的提高。教师能够注意到每位学生的学习情况和存在的问题，并及时调整教学方式，以充分发挥学生学习的主动性。

3. 小型班级的优势与局限

(1)小型班级的优势

第一，发展学生的个性，保障教育公平。尊重学生的差异性，让学生的个性得到充分发展，是小型班级的育人理念。教学过程中，师生之间、生生之间能够实现充分的互动交流，每位学生都能获得平等的参与机会和权利，充分体现了教育公平。第二，提供优质教育，提高学习成绩。在小型班级中，教师可以根据学生的个体差异有针对性地进行教学，对特别需要照顾的学生给予更多关注和指导，从而提高学生的学习成绩。

(2)小型班级的局限

第一，尚不符合我国的国情。我国学生人数多，小型班级意味着班级数量的增多，这不仅需要大量的物力、财力投入，教师资源也无法得到满足，因此我国目前无法大面积地采用小型班级。第二，虽然小型班级教学可以增加每位学生的课堂参与度，但对教师的教学理念、教学方法、教学手段等的要求也相对较高。如果不能保证多种因素的协调发展，往往不能体现出小型班级的优势，同时还会影响教学进度。

总之，小型班级这种教学组织形式正成为一种趋势。学校在采用时要兼顾学生和学校的实际情况，调整班级规模的大小，以取得最佳的教学效果。

(三)分组教学

19 世纪末，随着工业生产的迅猛发展，一些资产阶级教育家认为班级教学组织形式过于单一，难以培养有个性的卓越人才，于是出现了按学生能力、按成绩分组的教学组织形式。由于这种教学组织形式会出现对后进生的歧视，被认为不民主，因此 20 世纪 40 年代开始受到尖锐批评。但是，20 世纪 50 年代后期，它在一些西方国家再度受到重视。其实分组教学的理念最早可以追溯到我国孔子提出的“因材施教”的思想。

1. 分组教学的含义

分组教学是指教师按学生的能力或学习成绩等因素将学生分为不同的组，然后以小组为单位进行教学的组织形式。

分组教学的含义通俗易懂，分组方式多种多样。例如，可以将采用的教学方法和媒介手段，学习目标，学生的特点(包括年龄、性别等)，学生的学习能力等多种因素作为分组教学的标准。

2. 分组教学的特点

分组教学最显著的特点就是能够根据学生的不同特点，针对学校实际的教学情况，采取最合适的方式进行分组。

(1)外部分组和内部分组

外部分组，又称为班级间分组，是指学校打破按照年龄编班的传统习惯，根据学生的能力水平或学习成绩编班进行教学。通常它又可分为跨学科能力分组和学科能力分组。跨学科能力分组通常是指把某一年级的学生按智力高、中、低或测验成绩的好、中、差分成A、B、C若干组，对不同的组授以不同的课业，对A组授以较高深的课业，对B组授以普通课业，对C组授以最基础的课业。学科能力分组是根据某一年级的学生对某门学科的学习能力和成绩分成不同的A、B、C组。由于同一学生各科的成绩和学习能力不同，因此在不同学科中可能被分为不同的水平组。①

内部分组是指在保持传统按年龄编班的前提下，按学生的能力或兴趣等标准，暂时地编入学习小组里进行学习，也称为班内分组。内部分组是一种经常变动的临时分组形式，通常它可以分为两种：一是按不同学习内容和学习目标分组，即在经过一定时间的学习后，对学生进行诊断性测验，根据测验结果把学生进行分为A、B、C等组，分组后学生根据自身的不同情况学习不同的教学内容。如A组学生自学补充教材，B组学生由教师教授补充的教材，C组学生上补习课；二是学习目标和学习内容相同而采取不同的方法和媒介手段进行分组。这种分组的做法是，对某一年级学生经过一定时间的班级教学后，根据其能力、兴趣爱好等不同学习情况进行分组。一部分学生借助教学媒体等手段进行自学或做作业，一部分由优等生和差等生组成小组，由前者辅导后者，另一部分学习特别差的学生由教师直接指导。②

(2)根据学生的特殊需要，采取抽离式教学

抽离式教学是在分组教学的理念下，将有相同特殊需要的学生抽离出来，由进行相关教学的教师提供特殊教育的一种教学组织形式。抽离式教学的对象主要有两个群体：一类是英才儿童，学习能力相较于一般儿童更加卓越；另一类是有学习困难的儿童，学习能力较弱，需要接受帮助。我国港澳台地区多采用抽离式教学。

在抽离式教学中，教师通过将多种资源分配整合的方式，适应学生的不同需要。比如在针对英才儿童开展抽离式教学时，学校通过整合优质科技、文化、教育资源，设置以必修课为核心，同时根据学生自身的兴趣与特长开设选修课的选课走班制，实现“一人一课表”的“定制个性化课程”；在针对学习困难的儿童开展抽离式教学时，则更加需要在分析学生在学业、社会适应、感知觉等方面存在的发展需求，充分调动多种教育媒介与教育手段，开展有针对性的、具体化的教学。

抽离式教学源于分组教学理念，但与传统的分组教学略有不同。分组教学未打破原有的班级结构，而抽离式教学将一部分有特殊需要的学生抽出来进行教学，打破了

---

① 曾天山：《教学组织形式比较研究》，载《西北师大学报(社会科学版)》，1992(01)。

② 孙祖复：《分组教学模式种种》，载《外国教育资料》，1992(01)。

原有的班级结构；两者的教育理念都是尊重学生的个性差异。

3. 分组教学的优势与局限

(1)分组教学的优势

第一，重视学生之间的个体差异，尊重并照顾学生的个别差异，便于因材施教；第二，高度满足学生的个性化发展需要，充分发挥学生的特长，尤其有利于拔尖人才的培养；第三，有利于学生交流表达能力、组织管理能力以及解决问题能力的培养；第四，有利于学生在小组中培养竞争合作意识，充分发挥学习的自主性。

(2)分组教学的局限

第一，按成绩分组、编班，容易造成学生心理不平衡。比如，后进生的学习积极性不高。第二，家长、学生、教师和学校之间在分组教学问题上的意见很难达成一致，容易产生家校矛盾。第三，学生是不断发展变化的，频繁的重新分组不利于教育教学管理。第四，容易加大学生之间的两极分化。

总之，教育公平视角下的分组教学，需着重落实在分组教学的过程中，针对不同的学情设计不同的分组教学方案，使各个不同层次的学生都能得到发展。只有这样，分组教学才能更有生命力。

(四)“互联网＋教学”

21世纪是信息化的社会，2012年“互联网＋”这一概念首次被提出，“互联网＋教学”便以一种全新的教学组织形式出现。目前的主要形式有微课、慕课、翻转课堂等。虽然只是作为辅助的教学组织形式，但伴随着信息技术的不断发展，“互联网＋教学”必将彰显其强大的生命力。

1.“互联网＋教学”的含义

“互联网＋教学”是指在互联网搭建的环境中，在学生主动参与的前提下，教师有目的地通过教授文化科学知识和技能指导学生学习，并借助互联网的大数据、云计算等技术优势促进学生身心全面发展的教学组织形式。① 与传统的网络教学不同，“互联网＋教学”并不是简单地将教师的课堂教学复制到网络上，以视频的方式进行讲授，而是采取一种变革的思路，以互联网为基础设施和创新要素，创新教学的组织模式、服务模式、评价模式等，进而构建数字时代的新型教学体系。

2.“互联网＋教学”的特点

(1)教学主体的时空分离

作为教学活动中教与学的两大主体，教师与学生在“互联网＋教学”环境下处于分离状态：教师可以选择自己的最佳状态在互联网进行课程的录制，而学生也可选择合

① 崔阳洋、李如密：《“互联网＋教学”：内涵、特征、优势及挑战》，载《江苏教育研究》，2017(Z1)。

适的时间段学习课程。相较于传统的教学形式，教师和学生在教学过程中没有太多的约束，状态更加自由。

(2)教学过程的生成性

“互联网＋教学”改变了传统的教学过程安排。每节课之后设计的有针对性的练习以及每位学生的练习结果，都会通过大数据分析成为下一节课进行调整的依据。教学过程的生成性更体现了教学的动态特征。

(3)教学环境的开放性

与以往运用多媒体技术的网络教学不同，“互联网＋教学”彻底变革了整个教学环境，使教学不再仅仅局限于课堂上。教室转化为网络的虚拟空间，传统班级授课制的“五个固定”——教师、学生、内容、时间、空间固定被打破，教师对教学内容的讲解形式多种多样，学生选择的学习环境和学习方式也更加多元和开放。

3.“互联网＋教学”的优势与局限

(1)“互联网＋教学”的优势

第一，解决教学资源分配不均的问题。“互联网＋教学”改变了传统的教学模式。教师可以运用先进的网络技术，系统的通信、集成和演示功能等，突破时空和地域的限制，给不同区域的学生同时上课，使更多的人有更多的机会接受教育，从而实现资源共享和教育公平。第二，增强教学内容的丰富性。多媒体技术将课本上静态的教学内容转变成形象、生动的声音、文字、图像、动画或视频等，将丰富的网络信息融入教学过程。学生不仅可以见其形、闻其声，调动多种感官参与学习过程，而且还可以冲破书本的局限，在知识的海洋中冲浪，接触丰富多彩的教学内容。第三，实现个性化学习。自主的个性化学习是现代教育理念所倡导的学习方式。计算机网络技术为个性化学习提供了良好的技术支持，让学生可以根据自己的需要选择学习的内容及课程的进度。因此，“互联网＋教学”有利于因材施教，提高了学习效率和学习效果，实现班级授课制下的教学个性化。

(2)“互联网＋教学”的局限

第一，人与人之间深入的情感交流被弱化。基于互联网平台的教学，打破了师生面对面交流的传统，师生、学生间的情感沟通受限。对小学生来说影响较大，长此以往可能会造成小学生情感冷漠、不与人交往、不适应社会的后果。第二，教学质量难以保证。互联网环境下的学习，要求学校、教师对学生学习的监管方式发生变化，需要学生具有一定的自律意识。小学生由于注意力容易分散，教学效果会受影响。第三，不利于学生良好品格的形成。小学生在虚拟环境中学习，容易受到网络资源的干扰；且浅层次学习客观存在，不利于勤奋、坚韧、努力等学习品格的形成。

总之，“互联网＋教学”给教师提供了更广阔的舞台，改变了传统的以教师为中心的授课模式。教师不再是知识的唯一来源，其权威被弱化，教师的优胜劣汰机制更加凸显。同时，学生对教师授课的依赖性明显减弱，学生可获得的学习资源趋于均衡。随着现代教育技术的不断发展，“互联网＋教学”的发展空间必然越来越广阔。

（五）复式教学

关于小学教学组织形式，除了以上几种外还有复式教学。复式教学在清朝末年由日本引入我国，虽然在城市中并不常见，但在我国部分经济文化不发达的农村地区，特别是山区，复式教学形式仍然存在。它在我国的教育发展史中具有特殊地位。

1. 复式教学的含义

复式教学是班级授课制的一种变式。它是指一位教师在同一节课内向两个或两个以上不同年级的学生同时进行教学的组织形式，即把不同年级的学生合成一班，在一个教室内由一位教师教学。教师在给一个年级讲课时，让其他年级学生做作业或复习，并有计划地交替进行。图 8-1 为复式教学的不同形式。

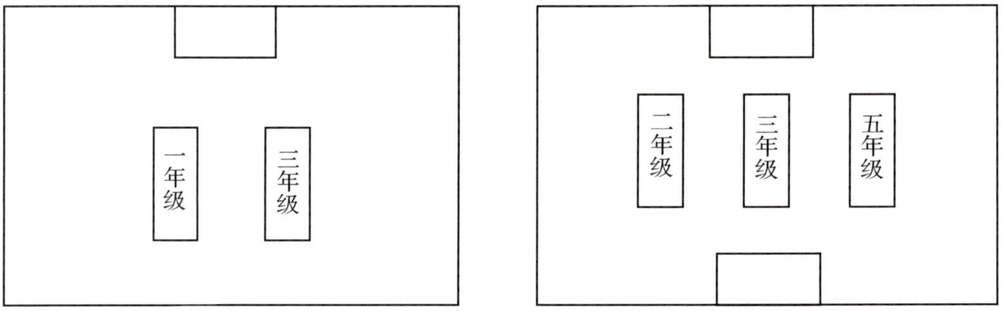

图 8-1　复式教学的不同形式

2. 复式教学的特点

复式教学的主要特点是，直接教学和学生自学或做作业交替进行。这需要教师在备课时能够根据不同年级学生的自身特点，选择不同的教学方法。

复式班级依据尽可能减少各年级之间的相互干扰这一原则进行编班。具体的形式有单班学校制和二级或三级复式制。单班学校制是指把几个年级的学生全部编在一个班里；二级或三级复式制是指把两个年级或三个年级的学生编在一个班里（如一三年级或一三五年级编成一个班，二四或二四六年级编成一个班）。

复式教学的课程安排一般是将直接教学时间较长的学科与能够安排自动作业的学科相互搭配，也就是“同堂异科”。

3. 复式教学的优势与局限

（1）复式教学的优势

第一，有利于培养学生的自学能力。复式教学中学生自学、做作业的时间相对较多，有利于学生自学能力的形成。第二，有利于教师精讲。复式教学的直接教学时间少，所以教师要在讲的质量上下功夫，并留出时间让学生练习，即“精讲多练”。第三，有利于因材施教。复式教学中同年级人数较少，便于教师了解每位学生的个性特点和学习中的实际情况。另外，不同年级、不同年龄的学生在一个教室里，教师更容易看到学生身心发展的阶段差异，从而有利于因材施教。第四，有利于学生之间的互帮互学。不同年龄的学生在一个教室里，彼此可以相互模仿学习，为学生的社会化创造了条件和可能。第五，有利于各学科知识的整合。复式教学要求教师教多年级、多门学科，因而有利于发现各学科中的共性并相互渗透，体现整合思想。

(2)复式教学的局限

第一，难以组织多样化的教学活动。复式教学要兼顾不同年级学生的学习效果，减少相互之间的干扰，这是教学活动开展时需要考虑的主要因素。由于多端性这一特点，教师针对一个年级的直接教学时间变少。为完成教学任务，教师只能以教授为主，较少开展学生讨论探究活动。第二，不同年级学生之间容易相互干扰。在复式教学中，一个教室里存在两种以上不同注意方向的教学互动，彼此容易造成干扰。因此，复式教学对编班、排课等的合理性以及课堂常规等有较高的要求。第三，教师负担重。复式教学班的教师要在一节课内完成几个年级的与单式班一样的教学任务。因此，课前编写教案、课后批改作业等花费时间也相应增加。此外，复式教学要求教师既要懂得一般的教学方法原理，还要掌握复式教学的特殊方法，这些都加重了教师的负担。

总之，班级授课制作为基本的教学组织形式，有着其他教学组织形式无法取代的优点，但也不能忽视或者看轻其他辅助的教学组织形式的作用。在实际教学中，单独或固定运用某一种教学组织形式的情况是很少见的。因此，应该综合考虑教学情况，合理地选择教学组织形式，灵活掌握不同教学组织形式的变换与组合，从而获得最佳的教学效果。

第三节
当代小学教学组织形式的改革趋势

教学组织形式的类型多样，伴随着世界范围教学改革的不断深入，其作为课堂教学改革的重要内容，一直在不断地发展，并呈现出一定的改革趋势。本节立足于国内外教学组织形式的发展历程，在客观把握其改革规律和特点的基础上，归纳国内外教学组织形式的改革趋势。把握小学教学组织形式的改革趋势，理性思考当前小学教学组织形式中存在的问题，对提高小学教育教学质量具有重要的现实意义。

在知识经济、经济全球化的时代背景和媒体融合的大环境下，传统媒介之间的界限逐步消失，数字化新媒介大量涌现，时代的发展对教育培养的人才提出新要求，需要更新教材和课程标准，需要通过教学组织形式的变革来创新育人机制。结合当代小学教学组织形式发展的历程，其改革趋势体现在以下几方面。

一、班级教学规模小型化

班级授课制自诞生至今仍具有强大的生命力，是世界各国教育中的基本组织形式，对人类的教学实践一直产生着十分积极的影响。其自身优势是其他教学组织形式无法代替的。但是，随着历史的发展和时代的进步，班级授课制也暴露出一些局限性，存在诸多缺陷，因此必须进行改革。

缩减班级规模是历史发展的必然。班级教学的产生是顺应工业化大生产的要求，是当时迫切需要普及教育的保证。随着科技的不断进步，社会对教育提出了新的要求，即由数量的扩大转向质量的提高。美国教育家格拉斯和史密斯运用综合分析法，对班级教学的规模与教学效果之间的关系进行了实验研究。他们把学生人数在 24～34 人的小班作为实验班，与人数在 35 人以上的大班进行比较，发现小班学生的成绩优于大班，即小班的教学效果比大班好，更有利于因材施教。因此，美国的班级教学规模正逐渐趋向小型化。苏联自 20 世纪 30 年代以来，一直把班级教学作为基本的教学组织形式。但是，随着教学观念的变革和科技的进步，苏联对班级授课制也进行了改革。例如，以专用教室取代班级固定教室，合理控制班级人数，从而达到合理利用教学设备、提高教学效率的目的。日本、英国、法国、德国等国家也将班级授课制作为基本的教学组织形式并不断改革，逐渐缩小班级规模。

班级人数的减少能在一定程度上减轻教师的教学压力，更有利于师生之间的互动，增加学生参与课堂活动的机会，更好地组织课堂教学，从而提高学生的学习效率。因此，为了适应面向 21 世纪发展的需要，班级教学规模小型化是历史发展的必然趋势。

二、班级空间安排灵活化

随着我国教育改革的不断深入，社会越来越重视对学生的个性化培养。作为基本的教学组织形式——班级授课制在今后很长一段时间内仍将是我国基本的教学组织形式，然而在班级空间安排上将呈现灵活化的特点。空间安排灵活化是指不局限于传统“秧田式”座位排列方式，可以按照学生的性格、爱好、成绩等进行分组，并根据教学情况适当变换空间安排，将座位排列成马蹄形、小组围坐式、圆形、对称形等，形成多样的课堂布局，从而调动学生参与课堂的积极性，以取得更好的教学效果，如图 8-2 所示。

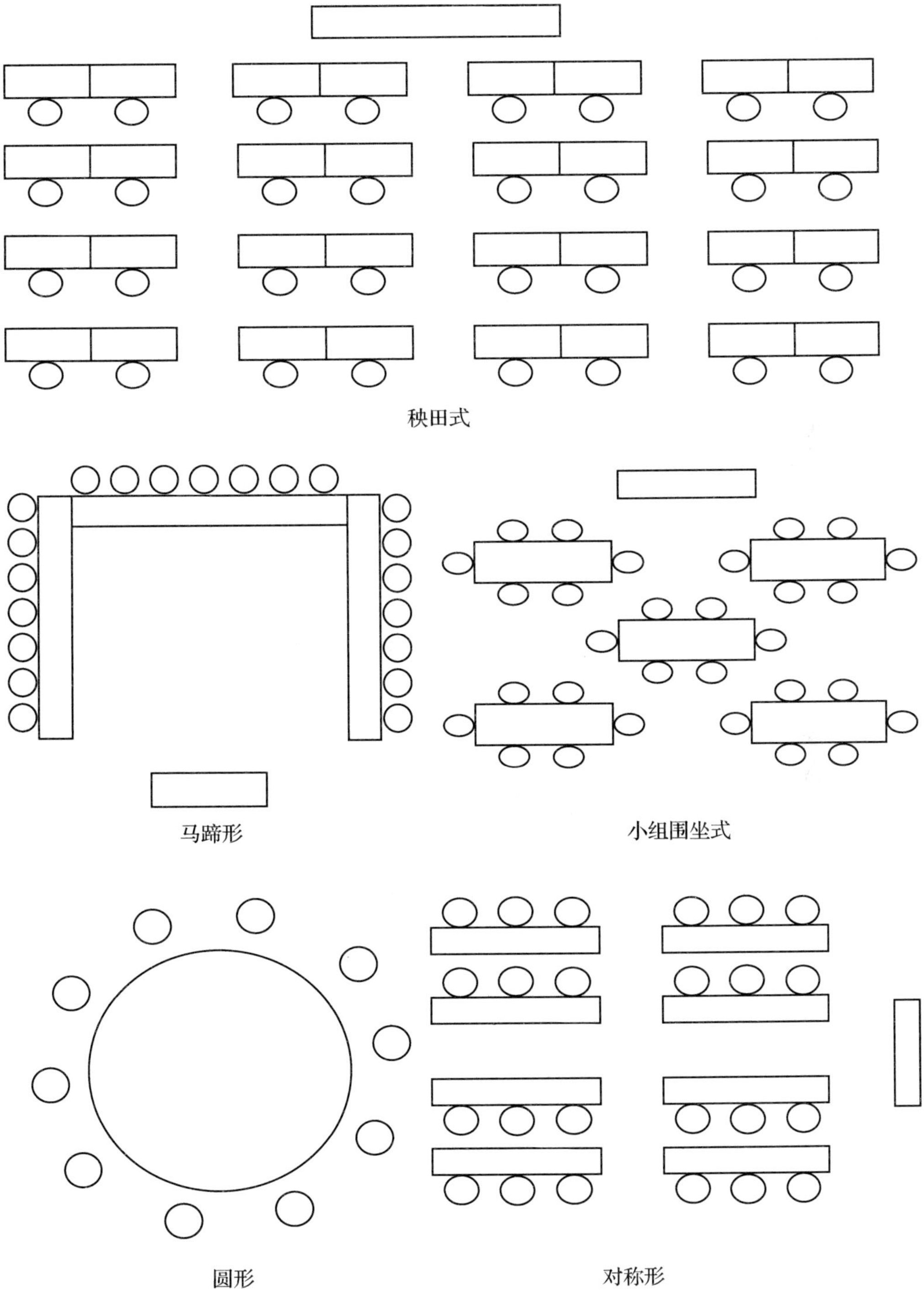

图 8-2　座位排列的不同形式

小学传统的课堂座位排列形式为秧田式，这种空间安排固然有其优点。比如，它适合集体讲授，使学生之间的相互干扰较少，使学生听课时容易集中注意力，便于教师观察、控制学生。但这种空间安排也有其不可避免的缺陷。例如，封闭的空间布局既不利于师生之间的人际交往，特别是情感交流，也不利于学生之间的交往，特别是最后几排的学生，很容易产生被教师和其他学生孤立的感觉，其负面影响不言而喻。① 而多样化的班级安排空间就弥补了传统的“秧田式”的缺陷：面对面的排列方式有利于学生间的交流讨论；马蹄形的排列方式便于教师对学生的个别指导；对称形的排列方式有利于学生进行正反辩论，发展学生的思维，开展各种活动。当然，多样化的班级空间安排对学生的自制力提出了更高的要求。

灵活化安排班级空间，可以满足不同学生的需求，调动学生的学习热情，让每一位学生都参与到教学活动中。因此，各种班级空间安排形式不应孤立存在，要合理变化、相互协调。班级空间安排灵活化成为小学教学组织形式的改革趋势之一。

三、注重个别化教学

个别化教学是指教学方法个别化，这和第一节内容中的个别教学意思不同。个别教学仅是一种一对一的教学实施形态，它可能是个别化教学，也可能不是个别化教学。而个别化教学的关键在于其是为符合学生个体能力发展需要而特别设计的教学方案。当同一教学内容、教学方法不能针对班级教学中学生之间的程度差异时，为兼顾个别学生的能力、兴趣、需要及可能遇到的学习困难，教师须在教学过程中特别设计针对不同学生的教学计划。所以个别化教学是一种需要通过学生编组、教材编选、课程组织、教学方法选择、课表安排以及成绩评价等方面的特殊设计来适应学生个别差异的教学。

随着科学技术的发展，现代化教学手段，如计算机辅助教学和多媒体教学的广泛运用为个别化教学的实施创造了条件。目前，世界各国都很重视电子计算机教育，为许多中小学配备了电子计算机并利用它进行了辅助教学。学生可以通过计算机和信息高速公路，在教师的指导下根据自己的实际情况选择学习内容，选择学习时间和地点，控制学习进度和步调，并能够及时地了解自己的学习效果。这种教学组织形式对因材施教、发挥学生学习的主动性和积极性都大有裨益。现代化教学手段使教育内容变得更加生动形象和直观，不仅有助于激发学生的学习热情和兴趣，还有助于提高学生学习的注意力和记忆力，能够有效地提高课堂教学效果。

---

① 戴双翔：《小学教学组织形式改革若干问题探析》，载《现代中小学教育》，2006(7)。

同时，现代教育教学理念为个别化教学提供了强大的理论支撑。其一是教育公平理念。国外的绝大多数国家都实行了义务教育，我国也已经实现了九年义务教育的普及，让每一个孩子都享有公平而有质量的教育是时代发展的必然。其二是人本化教育理念。教育教学是培养人的活动，必须尊重人、坚持“以人为本”“以生为本”，短视的、功利主义的教育与人本主义教育思想是格格不入的。

可见，个别化教学与促进学生健康成长、和谐发展及可持续发展的教育诉求是吻合的。其不仅可以实现现代社会对教育质量的追求，还有利于充分发挥每位学生的潜能，促使学生生动、活泼、主动地发展，成为小学教学组织形式改革的趋势之一。

四、教学组织形式多样化和综合化

现如今，各国的教育家越来越认识到，任何一种教学组织形式都有其利弊。在众多的教学组织形式中，一种教学组织形式的优点，可能正是另一种教学组织形式的不足，每一种教学组织形式都有其特定的目标指向和适用范围，不存在一种万能的教学组织形式。由于各个国家的生产力发展水平有所不同，教育的发展程度也存在差异，有效地结合多种教学组织形式发挥其长处，才能取得更好的教学效果，所以未来的教学组织形式必然出现多元化态势。

美国教育家布卢姆说过，在现有的教学策略上加上另一种新策略，其效果虽不会因此而增倍，但确能增加效果。苏联教学论专家巴班斯基提出了现代教学应该有意识地选择教学组织形式，即把全班的、小组的和个别的教学合理地结合起来的主张。英、美、日、法、德等国家流行协同教学制和活动分团制，简单来说就是把大班、小组和个别教学三种组织形式结合起来。

这种多样化和综合化也体现在课外、校外活动中。随着科学技术的发展和知识的激增，课外、校外活动在教学工作中的重要地位和作用日益凸显。西方的发达国家普遍加强了学生的课外和校外活动，将其作为课堂教学的补充，如科技竞赛、社区服务与社会实践以及志愿服务活动等。在英国、美国、日本等国家，课外、校外活动被列入教学计划，成为教学的一个重要组成部分。例如，美国以校内课外体育活动、运动俱乐部、校际竞赛等形式为主，让学生在课外参加社会交往与体育活动，有效地提高了学生某些领域的学识和能力；日本的课外活动多以俱乐部的形式组织开展，让学生凭兴趣选择自己喜欢的项目，主要活动内容包括足球、排球、棒垒球、田径、剑道、柔道等。除此之外，英、法、德等国家也十分重视课外、校外活动，一些学校的课外活动小组多达 20 多个。许多发展中国家近年来也普遍加强了课外、校外活动。

综合使用多种教学组织形式，优于单一地使用任何一种教学组织形式。所以，教学组织形式的优化组合和综合使用是小学教学组织形式改革的重要趋势。

五、分层教学越来越受重视

分层教学是在18世纪为克服班级授课制的弊端而提出的。目前，我国的分层教学主要有班级分层、班内分层、单科分层以及多科综合分层等不同形式。

分层教学的主要指导思想包括：教师的教要适应学生的学，教学要促进学生的发展，教学要充分利用各种教育资源。分层教学不仅考虑到学生的“最近发展区”，了解不同学生的认知水平和学习现状，引导学生将学习的可能性转化为发展的现实，还注意到学生在认知、情感和技能方面的区别，根据学生的不同特点布置有挑战性和梯度感的教学任务，以适应学生不同的发展水平，满足不同层次学生的需要，使每位学生逐步达到更高层次的发展。① 分层教学的趋势下，出现了分组教学、分组合作制和走班制等组织形式，它们是作为分层教学框架下的一种组织形式而存在的。

分组教学克服了班级授课形式不能适应学生的个别差异的缺陷，目前在国外再度兴起。各国在分组教学的具体形式上是有所不同的。美、英等国家所实行的分组教学大致可以分为两大类，即前文所讲到的“外部分组”和“内部分组”。

在课堂上仅仅依靠教师一个人兼顾学生的差异和特殊需要是较为困难的，进行分组教学是十分有效的应对方法。我国的分组合作制有别于国外的分组教学制而更倾向于合作，即按照均衡编组原则，将个人目标和小组目标相结合，把一个教学班分成若干小组，组内一般由4～6位在性别、学业成绩、个性特征、家庭及社会背景等方面具有异质性的学生组成。② 教师有计划地向各个小组分配学习任务，使小组成员进行合作学习，完成学习任务进而达到共同进步的目的。因此，分组合作制使每位学生都能体会到：只有通过合作在小组其他成员达成学习目标的情况下才能达成个人目标。

走班制是满足新高考改革和社会各界对个性化和创新型人才培养的要求的关键举措。我国台湾、香港地区的抽离式教学作为走班制的一种形式，近年来颇受关注。走班制是依据一定时期的教育教学目标，让学生在原有的知识经验基础上，根据自己的兴趣和爱好自主选择教学班级进行学习的一种教学组织形式。它具有学生选课自主性、

---

① 王爱军：《分层教学发展与研究综述》，载《成人教育》，2011(8)。

② 李彦峰、周先进、曾建国：《新课程背景下课堂教学组织形式的建构》，载《教育探索》，2009(4)。

课程类型多样性、教学班级动态生成性等优势。[①] 教师可根据学生的具体情况，灵活变动教学内容。

分层教学凭借其深厚的历史经验和较为成熟的运行模式越来越受到重视，其框架下的各种教学组织形式也逐渐得到关注，成为小学教学组织形式改革的重要趋势。

六、现代教育技术对教学组织形式的影响不断加深

现代教育技术是指运用现代教育理论和现代信息技术，通过对教与学的过程和教育教学资源的设计、开发、利用、管理和评价等，以实现教育理论和实践的优化。其核心内容就是运用现代信息技术优化教育教学过程，提升教学质量。现代教育技术作为促进教育均衡发展的新途径，能有效提升农村薄弱地区和西部地区的教育质量。国家通过政策性资金投入、农村教育专项计划或工程等外部支持在农村地区和经济欠发达地区加速部署和实施现代教育技术，可以使农村学校、薄弱学校跟上教育革新和发展的整体步伐，并实现发展过程中的动态均衡、优质均衡。

我国东部发达地区和西部欠发达地区、城市学校和农村薄弱学校之间的教育资源配置存在不平衡现象。随着现代教育技术的介入，优质教育资源得到共享，农村薄弱学校的教师可以更加准确地把握教学重、难点，采用灵活多样的教学内容呈现方式，从而提高了农村薄弱学校的教学质量。同时，现代教育技术使农村远程教育成为现实。借助现代教育技术，农村薄弱学校的学生能够享有和城市学校的学生同样的教学内容，可以选择适合自身学习需要的教学内容，实现学校教育的个性化发展、特色发展。现在的“慕课”“翻转课堂”等教学形式就是充分利用现代教育技术，使欠发达地区的学生获得同等质量的教育资源，实现优质教育资源的共享。

综上所述，教学组织形式的改革恰当与否直接关系着教育质量的高低。任何一种教学组织形式都不是僵硬的、一成不变的，应该根据特定的环境和需要进行一定的变化。[②] 按照教育目的、教育内容和教育对象的不同借鉴和吸收现有的各种教学组织形式的优势，将其作用发挥到最大是当前小学教学改革的重要内容。今后，随着新课程改革不断走向深入，小学教学组织形式的丰富内涵将越来越得到人们的重视，也必将逐步走向完善。

---

① 夏葳：《当代教学组织形式的困境及其出路》，载《吉林省教育学院学报》，2013(9)。

② 曾瑜：《新课程道路上对课堂教学组织形式的思考》，载《文教资料》，2006(2)。

本章小结

本章主要围绕着小学教学组织形式概述、小学常见的教学组织形式和当代小学教学组织形式的改革趋势三部分内容展开论述。

国内外研究者对教学组织形式进行了不同的概念界定，从多角度阐释了教学组织形式的一般特征；教学组织形式具有影响教学效率、教学规模、教学质量等多方面的功能；教学目标与教学内容、拟采用的教学活动类型、班级规模以及学生之间的差异、教学的资源条件等是影响教学组织形式选择的主要因素。教学组织形式在历史发展中不断变化，大致经历了个别教学、班组教学、班级教学、以班级教学为主的多种教学组织形式并存的四个阶段。

教学组织形式的类型多样，每种类型的特点鲜明并各自具有不同的优势与局限。小学基本的教学组织形式是班级授课制，辅助的教学组织形式有个别教学、小型班级、分组教学、“互联网＋教学”以及复式教学五种形式。

教学组织形式随着社会的进步及对人才需求的变化而不断地发展和改革，并呈现出一定趋势。当代小学教学组织形式改革的整体趋势是，班级教学规模小型化，班级空间安排灵活化，注重个别化教学，教学组织形式多样化和综合化，分层教学越来越受重视以及现代教育技术对教学组织形式的影响不断加深。

关键术语

教学组织形式；班级授课制；个别教学；班组教学；小型班级；复式教学；“互联网＋教学”

拓展阅读

1. 王策三：《教学论稿》第二版，北京，人民教育出版社，2005。

该书是受教育部委托编写的教学论专业教材，供全国高等学校教育类专业学生使用。该书包括教学论逐步科学化历程的基本线索、当前世界范围教学论科学化的新探索、教学的基本概念、教学过程、教学原则等内容。该书自 1985 年初次出版以来，受到广大师生的好评，对提高师范生的素养和加强教育学专业人才培养发挥了重要作用，成为我国 20 世纪 80 年代中期以来经典的教学论专业教材。

2. 王本陆:《课程与教学论》第3版，北京，高等教育出版社，2017。

该书系教育部教师工作司组织专家审定的高等院校小学教育专业规划教材，自2004年出版以来，得到了各方认可，获得多项荣誉，备受广大师生的好评。与前两版教材相比，本版教材在内容和结构上有了很大的调整。该书在内容上具体涉及课程概论、课程的表现形式、课程目标与课程内容、课程开发与学校课程建设、教学概论、教学目标、教学方法、教学手段、教学组织形式、教学评价、教学模式、教学设计与实践；以课程论和教学论的基本概念和原理为主线，同时注意联系基础教育改革发展的新形势和新要求，具有较强的知识性、时代性和实用性。该书在结构上强化了从学生需求出发设计教材体例，进一步突出情境性，增强操作性，强化对话交流，增加了图片、表格等直观性较强的表现方式，并通过链接了视频、案例、拓展材料等资源，力图实现文本学习、网络资源库应用支持和移动学习等方式的融合，突出教的方式和学的方式的多样化。该书可作为高等院校小学教育专业本、专科教材，也可作为小学教师继续教育教材。对课程与教学问题感兴趣的广大读者也可阅读参考。

3. 王道俊、郭文安:《教育学》第七版，北京，人民教育出版社，2016。

该书系受教育部委托编写的教材，曾获全国高等学校优秀教材奖、全国哲学社会科学学术著作奖等，为全国十大畅销书(文教类)。该书第七版由教育学家王道俊、郭文安教授联袂主编，由教育学界知名专家编写。其主要特点表现为以下几个方面：一是坚持以马克思主义为指导，明确教材的正确方向；二是运用辩证的方法，科学地分析与解决教育问题；三是融入新的学术思想，推进教育理论的发展；四是弘扬传统与总结经验相结合，凝铸教育学的中国特色。

4. 陈旭远:《课程与教学论》，北京，高等教育出版社，2012。

该书按照“设计—实施—管理与评价”的内在逻辑主线将课程与教学整合起来，架构了全书的整体框架。“设计部分”主要包括课程价值、课程内容、课程的类型与结构等；“实施部分”主要包括教学目标、教学设计、教学过程、教学模式、教学组织形式、教学手段、教学艺术等；“管理与评价部分”包括课程管理与校本课程开发、课程与教学评价等。该书阐述了有关课程与教学的基础知识和基本理论，以帮助读者整体把握课程与教学的学科体系；强调了理论联系实际，注意培养读者运用理论分析和解决实际问题的能力。

体验练习

1. 名词解释：教学组织形式、班级授课制、个别教学、“互联网＋教学”。

2. 简述分组教学的特点以及优势与局限。

3. 请举例说明影响教学组织形式选择与运用的因素有哪些。

4. 通过实地考察，了解一所学校所采用的教学组织形式有哪些，效果如何。

第九章

小学教学评价

章结构图

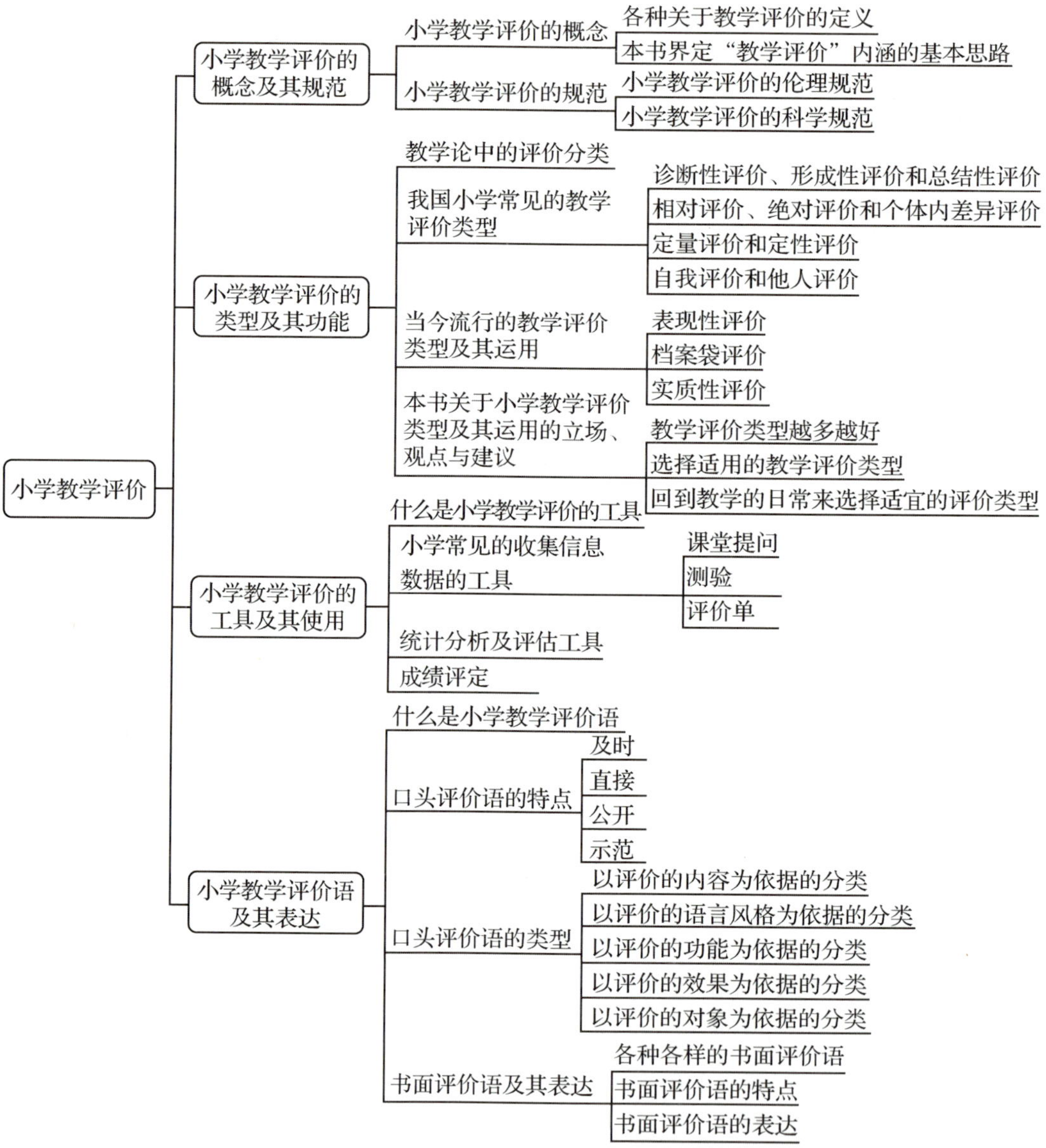

本章概述

本章遵循思想—理论—技术的论述思路，从四个方面对小学教学评价进行了阐述。首先，分析了小学教学评价的概念及其规范，旨在帮助小学教师树立科学的教学评价观；其次，重点介绍了小学常用的教学评价类型及其功能，对从国外引进的表现性评价、档案袋评价和实质性评价三种教学评价类型进行了述评，并提出了我们的立场、观点和建议，以指导教师对各种类型的评价“择宜”践行；再次，对小学教学评价工具及其使用进行了详尽的说明；最后，分享了本书对小学教学评价语的初步探索，希望能对教师评价语的表达与运用提供参考。

问题情境

小学考试怎么考，孩子才能没压力？①

2019 年 1 月 4 日，山东省济南市历下区盛福实验小学一年级教室被布置成了森林的场景。参加期末考试测评的一年级小学生都“变成”了森林中的小猴子、小老虎、小狮子等小动物。每位学生通过“小小表演家”环节进行音节拼读，还到“红苹果乐园”摘取知识苹果，进行课文朗读……全部通关结束后，学生到教师那里领取的是一张“动物王国邀请函”的小奖状。

1 月 14 日上午，山东师范大学附属小学一年级学生手持“尚善号”列车车票，踏上了自己的“期末考试”之旅。他们从山东师范大学附属小学站出发，依次通过“活力趵突泉”“漫步曲水亭”“畅游大明湖”“品鉴芙蓉街”“勇登千佛山”五个站点，最终到达“尚善乐园”终点站，获得“尚善少年卡”。五个站点将一年级语文、数学、英语学科的测试内容融合其中。教师采用转转盘、选糖葫芦、掷骰子、钓鱼、选水娃等多种富有趣味的形式让学生抽取测试题目。

在济南东方双语实验学校，一年级的期末考试通过“书法小名家”“神算小诸葛”“朗诵小明星”“识字小状元”“实践小能手”“应用小达人”六个闯关环节，考查了学生对拼音、字词、课文的正确认读、拼读以及口算、认识图形、认识钟表等多方面的能力。

济南市青龙街小学一年级的考试则设计成了“七彩小青龙”闯关游戏。每一个教室设置不同的游戏环节，将一学期需要掌握的语文、数学以及综合常识都融入游戏。有的游戏偏重生字、生词，有的游戏是标自然段和数句子，有的游戏是数学口算。

山东省济南市历下区在考试形式上的改革有没有让我们眼前一亮？原来小学的考试还可以这么考！考试改革历来在教育教学改革中都是最受关注、也是最难的。在这一章，我们将带着大家进入与考试息息相关的教学评价这一领域。对于教师来说，这是一个既要高度重视、又需小心谨慎实践的专业领域，因为它涉及对学生的学习和教师的教学在好坏、优劣、真假、善恶、长短、高低以及对错等方面的判定，既有事实认定活动，也有价值判断活动；既有科学规范的要求，也有伦理规范的要求。

---

① 李飞、潘世金：《济南历下区改革小学一年级考试形式主题 考试变成玩游戏》，载《齐鲁晚报》，2019-01-15。

第一节
小学教学评价的概念及其规范

一、小学教学评价的概念

给任何一个概念下定义，不同的人给出的陈述必定各有自己的侧重点。有的侧重事实描述，有的侧重本质规定；有的侧重要素的罗列，有的侧重过程的呈现；有的侧重特征的刻画，有的侧重功能或意义的表达。在我们看来，所有的定义，不管从什么样的角度，只要是经过了认真的思考，表达是真诚的，就值得我们去学习，这对我们全面理解该概念不无裨益。

（一）各种关于教学评价的定义

目前常见的关于教学评价概念的界定有如下几种。

“教学评价，就是通过各种测量，系统地收集证据，从而对学生通过教学发生的行为变化予以确定。”①

“教学评价，就是所有参与教学工作的人，利用一切可行的方法和手段，按照一定的教育目的和教学计划，对教学工作质量进行的测量、分析、比较和评定。”②

教学评价是指收集教育系统各方面信息并依据一定的客观标准对教学及其效果做出客观的衡量和科学的判定过程。③

简单地说，教学评价是对教学活动质量所做的测量、分析和评定。它是在一定的评价理念指导下，以课程与教学目标为依据，按照科学的标准，运用有效的技术手段，对教学过程及结果进行测量并给予价值判断的过程。④

上述四种定义既有歧见，也有共识。明显的不同就是评价客体：第一种定义的评价客体是“学生的行为变化”；第二种定义的评价客体是“教学工作质量”；第三种定义的评价客体是“教学及其效果”；第四种定义的评价客体则是“教学活动质量”。其共同之处则体现在强调评价过程包括测量、分析和评定，要收集信息、证据并依据一定的

① 李秉德：《教学论》，320 页，北京，人民教育出版社，1991。
② 罗明基：《教学论教程》，281 页，哈尔滨，黑龙江人民出版社，1987。
③ 吴也显：《教学论新编》，423 页，北京，教育科学出版社，1991。
④ 王本陆：《课程与教学论》第 3 版，224 页，北京，教育科学出版社，2017。

标准对评价客体做出事实和价值上的判定。

(二)本书界定"教学评价"内涵的基本思路

如果要给教学评价下一个定义，我们需要把它放在一个具体的学科体系中，通过它与相关概念的关系来把握它的具体内涵。

目前，在教育学领域，关于教学评价的知识主要来自三个学科：教育评价学、教育心理学、教学论。与教学评价相关的概念主要有：教育评价(educational evaluation)、成绩评定或成果评定(achievement assessment)、教育或心理测量(measurement in education and psychology)、测试(test)、考试(examination)、小测验(quiz)、教育评估(education appraisal)等。此外，还有学业评价、学业成绩的考核与评定、教学效果的检查与评价、课堂评估、学习评价、学生评价、教师评价、能力测评、教育质量评估等与教学评价相关的概念。

在不同的学科领域，人们对"教学评价"有着不同的界定。

譬如在教育评价学领域，"教育评价学是教育科学中一门应用性很强的分支学科。它涉及的范围也是很广泛的，粗略地加以区分，就有学生评价、教师评价、教学评价、课程评价、学校与教育机构评价、教育政策与教育项目评价等方面"①。

在教育心理学领域，有"学习的测量与评价"，涵盖"测量""测验"与"评价"等内容，重点是对学生的学习结果进行测量，并查明这些结果是否与教育目标相符。②

对于小学一线教师来说，其中心工作还是教学。教学论才是直接指导我们教学实践的理论。所以，我们需要把"教学评价"这一概念放到教学论的学科背景下来理解。

在教学论领域，最早影响我国学校教学的理论源自欧洲大陆传统的赫尔巴特教学理论。新中国成立以来，学校教学从实践到理论都深受苏联的影响。在传统的教学论中，教学评价重点指对学生知识、技能与技巧的检查。③ 而检查知识的直接和首要的任务，就是确定学生掌握了哪些知识，掌握的程度怎样，然后根据检查结果来确定下一步的工作。

20 世纪 50 年代，曹孚先生的《教育学通俗讲座》影响了一代小学教师。他强调：学业成绩检查工作要"与整个改进教学、提高教学质量的工作联系起来，统一起来""成绩考查不仅是教师考查学生，也是教师考查教师自己，也是国家考查教师的工作"。④

---

① 陈玉琨：《教育评价学》，前言 2 页，北京，人民教育出版社，1999。

② 邵瑞珍：《教育心理学》，487～516 页，上海，上海教育出版社，1988。

③ [苏联]姆·阿·达尼洛夫、[苏联]勃·朴·叶希波夫：《教学论》，北京师范大学外语系 1955 级学生译，401～439 页，北京，人民教育出版社，1961。

④ 曹孚：《教育学通俗讲座》，169 页，北京，人民教育出版社，1953。

20世纪80年代，王策三先生对“教学效果检查”这一概念进行了分析和界定。他指出：“教学效果的检查，其完整的含义应该包括：检查—分析—评定。有检查而无评定是无意义的；而要评定就必须有分析。”“教学效果的检查、分析和评定，与考试既有联系，又有区别。考试只是检查的方法之一……考试也不限于检查教学效果，还用于选拔。”“教学论中研究的检查、分析和评定，是专指教学效果的检查，即教学意义上的概念或教学范畴，不是选拔意义上的概念。”①

继承我国教学论的传统，本书对教学评价的理解侧重教学效果的检查。为方便学习者理解和应用，对小学教学评价的概念界定则以小学教师为评价主体。综合上述各种知识和背景，我们给小学教学评价下一个描述性定义：小学教学评价是小学教师为改进教学、提高教学质量，运用各种方法和技术对教学效果进行检查、分析和评定的活动。

二、小学教学评价的规范

客观上讲，教学评价是教学活动过程中不可或缺的一个环节。它在教学中有着举足轻重的地位，发挥着诊断、强化、调节甚至教学的作用，意义重大。但是，这一切都基于对它的规范应用。不是所有的教学评价都能发挥积极作用，不遵循规范，滥用教学评价，不仅无益于教学改进和学生的发展，甚至有可能损害教学质量，给师生造成伤害。

在小学生的眼里，教师天生带有权威性。教师的每一句评价对小学生都有不可估量的影响。一些儿童在未入学校时是对学校充满了美好的憧憬的。成为小学生后，一旦被贴上“后进生”等标签，恐惧、紧张、焦虑等不良情绪就将伴随今后多年的学校生活，他们的健康发展将无从谈起。因此，教师应遵循教学规范，发挥评价的积极意义，避免给小学生的发展造成伤害。

究竟有哪些必须遵循的规范呢？美国学者苏珊(Susan)认为，评价有两个主要领域：一个领域称为技术或科学领域，它是通过运用来自经济、社会科学、统计学等相似学科的定量测量方法来分析活动、目标和对象。另一个领域涉及描述价值、目标和目的的任务，它与道德和伦理评价以及价值、目标和目的是否已经实现联系更紧。② 因此，根据评价的这两个领域，我们把教学评价的规范划分为两大类：一类是伦理规范；另一类是科学规范。

---

① 王策三：《教学论稿》第二版，292页，北京，人民教育出版社，2005。

② 转引自朱丽：《技术与伦理：学生评价发展的两条路径》，载《上海教育评估研究》，2018(4)。

（一）小学教学评价的伦理规范

教育是教人向善的事业。“儿童对于善恶、是非是十分敏感的。成年人能够认识到不公正的事是错误的，儿童却还无力理解生活的全部复杂性……儿童的内心状态——这是当别人的行为或多或少地触及儿童的人格时，儿童所作出的带有深刻个性的情绪上的评价。儿童对这些行为的反应（首先是情绪上的反应）是十分敏锐的。”①因此，希望未来的小学教师把恪守教学评价的伦理规范放到首位。

那么，如何理解教学评价的伦理规范？

伦理规范一般指处理人与人之间的关系时所遵循的道德准则。根据我们对小学教学评价的界定，小学教学评价的对象主要是教学效果，是教学活动的结果和质量，并不直接指向人本身。但是，由于教学效果是师生共同努力的结果，对教学效果的评价必然涉及教师和学生双方。当教学管理者对教师和学生的教学效果进行评价的时候，作为当事人的教师和学生不可能无动于衷。当教师对学生的学习进行评价的时候，学生总会有所触动。小学教学评价虽然主要是对事，但也能影响到人。所以，当小学教师或教学管理者在对教学效果进行检查、分析和评定时，需要遵循一些基本的道德准则，使得教学评价合乎道德，体现人道。它也是衡量评价主体道德修养的一个重要方面，具体到教师，则是师德的具体体现。

很多优秀的教师在评价上无不体现高尚的师德和人道精神。苏霍姆林斯基说：“如果学生由于这样或那样的原因和情况而没有能力掌握知识，我是从来不打不及格分数的。如果学生感到没有努力的方向，觉得自己什么也不行，这对他的精神是最大的压抑。心情苦闷和精神抑郁，这种情绪会对学生的全部脑力劳动打下烙印，使他的大脑好像变得麻木起来。只有那种明朗的、乐观的心情才是滋养着思想的大河的生机蓬勃的溪流。”②

小学教学评价应该遵循哪些伦理规范呢？

有学者认为：“教育评价的伦理尺度，必须是能够激发人的主体性发展和激励人格的自我完善。”③这是从意义上说的。

有学者认为：“在教育评价伦理的一系列准则中，根本的准则是：积极地对待人性。”④这是一般层面的原则。

---

①　《苏霍姆林斯基选集（五卷本）》第 4 卷，700 页，北京，教育科学出版社，2001。

②　［苏联］瓦·阿·苏霍姆林斯基：《给教师的建议》修订本全一册，杜殿坤编译，39 页，北京，教育科学出版社，1984。

③　糜海波：《教育伦理视阈中的教育评价刍议》，载《教育导刊》，2006(9)。

④　丁念金：《论教育评价的根本伦理准则》，载《湖南师范大学教育科学学报》，2016(6)。

有学者认为：对学生的评价要不侵犯学生的隐私、真正对学生负责、讲究诚信、坚持实事求是和公正、从学生成长的实际需求出发等。① 这是一些具体的要求。

20世纪60年代，针对当时美国中小学生评价的现状以及评价中存在的各种弊端，美国拉塞尔·塞奇(Russell Sage)教育基金会承办了一个大规模的全美教育专题研讨会，召集了大学教授、学校管理人员、社会学家、心理学家、法学教授、法官等制定了学生评价的伦理规范和具体的实施指南。20世纪70年代，美国联邦政府吸纳拉塞尔·塞奇教育基金会的建议颁布《家庭教育权与隐私权法》(Family Educational Rights and Privacy Act)，学生的个人隐私及其信息开始受到法律保护。20世纪80年代以来，美国教育评价协会又颁布了系列标准，评价的伦理规范建设都是重点内容。比如，对评价人员的伦理要求包括：尊重评价对象的人格；维护评价对象的利益；保护评价对象的隐私权；满足不同评价对象的需要；避免对评价对象的伤害；防止评价人员的各种偏见；保持评价人员的诚实；保证评价人员的专业素质；杜绝评价结果的误用和滥用。2002年颁布的《学生评价标准》对什么是好的学生评价做出了规定性的界定，为教师及其他评价者提供了行为指南。②③

关于评价应遵循的伦理原则，20世纪80年代就有美国学者提出了“仁慈”“尊重”“正义”等伦理规范；关于评价的伦理基础，有学者主张以“自律”为基础，有的主张以“正义”为基础，有的倡导以“无私”为基础。在对学生进行教育测验时，学者J. M. 里奇(J. M. Rich)就主张：一要把学生作为人来尊重；二要避免给学生贴带有贬义的标签，羞辱学生，嘲弄学生；三要体现真实性，反对舞弊，保护正直诚实的学生，公正无私地对待学生；四要尊重学生的隐私。④

我国学者则提出：教学评价要讲民主、求公平、负责任，这是教学评价对社会需要和人性关怀的积极回应，也是教学评价把当前的需要和长远的需要结合起来促进学生全面自由发展的必然要求。⑤

总之，在这一领域，我们可以看到，已有研究对教学评价的伦理规范要求极尽可能囊括人类所能具备的美德和一切高尚的行为，譬如仁爱、慈祥、善良、正直、勇敢、公正、无私、负责任、真诚、诚实、可信赖、积极乐观、奉献、忠诚、正义、和善、人道、敬业、耐心、宽容大度、自律、勤奋、认真、尊重他人、谦虚、热情等。毋庸置疑，能在评价上遵循伦理规范的教师必定具备诸多的美德，必定是一个有道德的人，甚至是学生和其他教师的道德楷模。

---

① 蔡敏：《学生评价应坚守伦理规范》，载《教育测量与评价》，2017(10)。

② 蔡敏：《美国教育评价的伦理规范建设及其启示》，载《外国教育研究》，2005(6)。

③ 蔡敏：《美国〈学生评价标准〉评析》，载《外国中小学教育》，2003(11)。

④ 王健：《论学生评价伦理》，硕士学位论文，华东师范大学，2006。

⑤ 方丽、李如密：《教学评价的伦理内涵及其要求探析》，载《江苏教育研究》，2016(13)。

苏霍姆林斯基在《致未来的教师》里强调：教师和儿童之间是活生生的人的相互关系；尊重信任学生，保护学生的学习愿望；小心使用评分，看到学生的成绩再评定；每个孩子都有着一个独一无二的个性，任何时候教师都要对孩子充满信心。①

美国教师约翰·霍特分享他的教学经验时，强调教师对学生要“喜欢”“信任”“尊重”。他说：“我教的班更优秀，孩子们学到了更多东西，不是因为有更好的教具或教学方法，而是因为这是一个与众不同的学习环境。我最大的作用也不是发明了多好的教学方法，而是向孩子们展示了一个真实的人。他爱好广泛，喜欢读书、写作、体育，尤其喜欢音乐。他总是和蔼可亲，充满耐心，不过偶尔也会发脾气。他会把他的所想所感抒发出来。最重要的是，他喜欢、信任并尊重他的学生。”②

综合各家之言，汲取国内外优秀教师的经验，我们把小学教师应遵循的小学教学评价的伦理规范概括如下。

首先，应遵循角色伦理，“学为人师，行为世范”，不滥用教师权威，不弄虚作假，不虚伪矫饰。教师要在学生面前做一个真实、真诚的人，向学生展示自己的长处；不掩饰自己的弱点和短处，真诚和学生交往，用自己的学识和人格影响学生。当学生的成绩不如意时，教师要像苏霍姆林斯基那样去分析原因，寻找对策，给学生实质的帮助，耐心等待学生慢慢进步。

其次，守住底线伦理，做到谨慎负责，杜绝对学生身心的任何伤害。当我们评价学生时要提醒自己“小心、小心、再小心”。不论是成人还是孩子对评价都很敏感。“有修养的人从不轻易评价他人”。这个“不轻易评价别人”也适用于对学生的评价。我们在优秀教师的身上都能发现这一点，他们就能做到从不轻易去评价学生。年轻的教师需要谨记：评价的言行是有底线的，这个底线就是不能责骂学生，杜绝对学生身心的任何伤害。有些话一旦不小心说出口了，有些事冲动之下已经做了，该怎么办？应及时向学生说声“对不起，老师不应该这么说”，采取必要的挽救措施。只要恪守这条规范，真诚地和学生沟通，教师就能守住这条底线，避免给学生造成伤害。

最后，重视关系伦理，和学生建立民主平等的师生关系。这应该是评价有效的前提和基础。之所以把它放在第三条，是考虑到我们应先做好自己，才能处理好关系。这一点比前两点对教师素质的要求更高。因为人们在评价他人的时候，容易置之度外忘了自己也是一个有缺点、会犯错误的普通人，可能会站在高人一等的位置，对被评价的人指手画脚、高谈阔论。这样作为评价主体的人与作为评价客体的人之间就有了不平等关系。如果是有教师或管理者身份的评价主体，刻意彰显权威性，

---

① ［苏联］瓦·阿·苏霍姆林斯基：《给教师的建议》修订本全一册，杜殿坤编译，417～423页，北京，教育科学出版社，1984。

② ［美］约翰·霍特：《孩子为何失败》，张惠卿译，178页，北京，首都师范大学出版社，2010。

民主简直就是奢望了。因此，和学生建立民主平等的关系，就是别忘了自己也是普通人，更要记住被评价的人哪怕是六岁孩童，也是活生生的有尊严的人。民主平等关系的实质是真正的人与人之间的关系。评价主体对评价客体的尊重也就是对自己的尊重。

除了上述三点外，还有其他的一些伦理规范。可以先从上述三点做起，随着教学经验的不断丰富，我们就会发现需要恪守的专业伦理规范越来越多，我们个人则越来越自律，个人的师德修养和教育智慧也因此不断完善。

(二)小学教学评价的科学规范

我们一直强调教学评价是教学工作的一个必要环节，主要对教学效果进行检查、分析和评定，根本目的是改进教学和提高教学质量。究竟什么样的评价才能促进教学改进和教育质量提高呢？如何对教学效果进行检查、分析和评定才能保证数据信息的真实有效以及分析评定结果的客观、有价值呢？除了恪守伦理规范外，我们还要遵循评价的科学规范，才能保证评价成功有效的实施。

心理测量专家关于测量的研究成果很多，一本书都不足以尽览其精要，那我们这一章则更是勉为其难。小学教学评价的重点是整体教学系统的质量，核心是教学，评价重在检查教学效果。因此，基于小学教学的实际需要和优秀教师的实践经验，我们尝试从更一般意义上对小学教学评价提出四点规范要求，分别是真实、全面、客观、发展。

1. 真实

在小学教学评价的伦理规范中，我们提到的第一条里也有“真实”。这两个“真实”有不一样的内涵。伦理规范中的“真实”是要求教师这个人要真实，不虚伪。科学规范里的“真实”，则指收集的信息、材料和数据等要真实，不能弄虚作假。事实材料的真实性是评价科学有效的基础。如果一开始收集到的材料就都是虚假的，那后面的分析和评定也就没什么意义了。

具体到小学教学实践中，检查学生的学业时，学生懂了就是懂了，不懂就是不懂。不能为了鼓励学生，给学生一个虚假的好成绩，对那些知识上的错误或漏洞却蒙混过关，这是极不负责任的做法。

2. 全面

对教学效果的检查本质上也是一种认识活动，是对学生学业成就的认识。既然是认识活动，必然遵循认识规律，占有与认识客体有关的全部资料才能获得科学认识。实践中，有些教师在认识上容易陷入误区，只认识了局部，便以偏概全得出最终的结论。

苏霍姆林斯基指出：“我对学习成绩的关注是从关心下面这些事情开始的：孩子吃

得怎么样和睡得怎么样，他的自我感觉怎么样，他玩得怎么样……他读了哪些书和听了哪些故事，他画了什么画和如何在画中表达自己的思想和感情，大自然的音乐和人民的音乐家们创作的乐曲在他的心灵中激发了什么感情，孩子喜欢什么劳动，他对别人的欢乐和悲痛的敏感性如何，他为他人做了些什么，并因此而产生了什么感情。”①

吴非老师认为：评价学生不能用一把尺子。② 我们还要补充一句：评价学生不仅不能只用一把尺子，就是用多把尺子也不一定能全面反映教学效果，有时还需要用“磅秤”“测温计”“试纸”等各种工具来评价。

从测量学的角度来看，每次评价所依据的事实材料和成绩等都只是一次抽样结果。比如，课堂上的提问、平时的各种表现以及学期学年的考试测验，都是在教学的某时、某刻或某一阶段的抽样。获得对教学效果的全面认识只能依赖个别抽样的合乎逻辑的推论来断定。既然是抽样，就难免有误差。也就是说，不管是从核心素养出发还是从学生全面发展出发，收集到的事实材料都只能是局部的，不足以反映教学效果的全部。既然这样，为什么我们要求评价需要全面呢？因为看到一片叶子，既有可能一叶障目，也有可能一叶知秋。教师应该有“一叶知秋”的洞察力，通过局部想象到整体，透过现象看到本质。在这里，理解“全面”的具体内涵是关键。

首先，“全面”针对的是“片面”。片面的评价，在不同的人那里各有所指。比如，在阿莫纳什维利那里，“片面”主要指成绩的片面性，只反映知识、技能和技巧等方面的教学效果，无法反映学生所付出的努力以及学习活动过程是否合理。在苏霍姆林斯基那里，关心成绩是从关心孩子“吃得怎样”“睡得怎样”“玩得怎样”“感觉怎样”开始的。所以，不关心学生真实的生活就是“片面”。

不论有何侧重，全面评价就是不能只抓一点，只抓结果、不看过程是片面，只看过程、不看结果也是片面；只看成绩、不关心生活是片面，不问成绩、只关心生活也是片面；只问成绩高低、不分析成绩背后的意义也是片面。全面就是要兼顾过程与结果、学习与生活、成绩描述的检查结果与其意义。

其次，“全面”不是面面俱到，也不可能做到面面俱到。关键是抓重点，切中肯綮。在这一点上，存在的突出问题就是求全责备。有些评价凭借的素质标准可能是人用一生的努力都无法达到的，这样的评价很容易让人感到沮丧。美国在20世纪六七十年代盛行把教学目标分解为更为具体的小目标，以便进行评价的做法。结果“纷繁复杂的教学目标压倒了当时的教师，行动目标的热潮也因此而结束”③。

---

① 《苏霍姆林斯基选集(五卷本)》第3卷，蔡汀、王义高、祖晶编，170页，北京，教育科学出版社，2001。

② 吴非：《课堂上究竟发生了什么》，37页，北京，中国人民大学出版社，2015。

③ [美]W. James Popham：《测验的反思——对高利害测验的建议》，国家基础教育课程改革“促进教师发展与学生成长的评价研究”项目组译，133页，北京，中国轻工业出版社，2005。

小学教育是基础教育的基础。儿童进入学校虽然具有学生身份但不具备学习能力，还称不上真正的学生。整个小学阶段的任务就是通过系统的科学文化知识的学习实践来历练儿童的学习习惯和学习能力，使其成为自主独立的学习主体，能够进入下一个更为高级的学习阶段。詹姆斯·波帕姆认为：应抓住学生需要完成的最重要的学习成果，根据最为重要的几个学习成果编制测验，这些成果应该是能够成功地教授并且可以进行准确评价的。① 在我们看来，教师在小学教学评价中应该紧紧围绕科学文化知识的教学效果，抓住学习习惯和学习能力两个重点，设计典型问题、课堂提问或编制试卷，从小处着手，及时检查，及时发现问题，及时改进，帮助学生一点点成长。

再次，孔子提出了关于"全面"认识的一个观念，即"叩其两端而竭焉"。《论语·子罕》有言："子曰：'吾有知乎哉？无知也。有鄙夫问于我，空空如也；我叩其两端而竭焉。'"所谓"叩其两端"，是从问题的首尾，也就是因果两个方面去探究。具体到教学效果的检查，就是不仅看结果，更要分析原因。在教学过程中，教师不必太在意结果的对错。错误也是一件好事，"对于一个没有犯过错的孩子来说，他不会学到本可以学到的东西，他的思想也不会受到足够多的挑战"②。错了不要紧，关键是要分析背后的原因。基于事实资料，教师从因果两个方面去分析以落实评价的全面性，对教学的改进更有意义。

最后，教学评价的全面性主要是指教学的各个方面。它既不单指学生一方，也不单指教师一方，而是对师生教学双方的全面检查、分析和评定。也就是说，学生的成绩在一定程度上能体现教师的教学水平，教师的教学成绩在一定程度上能体现学生的学业成绩，这两方面是一体两面、无法剥离的。教学评价的全面性不是论人(主要是师生)的素质的全面性，也不等同于课程标准里的目标和内容，而是要全面了解教学(系统的科学文化知识的教学)的各个方面，对教学的质量和水平、优点和缺点、矛盾和问题等做出科学的判断。

3. 客观

评价是基于事实的价值判断，是主客观的统一。也就是说，事实可以客观，但由人进行的分析和评定就不可避免会具有主观性。虽然我们承认这一点，但不等于怎么分析和评定都可以。保证评价的客观性是现代测量与评价学所追求的目标，也是衡量教学评价科学性的一个指标。

明明知道评价主体具有主观性，为什么我们还要求评价需要客观呢？我们所要求的"客观"具体是什么意思呢？

---

① ［美］W. James Popham：《测验的反思——对高利害测验的建议》，国家基础教育课程改革"促进教师发展与学生成长的评价研究"项目组译，127页，北京，中国轻工业出版社，2005。

② ［英］麦克·格尔森：《如何在课堂中培养成长型思维》，白洁译，50页，北京，中国青年出版社，2019。

“客观”对应的是“主观”。如果评价主体对评价客体有明显的倾向性，评价结果就会被认为“不客观，太主观”。评价不客观至少会产生两种结果。一种结果是不公平。在学生的生活中获得成绩永远是一件具有重大意义的事情。成绩会引起学生的复杂的心理活动：高兴或是发愁；如果他得到的成绩比他所想象的要低，那么他就会考虑，为什么会给他评这么低的成绩；他会分析自己的答案或分析自己的书面作业。在某些情况下，他会感到似乎教师对他不够公平。①

另一种结果就是得出的结论不准确。基于同样真实的材料，立场不同的评价主体会得到不一样的评价结果。譬如来自社会经济地位高的家庭的孩子成绩好，可能会被认为遗传素质好，家庭教育环境好；来自社会经济地位低的家庭的孩子学习好，可能会被认为是因为刻苦和努力。讨人喜欢的孩子学习不好，可能会被批评粗心；不讨人喜欢的孩子学习不好，可能就会被认为笨拙。管理层对教师的评价其实也存在同样的偏见。詹姆斯·波帕姆教授曾用事实证明：“教授社会经济地位较高学生的教师，相比教授社会经济地位较低学生的教师来说，将会得到一个更好的对于他们的教学效果的评价”，“如果一个标准化成就测验中包含了许多与社会经济地位有关的项目，那么根据学生的测验分数来评价教师的教学效果是不准确的，也是不公平的”。② 詹姆斯·波帕姆教授还提到一个现象：在由来自社会经济地位高的家庭的孩子聚集的学校进行的教学，很容易被评定为“成功”的教学，并成为其他学校效仿的榜样。反之，在普通的不知名的学校的教学，即便是很成功的教学，也将被迫进行改革，造成一些教育的闹剧。③

总之，客观的教学评价一定要摒弃各种偏见，把个人的主观倾向悬搁，不为利益所左右，不让个人喜好影响判断，要让真实的事实材料说话，这样得出的结论才能客观公正、有价值。

4. *发展*

学生是处在发展中、还在成长的主体。没有人怀疑这一点。但是具体到实践中，静止地看学生，急于求成，“揠苗助长”的行为还存在。有些教师希望刚入学的学生几日之内就能把字写得横平竖直、美观大方，一个学期就成为自主、自觉、独立的小学生；一年之后就爱上学习，从此不用教师和家长督促，成为全面发展的社会主义建设者和接班人。实际情况是，不论是学生还是教师都处在成长的过程中。人的发展和进

---

① [苏联]姆·阿·达尼洛夫、[苏联]勃·朴·叶希波夫：《教学论》，北京师范大学外语系1955级学生译，407～408页，北京，人民教育出版社，1961。

② [美]W. James Popham：《测验的反思——对高利害测验的建议》，国家基础教育课程改革“促进教师发展与学生成长的评价研究”项目组译，101页，北京，中国轻工业出版社，2005。

③ [美]W. James Popham：《测验的反思——对高利害测验的建议》，国家基础教育课程改革“促进教师发展与学生成长的评价研究”项目组译，31页，北京，中国轻工业出版社，2005。

步都是一点点地由量变到质变；不是直线式地一直在进步，有时甚至还会有退步。

概言之，小学教师尽管有着社会赋予的角色权威，但任何时候都不要忘了自己也是一个活生生的、有自己的喜怒哀乐、优缺点并存、需要成长的人。如何评价他人显示了一个人的道德素养水平和文明程度。在评价时，遵循伦理规范，做一个真实、真诚的人；守住教育的伦理底线，不说伤害师生的话，不做伤害师生的事；师生之间建立真正民主平等的关系。遵循科学规范，保证数据和信息真实、全面，评定客观，促进师生共同发展和进步。

总之，不是所有的教学评价都能发挥积极意义，只有遵循伦理规范和科学规范的教学评价才能发挥正向功能，促进教学质量的全面提高。

第二节 小学教学评价的类型及其功能

明确了小学教学评价的内涵以及规范，就为下一步怎么评价奠定了思想基础。在这一节我们重点了解各种各样的评价类型及其功能，为实施评价奠定知识基础。

一、教学论中的评价分类

吴杰的《教学论——教学理论的历史发展》提出，教学评价按着评价的目标来分可划分为三种，即相对评价、绝对评价及个体内差异评价。①

唐文中的《教学论》在“教学检查与评价”内容中介绍了“学生学习结果的检查与评价”和“教师教学工作的检查与评价”。在“学生学习结果的检查与评价”中，按照检查和评价方法的功能分类，介绍了诊断性检查与评价、形成性检查与评价、总结性检查和评价。②

李秉德的《教学论》把教学评价归到反馈论范畴，专节阐述了教学评价的种类及各类评价的特点和用途。该书认为“由于出发点和标准不一，评价专家们对评价的分类很不统一。就教学评价这一领域而言，布卢姆的分类比较适用”③。因此该书采用了布卢姆的分类，重点介绍了总结性评价、形成性评价和诊断性评价，并对三者从作用、目的、重点、手段、内容、试题难度、成绩解释、实施时间以及主要特点等各方面进行

① 吴杰：《教学论——教学理论的历史发展》，491页，长春，吉林教育出版社，1986。
② 唐文中：《教学论》，286～314页，哈尔滨，黑龙江教育出版社，1990。
③ 李秉德：《教学论》，330页，北京，人民教育出版社，1991。

了具体的比较分析。

田慧生、李如密的《教学论》介绍了四组评价类型：总结性评价、形成性评价与诊断性评价，常模参照评价与标准参照评价，标准化测验评价与教师自编测验评价，系统测验评价与日常观察评价。[①]

黄甫全、王本陆的《现代教学论学程》关于教学评价的分类重点介绍了两大类评价：一类以评价的作用为依据，分为诊断性评价、形成性评价和终结性评价；另一类以标准为依据，分为相对性评价、绝对性评价和个体内差异评价。[②]

施良方、崔允漷的《教学理论：课堂教学的原理、策略与研究》在"课堂教学评价策略"一章借鉴李秉德先生的《教学论》介绍了诊断性评价、形成性评价和终结性评价三种类型。[③]

裴娣娜的《教学论》关于"教学评价的基本类型"的内容主要介绍了四大类评价：一是最佳表现评价和典型表现评价；二是常模参照评价和标准参照评价；三是客观题测验和复杂—表现性评价；四是安置性评价、诊断性评价、形成性评价和总结性评价。此外，根据对象的分类，该书把教学评价分成学生评价和教师评价并分别进行了阐述。[④]

陈佑清的《教学论新编》对现行教学论范畴体系试图进行突破创新，提出了新的教学论体系。其中，第十七章为"教导的内容(七)：评价学习效果"，列举了五类评价类型：第一类是依据评价对象或内容，分为课程与教学设计评价、课堂教学质量评价、学生学业成绩评价、教学管理评价；第二类是依据评价标准，分为相对评价、绝对评价和个体内差异评价；第三类是依据评价功能的差异，分为诊断性评价、形成性评价和终结性评价；第四类是依据评价的标准化程度，分为教师自行设计的考试和标准化考试；第五类是依据评价手段和方法，分为纸笔测验、表现性测验和档案袋评价等。[⑤]

概览之后，我们应该对小学教学评价的类型形成如下初步的认识：分类可以有不同的立场和视角；评价的类型非常多；有一些类型被反复提及，在某些方面人们还是有共识的。

二、我国小学常见的教学评价类型

在介绍之前，我们需要了解直接指导教学实践的义务教育各科课程标准给教师的

① 田慧生、李如密：《教学论》，364～372页，石家庄，河北教育出版社，1996。
② 黄甫全、王本陆：《现代教学论学程》，281～286页，北京，教育科学出版社，1998。
③ 施良方、崔允漷：《教学理论：课堂教学的原理、策略与研究》，335～338页，上海，华东师范大学出版社，1999。
④ 裴娣娜：《教学论》，298～300页，北京，教育科学出版社，2007。
⑤ 陈佑清：《教学论新编》，444～445页，北京，人民教育出版社，2011。

评价建议。

下面以2022年教育部颁布的义务教育语文、数学、英语、艺术、体育与健康课程标准中的评价建议为例进行介绍。[①]

①《义务教育语文课程标准(2022年版)》"评价建议"中提到的评价类型为：过程性评价和终结性评价；定性评价和定量评价；教师的评价、学生的自我评价及学生之间的相互评价；课堂教学评价、作业评价、阶段性评价。

②《义务教育数学课程标准(2022年版)》"评价建议"中提到的评价类型为：描述性评价、等级性评价、分数制评价；教师评价、学生自我评价、学生相互评价、家长评价；基础知识和基本技能的评价、数学思想和问题解决的评价、发现问题和提出问题的评价、对学生核心素养形成和发展的评价。

③《义务教育英语课程标准(2022年版)》"评价建议"中提到的评价类型为：形成性评价和终结性评价；学生自我评价、同伴评价、家长评价、教师评价；课堂评价、作业评价、单元评价、期末评价。

④《义务教育艺术课程标准(2022年版)》"评价建议"中提到的评价类型为：量化评价和质性评价；过程性评价、终结性评价、表现性评价；课堂评价、作业评价、期末评价。

⑤《义务教育体育与健康课程标准(2022年版)》"评价建议"中提到的评价类型为：定性评价和定量评价；过程性评价和终结性评价；相对性评价和绝对性评价；教师评价和学生评价；增值评价和综合评价；运动能力发展的评价、健康行为形成的评价、体育品德养成的评价。

(一)诊断性评价、形成性评价和总结性评价

这一组分类是最为常见的评价类型，最早源自布卢姆的《教育评价》一书。它至少有三个理论基础：一是终生变革的教育观。"教育必须被看成一种永不完全停止的过程""教育是一种改变学习者的过程"。[②] 二是教育目标分类学。制定可据的评价技术的第一步便是撰写或挑选特定的行为目标。[③] 三是为掌握而学习。掌握学习理论认为：只要提供足够的时间和适当的帮助，95%的学生能够学习一门学科，并达到高水平的掌握。[④] 掌握学习策略的实质是，群体教学并辅之以每位学生所需的频繁的反馈与个别化的矫正性帮助。实施掌握学习的教师对某一期间学生已经学会什么不做较多的判断和

---

① 此处内容参见北京师范大学出版社2022年出版的各科课程标准(2022年版)。

② [美]B. S. 布卢姆等:《教育评价》，邱渊、王钢、夏孝川等译，3～5页，上海，华东师范大学出版社，1987。

③ [美]B. S. 布卢姆等:《教育评价》，邱渊、王钢、夏孝川等译，27页，上海，华东师范大学出版社，1987。

④ [美]B. S. 布卢姆等:《教育评价》，邱渊、王钢、夏孝川等译，76页，上海，华东师范大学出版社，1987。

分析，而更多地关注每位学生是否学会了完成下一步学习任务所需的内容。①

基于上述基础理论，依据教学评价在教学中的作用，布卢姆把教学评价分为三种类型：诊断性评价、形成性评价和总结性评价。

1. 诊断性评价

诊断性评价是为了使教学适合于学生的需要和背景而在教学开始前和教学过程中对学生的认知、情感和技能等进行的评价。

教育中的“诊断”不限于辨认不足和问题。“它是一个范围比较大的概念，包括对各种优点和特殊才能禀赋的识别。教师进行诊断是为了促进学习，而不是为了给学生贴标签……诊断的目的，是设计一种可以排除学习障碍的教学方案。另外，通过辨认出那些已经掌握了一部分或全部教材内容的学生，设计出一些依赖他们的长处并防止厌烦和自满情绪的(学习)实践方式来。”②

教师在教学开始前和教学过程中都可以实施诊断性评价。在教学开始前，诊断性评价的主要功能是安置。它采取的形式主要有：确定学生对开始上学的准备程度，测试内容主要有健康、粗细动作的协调、一般的认知和语言技能以及表示社会情感的技能；判定学生学习新单元或新教程必须具备的入门行为或技能；识别学生在兴趣、个性、背景、才能、技能等方面的某些特征，识别有才能的学生。

教师在教学过程中所做的诊断性评价的主要作用在于找出造成学习困难的原因，针对具体情况加以指导，使得教学顺利进行。教师有责任识别学习能力有欠缺的儿童，帮助收集并解释有关这个儿童的数据。经过评价后，教师要和他人合作，一起为该儿童设计一个适当的个别教育计划，并负责执行。

2. 形成性评价

这一术语由斯克列文(Scriven)在1967年谈论课程改进时首次使用。他认为，“形成性评价涉及在编制和试验一门新课程的期间，收集适当的证据，以使今后该课程的修改就在这个证据的基础上进行”③。布卢姆认为斯克列文的形成性评价不仅对课程编制有用，对教学和学生的学习也是有用的。在他看来，“形成性评价，就是在课程编制、教学和学习的过程中使用系统性评价，以便对这三个过程中的任何一个过程加以改进”④。

形成性评价是当前较为流行的一种评价类型。形成性评价非常注重对教学的及时反馈和改进。值得我们注意的是，这种反馈和改进是针对每一位学生的，是对群体教

① [美]B. S. 布卢姆等：《教育评价》，邱渊、王钢、夏孝川等译，90页，上海，华东师范大学出版社，1987。

② [美]B. S. 布卢姆等：《教育评价》，邱渊、王钢、夏孝川等译，174页，上海，华东师范大学出版社，1987。

③ [美]B. S. 布卢姆等：《教育评价》，邱渊、王钢、夏孝川等译，228页，上海，华东师范大学出版社，1987。

④ [美]B. S. 布卢姆等：《教育评价》，邱渊、王钢、夏孝川等译，228～229页，上海，华东师范大学出版社，1987。

学(集体教学)的辅助和补充。“对于每个学生在学习中所犯的错误或者碰到的困难，向教师和学生提供信息的反馈系统能够及时予以揭示”，“通过频繁的反馈和按照每个学生的需要因人而异地帮助进行改正，就对群体教学作了补充”。[①]

基于掌握学习理论的形成性评价不同于日常随时都可以进行的自发的教学检查，它是一种系统性评价，有一套系统的方法和技术。首先要对掌握学习目标进行系统分析和阐述，其次是挑选学习单元。布卢姆认为，一个学习单元在一个特定时期内由学习的科目内容组成；为了达成形成性评价的各个目的，有必要分析单元的组成部分。[②]课程编制者要确定好单元内容将要达到的教育目标，接着教材编写人员选择适合的学习经验编写教材，最后评价专家和教师根据课程编制者对单元内容和目标的规定来编制形成性测试题。为帮助一线教师编制形成性测试题，以布卢姆为首的掌握学习理论专家团队为实验学校提供了系统的《教育目标分类学》和《学生学习的形成性与终结性评价手册》，并推荐使用明细规格表来编制测试题目。

形成性评价对学生的学习和教师的教学都有帮助。对于学生来说，它能帮助学生改进学习，为学生的学习定步，能强化学生已经掌握的行为和内容，让学生找到最适合自己的学习途径。对于教师来说，它能给教师提供教学的反馈信息，帮助教师进行质量控制，预测总结性评价的结果。

形成性评价的具体实施方式主要是非正式考试或单元测试。一般每个单元进行两次测试。一个单元的教学结束后马上进行一次测试。测试结束后，学生抄写两份答案纸，将一份交给老师，将另一份留给自己。教师宣读答案，学生自己核对，答题正确率达到 80%(或者 85%，可视教师规定的标准而定)的学生就被认为掌握了该单元的内容。未达到 80%正确率的学生，则被认为尚未掌握该单元的内容，要求改正。若干天后(一般两三天后即可)，学生再次参加该单元的测试，只回答那些第一次答错的题目。

如果一道题有三分之二或者三分之二以上的学生答错，那么这样的测试题就被视为有缺陷，或者指出了教材或教学过程中的难点。教师需要带领全班学生复习构成这道题基础的概念，并采用与此前不同的教学方式对这一概念进行解释。

对那些尚未掌握单元内容的学生，形成性评价则揭示了他们的学习困难点以及需要继续学习的各种概念、技能等。为帮助他们达到掌握的目的，就要有相应的教学材料或教学过程帮助这些学生解决问题。

形成性评价要求教师不给学生评分划等。布卢姆建议应该简单地通知学生，让他们知道自己是否已经掌握了该单元的内容；如果没有掌握的话，还应该向他们指出继

---

① [美]B. S. 布卢姆等：《教育评价》，邱渊、王钢、夏孝川等译，230 页，上海，华东师范大学出版社，1987。

② [美]B. S. 布卢姆等：《教育评价》，邱渊、王钢、夏孝川等译，231 页，上海，华东师范大学出版社，1987。

续学习新单元之前所应该采取的某些步骤。①

形成性评价比较频繁，也许有人认为学生会反感。恰恰相反，随着学生掌握的单元内容越来越多，学生的信心得到了强化。他们不但不反感测试，反而期待测试的到来。通常情况下，一个单元进行两次测试基本就能保证 90％的学生达到掌握的标准。

成功实施形成性评价的一个前提是必须有一套覆盖全部教学内容的形成性测试题，以及帮助学生改进的学习材料。布卢姆曾计算过，编制 20 个单元的测试题大概需要 10 个星期的时间。②

3. 总结性评价

拉尔夫·泰勒(Ralph Tyler)是布卢姆的老师。在布卢姆看来，泰勒强调的评价方法确实包括教学进程的评价，但主要强调总结性评价。所谓总结性评价，就是评价资料主要用于在教程结束时所做的判断；评价的性质在很大程度上成了总结性的；它重视分等、挑选、鉴定学生，重视在与其他备择课程的比较中判断这一课程的有效性。③“终结性评价的首要目标是给学生评定成绩，或为学生作证明，或者是评定教学方案的有效性……我们将特别注意给学生评定成绩，因为这是终结性评价区别于其他所有测量法的最重要的一项功能。”④

布卢姆认为总结性评价与形成性评价主要有如下三点不同之处。

第一，评价的目的不同。总结性评价的目的是对整个教程或其某个重要部分上所取得的较大成果进行全面的评定；给学生评定成绩并把这些成绩报告给家长或学校管理人员。形成性评价的目的主要是测定学生对某一具体学习任务的掌握程度，并指出还没有掌握的那部分任务。形成性评价不能给学生评等第。形成性评价必须不带任何要评成绩的联想，这样学生才不至于害怕，而是把形成性评价看作对学习的一种帮助。⑤

第二，评价的频次不同。形成性评价是每个单元进行两次，较为频繁。总结性评价因涉及成绩评定，次数较少，多在教程结束时进行。但总结性评价并不是全部保留到期终考核才进行的。更常见的是，具有总结性评价性质的测试在一门教程中要进行两三次，以便把成绩汇总起来作为成绩报告给学生和家长。⑥

第三，考试题目所反映的目标的概括性水平不同。总结性评价集中在“能力”等较为抽象的目标上。比如，现在流行的 PISA 测试评价的“数学素养”“数学能力”等就属于

① ［美］B. S. 布卢姆等：《教育评价》，邱渊、王钢、夏孝川等译，257 页，上海，华东师范大学出版社，1987。
② ［美］B. S. 布卢姆等：《教育评价》，邱渊、王钢、夏孝川等译，265 页，上海，华东师范大学出版社，1987。
③ ［美］B. S. 布卢姆等：《教育评价》，邱渊、王钢、夏孝川等译，35 页，上海，华东师范大学出版社，1987。
④ ［美］B. S. 布卢姆等：《教育评价》，邱渊、王钢、夏孝川等译，100 页，上海，华东师范大学出版社，1987。
⑤ ［美］B. S. 布卢姆等：《教育评价》，邱渊、王钢、夏孝川等译，101 页，上海，华东师范大学出版社，1987。
⑥ ［美］B. S. 布卢姆等：《教育评价》，邱渊、王钢、夏孝川等译，101 页，上海，华东师范大学出版社，1987。

这一类的目标。因此从这个意义上说，PISA 测试具有总结性评价的性质。形成性评价则不同，它集中在学习过程中若干技能和事实的掌握，并且更关注下一步学习改进的内容和方向。

总结性评价有多种功能，测试的结果有多个用途。最常提到的用途有：评定成绩；预测在随后的教程中能否取得成功；确定随后教程的教学起点；对学生进行反馈；对技能和能力做证明。需要注意的是，总结性评价的这些功能的发挥是以科学的试题的编制和测试为前提的。不是所有的总结性评价都能具有上述功能。上述总结性评价的每一个功能的发挥对试题编制都有特殊的要求。比如，要想利用总结性评价对学生进行成绩评定，就要考虑试题的难度和区分度；如果考试的意图是对学生进行反馈，测试题必须能反映高度概括化的、可迁移的目标，这样才能使得评价反馈对学生未来的学习有意义。总之，总结性评价积极作用的发挥要求教师要小心认真地编制或挑选测试题目。

(二)相对评价、绝对评价和个体内差异评价

评价是有标准的，标准的确定是有参照的。在教学评价中，要么以群体的平均水平为参照，要么以某个固定的标准为参照，要么以评价对象个体的自身状况为参照。根据这三种参照系统可划分出三种不同的评价类型，即相对评价、绝对评价和个体内差异评价。

1. 相对评价

相对评价又称为常模参照评价。那么，什么是常模呢？常模是指“标准化样本在某项测验上的成绩，即有一定代表性且数量足够大的样本在某项测验上的平均成绩。常模可用作评价受测者测验成绩的标准。根据测验的需要，可以选取不同的样本制定常模，如全国性常模、地方性常模、年龄常模、年级常模等等”①。

相对评价就是将评价对象的成绩与常模进行比较，得到一个评价对象在群体中的相对位置。常模不同，得到的相对位置也会有所不同。譬如，一个地区统一组织一次小学四年级的期末考试。如果我们将学生的成绩和区里的平均水平(区域常模)进行比较会得到一个相对位置，和本校三年级的平均水平(年级常模)比较又会得到另一个相对位置。

相对评价是在一个群体内进行比较，能够鉴别评价对象在某一个参照群体中的相对位置。因此它多用于以选拔为目的的教育评价活动，也可用于学生的能力分组。

2. 绝对评价

绝对评价又称为标准参照评价或准则参照评价、目标参照评价。这里的“标准”“准则”或“目标”的共同点就是固定不变。因此，绝对评价就是用一个固定的标准去衡量评

---

① 顾明远：《教育大辞典》增订合编本(上)，146～147 页，上海，上海教育出版社，1998。

价对象，以确定评价对象与这个标准之间的距离。它不反映评价对象在群体中的位置，只反映评价对象的绝对水平。比如，语文课程标准要求小学生在完成二年级的学习后应该认识常用汉字 1600 个左右，其中会写 800 个左右。基于这个目标编制的测试题得到的成绩反映的是学生的认字、识字情况。得分越高，说明学生掌握得越好。如果全班学生都得分很高，则说明这个班的认字、识字教学质量高。由于绝对评价的参照标准是固定的，反映的是评价对象的水平，因此它多用于以水平鉴定为目的的教育评价活动。

3. 个体内差异评价

个体内差异评价就是以评价对象的自身状况为标准，把评价对象的现在和过去进行比较，或者把个体的有关侧面相互比较，从而得出结论的一类评价。

个体内差异评价的突出特点是，不跟别人比，也不跟某个外在的标准比，就只跟自己比。把自己现在的成绩和过去的进行比较，判定的是个人的进步或退步；把自己的不同侧面进行比较，判定的是个人的优势或劣势。这样，就可以综合和动态地反映个体的发展情况。个体内差异评价适用于鼓励那些学习成绩不好的学生看到自己的进步和长处，或者矫正那些过于看重个体在群体中的位置的学生的消极心态，帮助学生正确地认识自我，形成积极健康的自我概念。

(三)定量评价和定性评价

定量评价和定性评价是根据评价的方式方法来划分的类型，也有人称为量化评价和质性评价。通俗地理解这两种评价的区别，就是一个用数据，另一个用文字。定量评价是用数据描述事实和进行价值判断的评价；定性评价是一种非数值化的评价方法，通过用文字、符号等描述事实和进行价值判断的评价。

随着测量学的发展，为了使评价更客观，人们越来越倾向于用数据说话。在教学领域，有些是可以直接量化并能进行测量的，如学生的考试成绩及考试成绩的不合格率、合格率、优秀率等；有些是不能直接测量的，如学生的学习态度、学习习惯及教师的教学态度等，这些不能直接测量的内容则可运用一些心理量表进行量化处理。

在实践中，考试后的质量分析是学校的常规工作。一份好的质量报告一定是定性、定量相结合和基于数据的深度分析报告。随着信息技术应用水平的提高，条件好的地区和学校开发了学生诊断与考试评价分析系统，能够自动提供全面的数据报告，以帮助学校管理者和教师对教学质量进行分析。还有一些公司开发的软件能帮助师生进行考试质量分析，跟踪学情，如学生的正确率、每道题的失分人群、不同难度题目的失分情况、年级平均分、班级平均分等。总之，现代信息技术手段已经把定量评价和定性评价的结合提升到一个新高度。新时代的小学教师应该关注信息技术应用，学会利用信息技术手段把定量评价和定性评价相结合。

(四)自我评价和他人评价

自我评价和他人评价也可分别称为内部评价和外部评价。所谓内外是从评价对象的角度来看的。自我评价就是评价主体对自己的评价，是内部评价，评价主体和评价客体(即评价对象)同一。这里的“自己”既可以指个体，也可以指群体。也就是说，学生个体对包括自己在内的群体的学习情况进行评价，教师个体对包括自己在内的教师群体的教学质量进行评价都应属于自我评价的范畴。他人评价是指独立于评价对象之外的评价主体对评价对象的评价。对于师生来说，家长、领导、专家或其他社会人士等对他们的评价都属于他人评价。当评价对象是学生个体时，教师和其他学生的评价亦属于他人评价；当评价对象是教师个体时，学生和其他教师的评价同样属于他人评价。

就教师个体来说，教师对自己教学的反思就是一种自我评价。优秀教师的成长都是基于实践经验的积累及其对个人经验的深刻反思。因此，对教师教学的评价应提倡以自我评价为主，参考学生及家长评价、同行评价、领导评价和专家评价等外部评价给出的建议，促使教师进行教学反思和改进。

三、当今流行的教学评价类型及其运用

近些年来，我国中小学从国外引介了一些新的评价类型。为帮助大家认识、理解和运用，本部分对在小学较为流行的表现性评价、档案袋评价和实质性评价加以介绍。

(一)表现性评价

表现性评价这一概念来自美国。我们根据詹姆斯·波帕姆的阐述，对表现性评价有如下几点认识。①

1. 表现性评价的定义

表现性评价也称作真实性评价或替代性评价，是测量人员根据各项标准对学生的行为进行综合评估。它有别于传统的评价方法，是基于学生完成某一特殊任务的行为表现来考核学生的。

2. 表现性评价任务的选择

表现性评价要求学生完成的任务是少量而有意义的。比如，要求学生做一个实验，

① [美]詹姆斯·波帕姆：《教师课堂教学评价指南》第5版，王本陆、赵婧等译，172～191页，重庆，重庆大学出版社，2010。

撰写一份实验报告，对实验结果和实验程序加以解释和分析。一个好的表现性评价任务应该具备这样一些特征：类推性、真实性、多重性、可传授性、公正性、可行性和可测性。

实施表现性评价需要教师投入很多的时间和精力。因此，詹姆斯·波帕姆建议教师在决定实施表现性评价之前要考虑所要评价技能的重要性。如果表现性评价不是针对这些重要技能展开的，最好赶快停止，否则将得不偿失。①

3. 表现性评价的评分规则

学生表现的评估标准是表现性评价的关键。表现性评价的评分规则至少具备三个要素：评估标准；评估标准在水平区别上的描述；说明是使用整体评分法还是分项评分法。表现性评价的评估标准越少越好。詹姆斯·波帕姆建议留下最重要的三个或四个即可。聚焦能力的评分规则利于教师提高教学质量。

教师要根据评估标准对学生的表现进行评估和观察。如果测验任务生成的是一份作品或报告，教师可以在课余时间进行评估。如果测验任务要求学生表现某种行为，就要求教师在学生行为发生的同时进行观察，并根据情况即时或延迟确定学生在评估标准上的得分。

在很多场合下，小学教师可以通过比较简略的评估方法了解学生的能力水平。如简易清单、观察框架以及评估量表等都是教师进行简易评价的有效工具。

4. 表现性评价的局限性

表现性评价有三个误差来源：评分工具的缺陷、程序方面的缺陷以及教师个人的偏见。表现性评价最大的问题是它存在类推困境：我们不能根据学生在完成一次任务中的行为表现来推论他的一般能力，更不能概括他的知识技能水平。

日本学者经过实践对表现性评价的局限性有如下认识：耗费大量的时间和劳动力；任务题的数量有限，不能完全代表学生在一般情况下的学习状况及其实力；与客观考试题相比可靠性较低；制定评分准则困难；由语言文字来设定情境存在一些问题。② 比如，表现性评价任务的文字描述一般都比较长，对学生在阅读理解和书面记叙方面的能力要求比较高。

5. 表现性评价在我国的应用

在我国，表现性评价不仅广泛存在，而且自古就有，是我们的传统。早在西周时期，国学的学习内容主要是“礼、乐、射、御、书、数”。那时没有标准化测验，对学生学习效果的考查主要是看学生在真实情境中的行为表现。据《礼记·射义》记载：“古

① [美]詹姆斯·波帕姆：《教师课堂教学评价指南》第5版，王本陆、赵婧等译，179页，重庆，重庆大学出版社，2010。

② [日]田中耕治、[日]松下佳代、[日]西冈加名惠等：《学习评价的挑战：表现性评价在学校中的应用》，郑谷心译，91～95页，上海，华东师范大学出版社，2015。

者天子之制：诸侯岁献贡士于天子，天子试之于射宫，其容体比于礼，其节比于乐，而中多者得与于祭。”意思是说，西周天子规定制度，诸侯每年向天子推荐士人，天子在射宫考校他们的箭术。如果射箭时仪容、动作合于礼，节度合于乐而且射中的靶子的次数多，就可以参与天子的祭祀大典。① 后来的八股取士，更是有着严格具体的评价规则用来考查学子的文章写作水平。

因此，表现性评价对我们来说并不神秘。在小学，像体育、音乐、美术等学科的教学评价主要是表现性评价。语文、数学、外语、科学、社会等学科中的技能目标也多应用表现性评价。比如，语文的认字、写字、阅读、写作等技能，英语的口语交际，数学的计算、作图、测量等技能，凡是不能用纸笔测验检查的教学目标都可以选择用表现性任务去测验。

表现性评价的结论只适用于解释当下完成任务时所呈现来的能力和水平，不能推论到一般，以此为评鉴学生能力水平的依据。由于表现性评价的可靠性不高，因此以选拔为目的的评价应慎用。

(二)档案袋评价

档案袋评价同样是随着 21 世纪的新课程改革从美国引进到我国的评价类型。根据詹姆斯·波帕姆的阐述，我们对它的认识如下。②

1. 档案袋评价的定义

档案袋是对个人作品的系统收集，是某些专业人士展示技术与成就的主要方式，如摄影师、画家、记者、模特和建筑师等。在教育领域，档案袋评价指对学生作品的系统收集。档案袋评价就是基于学生作品做出的表现性评价。在詹姆斯·波帕姆看来，它是表现性评价的一种方式。

档案袋评价主要有三种功能：第一，可以见证学生的进步；第二，提供展示学生成就的机会；第三，确定学生是否达到了预期的表现水平。詹姆斯·波帕姆建议：不能奢望一种类型的档案袋就能实现这三种功能。在运用档案袋评价时，教师需要选择优先考虑的目的，然后才能确定档案袋的类型和学生需要做的准备。

2. 档案袋评价的运用

档案袋评价既能在课堂教学中运用，也能在大规模评价中运用。相对而言，它更适用于课堂教学。

实施档案袋评价的关键步骤包括：确保学生“自己拥有”他们的档案袋；师生共同

---

① 郭齐家：《中国古代学校》，33 页，北京，商务印书馆，1998。

② [美]詹姆斯·波帕姆：《教师课堂教学评价指南》第 5 版，王本陆、赵婧等译，192～210 页，重庆，重庆大学出版社，2010。

决定在档案袋里放哪些作品样本；教师指导学生挑选适合保存的作品样本；师生共同制定用以评判档案袋作品质量的标准；要求学生不断地对自己的作品进行评价；安排和举行档案袋座谈会，师生围绕作品进行交流；鼓励家长参与档案袋评价过程。

对于新手来说，决定选择哪些作品收集到档案袋是关键。作品尽量丰富多样，但不是越多越好，还是要根据评价的目的收集最有价值的代表性作品。

另外，档案袋评价的评分困难，耗时负担重。

3. 档案袋评价在我国的应用

在中小学，学生的档案材料主要包括学生的基本情况、学籍表、考勤表、成绩登记表；休学、退学、复学、转学报告及处理意见；操行评语、奖惩记录、综合素质评价等。这些档案具有很强的管理功能。

档案袋评价重在对学生的学习表现进行全面评价。受其影响，一线教师们开始留意收集学生的作品，包括各种作业单、作文、图画、手工制作、手抄小报、视频录像、调查或研究报告等。有的学校还统一印制学生成长记录册，要求学生按要求填写或粘贴，可以在家长或其他人员参观来访时展示学生具体的学习情况。至今，中小学教师对档案袋评价的探索已近 20 年，尽管仍有争议，但不容否认的是，这种评价方式已为广大教师所熟知。

(三)实质性评价

实质性评价是 20 世纪 80 年代我国学者从苏联引介来的。其代表人物是苏联教育革新家阿莫纳什维利(现为格鲁吉亚的教育家)。他是继苏霍姆林斯基、赞科夫之后又一位杰出的苏联教育革新家。他从 1964 年开始创办第比利斯第一实验学校，并在该校建立了教学实验室，从取消传统教学中的分数、改变师生关系入手，开始了他长达数十年的没有分数的教学体系的实验。他的理论与实验研究的成果集结为“学校无分数教育三部曲”，已在我国翻译出版。

阿莫纳什维利的实验取消了分数，但并没有取消评价。他用对学生的学习活动进行多方面的、内容丰富的评价取代了分数。阿莫纳什维利把自己的评价方式称为实质性评价(有内容的评价)。实质性评价是阿莫纳什维利改革对学生的学习评价的一大创造，也是他的整个实验教学的基础。①

根据朱佩荣教授等的引介和评述，我们对阿莫纳什维利的实质性评价的认识如下。

1. 实质性评价的定义

实质性评价就是把学生的学习和认识活动的进程或结果与拟定的学习任务要达到

---

① [苏联]Ш. А. 阿莫纳什维利：《孩子们，你们生活得怎样?》，朱佩荣、高文译，195 页，北京，教育科学出版社，2002。

的目标和标准相对比的过程，以便确定学习和认识任务的进展水平和质量，决定和接受下一步的学习和认识任务。因为这样的评价重在激励、促进和强化学生的学习和认识活动，所以又被阿莫纳什维利称为"激励性评价""认识性评价"。

实质性评价是学生学习和认识活动的整体结构的一个组成部分。学生学习和认识活动的结构包括这样几个组成部分：学生认识与接受学习和认识任务；拟定完成学习和认识任务的计划；实际完成学习和认识任务；检验完成学习和认识任务的过程；对照标准(学习和认识任务要达到的目标)评价完成学习和认识任务的结果；提出进一步完善获得知识、技能、技巧的途径。在这个结构中，评价是一种特殊形式的学习活动，它有时是独立的。但从总体上看，它与学生的整个学习活动的进程相结合，旨在促进学生的学习活动，使他们的学习和认识活动有明确的目标。

实现实质性评价的教育教学作用，必须具备两个前提条件：第一个条件是教师在评价活动中运用的标准得到了学生的理解和认同；第二个条件是学生信赖教师及其评价。班级形成了互相信任、互相尊重、互相帮助和教师爱护、关心每一位学生的发展的氛围。

实质性评价观强调：真正的评价是对学生的学习活动、学习过程进行全面的评价的过程，其目的在于依靠学生的积极情绪，使他们对获得知识的渴望更加强烈起来，形成完全合乎要求的、有意义的和自觉的学习动机，使他们的学习活动具有明确的目标。

2. 实质性评价标准

实质性评价分为外在性评价和内在性评价。前者指由教师、集体和学生之间进行的评价，后者指学生对自己的评价。评价依据都是事先拟定的学习和认识活动的进程、步骤、结果，是一种标准测度，即达到教学目的的标准。

实质性评价标准不同于评分标准，是学习和认识活动及其各个阶段的结果的样式，如作文范文、书法范例、活动样式、过程样式、朗读范例等。实质性评价的标准主要用来确定学习和认识活动的个别环节和整个活动正确与否，是确定学习成果的质量的准绳。实质性评价标准的拟定必须清晰、明确、精确和完善，否则无益于学习和认识活动。

对于学生来说，实质性评价标准最初是外在给予(主要是教师给予)和形成的，以后逐步转化为他们的知识、经验和能力，从而成为他们进行自我评价的基础。

3. 实质性评价的运用

培养学生的自我评价能力是实质性评价的出发点和归宿。阿莫纳什维利认为有三条培养学生自我评价能力的途径：教师的评价活动、在集体的学习和认识活动中的实质性评价，以及在学生独立的学习和认识活动中的实质性评价。

培养学生自我评价能力的方法包括如下五方面。

一是让学生自己纠正书面作业中的错误。

二是要求学生尤其是一年级小学生在完成学习任务时，边做边说："我在做什么，我怎样做。"例如，写字时，学生一边写一边说笔画顺序；做计算题时，学生一边做一边说计算步骤。

三是给学生一些有错误的作业，要求学生找出错误并纠正。例如，给学生一篇有10处错误的短文，告诉他们5处，让学生去找其他错误。这样做可以培养学生自我控制学习活动的能力和批判性思维能力。

四是要求学生在课堂上完成书面作业或口头回答后，先做自我评价，说说自己的回答哪一点满意，哪一点不满意，为什么。

五是在小学高年级，让学生就自己在某一方面的知识、技能、技巧向全班同学进行自我分析，确定自己在最近阶段自我完善的计划、任务和目标。

实质性评价重视向家长汇报学生的发展与进步。阿莫纳什维利认为向家长汇报的实质为：第一，揭示学生个性发展的情况；第二，给学生在掌握知识、技能、技巧的质量和思想品德方面的表现做实质性的书面鉴定；第三，拟订促进学生进一步完善自己的激励性计划。教师每学期给学生做一次内容丰富的、全面的鉴定。教师把这一鉴定材料和学生自己选择的各科最佳作业装入一个精美的纸袋，在期末召开的家长会上交给家长。

实质性评价对教师的要求较高。教师需要准备一个专门的本子，用来系统记录关于班级每一位学生在学习、行为表现方面的情况以及对学生日常观察、了解的情况，并对如下这些情况进行分析。

一是学生在班集体中的表现，他对同学的态度以及同学对他的态度。

二是学生的个性特点与个性品质、才能和能力、求知欲、学习态度、学习和认识活动的特点。

三是对学生掌握知识、技能、技巧的质量的评价。

四是学生的兴趣爱好及其范围、社会积极性、道德品质。

五是对学生施加的教育措施的效果、结果等。

4. 实质性评价在我国的应用

1949年以来，我国的现代教学体系基本上是在苏联专家的指导下逐步建立起来的，因此该体系的优势与不足和苏联的教学体系相一致。阿莫纳什维利的革新试图解决的问题也是我们迫切需要解决的。20世纪90年代，国内教学改革实验盛行时，实质性评价被借鉴应用于我国的课堂教学，新课程改革后逐渐被人淡忘。在我们看来，阿莫纳什维利的实质性评价融合了形成性评价、表现性评价、档案袋评价等各种评价方式，从思想到方法对传统的教学评价进行了系统的改革与创新。再加上阿莫纳什维利的实验主要是在小学开展的，他的理论和经验更值得我们小学教师学习和借鉴。

四、本书关于小学教学评价类型及其运用的立场、观点与建议

本书关于小学教学评价类型及其运用的立场、观点与建议如下。

(一)教学评价类型越多越好

教学评价类型的丰富多样是教学评价研究探索的一个成就表现。任何一种类型的评价都有它的局限和不足，评价类型越多，我们可以选择的机会也就越多。不同的评价类型不是对立的，而是各有长短、互相补充的。多样的评价类型能拓宽我们的视野，让我们从不同的角度进行评价，不会受某一类评价的限制。因此，学习者应尽可能多地去了解和掌握各种各样的评价类型。同时，我们也应该认识到，从国外引介的各种评价类型都不是孤立地就评价谈评价，而是依托一定的教育教学理论，和该理论的其他内容紧密联系、无法割离。因此一定要从整体上把握这些评价的本质与内涵，才有可能正确地理解、掌握和运用。

(二)选择适用的教学评价类型

丰富多样的评价类型给我们提供了选择的机会，也加大了选择的难度。通过实践来“择宜”是实现各种评价功能的一般原则。

所谓实践“择宜”，就是要充分考虑制约教学实践的各种内外因素，选择最现实的可操作的评价策略，如教师本人的教学能力、学校的管理和教学条件、学生的学情、教学目标要求的层次等。如果一位教师负责的学生超过了 100 名，就做不到阿莫纳什维利所要求的给每一个孩子做记录。如果没有一套系统的形成性测试题，就不能很好地开展以掌握为目的的形成性评价。如果教学的目标是发展情感、态度、价值观，就无法运用表现性评价通过评价对象的行为表现进行可靠的评估。

(三)回到教学的日常来选择适宜的教学评价类型

作为以教学为中心工作的小学教师，我们需要回到教学的日常来选用教学评价的类型。

日常教学中，根据时间安排，教师对学生学习效果的检查、分析与评定一般有随时进行的、阶段性进行的和期末结束时进行的。课堂上随时进行的我们称为日常检查；阶段性进行的称为阶段性评价；最后期末进行的称为总结性评价。

课堂上的日常检查，是伴随教学活动的推进，教师通过对学生的观察、提问、小练习、测试等方式随时对学生的学习效果进行的检查、分析和评定。它既有事先设计好的提问，也有课堂现场的即时反应。教师需要根据学生的行为表现在有限的时间内马上做出分析、判断和决策。课堂即时做出的评价依赖教师对学生学习行为的敏锐观

察以及深厚的专业素养，是教师教学经验和教育智慧的体现。

教学进行到一定阶段后，一般是完成一个单元学习任务或到期中的时候，需要对学生的学习效果做一个整体的评价。适当地设计全年级的统一测验，对阶段性的学习效果进行评价还是很有必要的。它有利于对学生群体的学习效果做出诊断，还有利于教师对自己的教学效果进行诊断，能为教师规划下一步的集体教学提供可靠依据。

期末结束时，为了科学地把握学生的发展状况，要对全年级学生进行一次规范的测验与全面的评定。这时的评价既能对教师一年来的教学效果进行检查，也可以参照教学目标评估学生学习的达标状况，为学生能否进入更高一级的学习提供可靠的参考资料。

阶段性评价和总结性评价需要对检查结果做系统的分析和评定，一般会采用定量分析和定性分析相结合的方式，对学生群体的成绩进行描述。对检查结果的评定，一般会综合使用相对评价、绝对评价和个体内差异评价。教师大多希望通过相对评价了解自己的学生在同年级中的位置，通过绝对评价评估学生学习的达标情况，通过个体内差异评价对每一位学生的发展状况进行评估。

近年来，为了减轻小学生的学习压力，有些小学的阶段性评价和总结性评价舍弃了传统的试卷测试，提供了很多“快乐考试”的方式。评价从形式上变得活泼了，也易于学生接受。但是，我们还应该看到，从教学的宏观指导角度来看，大规模的统一考试在检测学生的发展水平和监测教育质量方面有着其他任何形式不能替代的意义和价值。评价改革可以与时俱进，可以考虑降低考试给学生带来的风险，或加强对学生和家长的风险教育，但不要盲目地排斥考试、取消考试。

第三节
小学教学评价的工具及其使用

“工欲善其事，必先利其器。”具备了一定的思想基础、知识基础之后，有必要认识评价的工具，掌握评价工具的使用技术，提高我们教学评价的技能。

一、什么是小学教学评价的工具

在小学教学领域，为了实现评价的目的，人们需要运用一些手段进行信息数据的收集、整理、分析和评定，这些手段我们就称为小学教学评价的工具。

不同类型的评价对评价工具有不同的要求。比如，档案袋是档案袋评价必不可少的工具，表现性评价则需要各种作品及其评价单。形成性评价和总结性评价都需要测试试卷，但二者对试卷中的试题又有不一样的要求。质性评价则少不了访谈问卷和观察表等。随着计算机信息网络技术的提高，涌现出很多高科技的评价工具，作为新时代的小学教师也应该有所了解和掌握。

二、小学常见的收集信息数据的工具

(一)课堂提问

课堂提问是教师最常用的检查学生学习效果的手段。根据需要的信息类型，教师可以选择不同的提问。教师要想得到有价值的信息，提出哪些问题，怎么提问，向谁提问以及提问的频次都是很讲究的。

早在20世纪50年代，曹孚先生就对此做了细致入微的阐述。①

首先，问哪几个人？我们不应该随便问学生，要事先确定好问哪些学生。提问的学生要普遍，不能集中在少数学生的身上。

其次，问些什么？问题有好几种。可以问一些基本问题，也可以问一些补充性问题；可以问这堂课的问题，也可以问上一节课或更早以前学过的问题；问题可以是记忆性的，也可以是启发性的。曹孚先生认为应尽量多提启发性的问题。启发性的问题有：要求做比较的问题；要求确定因果关系的问题；说明事物特征的问题；要求学生进行分析的问题；综合性的问题；应用已学过的知识去说明新事实的问题；应用知识去解决实践问题的问题。

最后，怎么问？一般是教师先发问，再指名学生回答。尽量多问一些学生，让全班学生参与进来。曹孚先生介绍了“平行提问”的方法。所谓“平行提问”就是一面叫一位或二三位学生到黑板上板演，一面向全班提问，指明一位学生回答。需要较多时间回答的问题和简短回答的问题交错搭配提问。教师还可以采用一个人回答，另一个人补充，或再叫一个人复述等方式。

曹孚先生关于课堂提问的建议关注全体学生、重视启发以及学生的参与，这些至今对我们仍有参考意义。随着教学实践和研究的发展，课堂提问的技术也有新的发展。

首先，关于问题的提出，更加注重学生的主体性。问题不仅由教师提出，更倡导由学生提出。小学低年段学生的年龄小，提问的规则和程序要由教师事先规划好。到了高年段，学生的学习能力日渐增强，提问的规则和程序也可以由学生来确定。提出问题对学生的能力要求较高。让学生提出问题，不仅能检验学生对知识掌握的水平，更能促进学生思维能力的发展，发展学生的主体性。

其次，关于问什么，强调问题的层次与质量，突出回答问题的目的指向。当前比

---

① 曹孚：《教育学通俗讲座》，171～174页，北京，人民教育出版社，1953。

较流行的就是依据布卢姆的目标分类学来设计不同层次的问题。

最后，关于怎么问，更加追求提出问题的趣味性，并因此创造了多种活动，丰富了提问的方式。比如，小游戏“问题百宝箱(袋)”中，教师事先把用来考查学生的题目做成小纸条(这些小纸条可以是教师自己做的，更主张教师指导学生做，高年级学生可以自己做)，折叠好将其放到一个小箱子或袋子里。到了该检查的时候，教师就让学生从箱子或袋子里抽取问题来回答。回答的学生既可以是抽题人，也可以由抽题人指定其他学生回答。小游戏“问题骰子”中，教师先用硬一点的卡纸做一个骰子，把问题分别贴到骰子的六个面上；需要提问时就让学生掷骰子，掷到什么问题就回答问题。小游戏“出门条”，是在一节课结束的时候，为了检查学生的学习效果，让学生把这节课学到的内容写到小纸贴上(或者教师向全班学生提一个检查学习效果的问题让学生回答)，贴到教师指定的区域。答案符合要求的方可出门。

总之，用课堂提问来检查教学效果，既简单又实用。随着时代的发展，为了发展学生的主体性，问题的内容和形式上还有更多值得我们去探索和创新的空间。

(二)测验

小学教学实践中，我们经常会用到测验，有课堂小测验、单元小测验、期中测验、期末测验等，也就是人们常说的各种“考试”。在教学领域，考试有其存在的合理性和科学根据。考试代表着对教育教学工作结果以及学习质量的检查、了解和评价。“尽管人们对它的作用大小、具体形式和准确程度多有争议，但它还是重要的，有如晴雨表、指挥棒、驱动力。如果不要考试和分数，教育教学工作就如盲人骑瞎马，甚至无法连续进行。学生学得的知识、形成的思想、养成的行为习惯是否正确和牢固，最终要经受社会实践的检验，但是在教育教学中，要进行这种社会实践的检验是不可能的，也是不必要的。教学内容是已经确认的东西，可以运用以见一斑窥全豹的原理，用考试的办法来代替实践的检验，而且，它用的时间短，收效快，结果确定。在这个意义上，它还优于实践的检验。这是考试的合理性和必要性的科学根据，有其绝对性。所以，考试和分数还是重要的。”①考试不可能取消，也不需要取消，关键还是要看教师怎么用。

我国学校教育领域的考试从根本上说属于测量的范畴。它的基本目的是通过测量的方式了解学生学科心智特质的发展状况。它采用测验的方式，要求学生回答试题所提出的问题以表现出相应的应答行为，对其行为进行评定，试图对学生的学科心智特质状况给予解读。② 实践中，和我们有关的各种测验按照标准化程度可以分为标准化测验和教师自编测验。

① 王策三：《考试改革之我见》，载《中小学管理》，1999(11)。

② 臧铁军：《考试评价分析及诊断基础与实务》，3页，北京，首都师范大学出版社，2011。

1. 标准化测验

根据《心理学大辞典》的观点，标准化测验需要建立常模。[①] 常模则指受测团体的标准化样组在某一测验中的平均成绩。它使标准化测验的成绩具有意义，可资比较，是解释测验分数所必需的资料。

除常模外，一个被称为标准化的测验至少还要具备三个条件：①给所有被试实施有代表性的相同的一组测题，作为他们的作业以取得直接比较的基础；②实施测验的手续(包括测验指导语言、测验时间限制、测验情境等)要有详细的规定，以保证每一个被试都有相同的测验条件；③计分方法要有详细的规定，以使任何有资格的评分者的评分误差减少到最低限度。

在教育上，用来测量被试在某一课程领域的具体成绩的测验称为标准化测验。20 世纪 70 年代，标准化测验在美国兴盛并开始进入小学低年级。20 世纪 90 年代初，美国至少有 42 个州要求只有通过标准化测验才能从幼儿园毕业升入小学。在整个小学阶段，多数学生至少要完成“城市阅读测验”“城市成就测验”“加利福尼亚基本技能测验”和“斯坦福成就测验”等年度成套测验。截至 2001 年，全美 50 个州都对学生举行标准化测验，检查他们的学习状况。[②] 在詹姆斯・波帕姆看来，“美国的教师都陷入了一个提高分数的游戏中了，而在这种游戏中，他们根本不可能获胜”[③]。

标准化测验进入我国始于 1985 年。广东省率先进行了英语和数学两科高考标准化的实验。1987 年 5 月 7 日，在广州华南师范大学召开的全国首次标准化考试理论与实践的学术讨论会上，与会专家一致认为：“标准化考试不失为一种科学的、有效的考试方法，我国高考完全可以实行标准化，但必须结合我国实际，在总结我国传统考试经验的基础上，吸收国外标准化考试的长处，逐步探索出一条适合我国国情的标准化考试之路，尽快实现我国高考现代化。”[④]

标准化测验的试题编制是一项专业性很强的工作，一般包括如下几个步骤。

第一，根据考试的目的、学科的特点、课程标准以及教材的具体内容，决定考试大纲和考试方法。

第二，根据考试大纲和学科的知识结构、内容、知识点，从知识和能力两个方面制订出命题双向细目表。

第三，预测。对试题实施预测，评价试题的优劣。

---

① 朱智贤：《心理学大辞典》，32 页，北京，北京师范大学出版社，1989。

② 张家勇、张家智、张跃庭：《美国标准化考试改革》，载《比较教育研究》，2003(2)。

③ [美]W. James Popham：《测验的反思——对高利害测验的建议》，国家基础教育课程改革“促进教师发展与学生成长的评价研究”项目组译，22 页，北京，中国轻工业出版社，2005。

④ 华南师范大学考试研究中心：《标准化考试理论与实践的若干问题》，载《华南师范大学学报(社会科学版)》，1988(1)。

第四，对预测得到的资料进行分析。分析的内容包括：①再次检查试题是否符合考试大纲和命题双向细目表的要求，检查试题之间是否蕴含着提示，或试题内部是否存在暗示、内容交叠等。②对选择题做选择项分析，检查各个选择项之间是否相互否定或存在关联。③计算每一道试题的难度、区分度值，以检查试题是否达到优良试题的标准。④对预测试卷做出信度分析。⑤分析试卷对考生知识和能力考查的情况。⑥检查主观性试题的评分标准是否客观可靠，评卷人员能否掌握和评卷是否合理。以上各项分析工作由电子计算机辅助完成。

第五，设计答题卷。命题人员按分析结果正式决定试卷中试题的形式以及各种形式试题的数量、占分比例，设计出专用的答题卷。考试前向考生正式公布样本试卷，并同时向考生公布答卷的要求和答卷的方式，缓和考生的紧张焦虑情绪，使考生对试题有熟悉与练习的机会，减少无关因素对考试的影响。

第六，正式编制考试用的试卷。命题人员根据预测和分析的结果，把符合各项指标的优良试题存入题库，在需要时正式编制出供考试用的试卷。

第七，经标准化测验的得分要由原始分转换成标准分，成绩分布应符合正态分布。

规范的标准化测验主要是客观题，而且基本都是选择题。我们今天看到的标准化测验已经不是严格意义上的标准化测验了，而是融合了中美考试经验，经过改造的，以客观题为主，兼有主观的填空题、简答题、论述题等。

标准化测验因其要求高、编制难，常用于大规模影响较大的考试。在我国，小学阶段的大规模考试主要是区域的教育质量监测，旨在把握少年儿童发展和学校教育质量的动态数据，为行政决策和科学研究提供可靠的数据。局部的、一次性的大考或经常性的小考，都没有必要采用标准化测验。

2. 教师自编测验

小学教师经常接触的还是日常的课堂小测验、期中和期末测验。编制一份能真实客观地反映教学效果的好试卷，是优秀教师必备的一项专业技能。知道“怎么考”能够帮助我们完善“怎么教”。为什么呢？因为知道“怎么考”的背后是对课程标准、教材以及教学内容及其目标的精准理解和把握，是对学情的充分了解。知道“怎么考”就明白如何检验“我教得怎么样”“学生学得怎么样”，就能深谙自我反思之道，找到问题，明确下一步教学改进的方向。

从技术上看，教师自编测验与标准化测验的编制没有根本的差异。由于考试目的和规模不同于标准化测验，因此教师自编测验无须进行前测，并对试题进行各种数量指标的检验。

教师自编测验的基本流程如下。

第一步，依然要熟悉课程标准，根据课程标准的要求明确教学目标，根据教学目标和教学进度安排明确考试性质及目的。比如，课堂小测验属于过程性的，它的目的在于及时了解学生的情况，及时查漏补缺。

第二步，编制双向细目表。双向细目表可以用来帮助教师明确教学目标，指导教师编制结构合理的测验试卷。以人教版小学语文教材二年级下册第一单元为例，它的双向细目表可以按表 9-1 这样编。

表 9-1 双向细目表示例

内容领域	记忆	理解	应用	分析	评价	创造
古诗两首	5	5	5	5		5
找春天	5	5	5	5		5
开满鲜花的小路	5	5	5	5	5	
邓小平爷爷植树	5	5	5	5	5	
分值合计	20	20	20	20	10	10

表 9-1 里的数字表示在不同内容领域和认知维度分配的分值，总分按 100 分计。这里呈现的内容领域是按课文分的，也可以按照识字、写字、拼音认读、阅读、写话、口语交际、综合性学习等目标领域来分。分值的分配上，不一定全面覆盖，平均分配，可以根据教学重点有所侧重。

第三步，按照编制好的双向细目表编写试题。编写试题的工作难度比较大，正像布卢姆说的“试题编写并不是临考前开个夜车就能一次性完成的，而是一个继续前进的循环过程”①。刚入职的新教师可以试着从现成的试题集(试题库)根据自己的需要进行筛选和改编，在改编已有试题的过程中要注意积累好的试题，建立自己的题库，同时还要积累编写试题的经验，争取成为出题高手。积累了一定的经验后，教师可以把这个过程融入教学，尝试让学生编写试题。有时候学生也能编写出高质量的试题来。让学生出题是发展学生创造思维能力的一种很好的方式。

下面我们了解一些试题的类型及其编制技巧。

根据布卢姆的观点，有两种基本的试题类型：一是供答型试题，即学生必须写下试题答案；二是选答型试题，即学生从若干并列的答案中选定正确的答案。② 因为我国有考试传统，科举时代的“帖经”“墨义”“策问”“诗赋”的考试形式也都还在，所以根据答案性质我们习惯上把试题分为客观题和主观题。答案唯一就是客观题，答案属于陈述性的且没有唯一的答案就是主观题。供答型试题中，有的答案唯一，就是客观的；有的答案不唯一，就是主观的。选答型试题中，答案是唯一的，所以都是客观题。在编制试题时，试题的类型要根据教学目标来选择。

不同学科对不同类型的题型各有不同的要求，但也有一些都应注意的方面。

---

① [美]B. S. 布卢姆等：《教育评价》，邱渊、王钢、夏孝川等译，273 页，上海，华东师范大学出版社，1987。
② [美]B. S. 布卢姆等：《教育评价》，邱渊、王钢、夏孝川等译，275 页，上海，华东师范大学出版社，1987。

首先，试题的语言应满足这样一些要求：从题目的陈述上，语言简洁，一道题只提出一个单独而明确的问题；题干的语言表达要符合学生的认知水平，清晰明白，无歧义；测验题目要针对学科教学目标，突出要检查的重点，有学科特色；语言的使用不能有偏见和歧视。

不提倡把对数学教学效果的检查变成对语文能力的考查。如果师生对问什么都有分歧，正确答案必会有争议。譬如“七七事变发生在______”。这个问题就存在一个歧义，是填写事件发生的地点“卢沟桥”，还是填写发生的时间“1937 年 7 月 7 日”？因此，“无论何时都要尽可能使用简明的单词——意义准确且清晰的单词”①，所需的阅读水平不应明显干扰学生处理并解决一个题目的能力。②

其次，在格式上注意整齐。比如，填空题的题干应避免支离破碎，不要一题多空；填空题的空白尽量靠近试题的结尾部分；在一张试卷中选择题的选项统一为 3 项、4 项或 5 项；组配题一般有两栏，每一栏语句的长度尽量一致；等等。

再次，基于测验的时长，合理规划学生的作答时间，必要的时候要有作答说明。客观题的答案要保证唯一正确，主观题的答案也要有明确的要点。

最后，教师自编测验的重点是发挥教学功能，帮助学生巩固已经学过的内容，查漏补缺。测验试题可以有一定的难度，但切忌出偏离教学目标的试题。

总之，我们不能因是教师自编测验就降低对试题的质量要求。教师掌握一定的编制试题技术，能促进自身的专业成长。

(三)评价单

当一位教师面向班级全体学生教学时，为促进教学而运用的评价工具最多的是课堂提问，一个单元或一个阶段教学结束时常用的则是测验。这两种评价工具也就是人们常说的口头评价和笔试。为了弥补这两种评价工具的局限性，随着教学改革的推进，人们开发了一些新的评价工具，评价单就是其中使用较为频繁的评价工具。

什么是评价单呢？顾名思义，就是具有检查教学效果和评价功能的一张单子，也称检查单。与课堂提问相比，它便于收集存档，常可用作档案袋评价的材料；与笔试相比，它注重学生的学习过程和日常的表现，也可用于表现性评价。表 9-2 和表 9-3 为评价单示例。

评价单还常用于小组合作教学。在课堂上开展小组合作学习活动时，为了掌握小组学习的效果，教师常针对小组学习的任务及其要求设计一个评价单，分发给每一个

---

① [美]B. S. 布卢姆等：《教育评价》，邱渊、王钢、夏孝川等译，313 页，上海，华东师范大学出版社，1987。

② [澳]凯·斯泰西、[澳]罗斯·特纳：《数学素养的测评——走进 PISA 测试》，曹一鸣等译，168 页，北京，教育科学出版社，2017。

小组。它既可以在小组内使用，让小组成员对本小组的任务完成情况进行评价，也可以用于小组间的互评。有的小组活动时，还会专门设一个负责评价的角色，由小组的一位学生用一张评价单对小组全体成员的贡献进行评价。

表 9-2　评价单示例一①

学习内容	支撑移动	学习任务	能力支撑 5 秒
学习重点	直肩顶肩	任务图案	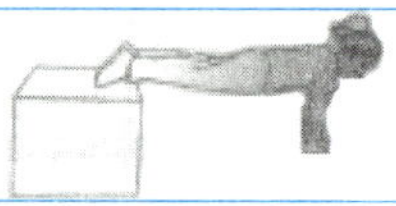
能力支撑要求	1. 脚搁在一定的高处；手臂直立支撑 2. 直臂顶肩，坚持一定时间		
评价指南	新手：手臂直立支撑 能手：直臂顶肩，能力支撑坚持 5 秒 达人：直臂顶肩，能力支撑坚持 10 秒 根据完成质量给予相应的标志：选择下列超标要求，完成的可多加一个大拇指 1. 动作规范，时间上能持续超过 10 秒 2. 乐于助人，团结同伴，合作互助		
名单	等级	自评	师评

表 9-3　评价单示例二②

Class_________Name__________ No.____

Enjoy

➤ Learn the letters

我能正确背诵书本第 5 页字母 A a,和 B b,的发音及相关小儿歌。

➤ Task: Greetings

Peter 在一天的不同时段遇到了不同的人。小朋友，请你想一想他会怎么礼貌地跟人打招呼？试着说一说，演一演。

学习兴趣	学习习惯	学业成果	等第
		Learn the letters	
		Task	

① 许利琴：《凸显过程与表现：以学习评价单促进学生主动学习》，载《体育教学》，2017(1)。

② 殷芳：《基于课程标准的学习评价策略研究——以小学英语为例》，硕士学位论文，上海师范大学，2017。

从这两个评价单的例子中我们可以看到，评价单的功能具有非常突出的综合性。在评价主体上，它综合了学生自评、教师评价和学生互评；在评价的项目上，它综合了学习习惯、学习兴趣和学习成果。评价单的形式也可以像图 9-3 一样设计得很活泼。

从实践应用上看，评价单的使用有助于培养学生的学习主人翁意识，适用于自主学习和小组合作学习。目前设计一份好用的评价单对于教师来说还是很有挑战性的。随着信息技术的普遍应用和教师信息技术能力的提升，教师可以考虑根据学科特点和教学需要去开发更为简便易行的评价单。

除了上述常见的收集信息资料的工具外，还有观察表、访谈提纲、调查问卷以及各种心理量表。这些工具多用于专门的研究活动，限于篇幅在此不再赘述。

三、统计分析及评估工具

“在教学效果的检查、分析和评定中，分析是关键。”①运用各种工具收集到的关于教学效果的数据和信息需要经过科学的统计分析，才能成为评定学业成绩和教学质量的根据。用不同的工具收集的信息有不同的处理方式。

课堂提问大多是口头的、即时的，除非用于专门研究，很少有人去做记录和整理。现在有一种课堂录像技术可以全程对教学进行录像，然后对师生课堂活动做结构性分析。还有智慧课堂，能捕捉学生在课堂上的情绪状态，能对学生的学习情绪和教师教学的吸引力进行评估。从积累经验的角度来看，教师有必要采用回溯的方式撰写教学日志，将学生在课堂上的回答进行分类整理，并根据教学目标结合学生的发展水平，对课堂教学效果和学生的发展水平进行评估分析。

与课堂提问相比，人们对测验结果的统计分析比较重视，在这方面也积累了不少经验。统计分析有两种基本类型：全面分析和专题分析。进行什么样的分析需要根据具体情况来选择。像期末考试、毕业考试等一些我们通常说的“大考”一般需要做全面分析。平时的小测验都有特定的测验目的，主要是根据考试目的做专题分析。随着教育统计与测量技术以及计算机的发展，人们对测验结果的分析越来越专业化。尤其是标准化测验除了要进行几个指标的检验，如信度、效度、难度、区分度之外，还会了解学生成绩的总体分布，统计算术平均数、众数、中数、标准差、不及格率、及格率、满分率、错误率等，把原始分数换算成标准分，对学生每道题的作答情况做具体分析。目前常用的统计分析软件有 Excel 和 SPSS。也有专门做考试评价分析的软件平台，如北京教育考试院就有学生学业诊断与考试评价分析系统。②

---

① 王策三：《教学论稿》第二版，301 页，北京，人民教育出版社，2005。

② 臧铁军：《考试评价分析及诊断基础与实务》，174 页，北京，首都师范大学出版社，2011。

评价单得到的信息大都是质性的，所以对它的分析和评估主要依靠事先制定好的评估标准或准则。以表现性评价为例，评价准则是由标记表现性任务成功水平的标准尺度，以及描述与各个水平标准尺度相对应的学生表现的具体特征——描述语所构成的评价量规。它是为了实现对学生的表现进行质性和量性双向评价的量表。表 9-4 是由日本学者开发的用于评价小学六年级学生数学学习的表现性任务的评价准则。①

表 9-4　评价准则示例

评价内容	概念性知识	程序性知识	推论与学习策略	交流能力
观点的说明	能够理解题意	能够按照正确的流程进行解题	具备数学性的逻辑思维	能够运用算式、语言文字、图表或绘画有条不紊地说明自己的思维和方法
	能够正确理解速度和时间、距离之间的关系	求解过程中必要的计算都能正确完成	能够正确、有条理地对 2 个变量(速度)进行比较	用算式、语言文字、图表或绘画有条不紊地说明自己怎样比较速度的快慢
3	1. 能够正确提取出有关时间和距离的信息 2. 能够正确理解时间、距离和速度之间的关系	得出正解所需要的计算步骤正确(包括分数或小数的加法、减法以及单位换算)	1. 能够正确判断和选择用什么量或比来进行比较 2. 比较的方法具有一贯性和次序性 3. 根据题意，能够对得到的结果进行分析和推敲	运用算式或文字描述自己的解题思路(过程和答案)，并充分说明了使该解法成立的依据
2	……	……	……	……
1	……	……	……	……
0	1. 看到时间或距离某一方面的描述 2. 在时间和距离概念的理解上出现重大的错误 3. 不能提取有意义的信息 4. 白卷	1. 没有写出与解法有关的算式或文字描述 2. 没有进行任何数学性分析 3. 白卷	1. 没有进行速度的比较 2. 白卷	1. 没有说明解题思路 2. 虽然列有绘画、图表或算式，但不具有任何意义 3. 白卷

① ［日］田中耕治、［日］松下佳代、［日］西冈加名惠等：《学习评价的挑战：表现性评价在学校中的应用》，郑谷心译，72～74 页，上海，华东师范大学出版社，2015。

该评价准则将学生的表现划分为四个等级，并从概念性知识、程序性知识、推论与学习策略以及交流能力四个方面进行了分层分类的描述。

在正规评价活动中，评价准则的运用是有要求的。比如，评审人员至少在 3 人；评审人员之间对该准则要达成共识；评审时要逐项打分，并对所有评审人员的评分结果进行复核，检查有无不一致的地方。如果有不一致的地方还要进行协商调整。如果评分准则有问题，还要对它进行修订，修订完再进行评分审核；如果没有问题，才能确定个人的最终成绩。

实施表现性评价和档案袋评价面临的最大挑战还是评价工具的开发。若没有科学的评价工具进行分析和评定，收集的评价资料就是一堆教学的档案而已，并不能发挥评价功能。教师的中心工作是教学，如果追新求异，为评价而评价，偏离了教学中心，这样的评价就需慎重。评价工具的开发可以留给专业的科研人员继续研究，直至它方便教师使用并能给予教学积极的支持，方可大胆采用。

四、成绩评定

基于对各种资料的分析，最终要根据一定的标准对教学效果尤其是学生在知识、能力以及情感、态度、价值观等方面所达到的程度和水平，在量和质两个方面给予评定，也就是大家熟悉的“评分”和“评语”。成绩评定最核心的原则是保证客观公正。

在评分方面，国外中小学通常采用等级制评分法，也有一些国家称为等级量表法、量规法。关于成绩等级划分的表述，不同国家也往往采用不同的计分法。意大利采用十一级计分法；荷兰采用十级计分法；俄罗斯等一部分国家则采用五级制；美国采用五级字母评分制。法国在小学低、中年级实行三级分制，在高年级实行五级分制；捷克和斯洛伐克对一至四年级学生实行及格、不及格两个等级，对五至九年级则实行优良、及格和不及格三个等级。①

在苏霍姆林斯基和阿莫纳什维利从教的时代，对学生成绩的评定是一个系统。学生在课堂上对教师的提问的回答都是马上要给评分的。他们采用五级制记分法把学生的成绩分 5 分、4 分、3 分、2 分、1 分 5 个等级。其中 5 分是最好成绩，3 分是及格分数，1 分是完全不懂。

我国自汉代开始采用等级计分法。② 汉代采用“及格、不及格”，唐宋采用“上、中、下”，之后普遍采用“甲、乙、丙、丁”，或“优、良、中、可、劣”。1902 年，《钦定学

---

① 郑艳娜：《小学生学业成绩等第制评价实施研究——以 J 区 D 小学为例》，硕士学位论文，华东师范大学，2018。

② 郑艳娜：《小学生学业成绩等第制评价实施研究——以 J 区 D 小学为例》，硕士学位论文，华东师范大学，2018。

堂章程》规定，“评定分数以百分为满格，通过各科平均计算，每科得六十分者为及格，不及六十分者为不及格”，开始采用百分制评分。20 世纪 50 年代受苏联的影响，我国广泛采用五级记分法；20 世纪 60 年代后，我国采用百分制计分法、五级计分法，或“优、良、及格、不及格”。20 世纪 90 年代，《九年义务教育全日制小学、初级中学课程计划(试行)》规定：成绩评定可采用百分数、等级制或评语制。

成绩评定不只是给学生的学习效果一个成绩，对成绩进行解释并用文字对学生的学习效果进行全面评定是必要的。进入 21 世纪以后，我国积极推进中小学评价与考试制度改革。《教育部关于积极推进中小学评价与考试制度改革的通知》要求：“每学期、学年结束时学校要对每个学生进行阶段性的评价。评价内容应包括各学科的学业状况和教师的评语。评语应在教师对搜集到的学生资料进行分析，并与同学、家长交流、沟通的基础上产生。评语应多采用激励性的语言，客观描述学生的进步、潜能及不足。同时要制定明确、简要的促进学生发展的改进计划，帮助学生认识自我，树立自信。”

近些年来，在评语方面，教师努力进行了探索，积累了不少有意义的成果。我们将在本章的第四节对此进行详细介绍。

第四节 小学教学评价语及其表达

正如阿莫纳什维利所言，取消分数不等于取消评价。近些年来，我国小学阶段的评价改革倡导定性的描述，推动了教师用心琢磨各种新颖有趣的评价语，使丰富多彩的评价语成为小学教学一道亮丽的风景线。

一、什么是小学教学评价语

评价语，顾名思义就是评价主体对评价对象进行评价的语言。小学教学评价语，主要指小学教师在教学中对学生的学习效果进行检查、分析和评定时的语言表达。从形式上看，评价语主要有口头评价语、体态评价语和书面评价语。

加强语言修养，提高教学评价语言的表达能力，是教师专业发展的必需。

首先，课堂是教学的主阵地，日常教学评价活动大多发生在课堂上。有专家认为，

“在教师日常教学时间中有三分之一到一半用于评价及与评价相关的活动上”①。也就是说，在课堂上绝大多数时间，教师都在对学生进行评价。

其次，语言技巧是教师需要掌握的非常重要的教育技巧。苏联教育家马卡连柯分享他的教育经验时，曾说：“只有在学会用十五种至二十种声调说‘到这里来！’的时候，只有学会在脸色、姿态和声音的运用上能表现出二十种不同的风格韵调的时候，我才成了一个真正有技巧的人了。”②在马卡连柯那里，教育的语言技巧可不是变着花样夸孩子，而是能真实反映“我们的心灵里所具有的那些变化”，这种变化也包括教师“精神上的痛苦”。不压抑自己对学生犯错的愤怒，让学生认识到自己的错误；既不伤害学生，又能树立教师的威信，这样的教育技巧是我们努力的方向。

最后，小学生幼小敏感又特别服膺教师的权威，教师的评价语在教学上的重要性不容忽视。小到师生的心情、课堂的气氛，大到师生的身心健康，都要求我们要高度重视评价语言的措辞与表达。

二、口头评价语的特点

根据实践经验，我们发现课堂教学过程中小学教师经常使用的口头评价语具有下面一些特点。

(一)及时

课堂教学过程中，在学生回答完教师提出的问题，或小组合作完成教师布置的作业以后，教师可以根据情况及时进行口头的反馈和评价。这是口头评价的一大优势。教师对学生学习效果及时的口头评价语也是学生所期盼的。

(二)直接

真实课堂上的教学是极其复杂的。从教三十年的舒尔曼教授说，当我将教学的复杂性与较高报酬的专业(医生)比较之后，我得出的结论是，只有在自然灾害时期，在急诊室里，医学才能达到日常课堂教学的复杂水平。仅仅在三十名病人需要你同时关注的时候，才具有在一个普通课堂里的日常的复杂性。③

课前，经过认真备课的教师虽对将要发生的一切早有预设，但教学的复杂性仍能

---

① 转引自刘辉：《追求卓越的课堂评价之路——论指向促进学习的课堂评价》，载《当代教育科学》，2009(24)。

② 《马卡连柯教育文集》上卷，吴式颖等编，147页，北京，人民教育出版社，1985。

③ [美]舒尔曼：《实践智慧：论教学、学习与学会教学》，王艳玲、王凯、毛齐明等译，363页，上海，华东师范大学出版社，2014。

让教师无法完全预料学生在课堂上的所有反应。当面对一些意料之外的学习结果的时候，有些教师根本来不及多想，都是凭借平时的积累直接给出意见，很多评价语都是脱口而出的。

(三)公开

与书面的评价语不同，课堂上教师对学生的评价语是公开表达出来的。对学生的评价、表扬或批评，都是在全体学生面前给出的。教师在不经意间流露出的对某些学生的偏爱或对某些学生的偏见，会影响其他学生对这些学生的印象，容易造成贴标签现象。

不过，如果教师掌握了评价的技巧，把握了分寸，教师对个别学生的表扬或批评亦可以转化为积极的教育力量，纠偏救失，引导全班学生朝着正确的方向努力。教师还可以借助这一特点，在先对全班进行评价且不点名的情况下指出个别需要的行为等，做到集体教育和个别教育相结合，既教育了全体学生，还能减轻个别学生的评价压力。

(四)示范

小学生的模仿能力特别强，课堂上教师使用的评价语对小学生有很强的示范性。学生之间互评使用的语言主要源于对教师的模仿。教师评价语的句式、用词、语气和神态，甚至还有隐藏在语言背后深层的情感、态度和价值观都能潜移默化地影响到学生。

三、口头评价语的类型

根据不同的分类标准，口头评价语可以分为如下不同的类型。

(一)以评价的内容为依据的分类

1. 知识指向的口头评价语

知识指向的口头评价语是教师针对课堂上学生回答问题的正确与否而给予的评价。一般来说，知识指向的口头评价语分为肯定性评价语和否定性评价语两种。肯定性评价语是针对学生回答问题的答案给予的肯定性评价，既能够及时给学生反馈学习情况，也能够帮助学生巩固课堂上所学的知识的评价语。例如，“这句话说得很专业！对，就是封闭图形”“孩子们，你们真是太棒了！正如你们所说的，平均数不是指某个人拍的数，而是代表一组数的平均值。你们的学习精神和理解能力真让我佩服！”否定性评价语是对学生的回答的纠错，能够帮助学生认识到学习上的不足之处，完善自己的学习的评价语。否定性评价语不宜用“不对！”“错了！”，建议教师发挥正面的期待效应，在指出问题的同时，给学生更高的期待。比如，“再仔细读读题目中的信息，连一连，画一画，看看有没有新的发现”。

2. 能力指向的口头评价语

能力指向的口头评价语是指教师根据学科能力标准和学科特点，结合学生在课堂上的行为表现，对学生做出的学科能力上的评价。这类评价语能够帮助教师引导学生发展能力。

学生的能力主要包括基础学力、学科能力以及小组合作能力。基础学力有注意力、观察力、记忆力、想象力、意志力、自省力、创造力、联想力、操作能力、逻辑思考能力、小组合作学习能力、表达交流能力等。

基础学力方面的评价语示例如下。

华应龙老师的“多位数减法”练习课上的评价语：“同学们真厉害，从四个圆片的周长、直径的变化中，看出了‘圆周率始终不变’这一规律，过程严谨合理。如果我们长期坚持这样从变化中看出不变，将会变得越来越聪明”——这是对观察力的评价。

“同学们提出的问题太有思考价值了，老师都没有想到!”——这是对思考力的评价。

“看到同学们的状态，我想起一句名言：思考着是美丽的。只要你动脑子想，你就是美丽的”——这是对创造力的评价。

学科能力方面的评价语示例如下。

小学数学教师可以结合十大核心概念，有针对性地对学生的学习表现进行评价。

空间观念：“你的空间感真好，通过观察几个角度的平面图，就能想到小木块的个数和位置，真是眼脑共用，完美结合。”

几何直观：“除法、分数有着紧密的联系，通过画线段图，可以把这种复杂的数量关系变得简单明了。画图是一种非常好的方法。”

模型思想：“你们讲得很有水平，很严谨。(指着正方形纸)十分位上的 6 是 6 个竖条，表达的是 6 个 0.1；百分位上的 6 是 6 个小格，表达的是 6 个 0.01。它们所‘站’的位置不同，不是完全一样的。所以，我们在研究‘数’的时候，一定得好好看看它们到底‘站’在什么样的位置上。”

小组合作学习能力方面的评价语示例如下。

“我觉得同学们很会学习！习惯好了，我们的学习效率就更高。刚一开始讨论，同学们的声音马上出来了；讨论完了声音马上低下来了，让老师知道我们已经讨论完了。”“能接纳别人见解的小组，才是最有合作精神的小组。”

小组合作学习能力的评价语既有对小组合作学习的肯定，也有对小组合作学习方法性的指导。这样的评价语对学生的发展而言无疑是有效果的，也是学生乐于接受的。

3. 情感态度指向的口头评价语

情感态度指向的口头评价语，是在课堂上教师对学生的回答给予情感、态度、价值方面的评价，主要是针对学习态度、学习过程等方面的评价语。适当地赞扬和鼓励能够使学生获得更多关于成功的体验，从而提高学生学习的成就感，促进学生的全面发展。情感态度指向的口头评价语示例如下。

“我佩服你的勇气！那么多人都没举手，你还敢到前面来做，并且还真的做成了！来，为他的勇气鼓掌！真好，真好！”这是华应龙老师在“三角形三边关系”一课中引导学生学数学要有敢于挑战、勇于探索的精神。

“××同学虽然已经明白了问题的所在，但是听其他同学回答问题的时候依然非常认真，懂得尊重别人，去欣赏别人的优点，学习别人的长处，我们给××同学鼓鼓掌。”这是教师对学生心中有他人的学习态度予以引导和肯定。

(二)以评价的语言风格为依据的分类

我们还可以依据语言风格对评价语进行分类。

1. 用肯定语气来表达的评价语

对学生正确地回答问题或正确的观点，教师给予及时的肯定，会增强学生的自信心，让他们以更高的学习热情参与到后续的学习过程之中。用肯定语气来表达的评价语示例如下。

“这位同学说得真好！我们看数学的‘数’，(板书：数)这左边的‘娄’其实就像一根绳子打了很多结。这位同学说我们不应该嘲笑结绳计数的方法，我觉得是有道理的。”在肯定学生观点正确的同时，教师还教给学生客观地认识事物的态度，一语双关。

“真佩服！真佩服！真佩服！不但知其然，还在想其所以然。他去琢磨了中间的为什么，这非常不简单！”教师对学生严谨的学习态度，发自真心地用真诚的语气给予肯定。教室里学生自发地给予了掌声。

2. 用幽默语气来表达的评价语

幽默是语言的最高艺术。幽默的评价语会使课堂学习氛围轻松和谐，还能化解师生对话中的尴尬。用幽默语气来表达的评价语示例如下。

在“角的度量”一课中，教师环顾全班，微笑着制止了想说“两圈刻度”的学生：“刚才画了角，你从量角器上看到了角；现在不画角，你就看不到角了？哈哈，就像一个人穿了马甲你认识，他把马甲脱了，你就不认识了。”一个生动的例子，加上教师欢乐的语气语调，缓解了学生认识量角器上“两圈刻度”出现的问题。

在一节公开课上，教师发现没人举手，就幽默地说：“刚才大家说了有收获，但是这个收获呢，却一时不能表达出来，或者说还不想表达，没关系。这让我忽然想到一首歌：你虽然不开口说一句话，但却明白人世间的真假……”一句歌词，化解了冷场的尴尬，更体现出教师对学生自信心的悉心呵护。

3. 用疑问语气来表达的评价语

教学评价不能回避学生出现的问题。面对学生回答中出现的问题，教师可以采用疑问语气引导学生进一步深入思考。用疑问语气来表达的评价语示例如下。

华应龙老师在"游戏公平"这节课中，面对学生的一脸困惑，说道："经过刚才的讨论，我们发现了问题(指板书'问题')，用抛啤酒瓶盖的办法来决定谁去看比赛，究竟公平不公平呢？答案不一致，怎么办?""公平不公平呢?"这个设疑的评价，激发了学生探究的欲望，让学生开始了小组合作的学习……

"我们的结论太丰富多彩了。现在回过头来看，我们碰到一个问题：通过实验可以得到一些数据，根据不同的实验数据可以得出不同的推断。(板书：问题一 实验 数据 推断)因此，准确地说，我们小组的推断只能说是'可能这样'。"(同学们点头同意，教师在"推断"后板书"?")通过各小组实验 10 次，全班没有形成统一意见。"我们又该怎么做呢?"一句句引导探究活动的评价语，促使整节课上学生都沉浸在思考—解决问题—再思考—解决问题之中了。

(三)以评价的功能为依据的分类

1. 激励性口头评价语

激励性口头评价语是指教师运用鼓励性的语言对学生的回答的肯定评价语。这种评价语通常以表扬的形式出现，并且在课堂中使用频率较高，在教学评价语中发挥着重要作用。激励性口头评价语示例如下。

"真棒！他不但动手做，还动脑想了。那么这个规律到底对不对呢？除了多次实验外，还要从理论上去证明。现在，我还是提议我们为这位同学的大胆猜想鼓掌致意!""还没有学，不会很正常，但是敢于尝试，值得表扬。我提议大家为这样敢于尝试的精神鼓掌！(鼓掌)""能一眼看明白，说明你是知音！这种表达方式非常有数学味道，并且用上了移多补少的方法。这是个创造，了不起!"

2. 引导性口头评价语

引导性口头评价语是指在课堂中当学生的回答基本正确但还有不完善的地方时，教师根据学生回答的实际情况，通过教学评价语能够引导学生回答，启迪学生思考和补充不完善之处，提高学生自身能力的评价语。引导性口头评价语示例如下。

"听出来了，你已经读通、读顺了，声音如果能再响亮点就更棒了!""我很赞同大家的观点。看到这份作业，我很欣赏！因为这位同学能够边计算边观察数的特点，思考简便的算法，让呆板的计算散发出了思想的光芒。这个作业，错得真好，它让我们明白了一个道理：既然是猜，就有可能对，也有可能错。因此，猜想之后——要验证。"

这样的引导性评价语通常以启发和诱导为主，能够帮助学生学会学习和思考，是比较理想的一类教学评价语。

3. 矫正性口头评价语

矫正性口头评价语是指学生的学习和思维方式出现偏差时，教师对学生回答的问题进行纠正和指导的评价语。矫正性口头评价语示例如下。

“虽然平方毫米填在这里不合适。但是由此我们又认识了一个新的面积单位平方毫米。让我们把掌声送给×××同学。受这个启发，同学们还能创造出其他新的面积单位吗？试一试。”“我们把两端栽树改成了一端栽树，这样×××同学的答案就是对的了。改了一个条件，错误的就变成正确的了，是不是很神奇？感谢出错的同学给我们带来的惊喜！”

这类评价语能够帮助学生认识到学习的问题所在，改变之前所形成的错误知识概念，并且帮助学生理解知识，促进学生思维的发展。

4. 示范性口头评价语

示范性口头评价语是指学生的学习习惯和思维方式表现出色时，教师对学生的回答进行表扬，发挥榜样示范作用的评价语。示范性口头评价语示例如下。

“今天的辩论不仅弄清楚了这个分数是不是最简分数，更重要的是我们从同学们各方面的发言中学到了很多好的学习方法，学会了查资料，寻求理论依据，从概念的定义出发去判断事物。最重要的是通过讨论，大家都从同伴的身上学到了乐于思考、勇于挑战、善于学习的态度和技巧。”

这类评价语能够引起所有学生的注意，帮助学生明确学习习惯和思维方式的努力方向。这些表现出色的学生，在全班同学面前受到表扬，自信心会大大增强，为持续发挥示范性起到促进作用。

5. 组织性口头评价语

组织性口头评价语是指教师为达成预期的教学目标，能够调控教学有序进行的评价语。组织性口头评价语示例如下。

“会倾听的孩子就是会学习的孩子”“别人发言时能管住自己的嘴，就是有教养的表现。”“我觉得同学在发言的时候，最好用眼睛看着他。那样子我觉得你得到的东西会更多。其实，我们上课时不一定非要恭恭敬敬地看着老师。在同学发言的时候，我们的眼睛就看着发言的同学。”

教师及时用评价语来组织和调控，引导学生的注意力回归到正常的课堂教学中，从而创造有序的课堂教学氛围，促进课堂教学的顺利进行。

(四)以评价的效果为依据的分类

根据评价语在学生身上产生的效果，评价语可以分为正效应评价语、负效应评价语和零效应评价语。如果评价语对学生起到了积极的作用，便认为评价语发挥了正效应；如果评价语没有给学生带来正面积极的作用，反而产生了负面消极的作用，那么评价语就是负效应评价语；如果评价语对学生没有发挥任何作用，就说明评价语言是零效应，评价了等于没评价。

（五）以评价的对象为依据的分类

1. 面向个人独立学习的评价语

课堂中，教师要鼓励学生独立思考。学生思考后，教师对学生个体的学习成果，要给予积极的、及时的评价。面向个人独立学习的评价语示例如下。

在“搭配”一课的教学片段中，一位学生对学习成果进行总结：“5 种写得乱，6 种写得全，有规律。”教师（微笑着）评价道：“能找到自己的错误，欣赏别人的长处，这是一个会学习的孩子，把掌声送给他。”

课堂上，一位教师摸着学生的头，微笑着说：“还没学，不会很正常，但敢于尝试，值得表扬。我提议大家为这样敢于尝试的精神鼓掌。”“你是第一个勇敢地说出自己困惑的人，很了不起！”

2. 面对小组合作学习的评价语

小组合作学习是重要的课堂学习方式。面对小组合作学习的评价语示例如下。

华应龙老师在“阅兵中的数学故事”一课的教学中，鼓励学生：“你们小组的想法很独特，别的小组没想到的解法，你们小组却想到了。”“你们小组的同学很有责任感，能大胆地说出自己的想法。”“你是小组中的核心，有了你，你们这组的讨论就特别生动”。“我真为你高兴，刚才你自己选择让其他同学来说，让他自己纠正，这样最好。所以有一句话叫看破不说破，那是最好，让他自己来说是最棒的。感谢我们宇哲来成全乐琪。”“同学们心灵手巧，把这三个角的度数准确地量出来了。真佩服同学们，大多数同学量的都是对的。”

这些评价语能够面向全体，既关注了小组的群体评价，也关注了合作学习的个体。

3. 面对全班学生学习的评价语

吴正宪老师在“分数的意义”一课的教学中是这样评价全班学生的：“真会动脑子，虽然没学过，有的人还真量对了。有的人虽然不会，但在动脑子，我觉得也挺好的。”

这样的总结性评价语肯定了学生的学习效果，重要的是对学生学习方法、学习态度、学习精神的认可。评价语带给学生的是全面的引导，更重要的是面向全体学生，体现的是对每一位学生的尊重、信任与期待。

4. 面向个别学生的评价语

面对性格内向、害怕说错的学生，教师可以说：“不要紧，坐下慢慢想，再给你些时间，你一定会回答好。”“不会很正常，但敢于尝试，值得表扬。”这样的评价语会增加学生内心的安全感，激发学生参与到学习中去。

面对学习出现问题的学生，教师可以这样鼓励："我非常佩服第一次估计比较准的同学，你们思考问题有根有据。但我更佩服身边的这位小姑娘，虽然第一次她估计到'外边'去了(有意识地运用了儿童语言)，但是她学会了和同学们交流，还能接纳别人的意见，能够修正自己的意见，这是很好的学习方法。我们都应该向她学习。"

课堂上，教师在对学生进行口头评价时，常常配合一定的表情、声调、眼神、肢体动作等。有时这些肢体动作也具有独立的评价意义。比如，教师注视着学生，频频点头以示肯定，给学生一个鼓励性眼神，对学生竖起大拇指，轻抚学生的头等。这些无声的"语言"同样能传达教师对学生学习状态和效果的评价信息。

四、书面评价语及其表达

小学教师常用的书面评价语主要有各科的作业批语以及阶段性和总结性评价语。当下流行的档案袋评价、表现性评价和实质性评价等都非常重视书面评价语的表达，涌现了各种各样的评价语。有学者对教师使用的评价语做了如下归纳分类。

(一)各种各样的书面评价语①

赞赏式：对学生表示由衷的赞美和赏识。如"写得真棒！我发现你又进步了，真棒!""喜欢你深刻的见解，喜欢你爱思考!"

肯定式：对学生的作业或作业中的某方面表示关注和肯定。如"字迹美观，页面整洁。""这段时间的学习状态很好！"

批评式：直接点明学生作业中存在的问题，促学生改正。如"最近学习退步了，老师注意到了!""认真写了吗？我喜欢你上次的作业!"

激励式：鼓励学生，使其奋发。如"相信你能做得更好！希望你更专注些，再把目标定得高些！一切皆有可能，你的努力也一定能收获成功!""老师相信你，你也要相信自己能写得更好!"

说理式：通过说明道理，帮助学生战胜困难，转变学习状态。如"自己的要求有多高，就能达到多高的水平!""你的汗水不会白流，你的努力也不会白费!""别人能做到的，你也能!"

导行式：直接指导学生的行为，帮助其取得学习进步。如"字的大小相同，字形规范，你能做到的，加油!""试着看一些科普类的读物，我觉得你需要这些知识。""选择一些文学类读物，对你的语言表达会有好处。"

---

① 参见网络文章《老师批改作业的100例精彩评价语言，值得各科老师参考借鉴!》。

指导式：对学生作业中存在的问题进行有针对性的指导。如“要注意详略得当。”“你应该概括得更全面些。语言可以更活泼些。”“尝试用景物描写来表达自己的心情，借景抒情，你一定能学会！”“字要写正，不出格。”

谈心式：与学生交流思想，增进情感，发展学习的内驱力。如“今天我看到你写作时专注的神情，被你感动！”“你从第一页翻起，便会看到自己的进步！”“孩子，老师发现你这两天有点灰心，别泄气，你能行！”

总结式：针对学生作业的内容、形式进行总结。如“你的文章告诉我，用眼睛和心灵发现世界，我们就仿佛比别人多活了很多年。”

互动式：让学生感受到教师在和他们共同努力，共同成长。如“这本书我也看了很多遍，咱们可以交流一下。”“看你的作业，总能给我的教学带来启发。”“富有童趣的语言，让我也变得年轻！”

(二)书面评价语的特点

1. 延迟性

书面评价语是一种延迟的评价。这是它和口头评价语的一个根本不同。作业批改、学习成绩的全面分析与评定都无法马上给出，需要花一定的时间和心思。教师要对每一份作业认真检查之后，才能知道每位学生掌握的具体情况。看过所有学生的作业，才能对学生的学习能力及特点做一个基本的判断。找到学生的共性问题，才能对自己的教学进行反思改进。阶段性评价语和总结性评价语只有依赖关于学生测验成绩的科学分析数据，才可以进行全面客观的描述。

美国学者琳达·达林-哈蒙德等建议，新教师应该学会揣摩批语，以便把优秀作业的基本特点用与学生年龄相称的语言传达给学生。① 这就是书面评价语的延迟特点的一个优势：它给了我们时间，使得我们能够深思熟虑地去评价。

2. 个性化

书面评价覆盖全体学生，是无一遗漏的评价。对每位学生的评价语都反映了教师对学生的了解程度。譬如，给出“怎么最近退步了?”的评价语的前提是“这孩子一直都不错”。“祝贺你，最近进步非常快”反映了学生以前的学习不太理想。这就提醒我们要多了解学生，才能给出恰当的、符合学生个性特点的评价语。

3. 物化的指导

教学中大多数的教学指导都是通过语言进行的，尤其是通过口头语言进行的。口头语言转瞬即逝，除非是出于研究的需要刻意去进行现场录制，教师的绝大多数教学

---

① [美]琳达·达林-哈蒙德、[美]约翰·布兰斯福德等：《教师应该做到的和能够做到的》，陈允明、陈健、王军等译，219页，北京，中国青年出版社，2012。

指导过程都无法保存。唯有教师对学生的各种评价语，因其是书面语言，才使教师对学生的指导过程留下了可查的痕迹。正因为书面评价语的这一特点，档案袋评价和表现性评价等强调描述性评定的新的评价形式，才具有实施的可能。书面评价语的这一特点对教师也有约束作用。如果措辞不当，引起家校矛盾和纠纷，它也能成为教师不负责任或失德行为的证据。

4. 有些书面评价具有隐私属性

书面评价语的沟通功能比口头评价语强。出于对教师的信任，个别学生可能会在书面作业中反映个人或家庭的一些不能为人所知的秘密，尤其是学生的作文或周记。面对这样的作业，教师的评价语就需极为谨慎，注意尊重和保护学生的隐私，有些表达仅属于师生之间的秘密。不是所有的书面评价语都能展示给别人看的。

(三)书面评价语的表达

近些年来，教师八仙过海，各显神通，形成了丰富多彩的书面评价语。尤其是进行总结性评价时，对学生的全面评定，有的采用对联，有的采用漫画加评语，有的采用照片加评语制作贺卡，还有的给每位学生写一首律诗。平时作业上的评语也是花样繁多，教师几乎个个都成了高手。

事实上，不是所有的教师都有撰写特色评语的特长，我们在欣赏这些特色评语的同时还应回到真正的教学上来，认真考虑如何写出有助于学生健康成长和全面发展的书面评价语。通过教师写给学生的评价语，我们能看感受到他们的爱心和用心。

书面评价语如何表达才能有教育意义呢?

1. 要心存善念，呵护学生身心的健康成长

教育工作是引人向善的事业。作为从业者，好好说话应该是教师的基本功。所谓好好说话，最为要紧的就是要心存善念。只有心存善念，善待学生，写出的评语才能温暖学生，让学生感受到来自教师的关心，从而信任教师、尊重教师，听从教诲。

善念不是头脑里有了就有的。比如，“加油！千万不要辜负老师和父母!”这样的评价语看似给学生的学习赋予了一种责任，若使用不当可能会影响学生对学习本身的兴趣。

“怎么又错了，下次可要注意哟!”措辞看似很委婉，但视“错误”为“负面”的观念隐藏其中，让学生对“错误”产生害怕情绪。学生的“错误”恰是教育应该用力的地方，是学生需要教师指导的时候。教师可以根据学生的具体情况这样设问：“再算一遍，检查一下问题究竟出在哪里呢?”或“再检查检查，是不是忘了一步加法了?”

总之，给学生的评语要从学生健康发展的角度多加揣摩，才能体现出教师的善意。

2. 根据学生不同的发展阶段使用不同的评价语

教学的理想结果是让学生学会自我评价，成为真正的学习主体。但这需要一个慢

慢培养的过程。根据阿莫纳什维利的研究，学生掌握评价的标准一般需要经历三个阶段："无标准"阶段、标准列入阶段和标准阶段。

在"无标准"阶段，小学生根本不理解教师给出的标准，他们不关注教师的评价内容，对教师评价的依赖主要是期望得到教师的注意和肯定。他们需要来自教师的激励性评价。阿莫纳什维利也常用"你取得了成功，我为你高兴!""我很喜欢你的作业"这样的评语，主要目的是激起学生对自己的信任，呵护学生的学习兴趣。

另外，我国古代明清蒙学的教学也注意到了这一点。为保护学童作文的兴致，作文教学上就主张"多留少改"，即使改也要随学童作文的"立意"而改，切忌大删大改，或离开学童的题意而强改。①

在标准列入阶段，随着学生学习经验的积累，他们逐渐认识到教师关于学习内容的评价标准，但这时学生对标准的理解与教师对标准的理解还有相当大的偏差。学生仍然需要激励性评价，但评价的内容范围可以扩大。在评价语的描述上，教师对学习内容的指导要明确具体，指出学生的对错并要求改正。

在标准阶段，学生已初步具有评判能力，对学习任务完成的标准基本能和教师达成一致。教师对学生学业的评价能反映出明确的教学目标要求和对学生学业水平的判断，用词尽量简洁明了，要言不烦。

3. 使用积极、客观的语言，避免对学生的个人特点做主观判断

有三种理论可以指导我们撰写有教育意义的评价语。

第一种是非暴力沟通理论。非暴力沟通有四个基本要素，分别是观察、感受、需要和请求。它有两个基本模式：一个是说的模式，即诚实地表达自己，而不是批评、指责的沟通模式；另一个是听的模式，即关切地倾听他人，而不解读为批评或指责的沟通模式。我们可以参考"说的模式"来给学生写评价语。

观察：客观描述，不加评判。如"当我看、听、想到……"

感受：表达自己真实的感受。如"我感到……"

需要：是什么需要或价值导致我有那样的感受。如"因为我需要、看重……"

请求：清楚地提出自己的请求。如"你是否愿意……"

这一模式的参考意义在于：当我们准备给学生写评价语时，它给我们一个具体怎么去揣摩的路径，避免使用批评和指责的语言。

第二种是积极心理学。积极心理学强调孩子在做什么不是最重要的，重要的是他们怎么做以及在做的时候是怎么想的。② 它以培养孩子积极的力量、性格优势以及发展性心态为目的。

---

① 毛礼锐、沈灌群：《中国教育通史》第三卷，460页，济南，山东教育出版社，1987。

② [美]Patty O'Grady：《积极心理学走进小学课堂》，任俊译，176页，北京，中国轻工业出版社，2016。

教师要学会使用具有积极力量的语言。这些语言能让学生感受到同情、决心、耐心、欣赏、快乐和乐观等信息。

积极心理学强调教师要教学生赞美自己的努力、专注力和策略性等。教师要引导学生关注行为过程中表现出来的积极力量，而不只关注自己的专长或取得的结果。

在积极心理学看来，成功的教学的特征表现在：创造积极情绪，而不是消极情绪；关注积极力量，而不是所犯的错误；结交真正的朋友，而不仅限于了解对方；尽己所能而不苛求；完成得更多，而不是更少。

第三种是终身成长理论。终身成长理论的提出者是斯坦福大学人格心理学家卡罗尔·德韦克教授。在她看来，人类拥有固定型思维和成长型思维两种思维模式。固定型思维模式认为人的才能是一成不变的。受其影响，人们害怕挑战，担心自己不够聪明，排斥学习新东西。成长型思维模式则认为人的能力是可以通过努力来培养的。受其影响，人们相信自己可以通过努力变聪明，喜欢挑战；尽管遇到挫折和困难，也能坚持不懈地想办法去克服，让自己在挑战中不断成长。成长型思维模式不把成功视为自己高人一等的证明，它更看重成长和进步的价值。

成长型思维模式关注学生的学习目标，而不是成绩目标。它反对基于特点的表扬。诸如"你真聪明""我就知道像你这样聪明的女孩会做对的"等评价里的"聪明"一词反映了教师对学生个人特点的主观判断，不宜使用。

成长型思维模式倡导以反馈为导向的评价，像"你真聪明"就可以改为"这项工作显示出很高的成就。我需要做些什么来让事情对你更具有挑战性呢？""我就知道，像你这样聪明的女孩会做对的"则可以改为"你能告诉我答案是否正确？你如何证明它是正确的？"①

成长型思维模式视"错误"为"有益的错误"；把"试错"改成"尝试与改进"；把"困难"变成"挑战"；把"我不能"变成"我还不能"；把"我做不到"变成"下一步我可以尝试怎么做"；要求改变对学生反馈的负面认知；要促进学生对于认知的思考："你是怎么解决这个问题的""还有没有其他方法""你是怎么想的"；要关注并让学生反思学习过程："如果让你再做一次，你准备怎么做啊？为什么""这次跟上次的做法有什么不同""你觉得是什么原因让你改变了思路""说说你是怎么做到的"等。

总之，以上三种理论都注重把学生视为发展的主体，强调对学生发展的积极引导，关注学习过程和学习的内在价值，在评价语的表达上都给出了具体的指导和示例，是我们撰写有意义的评价语的极好参照。

---

① ［英］麦克·格尔森：《如何在课堂中培养成长型思维》，白洁译，89～101页，北京，中国青年出版社，2019。

本章小结

在教育领域，教学评价是一个备受关注的研究专题。在本章，我们基于教学论的立场，对小学教学评价进行了界定。我们认为：小学教学评价是小学教师为改进教学、提高教学质量，运用各种方法和技术对教学效果进行检查、分析和评定的活动。它是教学工作中必不可少的一个环节。教学评价是一把“双刃剑”，它的教育教学功能的实现是有条件的。这个条件就是要遵循评价的伦理规范和科学规范。在伦理规范方面，首先，应遵循角色伦理，“学为人师，行为世范”，不滥用教师权威，不弄虚作假，不虚伪矫饰。其次，守住底线伦理，做到谨慎负责，杜绝对学生身心的任何伤害。最后，重视关系伦理，和学生建立民主平等的师生关系。在科学规范方面，要做到真实、全面、客观、发展。

在理论知识方面，本章重点介绍了小学教学常用的评价类型，具体分析了四大类：诊断性评价、形成性评价和总结性评价；相对评价、绝对评价和个体内差异评价；定量评价和定性评价；自我评价和他人评价。本章还对从国外引进的表现性评价、档案袋评价和实质性评价三种教学评价类型分别进行了述评。基于我们的立场和观点，建议教师学习了解各种各样的评价类型，根据具体实践择宜选用。

在具体可操作的技术方面，本章对小学教学常用的评价工具及其使用进行了详尽的说明，同时还分享了我们对小学教学评价语的初步探索。

关键术语

小学教学评价；小学教学评价的伦理规范和科学规范；小学教学评价的类型；小学教学评价的工具；小学教学评价语

拓展阅读

1. [美]罗伯特・M. 桑代克、[美]特雷西・桑代克-克莱斯特：《教育评价：教育和心理学中的测量与评估》第八版，方群、吴瑞芬、陈志新译，北京，商务印书馆，2018。

该书的第一版出版于 1955 年，历经七次修订和完善，旨在为测试使用者提供所需的相关信息和使用技巧，以免在应用测试和解析数据时出错。

该书涉及的技术问题有：测试与决定的关系，测量程序的具体步骤，测量中的少数族裔个体测试，常模对照组的使用，受试者的权利与责任，如何理解分数，如何应用计算机进行数据统计与分析(包括频率分布表、集中趋势测量、差异性测量、标准差分析、个体分数分析、相关性测试等技术)，如何赋予分数意义(包括标准参照测试和常模参照测试技术)，测量程序应有的特性(包括信度和效度)等。除此之外，该书还对测试的应用进行了系统的阐述。

2. [美]詹姆斯·波帕姆：《教师课堂教学评价指南》第5版，王本陆、赵婧等译，重庆，重庆大学出版社，2010。

这是一本专门论述课堂评价的书，旨在帮助教师能更合理有效地评价学生，同时帮助教师利用评价更好地改善教学。在作者波帕姆看来，教师只有具备了一定的测验能力才能成为更优秀的教师。波帕姆要求读者在学习时要摒弃对测试的偏见，充满热情地阅读该书，就会发现测试真能帮助我们成为一名更好的教师。该书的具体内容包括：评价的信度和效度、偏差的克服、决定评价什么和如何评价、选择—反映测验题、建构性反应测验、表现性评价、档案袋评价、情感评价、促进教师发展的评价、教学导向的评价、标准化测验分数的解释、恰当与不恰当的备考方式、评估教师教学和评定学生等级。该书的信度、效度和偏差的克服三部分内容，是测量专家告诉我们、需要我们熟悉的测量中的三个关键性标准。

3. [英]麦克·格尔森：《如何在课堂上使用学习评估》，白洁译，北京，中国青年出版社，2019。

这是一本系统阐述学习评估的课堂实操指南。书中列出了各种各样可用于课堂教学的活动、技巧和策略。具体章节有：点对点的评估：注重与每一位学生交流；点对组评估：组建小组，课堂考查更轻松；点对班评估：如何调动全班积极性；同级评估：学生的问题，旁观者最清楚；自我评估：自省才能升华学习能力；给予反馈：教师的作用在于画龙点睛；建立标准：学生进步需要原动力；影响因素：教学评估中的变量；克服影响：保护你的教学成果；坚持学习评估等。书中的活动、技巧和策略都是作者多年实践经验的总结，简单、直接、实用。

4. [美]B. S. 布卢姆等：《教育评价》，邱渊、王钢、夏孝川等译，上海，华东师范大学出版社，1987。

这是对我国的教育教学评价的理论与实践产生了重大影响的一本著作。现在我们关于形成性评价、诊断性评价和总结性评价的相关理论知识都源自这本书。书中阐述的新的评价观已成为人们的共识。书中既有理论阐述，也有很多具体的操作性技术指导，如双向细目表的编制、标准化试题的编制、形成性测验的编制等。该书是一本值得我们反复研读的评价领域的专著。

体验练习

1. 什么是小学教学评价?

2. 如何理解小学教学评价的伦理规范和科学规范?

3. 小学教学常用的评价类型有哪些?

4. 对当前流行的教学评价类型(选择一类即可)进行评述。

5. 简述小学教学评价语的类型及其特点。

6. 结合自己准备从教的学科,选择一个教学单元,依据本章所学理论知识与技术,设计如下内容。

①用来检验学生学习效果的课堂提问。

②用来检验本单元学习效果的形成性测验。

③用于评价某一内容的学习效果的评价单。

④发展学生成长型思维的口头评价语和书面评价语。

第十章

小学教学设计、实施与反思

章结构图

- 小学教学设计、实施与反思
  - 小学教学设计
    - 小学教学设计的概念和特点
      - 小学教学设计的概念
      - 小学教学设计的特点
    - 小学教学设计的依据
      - 现代教学理论
      - 学生的特点
      - 教师的教学经验
      - 教学内容的特点
      - 教学目标
    - 小学教学设计的基本程序
      - 确定学习需要和目标
      - 分析学习内容
      - 选择教学策略
      - 设计教学评价
    - 小学教学设计的主要内容
      - 学习需要分析
      - 学习内容分析
      - 学生分析
      - 教学目标设计
      - 教学重、难点分析
      - 教学方法与手段选择
      - 教学过程设计
      - 作业设计
      - 板书设计
      - 教学评价设计
  - 小学教学实施
    - 小学教学实施的步骤
      - 上课
      - 作业的布置与批改
      - 课外辅导
      - 学业成绩的考核与评定
    - 小学教学实施的策略
      - 教学组织的策略
      - 教学管理的策略
      - 处理和传授教学内容的策略
    - 小学教学实施的影响因素
      - 教师的备课情况与课堂应变能力
      - 学生的学习能力与课堂参与度
      - 教学环境与教学资源
  - 小学教学反思
    - 小学教学反思的定义及内容
      - 小学教学反思的定义
      - 小学教学反思的内容
    - 小学教学反思的类型
      - 按反思时间划分
      - 按反思对象划分
      - 按反思主体划分
    - 小学教学反思的途径
      - 从撰写教学日志中反思
      - 从与同事和专家的交流中反思
      - 从征询学生的意见中反思
      - 从理论学习中反思

本章概述

本章主要论述了小学教学设计、小学教学实施和小学教学反思三部分内容。第一节介绍了小学教学设计的概念、特点、依据和小学教学设计的基本程序和内容，对小学教学设计进行初步的认识。第二节对小学教学实施进行了阐述，侧重介绍课堂上的实践环节，探索如何将教学设计落实在小学课堂上并上好一节课。第三节介绍小学教学反思的定义、内容、类型、途径等，为如何更好地改善下一次教学提供参考。本章通过介绍小学教学设计和实践的基本步骤，还原了一个较完整的小学教学过程。

问题情境

花园小学一直注重青年教师的专业发展，要求入职五年以内的年轻教师手写教案。小王老师对自己的教案很满意，因为她经常请教经验丰富的老教师，也借阅同事们的教案，有时候还从网上找一些教案模板等作为参考。两年下来，她对教案的基本内容，如教学目标、教学重难点、每个课时的教学流程等已经非常清楚了。

但是，最近小王老师有些苦闷。原来学校正在深入推进课程与教学改革。其中比较大的一项举措就是要求全体一线教师学会进行教学设计，而不仅仅是会写教案。对此，小王老师感到有些困惑："难道我每天写的教案不是教学设计吗?"

下班后，几位年轻教师凑在一起讨论教学设计该如何写的问题。

小王老师："教学设计是什么啊? 它跟我们常写的教案有区别吗?"

小张老师："我觉得没区别吧，我认为都是设计怎么上课。"

小刘老师："肯定不一样啊！要是一样为什么特别强调我们不要写教案，而是要进行教学设计啊！"

小赵老师："我看过一些教学杂志，上边有关于教学设计的论文。我觉得教学设计肯定比教案复杂。要不咱们问问有经验的老教师吧?"

让大家没想到的是，当他们询问老教师时，老教师也频频摇头，说："这应该是新的教学理念吧，我也不太清楚。我写了大半辈子教案了，现在突然改写教学设计，我也有些茫然。"

幸好，在接下来的教师专业发展培训活动中，学校请了有关专家来给大家做讲座。从讲座中，小王老师大概知道了教案和教学设计的不同，但是对怎样进行教学设计、教学设计的基本程序、主要内容等许多问题还是一头雾水。

那么，究竟什么是教学设计? 怎样科学、合理地进行教学设计? 让我们带着问题进入本章的学习。

第一节
小学教学设计

教学是一种有目的、有计划、有组织的教育活动。在教学中，为了使学生掌握知识和技能，发展能力，形成良好的思想品德，教师必须依据一定的教学理念，结合自己对教学过程的理解，用各种方式方法对师生活动进行精心的思考和设计。

一、小学教学设计的概念和特点

(一)小学教学设计的概念

教学设计是教育技术学的核心内容，是一项现代教学技术，形成于20世纪60年代，也称教学系统设计。

20世纪，教学论的研究中心不再局限于哲学层面的宏观问题，也包括微观层面的教学设计问题。20世纪上半叶，杜威和桑代克提出了教学设计的构想，为教学设计的研究打下了基础。到了20世纪五六十年代，行为主义教学设计理论兴盛，斯金纳提出了小步子、循序渐进、序列化、学习者参与、强化、自定步调六项教学设计原则，确立了行为主义教学设计的基础，影响深远。进入20世纪70年代，认知教学设计理论蓬勃发展，代表人物有加涅和布里格斯。20世纪80年代以后，教学设计理论走向整合。经过数十年的发展，教学设计理论的内涵不断丰富，但迄今没有一个统一的概念。

关于教学设计的概念，国内外许多学者从不同角度进行了界定，下面几种教学设计的定义在国内外比较有影响。

布里格斯认为："教学设计是分析学习需要和目标以形成满足学习需要的传送系统的全过程。"①该定义描述了教学设计的根本特性。

加涅在《教学设计原理》一书中认为，教学设计是一个系统化规划教学系统的过程。② 教学设计是一个系统过程，它把教与学的原理用于策划教学资源和教学活动。教学设计是结合了学习理论、教学理论、设计思想和技术应用的综合系统。

---

① 孙可平：《现代教学设计纲要》，7页，西安，陕西人民教育出版社，1998。

② [美]R. M. 加涅、[美]L. J. 布里格斯、[美]W. W. 韦杰：《教学设计原理》，皮连生、庞维国等译，156～160页，上海，华东师范大学出版社，1999。

美国教学设计理论家肯普将教学设计定义为："运用系统方法分析研究教学过程中相互联系的各部分的问题和需求，在连续模式中确立解决它们的方法步骤，然后评价教学成果的系统计划过程。"[①]他把教学设计界定为用系统的方法分析教学问题，研究解决问题的途径，评价教学结果的计划过程或系统规划。

当代教学设计理论家赖格卢特认为，教学设计是一门涉及理解与改进教学过程的学科。任何设计活动的宗旨都是提出达到预期目的的最优途径，因此教学设计主要是关于提出最优教学方法的处方的一门学科，这些最优的教学方法能使学生的知识和技能发生预期的变化。[②] 此定义强调教学设计的目标、功能和意义，把教学设计看作一种研究教学系统、教学过程和制订教学计划的系统方法。

当代教学设计理论家梅瑞尔(Merrill)等在1996年发表的《教学设计新宣言》中对教学设计所下的定义为：教学是一门科学，而教学设计是建立在这一科学基础上的技术，教学设计是一种用以开发学习经验与学习环境的技术，这些学习经验与环境有利于学生获得特定的知识和技能。此定义通过揭示教学设计的本质来界定其概念，侧重教学实际问题的处理方式。

我国学者乌美娜给教学设计下的定义为："教学设计作为一个系统计划的过程，是应用系统方法研究、探索教学系统中各个要素如教师、学生……之间的本质联系，并通过一套具体的操作程序来协调、配置，使各要素有机结合完成教学系统的功能。"[③]乌美娜将教学设计定义为一种系统规划。

综上所述，尽管教学设计的概念并未统一，但对教学设计的以下几点基本内涵达成了共识：教学设计有着自己的理论和方法基础；教学设计关注学生的需要和特点；教学设计是一个系统计划的过程。综合来看，教学设计就是为教学活动制定工作蓝图的过程。[④] 为此，我们可以把小学教学设计界定为：在进行教学活动前，根据教学目标的要求，依据教学对象的特点和教师的教学观念、经验、风格等，运用系统的观点与方法，对参与教学活动的诸多要素进行分析和策划的过程。

(二)小学教学设计的特点

教学设计是整个教学活动中不可缺少的重要部分，是施教者能顺利开展教学，保证教学质量和良好学习效果的重要保障。小学教学设计主要有以下特点。

1. 系统性

教学设计是一个系统工程。教学设计要综合考虑教师、学生、教材、手段、评价

---

① 林宪生：《教学设计的概念、对象和理论基础》，载《电化教育研究》，2000(4)。

② 盛群力等：《教学设计》，3页，北京，高等教育出版社，2005。

③ 乌美娜：《教学设计》，11页，北京，高等教育出版社，1994。

④ 王本陆：《课程与教学论》第2版，272页，北京，高等教育出版社，2009。

等各种因素在教学中的地位和作用，并协调各种因素，发挥它们的整体效应。例如，“登鹳雀楼”一课的教学设计中，首先确定“理解背诵古诗”为教学目标之一；其次，选择多媒体教学设备呈现鹳雀楼的有关图片，辅助学生理解古诗；最后，采用随堂小测的方式了解学生对古诗的理解程度，检验教学活动的效果。三个步骤前后衔接，系统集成了学生、教材、手段、评价等因素，有力保障了教学任务的实现。

2. 理论性

教学设计以现代教学理论为理论基础。只有在理论的指导下，才能设计出具体、明确、可观察的教学目标，确定合适的学习内容、确定恰当的教学策略、安排合理的教学程序、形成科学的教学设计方案。例如，在“大禹治水”一课中，教师依据迁移理论，通过课上复习之前所学讲故事的方法，引导学生按照理解灾难、洪水、安居乐业等关键词和熟读课文等一系列步骤准确复述出大禹治水的故事。这样不仅复习了之前所学的讲故事的方法，也帮助学生完成了复述“大禹治水”一课的教学目标。

3. 指导性

教学设计是教师对即将进行的教学活动的整体设想和规划，是指导教师实施教学活动的基本依据和指导方案。教学活动进行的具体步骤、具体环节、衔接各项具体活动的组织与形式等，受到教学设计方案的约束与控制。

二、小学教学设计的依据

教学设计是复杂的、科学的工作。在进行小学教学设计时，须考虑多方面的因素。根据小学教学设计的概念和特点，我们将小学教学设计的依据总结如下。

(一)现代教学理论

现代教学理论是对教学规律的反映和客观总结，是保证教学设计更具有理论性和科学性的前提，能够保证教学设计活动符合教学规律。教师应该自觉运用科学的现代教学理论，追求教学效果的最优化。例如，教师在设计“秋天”这一课时，依据奥苏伯尔的有意义接受学习的理论，把教学内容与学生已有的对于秋天的认识联系起来，并以生活中与秋天有关的图片和视频为教学引入，便于学生理解课文中关于秋天描绘的语句。这符合直接经验与间接经验相统一的教学规律，提高了教学效率。

(二)学生的特点

教学的目的是学生学，教师的教只有通过学生积极主动的学才能起到有效作用。所以教师必须把学生的身心发展特点和规律作为教学设计的一个重要依据。如“大禹治水”一课的施教对象是小学二年级学生。教师在了解他们理解文章存在困难的基础上，设计教学时选择多媒体教学手段为学生还原大禹治水时的情景，利于学生理解大禹治水的过程。

(三)教师的教学经验

教学设计是教师个体的创造性劳动，每个成功的教学设计都是教师智慧和经验的凝聚。教师的教学经验、智慧和风格是形成教学个性及教学艺术性的重要基础。因此，教师要善于利用自身的教学经验丰富教学设计。如“中国的石拱桥”一课中对石拱桥的介绍这一教学环节，教师发现单纯的讲解非常枯燥，不利于学生对石拱桥的认识。于是教师根据之前开展演讲比赛的经验，组织学生进行“我心中的石拱桥”的演讲活动，活跃了课堂氛围，有利于学生加深对于课文中石拱桥结构坚固、形式优美等特点的理解。

(四)教学内容的特点

教材是教学内容最重要的载体，是教学设计的基本依据。教材不同，教学设计的重点不同。例如，英语学科目标之一是注重口语能力的提高，所以教学设计时，教师要注重运用读书指导法。对于同一学科，教材内容的特点不同，教学设计也会有所不同。例如，小学语文“感恩父亲”一课的体裁为散文。散文的特点在于抒发感情，所以需要教师在教学设计时借助刻画父亲无私、坚强的形象，细致描绘出作者与父亲之间感动的故事等帮助学生产生对父亲的感恩之情。

(五)教学目标

教学目标是预期的教学结果，是确定教学策略、实施教学过程等的基本依据。教学设计以教学目标为导向，围绕实现教学目标进行。例如，“乘法口诀”一课的目标之一是“熟记并运用乘法口诀”。所以教师在教学设计时以学生买零食为情景引入乘法口诀的内容，在教学中利用歌谣帮助学生记忆乘法口诀，并设计“比比谁算得快”的活动，检验学生乘法口诀掌握的程度。可以看出，教学引入、教学过程、教学评价等多个环节都是围绕本课“熟记并运用乘法口诀”教学目标进行设计的。

三、小学教学设计的基本程序

教学设计把教学各要素看成一个系统，分析教学问题和需求，确立解决问题的程序纲要，以实现教学效果的最优化。在进行小学教学设计时，以学生为考虑问题的出发点，一般按照“为什么学”“学什么”“怎么学”以及“学得如何”基本的逻辑展开，这就形成了小学教学设计的基本程序。

(一)确定学习需要和目标

学习需要是指学生的实际学习情况与期望状况之间的差距，而这两者之间的差距正是学生学习的原因和动力。这里涉及两个问题：第一，对学生的分析。主要包括对学生起点能力、一般特征和学习风格的分析，帮助我们确定学生的实际情况，为组织教学内容、选择教学方法、确定教学策略等提供依据。第二，期望状况。希望学生达到的状况和水平实际上是学生应该具备的能力素质，通常与社会快速发展对人才要求的提高以及职业对人才素质的要求有关。合理解决以上两个问题，能够帮助我们明确学习需要。

学习目标是根据学生的学习需要，结合学习内容所设计的教学的预期目标，一般以学生可观察和测量的行为变化进行表述。例如，默读课文，能边阅读边尝试从不同的角度提出问题，并把问题写在旁边或文后。

(二)分析学习内容

确定了学习需要和目标，接下来要进行学习内容的分析，即解决“学什么”的问题。

分析学习内容是对学生的起始能力转变为终点能力所需的知识、技能等进行详细剖析的过程。学习内容与学生紧密相关，它必须符合学生的认知发展规律，与学生的认知水平相近，且呈现方式要符合各年龄段学生的接受能力。进行学习内容分析，简言之就是确定教学目标，确定学习内容的范围、深度，理顺学习内容各组成部分之间的关系。学习内容分析通常包括三个方面：相关的课程理念和课程标准解读、教材各章节内容的特点与联系以及有关可用教学资源的选择。

(三)选择教学策略

教学策略是解决如何教、如何学的问题，是设计者在确定了学习需要和学习内容后就必须考虑的问题。

本节所讲的教学策略是广义的概念，它是教学理论的具体化，是为了实现教学目标而制定的总体方案，是对教学方法、教学顺序、教学组织形式等全盘掌握并进行合理选择、恰当安排、科学组织的过程。即在特定情境中为实现教学目标和满足学生的需要而制订的教学程序计划和采取的教学实施措施。

选择教学策略主要包括采用何种方法教学，选择以什么样的方式呈现学习内容以及如何组织教学方法、教学组织形式、教学媒体，怎样做好教学程序安排等。

(四)设计教学评价

教学评价是判断和检测学生“学得如何”，是小学教学设计程序中的最后环节。一般来说，教学评价聚焦教学设计实施方案的科学性、合理性、有效性和可操作性。它通常包括两个方面：一方面考查学生实现教学目标的程度；另一方面对已有的教学设计方案进行评价，促进教师反思并调整教学，实现成长。

四、小学教学设计的主要内容

小学教学设计虽有一套有章可循的程序，但在具体的设计中，由于设计者的理论出发点不同，教学任务不同，学情各异，因而小学教学设计的步骤会有一定差异。大致上小学教学设计包含以下几方面的内容。

（一）学习需要分析

学习需要分析就是用系统、科学的调查和分析来确定学生起点水平与学习目标之间的差距，通过分析问题产生的原因，找出解决问题的方法和途径，然后结合现有资源和条件，论证解决该问题的必要性与可行性。

学习需要分析的关键是确定学习目标。我们要结合个人的发展需求和社会需求并充分考虑可以利用的各种资源，如教师、学生、教学材料、教学媒体、教学设施等，以及各种相关促进或制约因素来确定科学、合理的学习目标。要确定学生的起点水平需要进行调查、评价和分析，尤其是确定与学习目标直接关联的学习水平。确定学习需要后进一步分析造成差距的原因，通过对现有资源和约束条件的分析，找到消除这个差距的途径。在此基础上，确定要达到的总的教学目标和优先解决的问题，为后续教学工作提供依据。

（二）学习内容分析

为实现教学目标，要求学生系统学习的知识、技能和行为经验的总和就是学习内容。具体来说学习内容就是学生需要学习哪些知识与技能；达到何种水平与程度；培养什么样的能力和态度，使学生身心获得怎样的发展等。

在分析学习内容时，我们一般会从了解课程标准、分析教材内容和借鉴参考资料三方面来进行。

第一，教师需要了解课程标准。首先，要学习课程标准的基本理念和总体设计思路，以求能够更全面地贯彻课程标准的主要精神。其次，要学习课程的总目标和各个分级目标，对描述学习结果的用语要特别注意理解其含义，以提高学习目标落实的适切性和准确性。比如，英语课程标准对一级目标的描述：能感知语言信息，积累表达个人喜好和个人基本信息的简单句式；对二级目标的描述：能读懂语言简单、主题相关的简短语篇，获取具体信息，理解主要内容。[①]

第二，教师需要对教材内容进行全面、系统的研读，对教材的理念、内容、结构、学习要求等要有深入的理解和认识。首先，正确理解教材内容，分析教材中的知识技能结构，厘清重点、难点，为确定教学目标和教学方法打好基础。其次，分析教材内容的认识过程特点，确定教学设计思路和思维框架。最后，提炼教学内容中的情感、态度、价值观等因素，给学生传递正确的价值取向。

在小学阶段，学习内容分析主要指教材分析。教材是小学阶段教学的主要载体，是实现教学目标、进行教学的主要凭借。教师要学会根据实际需要调整和取舍教材内容，同时选取适合的资源，合理优化和补充教材内容。

案例链接：冀教版小学英语（三年级起点）教材五年级上册第二单元第四课

第二单元主要讲的是中国和几个英语国家的基本情况。本课是第二单元的第四课，主要介绍了英国的国旗、首都、标志建筑、语言等信息。学生可以了解西方文化，语言材料真实具体。主要学习句型为 Which country is it? It's…… What do they speak in…… They speak……

经过本单元前三课的学习，学生已经掌握了一部分关于国家的单词及询问国家基本信息的句型，再加上本课的巩固，学习内容的难度不大。因此本节课的学习重点是能运用所学的语言知识在创设的情境中进行熟练的语言交际，并在此基础上能将其应用于日常生活之中，同时更多地联系已学的语言知识，不断地在练习、巩固中综合运用所学知识，从而提高阅读能力和交际能力。

分析：以上教学案例是一课时教学内容的分析。教师分析了本课时的教学内容，同时阐明了本课与本单元前几课的关联以及此关联对学生学习本课知识的影响。因此，通读教材十分重要，要从教材的整体结构上去分析每单元，再从每单元分析每一课，为全面、系统地进行教学设计打好基础。

第三，教师要在独立思考的基础上对参考资料灵活运用，借鉴不等于照搬。教师可以借鉴的参考资料包括相关网络教学资源、教材教师用书、其他教师的课程录像、教学课件、教学设计等。

教材是教学内容的主要来源，但并不是唯一来源。教学除了依据教材外，还要联系实际、联系生活，教材外面的知识都可能成为教学内容。教师需要根据教学目标精

---

① 中华人民共和国教育部：《义务教育英语课程标准(2022 年版)》，6～7 页，北京，北京师范大学出版社，2022。

心筛选材料，才能使其成为教学内容。

(三)学生分析

奥苏伯尔、加涅等心理学家的研究表明，学习者对某项学习目标的学习已具备的知识与技能、了解和掌握的程度是教学工作成败的关键。要想成功开展教学工作，教师必须通过分析来把握学生的起点能力、一般特点、学习风格等方面的情况，也称为学情分析。学生分析为教师确定教学目标、选择和组织教学内容、选择教学策略、安排教学活动等提供依据，它是教学设计分析中的重要环节。

1. 学生的起点分析

学生的起点是学生进入教学过程前所具有的知识、技能、态度等。对于教师来说，学生的起点能力可称作教学的起点。学生的起点分析主要包括以下三方面：一是知识起点分析。主要分析学生是否具备进行新的学习所必须掌握的知识以及学生认知结构中的知识层次是否合理。二是技能起点分析。了解学生在新的学习任务开始前是否掌握必备的从属技能，其包括智力技能水平分析、动作技能水平分析、自我认识技能分析以及人际关系分析。三是学习态度起点分析。其主要涉及学生对新的学习任务是否有兴趣、对所学学科是否有误解、是否有抵触或畏难情绪等都是学习态度分析的内容。

案例链接： 冀教版小学英语教材六年级上册第三单元第一课

本课的内容是冀教版小学英语教材六年级上册第三单元第一课。本单元的话题是四季，本课需要学习四季的名称 winter，spring，summer，autumn，学习如何用合适的表达描述四季的特征以及学习 put on，take off 两个动词短语。本课 Part 2 通过不同季节、不同天气要穿着不同类的衣物来学习 put on 和 take off 的用法。在学习本课之前，学生已经掌握了一部分关于服装的词汇和描述天气情况的词汇及句型，可以就天气或穿着话题进行对话或相关讨论，具备描述四季的特征和学习 take on 和 put off 短语用法的基础，在学习新内容后进行新旧知识的整合和运用。

分析：上述教学案例描述了学生在学习本课前已经掌握的单词、句型和交际能力基础，确定学生可继续学习相关新内容。该教学案例明确了学生已有的知识、技能和相关能力基础，对教师如何进行新知识的教学设计是非常重要的，可以减少教师教学活动的盲目性，增强教学的目的性和针对性。

案例链接：学习态度起点分析

本节课的教学对象是六年级的学生，他们在英语的听、说、读、写方面已经有了较好的基础，英语知识也有一定储备，同时对英语学习有比较浓厚的兴趣，可以积极按照教师的要求进行学习。在本课的学习中，词汇学习对学生来讲已经比较容易，因此教师把重点放在了知识的应用上。学生感兴趣的相关话题是在不同的季节里面进行什么样的活动，如冬天可以滑雪，夏天能够游泳等。在快速掌握相关词汇后，教师引导学生开始进行由易到难的交流、应用练习。在学习过程中，小组合作学习、教师示范等方法将会穿插在各环节来帮助学生逐步完成教学目标，同时培养学生学会分析学习任务和自己的特点并根据这些条件来完成学习任务的能力，提高学习效率。

分析：从上述教学案例可以看出，教师对学生的学习态度十分了解，如“对英语学习有比较浓厚的兴趣，可以积极按照教师的要求进行学习”等描述；对学生的学习能力也有准确的认知，如“在英语的听、说、读、写方面已经有了较好的基础，英语知识也有一定储备”。凭借对学生客观、准确的分析，教师可以选择更适当的教学方法，更有目的性地设计教学活动，提高教学效果。

为了客观、全面地了解学生的情况，教师可以通过诊断性评价的相关手段，如小测验、课堂提问、摸底测试、查阅相关成绩记录、观察等来对学生进行评价。但是具体分析学生的学习态度比较困难，教师可以通过观察、访谈、态度和情感调查等方式来完成分析。

2. 学生的一般特征分析

学生的一般特征是指对学生的学习活动产生影响的心理、生理和社会的特点，包括性别、年龄、健康、学习动机、认知发展、生活经验等。例如，小学生的一般特征包括：小学低年段学生以具体形象思维为主。小学中、高年段学生逐步向以抽象逻辑思维为主发展，从具体形象思维占主导向逻辑思维占主导过渡；从无意注意为主逐步发展为有意注意为主；注意的情绪色彩很明显等。这些因素虽然与教学内容无直接联系，但在很大程度上会影响教师对教学内容的选择与组织，影响教学方法、教学媒体等的选择与运用。

小学生的注意力水平有限，注意的目的性很低，很容易被直观、形象的教学和教师创设的情境吸引。了解到小学生的注意力特点后，教师就可以有针对性地进行教学设计，提高教学的有效性。如在讲授“用数对确定位置”这节课时，教师可以利用学生在教室的实际座位图创设情境，引入新课。让学生感受到数学就是处理发生在自己身边的事情，直观、形象且贴近学生的生活，更容易吸引学生的注意力并且引起学生的学习兴趣。

我们可以通过观察、访谈、查阅文献、问卷调查等方式获得学生的一般特征。

3. 学生的学习风格分析

学生的学习风格指带有学生个性特征的学习方式，一般是一贯持续的。学习风格包括情绪或情感的需求，如有的学生能自主激发学习动机，自觉坚持不懈地学习；有的学生需要经常受到鼓励和安慰；有的学生喜欢独立学习；有的学生更倾向于合作学习。学生感知使用的主要器官不同，如有的学生属于听觉型，有的属于视觉性，有的属于动觉型等。对于环境的需求也不相同，如有的学生喜欢在某一特定的时间段学习，学习效率更高等。

例如，在同一年级同时任教不同班级的教师，虽然教授同样的学习内容，但对于不同风格的班级采取的教学方法也会有差异。如果这是非常活跃的班级，教师上课就要贴合学生的风格，设计时采用游戏法、全身反应法、歌曲法等以满足学生爱动的天性，同时也要穿插能够让学生静下心来的教学活动，如完成习题、绘画等，以学定教，选择适合学生的学习方法。

学生不同的学习风格决定了他们每个人有不同的学习方式。教师可以了解学生的学习风格，尊重个体差异，因材施教，有针对性地设计教学方案，提高学习效率和效果，让学生更加乐学、善学。

(四)教学目标设计

教学目标的编写建立在对学习内容、学习需要和学生的分析结果的基础上。教学目标是教学活动预期要达到的最终结果，描述了学生通过学习后应达到的行为状态和学习结果，实际上是一种主观愿望。教学目标必须明确、具体、可观察、可测量，因此教学目标的语言表述必须清晰准确。教学目标是确定教学重、难点的重要依据。确定了具体明确的教学目标后才能正确选择合适的教学策略和教学媒体。

(五)教学重、难点分析

教学重、难点是教学目标设计中的关键要素。教学重点是依据教学目标，在对教材进行科学分析的基础上而确定的最基本、最核心的教学内容，一般是一门学科所阐述的最重要的原理、规律，是学科思想或学科特色的集中体现。教学难点是指学生不易掌握的技能、技巧或不易理解的知识。在分析学生的情况和教学内容的基础上，教师要根据学生的实际情况来确定教学重、难点。正确设定教学重、难点对完成教学任务、实现教学目标十分重要。

案例链接：冀教版小学英语（三年级起点）教材六年级上册第十四课

教学重点：

1. 学生能听懂、会说、认读并书写下列词汇：put on，take off，again。

2. 学生能认读、理解并运用句子：I'm going to……

教学难点：能运用所学的语言知识在创设的情境中进行熟练的语言交际，并在此基础上能将其应用于日常生活之中。

分析：要确定教学重、难点，教师要先进行教材分析、学情分析；在确定教学内容和教学目标后，教师可以从中找出本节课的重点和难点。在本课之前的课文学习中，be going to do多次出现，学生对它的用法有大概的认识，但在课堂上教师并没有系统讲解过。六年级上册第三单元之前，学生已经学过一般将来时will＋ do的含义和用法。教师可将它与be going to do结合来进行解释，帮助学生掌握其用法。《义务教育英语课程标准(2011年版)》规定学生要理解be going to do表示的将来时态，可见将其作为教学重点符合教学要求。在本课的课文中，带有be going to do的表达结合put on和take off短语贯穿始终，并同时跟be doing的用法对比出现。put on，take off等词汇是学生必须识记的重点内容，对于学生学习新知识至关重要。通过一系列分析，教师确定了本课的教学重点，即“学生能听懂、会说、认读并书写下列词汇：put on，take off，again”“学生能认读、理解并运用句子：I'm going to……”《义务教育英语课程标准(2011年版)》指出，英语学习要充分利用教学资源，培养学生用语言交流的能力，使学生能够在语言知识范围内进行日常会话。语言学习的最终目的是能够将所学知识正确地运用在实际生活中。经过前三年的学习，六年级的学生虽然具备了和英语相关的基础知识和基本能力，但在恰当情境中流利、正确地表达还是具有一定难度的。因此教师将“能运用所学的语言知识在创设的情境中进行熟练的语言交际，并在此基础上能将其应用于日常生活之中”确定为本节课的教学难点。

(六)教学方法与手段选择

结合学情特点、教学目标与内容等因素，教师需要灵活地选择多样的教学方法与手段，以有效达成教学任务，实现教学目标。教学方法和手段是教师开展教学活动的重要依托。每种教学方法和手段都有其优势与弊端，不存在适用于所有教学情境的教学方法和手段。只有用好教学方法和手段，才能营造活跃的课堂学习氛围，激发学生的学习热情。

1. 教学方法选择

小学常用的教学方法有讲授法(如对某数学公式进行解释)、演示法(如进行示范动作展示等)、练习法(如学完现在分词的变化规律后出适量习题让学生进行练习)、实验法(如指导学生进行实验)、讨论法(如让学生分组就某道题的几种解题方法进行组内讨论)等。教师可根据实际情况灵活选择切合教学内容的教学方法,确保教学方法的选择围绕教学目标的达成进行。

2. 教学手段选择

教学手段是师生之间传递信息所使用的工具、设备或媒体等。它既包括看得见、摸得着的实体,如粉笔、计算机等,也包括看不见、摸不着的技术条件,如网络、大数据等。教学手段在教学中能够展示实施、创设情境、提供示范、呈现过程、解释原理等,其作用十分重要。

教学手段一般分为传统教学手段和现代教学手段:传统教学手段如实物、标本、黑板、印刷材料、模型、地图、图片等;现代教学手段如投影、相机、录音机、语音室教学系统、微格教室等。随着现代科学技术的快速发展,可供教师选择的教学手段早已不仅限于黑板和粉笔等传统教学手段,越来越多的现代化教学手段可供教师选择。选择时教师要考虑学生的特征、学习内容需要、教学目标要求、自身条件等因素。合适的教学手段能够集中学生的注意力,提高学生的学习兴趣,加深学生对学习内容的理解等。

选择教学手段是为了有效达成教学目标和完成教学任务。除此之外,选择时教师还要考虑经济因素(如能达到类似教学功效时选取更加经济的教学媒体)、时间因素(教学时允许使用媒体的时间等)、环境因素(教学场所的配套设施等)等。

案例链接: 教学手段的选择

某教师在冀教版小学英语(三年级起点)教材六年级上册第十三课的教学设计的练习环节中设计了“猜一猜”的活动。教师通过多媒体教学手段展示出关于不同季节的相关信息(表 10-1),让学生根据多媒体展示的信息判断是何季节,用英语说出季节的名称。

表 10-1 季节的名称、相关信息及教学媒体形式

季节的名称	spring	summer	autumn	winter
相关信息	春雨	蝉鸣	歌曲	呼啸的风声
教学媒体形式	声音	声音	声音	声音

教学手段的选择与教学内容紧密相关。根据教学内容设计出“猜一猜”的活动,教

师需要为学生呈现能够明确表明季节特征的教学手段资源：春雨淅淅沥沥与春天关联，夏日蝉鸣与夏天关联，歌唱丰收的歌曲与秋季关联，呼啸的寒风与冬季关联。教学手段需承载的信息确定后，教学手段的选择就完成了。

(七)教学过程设计

教学过程是为了达成教学目标、完成教学任务而采取的方法和步骤。它是师生共同完成的教学活动，是根据课程标准和教学大纲，为实现明确的教学目标，使学生掌握知识与技能、发展自身能力、促进心智发展、提高人文素养、形成正确的价值观而进行的复杂的、系统的教育过程。小学教学过程一般包括以下几个环节。

1. 引起求知欲

引起求知欲是贯彻教学过程始终的一个重要环节和任务。教学的第一步应是引起学生的求知欲，帮助学生做好学习的心理准备。引起求知欲指的是引导学生对即将要学习的知识产生浓厚的兴趣和想要了解的欲望，其主要目的在于激发学生学习的积极性，让学生产生强烈的求知欲望和浓厚的认知兴趣，使他们明确学习的任务和要求。学生只有具备了求知欲和学习兴趣，才会产生知与不知的矛盾，出现求知的内在动力，进而积极主动地去寻求解决问题的正确路径。在教学活动中，教师需要根据学习内容创设相应的问题情境来引起学生的求知欲，让学生以积极的情绪投入学习。

引起学生求知欲的方法有很多，主要有开门见山，直接导入；温故知新，复习导入；创设环境，情境导入；边玩边学，游戏导入；边唱边学，歌曲导入；边讲边学，故事导入；我问你答，问题导入等。除以上几种方法外，还有很多引起学生求知欲的方法。教师可以根据教学内容和具体学情创造性地灵活运用。但要注意的是，导入的目的是激发学生的学习兴趣和求知欲，引导学生积极主动地参与课堂学习并灵活运用知识。所以导入在形式和内容上要符合学生的认知规律和年龄特点，要与学生的生活实际结合起来且必须与本节课的知识点连接紧密、自然。

案例链接： 人教版小学语文教材五年级第十一课“新型玻璃”教学片段

师：同学们，上课之前，老师给大家讲一个故事。在一个伸手不见五指的夜晚，一个黑影蹿进了陈列着珍贵字画的展览馆，准备划破玻璃，偷里面的字画。当他的刀刚刚触及玻璃时，院子里便响起了急促的报警声。警察立即赶来，把这个小偷给抓住了。

生：这是什么玻璃呀？为什么一接触它就会发出报警的声音呢？

师：同学们，这是一种新型玻璃，这节课就让我们一起来学习它吧。

师：拿出本子来，跟老师一起写：新型玻璃。

分析：教师通过讲故事的方式自然地导入新课“新型玻璃”，既可以引发学生的情境体验，活跃课堂气氛，引起学生的求知欲和学习的积极性，又可以让学生对课文内容有深刻的印象，加深学生对课文内容的理解。

2. *感知教材*

感知教材是指教师通过各种形式，如看、听、说、读等，引导学生感知、体会教材内容，获得对教材内容的感性认识，形成初步表象，把新知识归入已存在的认知体系，在此基础上理解新概念、新知识的过程。感知教材的过程中教师要清晰、准确、直观地为学生呈现新知识，引导学生通过形成清晰的表象和鲜明的观点，为学生理解抽象概念提供感性知识和基础，并发展学生相应的能力。

例如，在小学语文教学中，教师可以利用以下几个步骤引导学生感知教材：首先，给予学生充足的时间反复读课文，扫清生字词等阅读障碍，整体把握课文内容。如《自然之道》初读环节的设计为：①轻声读课文两遍以上，读后标出段落号；②再读课文，读准字音、读通句子，难读的句段多读几遍；③默读课文，找出文中描写导游的句子，用波浪线标记。引导学生再想一想：导游为什么不愿意把海龟扔进大海？设计中目标明确，要求清晰，突出了任务的分层，同时易于操作。其次，完成初步感知后，带领学生对课文字、词、句、段与全文整体的联系进行分析，厘清课文脉络。如老舍先生的《猫》主要从猫的古怪性格与猫的可爱来表达对猫的喜爱之情。初读这篇文章时，教师可以提示学生标出自己认为特别重要的句子。在学生标出了“猫的性格实在有些古怪”“满月的小猫更可爱”后，教师便可引导学生进行划分段落、厘清脉络、概括课文内容等多项语文能力的训练。最后，在局部感知的基础上，引导学生再次回归到课文整体，总结归纳，结合阅读的感悟和收获，领会写作方法、体会文章结构。如贾平凹先生的散文《月迹》，围绕孩童寻月的情感变化谋篇布局，具有精巧的结构美。因此，在阅读课文时，关键是找出能体现情感变化的词语和语段，把握行文的精巧。这样清晰的思路就呈现在我们面前：院中盼月—镜中看月—院中望月—杯中“饮月”—河中寻月—眼瞳见月—沙滩议月。这样不仅使学生从整体上把握了课文内容，又品味了贾氏散文精巧圆润的结构艺术。

3. *理解教材*

理解教材是教学过程的中心环节，是指教师引导学生在感知的基础上，通过比较对照、分析综合、抽象概括、归纳演绎等思维方法的加工，形成概念，从而揭示事物的本质和规律。理解教材这一阶段的主要任务是教师需要在学生感知教材的基础上引导学生灵活运用各种思维方法，并在此过程中培养学生的逻辑分析和推理能力；同时要引导学生认清现象和本质，掌握理论并形成清晰的概念。

理解教材一般有两种思维途径：一种是从具体形象思维向抽象思维过渡；另一种是从已知到未知。它是教师向学生进一步讲授重、难点，达成教学目标的过程。因此在此阶段，教师必须做到有目的、有计划、系统地引导学生在感知、观察、判断、推理、分析等的基础上，将教材中的知识深入自己的认知结构中。

在理解教材的过程中，教师应尊重学生的身心发展规律，针对不同年级学生的特点和不同的知识点，灵活选择恰当、有效的教学手段，同时加强学练结合，有效地引导学生突破重、难点。教师应注重引导学生加强新旧知识之间的联系，把旧知识作为学习新知识的基础，既巩固了旧知识，又以此为生长点，使学生更容易理解和运用新知识，最终将新旧知识连接为一个知识体系。

案例链接：小学数学五年级“三角形的面积”一课的教学实录片段

教师首先展示长方形、正方形、平行四边形、三角形的图片，引导学生说出前三种图形面积的求法。然后教师请学生观察猜测三角形的面积应该如何求。教师要求学生根据自己的猜想，动手操作验证，求证怎样转化推导。

师：大家交流一下，你是怎样操作的？

生：把一张三角形的纸片的三个角向内对折，变成一个小的长方形，得到长方形的长是原三角形底的一半，宽是原三角形高的一半。因此，三角形的面积等于小长方形面积的 2 倍。

师：那你能总结出三角形的面积公式是什么吗？

生：底乘高除以 2。

师：(继续引导)这个办法可行，其他同学还有不同的做法吗？

生：将三角形的顶角向底边平行对折，再沿折痕剪开，把得到的小三角形沿中间对折再剪开，分别补在剩下图形的两侧，变成一个长方形。三角形的底没变，高缩小了一半，所以三角形的面积等于底乘高除以 2。

师：这个办法也很合理。(表扬)还有其他做法吗？

生：选两个相同的三角形颠倒相拼，得到一个平行四边形，平行四边形的底是原三角形底的 2 倍，高不变，所以三角形的面积等于底乘高除以 2。

师：无论哪种做法，我们得出的结论是一致的，那就是三角形的面积等于底乘高除以 2。那么想要计算三角形的面积，我们都需要找到哪些条件呢？

生：三角形的底和高。

师：既然大家推导出了三角形的面积公式，也明白了求三角形面积应具备的条件，那么我们应用三角形的面积公式计算一些练习题好吗？

分析：在本节课中，教师通过让学生回忆长方形、正方形、平行四边形面积的求法，鼓励学生动手操作实践，引导学生运用对比、归纳、演绎、推理等思维方式，让学生在感知教材的基础上，运用已学知识推理掌握未学内容，进而深入地理解教材，最终使学生掌握三角形面积的基本概念，揭示三角形面积公式的本质和规律。

4. 巩固运用知识

在教学过程中，教师应引导学生加强对知识的巩固和运用。巩固知识是学生要把所学的知识牢固地保持在记忆中。学生只有在理解的基础上牢牢地记住所学的知识，才能灵活运用它们分析问题、解决问题，最终汲取新知识、发展记忆力。巩固知识往往渗透在教学的全过程，不一定是一个独立的环节，它常常与运用知识联系在一起。运用知识是指运用所学的知识解决实际问题，目的在于培养学生运用知识解决问题的技能和技巧。巩固运用知识阶段的主要任务是温习已学知识，通过反复练习提高学生分析问题、解决问题的能力。在教学过程中，学生巩固知识的目的在于运用。教师可以创设情境或采用组织学生参加实践活动等多种形式，引导学生加强知识与实践的联系，使学生学会将知识运用在实际生活中，将知识转化为能力。

案例链接：冀教版小学英语教材六年级下册第一课

本课学习的语言点之一是 some 和 any 的用法。在对基础用法进行讲解后，教师可以出适量的习题让学生进行练习，巩固所学。

Read and write.

some　　　　any

a. Kim is hungry. She would like______bananas.

b. I'm thirsty. Do you have______water?

c. Would you like______juice?

d. How about ______apples?

……

在学生掌握了 some 和 any 的用法后，教师可以提升难度，创设情境，将知识融入生活，引导学生学会运用所学解决实际问题。

小组活动：假如你和你的同学在咖啡厅点单，请设计一段对话，保证对话中要有 some 和 any 的用法。两至三人为一组，请自由结组。

在巩固运用知识阶段，教师应帮助学生梳理本节课的重、难点，提炼知识要点，引导学生对已学知识进行温故记忆，帮助学生加深对知识的理解。在学生掌握了本节课的重点单词和句子后，教师需要提升难度，创设情境，将知识融入生活，引导学生学会运用所学知识解决实际问题。

（八）作业设计

作业设计要求考虑课本知识的巩固、积累和运用，兼顾知识的拓展性和学生运用语言能力的培养。教师可以根据学生的不同情况分层布置作业。课外作业可以分为如下三类。

口头作业：如阅读、背诵、复述等。

书面作业：如习题、写作、绘图等。

实践作业：如实验、手工制作、科技制作、社会调查等。

布置作业的目的是使学生合理有效地利用课后时间，进一步巩固课上所学知识与技能，把课内学习与课外学习结合起来，培养独立学习的能力，养成良好的学习习惯。作业设计的基本要求为：第一，作业内容应符合学科课程标准规定的范围和深度，有助于学生掌握知识，发展技能。第二，作业量要适当，难度要适中。第三，作业除了用于巩固本课所学知识技能外，可以有适当的拓展，训练学生举一反三的能力。第四，作业应有助于发展学生的思维，尤其是发展学生的创造性思维。第五，作业应与社会生活中的实际问题结合起来，让学生运用新学的知识技能解决实际问题。

案例链接：冀教版小学英语教材六年级上册第十九课

Homework:

1. Listen to the recording and follow it.

2. Make a dialogue of buying gifts.

3. You travel to your favourite city. You have 3 hundred yuan. What do you want to buy for your family. Please make a plan and write it down.

分析：学生的学习能力有一定差异，这要求教师分层布置作业，设计不同的难度（完成不同难度的作业可获得相应的成绩），让各层次的学生根据自己的实际情况选择作业，使每个人都能从作业中获取知识，完成作业后根据完成的程度记录成绩。上述作业案例中的第三项最难，完成可获得三分，要求学生动脑筋做计划，用英语做事情；且情境设置贴近学生的生活，激发学生学习兴趣的同时锻炼了学生的英语知识应用能力。

（九）板书设计

板书是教师在教学过程中，在黑板上运用文字、图文结合、绘画、图片、图表等相关材料展示教学内容的一种手段。板书是课堂教学的重要组成部分。合理地利用板书可以有效提高课堂教学效果。板书可以体现教师的教学思路，突出教学重点，帮助学生记忆，对学生有示范和引导作用。教师在设计板书时要遵循以下要求：合理设计版面，字体书写要规范，板书内容要精炼，板书形式灵活新颖，版面设计要美观。

案例链接：冀教版小学英语（三年级起点）教材五年级下册第十八课

本节课的板书设计示例如图 10-1 所示。

图 10-1 板书设计示例

分析：该案例为故事课。故事的重点内容都记录在教学设计中，清晰明确，体现了教师的教学思路，突出了本课的重点，有利于学生理解故事和复述故事；配以合适的图片，和谐、美观，容易吸引学生的注意力，激发学生的学习兴趣。

（十）教学评价设计

教学设计实施方案是否具有科学性、合理性、可行性、有效性和可操作性，需要利用教学评价来判断。一方面，教学评价能考查学生实现教学目标的程度；另一方面，教学评价可用于对已有的教学设计方案进行评价，促进教师反思并调整教学，实现成长。

常见的教学评价分类有三种：按评价的功能，可分为诊断性评价、形成性评价和总结性评价；按评价的基准，可分为相对评价、绝对评价和个体内差异评价；按评价的分析方法，可分为定性评价和定量评价。①

教学过程中常用的是形成性评价，又称过程性评价，是在教学过程中为了更好地完成教学目标、达到更优的教学效果而不断进行的评价，贯穿整个教学过程。教师借助形成性评价对学生在学习过程中体现出的学习态度，活动参与度，知识、技能掌握

① 何克抗、林君芬、张文兰：《教学系统设计》第 2 版，8 页，北京，高等教育出版社，2016。

和发展的情况等做出判断，对学生积极的学习尝试给予肯定和鼓励，激励学生更主动、积极地学习，同时帮助自己改进教学。

在小学教学中，形成性评价的方式一般包括教师课堂观察、学生自评、小组互评等，也包括随堂小测验、小练习等形式。教师可以通过形成性评价及时了解学生的学习情况，获得连续的反馈，发现存在的问题并做出相应调整，改进教学。

案例链接：冀教版小学英语（三年级起点）教材六年级下册第十九课

教学评价类型：形成性评价

评价主体：教师、学生

1. 针对教学目标，教师通过观察学生的语音、语调、朗读流利程度、回答问题情况，通过师生合作对话展示、生生合作对话展示等，对能够正确、清晰朗读对话，正确运用所学句型进行交流的学生及时给予肯定和表扬，如运用 well-done，good job，excellent 等；鼓励学生，并让学生为自己或组员记录相应的课堂得分。

2. 针对教学目标，教师采用学生评价、教师指导的方式，通过学生观察同伴听课状况、小组合作学习参与情况、讨论成果展示表现等检测学生对教学目标的掌握情况，让学生进行相互评价，使评价更全面、公正、客观。

分析：该案例中的教师采用的是形成性评价。教师通过对学生进行提问并根据学生的回答情况和观察学生的课堂表现等方式来评价学生对教学目标的完成情况。同时，教师通过学生互相观察课堂上各方面的表现，根据练习的效果让学生之间互评教学目标的掌握情况。形成性评价中融合教师评价和生生互评，可以使教师动态了解学生的学习状况，随机应变调整教学活动；也有利于教师及时肯定学生的学习结果，激发学生的学习兴趣和积极性，更高效地完成教学任务。

第二节 小学教学实施

教学由一个个前后衔接、相互关联的环节构成，是一个系统过程。小学教学实施的步骤一般包括上课、作业的布置与批改、课外辅导、学业成绩的考核与评定。下面，我们逐一分析小学教学实施的步骤。

一、小学教学实施的步骤

(一)上课

上课是教与学最直接的对话，是整个教学工作的中心环节，是提高教学质量、培养学生的关键途径。教育教学的基本组织形式是课堂教学，教学设计的落实要靠课堂教学，课堂教学的实施情况直接决定了教学质量和学生的学习效果。对教师教学的评价也直接取决于这堂课上得好不好。那么，何为一堂好课呢?

现代教育理念认为，一堂好课的教学目标是促进学生的发展，因此课堂教学内容的组织应是科学又合理的，教学方法和策略的选择是能够有效落实教学目标的，教学效果应是能有利于促进学生的生活世界与经验世界有机整合的。学生是教学过程的主体，学生能学会是教学的最终目的。所以说，一堂课上得好不好，是由学生学得如何来决定的。下面我们将在学生主体视角下来谈一谈小学一堂好课的标准。

1. 符合学生的学习能力和需求

教学目的和学习内容要符合学生的学习能力和需求。在教学设计环节，教师要以学生的起点能力为基础，设计教学目标和学习内容。预设的教学目标要明确、准确，学习内容要符合小学生的认知规律。若内容过多、过难，非常容易使小学生产生畏学情绪，打击他们的自信心和积极性。更重要的是，在教学实施中，教师需要根据学情对教学目标和内容进行微调并落实。真正的课堂不可能完全按预设进行，在真实的课堂讲授、互动、思考中，如学生的思路或状态、情感的抒发、随机问题的提出、课堂的气氛等，必然会有与预想不同的地方。教师在实施教学时，应随机应变，根据实际情况，对教学目标和学习内容进行必要的微调，使之更适合学情，符合学生的学习能力和需求，不能生硬地“走教案”。上课的过程中有资源的生成，又有过程状态的生成，这才是一节有效、丰富、充实的课。需要说明的是，在教学时，教师不仅自己要明确教学目标，同时要让学生明确教学目标，使整个教学活动始终围绕这些目标进行；明确教学目标也方便学生学习后进行自检。

2. 学生学有所得

一堂课成功与否，归根结底要看学生是否学有所得，也就是要看教学效果。这堂课上完后，对全体学生多少是有效的，效果如何，包括良好的、中等的等；效率如何，是否大部分学生通过这堂课掌握了该掌握的内容。教学目标是否达成，学生是否掌握了本节课所学的知识，是否掌握了应用这些知识的技能，思想品德方面是否有所提升等，都是衡量教学效果的标准。衡量教学效果主要看以下三个方面。第一，看学生是否活跃，课堂参与度高不高，对课堂上所授内容有没有兴趣。虽然这并不是衡量知识、技能是否学会的标准，但对于小学生来说，兴趣是非常重要的学习动力之一。学生不愿参与的死气沉沉的课堂必然效果不佳，效率低下。第二，将课堂效果检测与教学目标相呼应，可以通过课堂练习、口头提问、学生表演等进行检测，适时地在检测中引入竞争机制，如小组比赛、单人比赛等。由于小学生的上进心强，我们可以在竞争中激发他们的学习兴趣，同时利用生生之间的对比，更容易检测出学习效果。第三，小学生的年龄小，思想意识不成熟，在课堂上要接受引导来形成正确的价值观。正确价值观的形成甚至胜于知识的学习。教师要根据学习内容适当进行引导，如果学习内容适合，通过精心设计和引导，使学生感情到位，使学生价值观的形成水到渠成；如果学习内容并不适合价值观的引导等，切忌生拉硬扯，并不是每堂课都一定要有价值观的形成。

3. 体现学生的主体性

在班级授课制的大框架下，教师不仅要关注全体学生，还要关注学生个体。在课堂上，教师要想方设法让学生充分发挥主动性，增加课堂的开放度，体现学生的主体地位，让学生能在课堂上进行思考，有适合自己的任务。尊重学生的主体地位，一方面体现在给予学生自主学习、探究的时间，让学生主动发展；另一方面体现在根据教学目标设置多样化的教学活动，把大班授课、小组合作学习与个体自主学习结合起来，确立以学生为主的教学，实现教学方式的多样化。比如，巧妙设置问题，引发学生的认知冲突，让学生开展课堂讨论或进行小组合作学习；根据学生的年龄特点适当采用实物、多媒体展示等手段，加强理论与实际、课内与课外、课堂与网络等之间的联系；在课堂上可以多设置开放性问题，给学生独立思考的时间和空间，鼓励学生多元思考和发散思维，允许学生有不同的答案，让学生敢于质疑和批判，培养学生自主学习的能力。

4. 学生乐于参与

任何一个优秀的教师必须是一个善于激起学生学习兴趣，确立自己课堂吸引力的教师。在课堂上，学生不该是信息的被动接受者，而应成为获取知识的主动参与者。学生主动、积极地参与到学习过程中，发现知识，自主学习，才能真正获得充分发展。只有教师的课堂组织合理，教学活动安排得当，教学秩序良好，教学步骤有条不紊，在整个教学过程中，师生双方才能有较高的积极性，教师才能教得舒心，学生才能学得开心。教师应综合考虑教学目标、教学内容和学生特点等多种因素，选择具有启发性和趣味性的教学方法，吸引学生的注意力，激发学生的求知欲，提高学生学习的积极性。这点在小学尤其重要。只有选对合适的教学方法才能让学生时刻紧跟着教师讲课的节奏，有效激发学生的学习兴趣。教师需要多提供机会让学生观察、思考、操作、表达。提高学生课堂参与度的方法有很多，如创设情境，增强学生的参与意识，培养学生的学习兴趣；运用多样化的教学手段，刺激学生的听觉、视觉等多种感觉；对学生多鼓励、多表扬，增强学生的自信心等。

案例链接：冀教版小学英语（三年级起点）教材六年级上册故事课 Four Seasons

一、教学目标

（一）语言知识与技能目标

1. 能在教师和图片的帮助下听懂并读懂故事 Four Seasons。

2. 能朗读故事，做到语音准确，语气达意，能注意模仿语音、语调。

3. 能借助头饰、道具、板书等帮助表演故事。

（二）学习策略目标

1. 寻读、朗读、默读相结合，发展阅读策略。

2. 增强小组合作意识，共同完成任务。

3. 通过示范朗读等来培养有感情地朗读与表演的技能。

（三）情感态度目标

1. 通过卡通简笔画、动画、chant 等激发学习兴趣，乐于阅读，善于表演。

2. 培养对四季和自然的热爱之情。

（四）文化意识目标

了解四季对人类生活的重要性。

二、教学重、难点分析

教学重点：使用不同的阅读方法理解课文，表演故事。

教学难点：能在教师的帮助下表演故事。

三、教学过程

（一）Pre-reading（2 分钟）

1. Let's chant.

教师用关于四季的 chant 引入，在 chant 中引导学生复习四季的名称。

2. Draw and say.

教师在黑板上画一幅 Little Jill 哭的图片，提问 What happened? 自然过渡，引出本课内容。

（设计意图：采用 chat、画图、提问的方式进行读前导入，激活并复习关于四季的知识，为引入故事做准备，激起学生的学习兴趣，让学生在愉快的氛围中进入故事的学习。）

（二）While-reading（17 分钟）

1. Watch the video and answer the questions.

教师播放本课的动画录音，并提出问题 Are the seasons important? 让学生带着问题看动画，整体感知故事并回答问题。

（设计意图：让学生整体感知语篇，对故事的大意有初步的了解。）

2. Let's read.

(1) Read silently.

教师让学生默读第一到第四段，回答问题，并把答案画在书上。在讲解课文时，教师让学生学习生词。

师：Read paragraph 1 to paragraph 4 silently, then answer the questions. Underline the answers on your books.

课件呈现：
1. Does Little Jill like spring? Why?
2. Does Little Emma like summer? Why?
3. Does Little Lenny like autumn? Why?
4. Does Little Billy like winter? Why?

（设计意图：让学生默读课文找出关键信息，为后面故事的展开做铺垫。采用默读方法让学生细读文本，掌握文本的关键信息，理解课文内容。）

(2) Skimming and scanning.

教师让学生快速寻读课文第五至第八段回答问题：When do the farmers plant vegetables and fruit?

师：Read paragraph 5 to paragraph 8 quickly and answer the question.

（设计意图：让学生通过寻读快速找到关键信息。）

(3) Read silently.

完成寻读任务后，教师让学生默读课文第五至第八段，完成判断对错题，掌握课文的细节，理解课文内容。

师：Read paragraph 5 to paragraph 8 on page 82 silently and finish the exercises.

True (T) or False (F)
1. In spring, the rain falls and the young plants begin to grow. (　　)
2. In summer, the sun is hot. It makes the plants dry. (　　)
3. In summer, the plants are strong and healthy. The farmers bring them home. (　　)
4. The food made by the plants makes people grow strong and healthy. (　　)

（设计意图：通过默读策略引导学生深入了解故事细节。）

(4)Prediction.

有了春、夏、秋的基础，教师先让学生预测冬天会发生什么，再让学生默读课文，了解本段内容，总结冬天土地的情况，回答问题。最后教师让学生听音模仿，在理解课文的基础上分角色朗读。

(设计意图：通过预测激起学生找到答案的兴趣，让学生通过默读深入了解故事细节，最后让学生通过听音模仿，在理解课文的基础上分角色朗读，突出角色特点。在读的同时也可以加深学生的理解，激发学生的学习兴趣。)

(5)Read with emotion.

教师让学生自己有感情地朗读最后一段，再展示。

(设计意图：通过前边的学习，学生已经对四季的重要性有所了解。最后一段是对四季感情的抒发，学生的理解到位了，通过朗读将自己的感情表达出来。)

(三)Post-reading(11 分钟)

1. Let's act.

(1)教师把学生分为六人小组，让学生组内合作准备表演。(分层评价：按剧本表演，加三颗星；表演有创新，加四颗星。)课文有难度，学生也可以根据自己的情况选择一个片段进行表演。

(2)小组上台展示表演。

2. Let's say.

师：Show your love for the seasons.

(教师让学生用一两句话表达对季节的热爱。)

师：Can you show your love for the seasons? I love autumn, because it's the season of harvest. Can you say one or two sentences?

3. Summary.

Let's chant.

Spring, spring, wet and rainy.
Plants begin to grow.
Summer, summer, hot and dry.
Plants grow big and strong.
Autumn, autumn, cool and windy.
We have delicious food.
Winter, winter, cold and snowy.
Land has a good rest.
Spring, summer, autumn and winter—we love all of you!

（设计意图：小组内准备表演可以让全体学生得到练习。组内准备好后找一组学生上台展示成果，输出所学。分层评价，可以让学有余力的学生更多地发挥所长，更有效地激发学生的主动性和创造性。根据故事内容进行情感态度教育，让学生用一两句话表达对季节的热爱。前面一系列的学习和表演，让学生对四季重要性的认识已经到位，感情也升华到一定程度，用自己的语言表达出来，抒发感情，水到渠成。最后以chant 的形式总结本课所学。）

四、Homework

1. Retell the story with emotion.

2. Read the picture book Why Do Seasons Change.

（设计意图：学完四季后，留下分层作业，让学有余力的学生阅读绘本，拓宽了学生的视野，拓宽了学生的思路。）

五、教学反思

本课的授课对象为六年级学生。学生有了一定的语言知识基础，心理比较成熟，语感基本形成，理解能力、表达能力较强，能够就所给语言材料进行表达。他们有了自己的主张和想法，也具有一定的自主学习能力。学生已掌握了四季的名称、常见服装的名称和描述四季天气的特点及穿衣习惯等的词汇及表达，如 hot，cold，skirt，I have to wear my scarf 等，能够就四季的话题进行简单的讨论、描述或对话。季节是每位学生都非常熟悉的，学习内容贴近学生的生活，能够引起学生的学习兴趣。

本课的教学目标提到了学生能够借助板书、道具等表演故事。由于课文有难度，为了降低表演时的难度，教师将课文进行删减、调整，改编成了剧本。但是，通过对学生课上学习情况的观察，教师发现部分学生虽然可以读懂并理解故事，但表演整个剧本还是存在困难的。于是在表演环节，教师将要求改为可以任选片段进行表演，降低了难度。布置作业时，教师要求课上不能表演全文的学生，在课后要通过认真复习、复述课文，最后达到表演的目的。教师根据实际情况微调了教学目标，使教学目标更加适合学生的实际学习情况，符合学生的学习能力和需求。

在各小组准备表演的时候，教师走到学生中间去，观察学生的准备情况，并解答学生的问题。例如，有的学生不能理解农夫说这些话时应带着什么样的语气和感觉，教师可以及时为他讲解等。学生都非常喜欢表演，大家根据各自的喜好分角色，也互相探讨这段台词该怎么说最好，哪段该加上哪些动作更生动等。小组准备中培养了学生合作学习和探究的能力。在表演环节，教师采用了分层评价，鼓励学生可以根据自己的理解对剧本进行改编，锻炼了学生的思维和想象力，让学有余力的学生可以更多地发挥所长，更有效地激发了学生的主动性和创造性。

在表演后，教师引导学生用一两句话表达对季节的爱，鼓励学生发散思维、多元思考，不做过多限制，让学生可以自由表达。这样的处理允许学生有不同的答案，增加了课堂的开放度，让学生敢于表达，培养了学生自主学习的能力。

本课用到了教师评价和学生评价。教师在黑板上画出阶梯成长树，根据学生回答问题的情况和表演的情况等酌情加星；将学生分为两组，根据他们的表现以爬格子的形式来摘苹果，看哪组最先到达顶端。小组比赛贯穿整节课。学生的上进心强，他们想要得分赢取最后的胜利，参与课堂活动非常积极。自己的小组得分后组员们都很兴奋。小组竞赛的形式极大地提高了学生的学习积极性。

以上从学生主体的角度谈了一堂好课的标准。教师在实际教学工作中，可以将学生视角与教师视角相结合，更全面地对自己的课堂进行反思、打磨，扎扎实实地提升自己的教学水平。

(二)作业的布置与批改

课外作业是课堂教学的延续，是对学生课外学习活动的安排，是教学活动的有机组成部分。因此，教师应重视作业的布置与批改。教师完成作业布置后，要及时检查和评改，给予学生反馈，并做必要的讲评或个别指导；对学生以鼓励为主，建立良性循环，使学生愿意参与到作业反馈的互动中来。

1. 作业布置

在完成课堂学习后，教师应根据本节课学生的实际学习情况，将作业布置给学生。如果学生按教学设计的预设很好地达成了教学目标，那么教师可以按备课时的准备，给学生布置作业。如果学生没有达成预期目标，或者完成了比预期更多的学习任务，教师应对备课时准备的作业进行随机的调整，以适应学生的实际学习情况，再进行布置。

2. 作业批改

在作业批改方面，教师要做到及时的检查和认真的批改，以及时获取学生知识的掌握和运用情况。如遇到普遍存在的问题，教师要对作业进行集体订正，并在后续工作中做出调整和改进。批改作业时教师可以给出恰当的评语，鼓励、表扬学生，或指出学生的努力方向，帮助学生调整今后的学习。

(1)常见的作业批改方式

①全批全改。教师评改作业的普遍方式是全批全改。教师将所有学生的作业全部收回来，全部评改。这种方式有利于教师了解每位学生的知识掌握情况，同时也使教师全面把握学生整体的学习情况，便于教师根据学生的作业完成情况对教学等做出相应的调整。学习新知识后布置的作业最好使用全批全改的方式，以便教师能够及时了

解、及时反馈。批改完成后，教师通过总结，列出错误率高的题目，在课上有针对性地重点讲解并让学生练习，巩固薄弱环节。

②面批面改。顾名思义，面批面改就是在学生面前批改作业。这种批改方式的优点是反馈及时，效果最好。对于做作业马虎、错误率高的学生，教师最好可以采用这种方式。师生面对面，批改、讲解、点评同时进行，更利于学生理解和掌握；同时，有了教师的督促，学生改正错误也能更加及时和认真。教师可以有选择性地使用此种方式，如下课前的几分钟可以用面批面改的方式评改课堂作业；如小测试等，当场评、当场改，及时有效。批改和讲解完成后，教师还可以针对错误之处给犯错的学生出一些类似练习，让学生加以巩固。

③生生互评。它一般指学生之间互相批改作业或组长批改。此种批改方式用得较少，一般适用于有唯一答案的客观题，如选择题等的批改；且学生批改完成后，教师要做必要的统计，以了解学生的完成和掌握状况。此种批改方式还适用于没有固定答案，允许学生发挥主观能动性、发散思维、自主思考的作业，如制作一本英语小日历，可配图，可进行自己喜欢的注释。此类作业的评判如果交给学生，往往能有意想不到的收获：学生妙语连珠，创造力较强，批改作业的同时锻炼了自主思考的能力。

(2)作业批改的呈现类型

作业批改的呈现类型一般包括等级、评语等。在教师对学生的作业批改中，评级在实际教学中是较普遍的。这种作业批改的呈现类型起到了作业批改基本的作用——使学生知道了作业的对与错，但却忽略了作业批改的鼓励和指引方向的人文关怀作用。小学生的年龄小，更加依赖教师。他们非常重视教师对自己的评价，希望得到教师的指导和认可。然而，由于时间紧、作业量大、教学任务重等多种原因，教师较少使用评语的方式批改作业，那便失去了一个跟学生沟通、对学生指导和鼓励的重要方式。教师可以平衡各方面的条件，对学生的作业采取多种批改的方式。这样不仅能够了解学生的学习情况，以调整教学，更可以提高作业评价对学生的反馈效果，让学生通过作业批改获得更多的建议、指导和鼓励，让学生更积极地投入学习。比如，教师可以在对英语单词小测评级纠错的同时，给学生留下评语：你最近写的单词错得少了，书写也整洁了许多，继续加油！学生看到类似的评语能够体会到教师对他的关注和鼓励，更容易以积极的心态努力地学习。

(三)课外辅导

课外辅导是在课堂教学的基础上，针对学生的个别差异进行的学业上的指导，是课堂教学的必要补充。

课外辅导不是对已学过教学内容的简单重复。这种形式更利于因材施教，对学生进行学习目的、学习方法、学习态度等方面的个别指导，针对性更强，使学生在自己原有水平上有所进步。课外辅导的方式有：答疑，指导学生的课外作业；给基础不好的学生和因病缺课的学生补课；指导成绩优异的学生深化学习等。例如，某学生单词掌握得不好，听写成绩不理想。教师可以每天抽出课间的几分钟时间，单独让该学生听写几个单词。这几个单词可以在前一天给学生单独布置，第二天来检查时，教师的态度要诚恳且和蔼，让学生感觉到教师是真心想帮助他进步而非故意为难他。如此坚持一段时间，学生便能够自发养成好习惯。

教师要做好课外辅导工作，必须深入学生中去，耐心细致地调查研究，根据学生的不同情况确定不同的辅导内容和措施。课外辅导这种形式适用于各类学习者。

(四)学业成绩的考核与评定

学业成绩是学生在校期间所取得的成就和收获，学生学习活动的成果主要反映在学习成绩上。因此，对学生学业成绩的考核是教学评价的最核心的工作。[①] 学生学业成绩的考核与评定是教学过程中的一项经常性工作。科学的考核与评定结果是评判学生发展程度和发展水平的重要依据，对其入学、升学、毕业等起着举足轻重的作用。它是教学工作中不可缺少的重要环节，是测评学生的学习状况和教师的教学效果，修正、调控教学进程的重要手段。

学业成绩的考核一般分为考查和考试。考查一般次数较多，内容量少一些。例如，教师在讲解一个单元、一节课或新知识后就马上进行考查，如课上的口头提问或随堂小测试、平时的作业检查等。其目的是及时检查学生的学习状况，明确教师和学生后面的教与学该如何安排或调整，及时为学生提供必要的学习指导和帮助。考试是在完成某一门课程或者某一教学阶段后进行的，一般次数少，内容量大，多为知识、技能、能力的综合考查，如期中考试、期末考试、会考等。考试是对学生一个学习阶段学习情况较全面的检查。

学业成绩的评定有评分和评语两种形式，通常两种方式结合使用，对学生的评定更加全面。常用的评分方法有等级制计分法和百分制计分法。小学阶段的考查、考试应采用等级制或达标的方法记录成绩，尽量不要使用百分制。不要对学生的考试成绩进行排序或以考试成绩为评比、选拔等的唯一依据。评语能反映出学生学习过程中具体的不足之处，同时可用于分析原因并指出努力方向。

学业成绩考核与评定的基本要求为：第一，考核与评定要科学、客观公正，能有效地考核学生的学习情况，真正地反映学生较稳定的学习水平。第二，考核与评定的内容应力求全面，避免以偏概全，但同时也要把握主次，突出重点。第三，考核与评定的方法要因地制宜，灵活多样，避免原样照搬。第四，对考核与评定的结果要进行

---

① 蒋蓉、李金国：《小学课程与教学论》，249页，北京，北京师范大学出版社，2013。

必要的分析，及时对课堂教学进行必要的调整，更好地促进学生的学习。

二、小学教学实施的策略

教学策略是贯通教学理论和教学实践的重要教学论范畴。本章第一节已经介绍了教学策略的含义和教学策略设计的步骤，本部分侧重介绍教学策略在课堂教学实践中的应用。教师运用教学策略时，需要有教学理论的指导，然后根据具体情境灵活、创造性地加以实施。在教学实践中，教学策略经常表现为具体的教学技术、技巧、方式、方法等。教学策略的内容十分丰富，本节主要根据小学生的特点从组织、管理等角度介绍一些实用的教学策略。

(一)教学组织的策略

1. 候课策略

候课是教师课堂活动的准备状态，指教师在上课前几分钟到达教室门口或教室内等候上课。候课是教师进入课堂角色前的准备活动。[①] 它使教师在上课铃响起时迅速、准确地进入课堂教学，从容、有条理地进行各项教学活动。学生看到提前候课的教师也能感到教师的守时和负责。教师在候课时可以提前将本节课需要的教具准备好，调整好自己的状态，同时可以与学生进行眼神交流或语言交流，督促学生进行课前准备等。教师候课也在一定程度上督促了学生提前做好上课的准备。

2. 结课策略

结课是指完成课堂教学的主要过程后的最后一个部分，一般是在快下课前的一段时间。由于经过几十分钟的学习，学生的精力已不像刚上课时充分，注意力也不够集中了，课堂秩序在最后的这段时间很容易混乱起来，教师要妥善安排最后的一段时间，才能让整节课圆满结束。我们可以在这段时间内归纳本节课的知识点，帮助学生回忆、总结、梳理本节课学习的主要内容；可以给学生练习的时间，在最后的时间让学生静下来，写一写，练一练等。不管采取何种方式，要时刻与本节课的教学内容紧密联系，紧扣本节课需重点掌握的知识点。

(二)教学管理的策略

1. 课堂教学节奏的处理策略

在课堂教学中，教师要根据实际情况，对教学节奏进行调控，使教学的密度、难度、速度等以一定次序出现，符合学生当前的学习状态和接受度，同时以把控节奏调

---

① 潘洪建、刘华、蔡澄：《课程与教学论基础》，264页，镇江，江苏大学出版社，2012。

节学生的状态，使教学效率最大化。

通俗来讲，教学时学习的新知识越多，教学密度就越大。在加大教学密度时，教师可以采用大量训练的方式。教学速度指单位时间内完成的教学任务的量，既包括新知识的学习，也包括旧知识的复习。教学难度指教学时教师和学生感受到表达、理解、运用的难易度。进行课堂教学时教师应提高效率，但过大的教学密度、难度等并不等同于高效率，反而使学生难以适应。所以教师要不断变换教学方法、形式等，吸引学生的注意力，调节学生的接收状态，也要根据学生的状态随机应变进行调整，切忌“走教案”，可以按强—弱—强等节奏进行教学，让课堂张弛有度。

2. 课堂中问题行为的处理策略

课堂中的问题行为一般指学生在课堂上发生违反课堂规则、不积极参与学习、妨碍教学等的不良行为，如在课上交头接耳、看课外书、吃零食等。课堂上的问题行为时有发生，所以教师要掌握这类问题的处理策略。如果处理不当，不仅影响教学秩序，还会引起师生冲突、影响学生学习状态等一系列后果。

首先，教师对课堂上的问题行为应以预防为主。教师要合理制订教学计划，精心组织教学活动，让课堂丰富有趣，始终吸引学生的注意力。在每个教学活动前，教师要设定合理的规则，并将规则明确告知学生。对于有些容易引起纪律问题的教学活动，如游戏环节等，还要将违反规则的后果强调出来，如违反规则或破坏纪律，就不得继续参与游戏，而且务必言出必行。提出明确要求可以有效避免产生一部分课堂问题行为。其次，课堂教学中要时刻观察学生的状态。当看到学生有违反纪律的苗头时，教师要尽早地掐断，避免引起更大的冲突。比如，看到有学生交头接耳，可以先不惊动其他学生，以眼神示警、停顿提醒、表扬正确行为或以提问方式提醒学生，既不伤害学生的自尊，也管理了课堂秩序。最后，忽略细小的不良行为。在课堂上有一些细小的问题行为，教师可有意忽视，因为处理此类问题产生的负面影响比不处理它还要大。有时教师对细小的问题行为反应过激，会激化出更大的矛盾，这与我们维护课堂秩序的初衷相悖。同理，有的学生为了引起教师注意而故意做出一些违纪行为。在一定的范围内，教师可以暂时有意忽略，其行为会自动停止。对于学生反复出现的问题行为，教师应根据实际情况，深入了解，对其行为进行正确归因，有的放矢，解决深层次的问题。

教师处理课堂问题行为时，要避免伤害学生的自尊，防止新的问题出现。小学生的年龄小、心理不成熟，教师要把他们出现的问题看成他们成长过程中出现的普遍现象，心态要平稳，切忌急躁。教师既要制止其问题行为，也要注意方式方法，慎用指责和处罚。除了课上的调控处理外，在课后单独了解、及时沟通也非常重要。

(三)处理和传授教学内容的策略

1. 可视化教学策略

可视化教学策略是指教师运用实物、标本、模型等直观教具或数字化媒体等教学设计媒体，把学生经过独立思考和合作学习后仍无法解决的复杂、抽象的教学内容变得具体形象、生动直观的一种教学策略。[①] 可视化教学策略加强了直观教学效果，有助于学生快速、有条理地掌握复杂、抽象的知识，符合小学生学习知识的阶段特点。例如，解决数学中的“相遇问题”时，学生不能动态地想象甲、乙两人是同一时刻出发、同一时刻相遇，因而两人在相遇的过程中所行驶的时间是相等的，也就是相遇时间。教师可将相遇问题制作成小视频，将此动态过程直观、具体、形象地展示出来。这样学生就非常容易理解了。

2. 情境教学策略

情境教学策略是指在教学过程中为了达成既定的教学目的，从教学需要出发，运用技术手段创设或还原教学内容所展示的真实情境，以增强教学效果、提高教学效率的一种教学策略。情境教学的流程为：创设情境—获得体验—引发思考(分析—探究—应用)。[②] 情境教学策略可以促进学生的联想与想象，激发学生的潜在动机、潜能，促进学生所学知识的有效迁移。例如，英语课上学习运动方面的词语和对话时，教师可以创设运动会或运动类比赛的场景(可运用课件中的图片或视频等做背景，让学生带运动器材等来进行创设)，让学生运用所学词句进行交流，提高学生运用英语进行交际的能力和合作的能力。

3. 问题教学策略

问题教学策略是把教学内容中的知识点以问题的形式呈现给学生，让学生通过探究解决问题的思维活动，掌握知识、发展智力、培养技能，培养学生发现问题、解决问题的能力的一种教学策略。问题教学的一般流程为：问题的设置—问题探索—问题解答—问题讨论—问题归结—同类问题的设置与解决。[③] 教师可以在学生交流、合作和探究的过程中，激发他们的求知欲、探索欲，培养他们的独立思考精神和创新意识。问题教学的开展一般采用探究教学模式。例如，教师在教授“分数的初步认识”这一内容时，可以将学生分组，提出问题：“如何将两个苹果平均分给四个人，每个人能分到多少苹果”。讨论得出答案后，教师再继续询问分给五个人，每个人能分到多少苹果，此时学生就会继续思考在这种情况下应当如何进行计算。教师顺势将学生引入分数学

---

① 王本陆：《课程与教学论》第 3 版，284 页，北京，高等教育出版社，2017。
② 王本陆：《课程与教学论》第 3 版，284 页，北京，高等教育出版社，2017。
③ 王本陆：《课程与教学论》第 3 版，284 页，北京，高等教育出版社，2017。

习，让学生带着问题去学习、交流、探究。

三、小学教学实施的影响因素

教学实施，顾名思义是指教学活动的有效推进，也可理解为一个完整的课堂教学过程。它是学校开展全面发展教育的基本途径，是实现教学目标的中心阶段，是促进学生发展的重要保证，也是检验教师教学水平的关键环节。小学教学实施受多种因素的影响，本部分主要从教师、学生、教学条件三个层面进行阐释。

(一)教师的备课情况与课堂应变能力

教师备课的基本内容包括研究课程标准、研究教材、研究学情、研究教法和学法指导、制定教案等。凡事预则立，不预则废。备课是教学实施的必要手段。反之，教师不备课或备课不充分，则会影响教学活动的实施效果。

教师具有课堂应变能力是指教师能驾驭课堂，在课堂上能做到随机应变，具有快速的反应能力，善于处理课堂上出现的突发事件，发挥自身的教育教学机智，将其转化成教育教学资源。如果教师没有一定的课堂应变能力，在课堂上很容易手忙脚乱，导致教学质量大大降低。

教师的备课情况与课堂应变能力分别体现了课堂教学的预设与课堂教学的生成。课堂教学的预设需要教师做好充分的教学准备，课堂教学的生成需要教师有灵活的课堂应变能力。然而在课堂教学中预设与生成存在一些问题，如依赖预设，规避生成；弱化预设，随意生成；传统预设，无效生成。以上问题的产生可以归结为教师备课和课堂应变两个方面的原因。教师备课分为两种：一是传统教学的预设；二是动态生成教学的预设。新课程观要求教师将传统教学的预设与动态生成教学的预设相结合，即关注教学内容的预设、教学方法的预设、课堂氛围的预设及学生经验的预设。

通俗来讲，有些教师不是不懂得生成，而是不会生成，即他们不是不懂得课堂应变，而是不会课堂应变。因此教师要尤其重视教学在非预期事件中的生成。教师要正确对待课堂教学中出现的偶发事件和学生的错误，对其不是一味引导和制止，而是给予正确的判断，将积极的非预期事件看作学生主动性得以发挥的体现，根据具体情况及时确定教学走向。

(二)学生的学习能力与课堂参与度

学生的学习能力即学习课业的能力，包括感觉动作能力、知觉动作能力、符号阅读能力、逻辑推理能力、自我管理能力等。学生的学习能力具有差异性，并且学生学习能力的差异是客观存在的。例如，从学生的注意力方面来看，学生的学习注意力有强有弱。有的学生极易受到外界的刺激与影响，微小的外部动因就能转移他们对学习材料的注意力。从学生的记忆力方面来看，有的学生识记快，遗忘也快；有的学生虽然识记慢，但不易遗忘。

教师面对学习能力参差不齐的学生，想要在有限的时间内让学生取得进步，这对教师的教学无疑是一个很大的考验。因此在班级统一管理的背景下，如果教师按照统一的教学模式教学，对学生的学习和发展可能是不利的，要想取得非常好的教学效果也就显得较为不易。

学生的课堂参与度是指参与的人数、参与的时间以及参与的态度等。学生是课堂教学的主体，学生的课堂参与度是课堂评价的一个重要指标，它直接影响着教学实施的效果。对于学生来说，学习不仅是一个接受知识、表达思想的过程，还包含了信息的输入和输出。尤其在课堂上，有效的学习离不开学生的高度参与和互动。

当前学生的课堂参与明显存在两种现象：一是学生非参与现象，即学生不参与或者很少参与课堂听讲、互动、学习。二是学生课堂参与的表面化，即通俗地理解为“人在，心不在”。有些学生在上课过程中看似坐得端正，遵守课堂秩序，实则并没有用心参与，因此学习效果不佳。教师只有把课堂教学建立在学生自主能动学习的基础上，激励学生主动参与、主动实践、主动思考、主动探索、主动创造，才能让学生学得愉快，从而高质量、高效率地完成教学任务。

（三）教学环境与教学资源

教学环境有广义和狭义之分。广义的教学环境包括物理环境和社会文化心理环境。狭义的教学环境特指班级内影响教学的全部条件，包括师生关系、课堂秩序、班级气氛等。不同的环境对人产生不同的情绪体验，不同教学环境直接影响学生不同的学习动力，不同的学习动力最终导致不同的教学效果。教师要想提高教学效果，就要为学生创设一个生动、温馨、丰富、新颖的教学环境。

良好健康的师生关系是教学效果的重要影响因素。早期的研究已证实师生关系对学生学业成绩的正向影响，如教师期望、教师的非语言的亲近行为对学生的认知、情感以及学习方式都有正向影响。当学生受到高水平的理解、关注和真诚的对待时，他们学得更好，行为表现也更好。良好的课堂秩序有助于维持课堂稳定、降低教师的焦虑、激发学生的学习潜能，从而提高教学效果。课堂秩序一旦形成便具有稳定性、一贯性，能对集体成员的行为予以控制，是学生群体行为的参照系，也是群体内各成员行为的调节器。班级氛围直接影响教学效果。教师在教学过程中可以多给学生一些自由和选择，以鼓励学生；可以适当接纳不同的意见，增强学生的自信心；重视学生的差异与兴趣，促进学生创造力的发展。安全、自由的集体气氛是学生创造力得以表现的必要条件。自由、鼓励、充满挑战性的课堂环境能够激发学生活跃的思维，从而有利于学生创造力的发展。

教学资源是指为教学的有效开展所提供的各种可被利用的素材，通常包括教材、案例、影视、图片、课件等，也包括教师资源、教具、基础设施等。教学资源的利用直接影响着课堂教学效果。随着时代的发展，科学技术已经逐步走进课堂，给课堂教学带来了新的生机和力量。科学合理地运用教学资源能调动学生的积极性，减轻师生的负担，提高课堂教学效率。如果运用不得当，不仅对教学没有帮助，还会分散学生的注意力，耽误教学时间，干扰课堂秩序。因此教师利用适当的教学资源引导学生掌握相应的学习方法，进而提升学生的课堂学习效果，奠定学生的发展基础，就显得尤为重要。

第三节
小学教学反思

波斯纳将教师的成长与对自己经验的反思结合起来，提出了一个教师成长的公式：经验＋反思＝成长。一位优秀的教师需要具有良好的知识结构和对教学的反思能力，培养这种反思能力是提高教师教学水平的有效途径。教学反思贯穿于教育教学活动的始终。小学教学反思是小学教师专业成长的重要机制，是小学教师专业发展的有效途径，更是小学教学实践的必要环节。

一、小学教学反思的定义及内容

小学教学反思的过程是小学教师经验和知识积累的过程，也是小学教师的决策能力和课堂问题解决能力发展与提高的过程。

(一)小学教学反思的定义

反思是行动主体对自身行为的整个过程采取批判性的回顾、分析和检查，总结自身的行为经验，最后通过理性思维判断、调整和控制行为，实现问题解决与自我发展的一种能动的、审慎的认知过程。简言之，反思是一种能动的、审慎的认知过程。

小学教学反思指小学教师为了实现有效的教育教学，在教学反思倾向的支持下，对已经发生或正在发生的教育教学活动以及这些活动背后的理论、假设，进行积极、持续、周密、深入、自我调节性的思考，而且在思考过程中能够发现、清晰表征所遇到的教育教学问题，并积极寻求多种方法来解决问题的过程。① 在进行教学反思时，教师愿意对教育教学活动及其背后的观念、假设进行思考，能持之以恒，多角度、多层次地分析、评价教育教学活动及其背后的观念、假设，进而做出合理判断和选择，对教育教学活动进行监控、调节，提高教育教学效果，促进学生和自身的共同发展。

小学教学反思同样是一个能动的、审慎的认知加工过程，也是一个与情感和认知都密切相关并相互作用的过程。此过程中，不仅有智力加工，而且有情感、态度等动力系统的支持。

(二)小学教学反思的内容

小学教学反思包括教和学两个方面。一是反思教师的“教”，即教师对教材的理解和处理，教师对教法的选择运用，教师的教学心态、教学观念、教学过程等；二是反思学生的“学”，即学生学习中的疑难、课堂上的偶发事件及其处理、学习效果等。具体来讲，小学教学反思可以包括以下内容。

1. 反思对教材、教法的处理

课后，教师应反思在教材、教法处理上有何优缺点，并及时地记录下来，考虑运用是否得当。例如，在英语戏剧课结束后，教师反思道：“今天的戏剧课，考虑再三后，我选择了小组合作学习的方法。输出环节有学生的生成表演，需要学生在组内进行准备训练，需要演员之间的配合，这些都需要分组进行。经过课上实践，小组分组准备并表演的形式非常合适，下次进行戏剧课时可以继续使用。”

2. 反思教学亮点

反思教学亮点是教师反思教学中如何抓住关键问题，如何成功突出重、难点，如何成功运用某种教学方法，如何成功达成教学目标(可对应教学目标逐条分析)。例如，冀教版小学英语六年级上册第十四课的重点是学生能够正确认识 be doing 和 be going to do 的区别并能正确运用。在课上，教师通过课文分析和举例对比让学生自己探究发现这二者的区别并总结出来；之后教师用列表的形式清晰呈现，在学生总结出区别后，设计了双簧表演活动，抓住了学生的兴趣点；学生的参与度和热情非常高，呈现的成果也非常精彩。教师通过活动后的检查和作业完成情况发现，绝大多数学生成功掌握了二者的用法。

3. 反思教学失误

教学过程是一个复杂多变的过程，教师也会在课堂上出现失误。失误不可怕，重要的是在出现失误后，教师应正视失误并总结教训，将失败的教训转化为成功的经验，重视教学失误并引以为戒。例如，某教师在为学生解释“弄巧成拙”的释义时，误将

① 申继亮、刘加霞：《论教师的教学反思》，载《华东师范大学学报(教育科学版)》，2004(3)。

“拙”(zhuō)的发音读成了“zhuó”。教师在回顾反思本次教学过程时，发现了自己在成语解释中发音错误的问题，将其记录在自己的教学反思日志中引以为戒，加强自身的语文教学知识素养，并在下次课堂教学中及时纠正。

4. 反思学生的建议

为了充分发挥学生的主体作用，对于学生的合理教学建议，教师可做必要的记录并进行采纳。一堂课是否成功，学生最有发言权。例如，某年4月，某小学三年级的一节语文课上，学生学习了关于春天的课文。教师的讲解十分生动，学生听得也很认真，学习效果良好。课后有不少学生和教师沟通，希望可以让大家走出去看一看校园里的春天，闻一闻小花，摸一摸小草，感受一下真正的春天。学生在实际体验中感受到的远比在讲解中感受到的更丰富深刻。如果学生提出了合理的建议，教师可以考虑采纳。

5. 反思学生学习中带有普遍性的问题

教学中会出现学生普遍存在的问题，如学生在学习基础知识和基本技能方面有哪些没有达到教学目标的要求等。教师对这些问题在课后及时进行反思，有利于日后抓住共性问题对症下药。例如，学习英语中的固定搭配 like to do 时，有些学生会在口头对话或做题时忘记加 to，这就是一个普遍性的问题，需要教师课后认真反思。教师可在今后教学过程中将 like to do 中的 to 重点强调，并由学生造句应用。

6. 反思教学中的突发事件

在教学中，教师会遇到一些意想不到的问题，这就要求教师根据学生的反馈信息，反思“为什么会出现这样的问题，应采取怎样有效的策略与措施解决问题”，从而顺着学生的思路组织教学。这考验了教师随机应变的能力。若教师反思得当，能使教学更高质高效地进行。教师的准备是否充分直接决定着其是否能够合理应对突发事件。例如，某节英语公开课上，在跟着视频听音模仿的环节，突然停电了，教师按原计划无法往下进行。这时，教师迅速调整思路，改为跟着教师模仿。起初，因为失去了有趣的视频，学生看上去不是很感兴趣，但教师惟妙惟肖地模仿视频动画中人物的动作和语音语调，迅速地点燃了学生的学习热情；学生被教师带动着开心地大声跟读模仿，后面的课堂并没有因为停电而失色，反而有了别样的精彩。

二、小学教学反思的类型

小学教学反思是小学教师对自己亲身经历的教育教学过程的思考。小学教学反思的类型可以从反思时间、反思对象、反思主体等方面来划分。① 接下来我们将分别进行

① 卫倩平：《教育教学知识与能力·小学》，38页，北京，首都师范大学出版社，2013。

介绍。

(一)按反思时间划分

1. 教学前反思

由于教学活动的过程和结果具有不确定性和动态生成性，因此为顺利开展教学活动，教师在教学前应加强反思，以增强对教学的预见性。比如，说课就是教师在教学前对教学设计进行反思的一种方法。另外，在正式上课前，教师还可以通过观摩优秀教师的示范课，进行教研组内的试讲、评课等方式，不断借鉴、思考，以完善自己的教学设计。

2. 教学中反思

教学中反思要求教师在教学时，根据学生反馈的信息，及时调整、修正，解决教学过程中出现的问题，以促进教学质量的提高。比如，在学习元曲《天净沙·秋》时，教师原本让学生用默读的方法体会"孤村""落日""残霞"所体现出的意境。但发现默读之后学生体会的效果并不好，于是教师及时调整了教学方法，让学生有感情地朗读元曲。在朗读过几遍之后，学生逐渐能够准确把握元曲中所体现的意境了。

3. 教学后反思

教学后反思主要是指对教学过程中的各个环节和各教学要素进行科学合理的反思，一般是在某一节课的教学活动或某一阶段教学活动结束后进行的。这种教学后反思具有批判性，有利于教师将丰富的教学经验上升到教学理性认识，逐步提高教师的教学水平和反思研究水平。比如，在教授小学数学"旋转与平移"一课时，教师让学生说一说生活中哪些现象能够体现出旋转和平移，却发现学生所说的例子存在许多错误。在课后反思时，教师发现只说不动的学习效果并不好。于是在下次的教学中，教师为学生提供了模型卡片，让学生通过亲自动手操作进一步理解了有关旋转和平移的知识。

(二)按反思对象划分

1. 纵向反思

纵向反思倾向于自我反思，指教师立足于自身的教育实践，将历经不同阶段的教学活动放在历史进程中考察、分析，同时不断结合学生的反馈意见作为进行纵向反思的依据，以分析、归纳、比较、总结不同阶段教学的经验与教训，达到提高教学水平的效果。纵向反思是相对动态的，教师可以按照课前、课中、课后进行教学反思，也可以按照学期初、学期中、学期末进行教学反思，同样也可根据自身专业发展阶段进行反思。总之，纵向反思应贯穿于教师生涯发展的全过程。

2. 横向反思

横向反思需要教师跳出自我的角度进行反思。一般来说，比较常用的做法是教师可通过相互观摩、聆听名师授课或参与进修培训等方式，将自己教学中存在的问题或不足与他人进行对比，不断取长补短，提升自己。同时教师还可以通过阅读专业书籍、网上学习、与专家学者交流等方式，学习最新的教育教学理念，以指导教育教学实践。横向反思体现了打破自我发展的小圈，以积极开放的态度，在不断与他人学习中进行教学反思。比如，教师发现在进行教学设计时，自己一直不清楚还有哪些问题需要改进，于是报名参加了学校组织的教学设计研讨会。在研讨会上，教师通过不断与他人交流、积极反思，发现了很多有待改进的问题，如对教学目标的表述不够清晰、教学方法比较单一、教学评价方式不够合理等。

(三)按反思主体划分

1. 个体反思

个体反思是指教师以自己的教学活动过程为思考的对象，对自己教学中的行为、想法等进行审视和分析的过程。教师可对一节课、一个教学单元或一阶段的教学活动进行反思。教师还可以按照时间顺序对教学活动进行“课后思”“周后思”“月后思”。通过不断地进行个体反思，教师可以深入思考问题、探寻原因、寻找对策，逐渐形成自己的教学反思风格。

2. 集体反思

集体反思是指教师之间通过建立教师学习共同体，在合作、互动、交流中对教学实践中存在的问题进行探讨和反思。集体备课、集体观摩优秀课例、形成教学互助小组等都是通过利用集体智慧进行集体反思的有效方法。比如，在集体研讨小学语文三年级下册口语交际课“我的暑假生活”时，有的教师提出可以让每位学生带一张自己暑期拍的照片，增强活动的趣味性。有的教师提出，可以通过分小组交流的方式让学生互相讲述自己的暑假生活。还有教师提出最后应该加上评比环节，让学生在评价他人的过程中相互学习。通过这次集体备课，有的教师补充了教学内容，有的教师改进了教学方法，通过共同讨论交流，使教学设计变得更加丰富充实。

三、小学教学反思的途径

教师只有通过多种途径获得反馈信息，反观自己的教育教学，客观诊断不足，才能不断完善和提升自己的教育教学能力。小学教师进行教学反思的途径主要有从撰写教学日志中反思、从与同事和专家的交流中反思、从征询学生的意见中反思以及从理论学习中反思四个途径。

(一)从撰写教学日志中反思

教学日志是教师把教学过程中的一些感触、思考或困惑记录下来，并在此基础上对其进行分析，以厘清思路、提高认识、改进教学的一种手段和方法。教学日志的写作形式可以是灵活多样的，内容可以包括教学过程中的经历、与他人的对话、感悟、期望等。教学日志既可以记录教学中的亮点，也可以记录教学中的不足。

撰写教学日志可以帮助教师记录和澄清自己的教学思路，同时帮助教师对自己的教育教学行为进行理性的思考和评判。比如，小学语文李老师在教学日志中详细描绘了口语交际课上学生分组进行交流的过程和内容。其中让李老师印象最深刻的是一位平时在大家面前不敢发言说话的女生，在小组交流时却表现得十分活跃。在梳理教学过程之后，李老师发现分组讨论时学生往往更敢于表达自己的想法，进而反思：以后的口语交际课可以更多使用分组交流的形式开展。

(二)从与同事和专家的交流中反思

反思活动不仅仅是一种个体行为，也需要有群体的支持。如果有同伴参与反思过程，一起互相讨论、共同分析，可以促使教师借助集体的智慧，矫正个人理解的偏颇，进行更深刻、更全面的反思。比如，小学语文张老师在上写作课时常常无法调动学生的写作兴趣，导致教学效果较差。于是张老师在写作教学研讨会上向有经验的教师提出了自己的困惑。一位专家向张老师建议可以在上写作课时通过预先创设情境来激发学生的写作兴趣。比如，要开展“有趣的游戏”为主题的写作课时，就可以先带领学生一起玩一次“老鹰捉小鸡”的游戏，通过创设情境更好地调动学生写作的积极性。张老师听取了专家的建议，在课堂中积极创设各种适宜的教学情境，取得了较好的教学效果。

(三)从征询学生的意见中反思

教师在进行教学反思时，可以通过向学生征询意见来反思自己的教学，从而使双方都能在教学中获益。教师可以采用匿名问卷调查的形式获取学生的反馈。比如，有个别学生向教师反映他所教的数学课作业过多，挤占了其他科目的学习时间。为了解全班学生对于数学作业的态度和建议，教师向学生发放了匿名调查问卷。根据问卷结果，教师及时调整了数学作业量和作业形式。

(四)从理论学习中反思

理论知识对教学活动具有很好的指导作用。对于在教学中遇到的一些问题，教师往往很难只靠自己的经验解决。所以教师需要不断加强理论学习，结合理论知识的内容来反思自己的教学过程，进而改进教学实践。具体来讲，教师应广泛阅读各种教育基本理论、学习理论、心理学、哲学、人类学的文献书籍，以启迪自己的思想，反思教学实践。比如，在给二年级的学生讲授数学的混合加减法时，教师发现许多学生对理解该知识点存在困难，并且反复讲解后的效果还是不理想。通过阅读教育心理学书籍，教师了解了二年级的学生正处于具体运算阶段，其思维仍然需要具体事物的支持，还不能进行抽象逻辑思维。之后，教师在数学课上都会使用一些形象教具，来帮助学生更好地理解数学知识。

以上所探讨的几种反思途径并非完全独立的。由于它们都具有反思的特性，实际上是相互联系的。在实际教学过程中，教师可以根据自己的需要将其中的一种或将几种途径综合起来使用，也可以自己创造出新的反思途径。

本章小结

小学教学设计是在进行教学活动前，根据教学目标的要求，依据教学对象的特点和教师的教学观念、经验、风格等，运用系统的观点与方法，对参与教学活动的诸多要素进行分析和策划的过程。小学教学设计具有系统性、理论性以及指导性的特点。小学教师一般要依据现代教学理论、学生的特点、教师的教学经验、教学内容的特点以及教学目标来进行科学的教学设计。完整的小学教学设计程序为：首先确定学习需要和目标，其次分析学习内容，再次选择教学策略，最后设计教学评价。在进行教学设计时，教师需要考虑的内容是多方面的，一般包括学习需要分析、学习内容分析、学生分析、教学目标设计等方面。

教学由一个个前后衔接、相互关联的环节构成，是一个系统过程。教学设计要落实在实践中，需要教学实施。小学教学实施主要包括上课、作业的布置与批改、课外辅导、学业成绩的考核和评定四个步骤。在教学实施中，教学策略的选择和运用直接决定了教学质量和学生的学习效果。小学教学实施的策略可以大致分为教学组织的策略、教学管理的策略以及处理和传授教学内容的策略三类。小学教学实施的过程会受多重因素的影响，主要体现在教师、学生和教学条件三个层面。

在教学实施过程或教学实施完成后，教师需要通过反思来提高和完善教学。小学教学反思包括教和学两个方面。一是反思教师的“教”，二是反思学生的“学”。具体来说主要包括：反思对教材、教法的处理，反思教学亮点，反思教学失误，反思学生的建议等内容。小学教学反思具有多种类型，可根据反思时间、反思对象以及反思主体划分为不同类型。小学教师反思的途径主要有从撰写教学日志中反思、从与同事和专家的交流中反思、从征询学生的意见中反思和从理论学习中反思。在实际教学过程中，教师可以根据自己的需要将其中的一种或将几种途径综合起来使用，也可以自己创造出新的反思途径，不断完善教学。

关键术语

小学教学设计；小学教学实施；小学教学反思

拓展阅读

1. 张华：《课程与教学论》，上海，上海教育出版社，2000。

该书的内容贴近一线教师的教学实践，观点新颖，视角独特，充分反映了国际教育界最新的教学科学研究成果，为中小学教师提供了系统的教育观念、教育管理的基础知识、教学设计的策略以及教学、课程的科学性知识。

2. 何克抗、林君芬、张文兰：《教学系统设计》第2版，北京，高等教育出版社，2016。

该书在继承国际上以加涅等人为代表的"以教为主"教学系统设计理论优点的同时，吸收了建构主义"以学为主"教学系统设计理论的长处，并摒弃了它们各自的不足与缺陷，从而建构起具有鲜明中国特色的全新"学教并重"教学系统设计理论。

3. [美]R. M. 加涅、[美]W. W. 韦杰、[美]K. C. 戈勒斯：《教学设计原理》第五版修订本，王小明、庞维国、陈保华等译，上海，华东师范大学出版社，2018。

该书是教学设计领域的经典著作，其核心思想是"学习分类"和"教以学为基础"。该书在修订版中又突出了计算机和互联网等数字时代的信息技术对教学设计的影响，从系统的角度提出了教学系统设计的若干模型，从更全面的角度刻画了教学设计的整个过程，探讨了建构主义思潮对教育教学尤其是教学设计的重要影响，并对和建构主义者的哲学与实践相联系的问题做了分析，反映了学生行为表现测量和教学系统评价等领域的新发展。

4. 蒋蓉、李金国：《小学课程与教学论》，北京，北京师范大学出版社，2013。

该书主要涉及课程的基本理论、小学课程目标与课程内容、小学课程类型与课程结构、小学教学设计与教学模式、小学教学原则与教学方法等内容，以课程论和教学论的基本概念、原理为主线，同时注意联系基础教育改革发展的新形势和新要求，以及当前小学教学实际，做到理论与实践有机结合，强调学科基础知识与学术新成果相融合，案例丰富、典型。

体验练习

1. 小学教学设计的特点是什么?
2. 小学教学设计的基本程序是什么?
3. 在小学各学科中，任选一个学科的某部分内容，写出一个完整的教案。
4. 观摩一节课，分析其教学实施过程。

参考文献

著作类：

1. H. Caswell & D. Campbell. Curriculum Development[M]. New York：American Book Company，1935.
2. A. W. Foshay. Encyclopedia of Educational Research[M]. New York：Macmillan，1969.
3. Sally Erling. Allocating Time Within the School Year Calendar[M]. Toronto：Toronto District School Board，2007.
4. [苏联]Ш. A. 阿莫纳什维利．孩子们，你们生活得怎样？[M]. 朱佩荣，高文，译．北京：教育科学出版社，2002.
5. [美]B. S. 布卢姆等．教育评价[M]. 邱渊，王钢，夏孝川，等，译．上海：华东师范大学出版社，1987.
6. [美]Patty O'Grady. 积极心理学走进小学课堂[M]. 任俊，译．北京：中国轻工业出版社，2016.
7. [美]R. M. 加涅，[美]L. J. 布里格斯，[美]W. W. 韦杰．教学设计原理[M]. 皮连生，王国维，等，译．上海：华东师范大学出版社，1999.
8. [德]希尔伯特·迈尔．课堂教学方法：理论篇[M]. 尤岚岚，余茜，译．上海：华东师范大学出版社，2011.
9. [苏联]Ю. K. 巴班斯基．教学教育过程最优化[M]. 吴文侃，译．北京：教育科学出版社，2001.
10. [苏联]Ю. K. 巴班斯基．教育学[M]. 李子卓，杜殿坤，吴文侃，译．北京：人民教育出版社，1986.
11. 北京市基础教育课程教材改革实验工作领导小组，北京教育科学研究院基础教育课程教材发展研究中心．实践与创新——落实北京市义务教育课程计划与课程实践研究[M]. 北京：首都师范大学出版社，2015.
12. 苏霍姆林斯基选集(五卷本)·第 3 卷[M]. 蔡汀，王义高，祖晶，编．北京：教育科学出版社，2001.
13. 苏霍姆林斯基选集(五卷本)·第 4 卷[M]. 蔡汀，王义高，祖晶，编．北京：教育科学出版社，2001.

14. 曹孚．教育学通俗讲座[M]. 北京：人民教育出版社，1953.
15. 陈伟军．教育学[M]. 济南：山东人民出版社，2014.
16. 陈旭远．课程与教学论[M]. 长春：东北师范大学出版社，2002.
17. 陈佑清．教学论新编[M]. 北京：人民教育出版社，2011.
18. 陈玉琨．教育评价学[M]. 北京：人民教育出版社，1999.
19. 丛立新．课程论问题[M]. 北京：教育科学出版社，2000.
20. [苏联]姆·阿·达尼洛夫，[苏联]勃·朴·叶希波夫．教学论[M]. 北京师范大学外语系 1955 级学生，译．北京：人民教育出版社，1961.
21. 单文经．教学引论[M]. 上海：上海科技教育出版社，2003.
22. [英]菲利浦·泰勒，[英]科林·理查兹．课程研究导论[M]. 王威廉，高佩，译．北京：春秋出版社，1989.
23. 冯增俊，潘立，张璇，等．当代小学课程发展[M]. 广州：广东高等教育出版社，2006.
24. 傅任敢．"学记"译述[M]. 上海：上海教育出版社，1957.
25. 高时良．中国教育史纲(古代之部)[M]. 北京：人民教育出版社，1991.
26. 顾明远，孟繁华．国际教育新理念[M]. 海口：海南出版社，2001.
27. 顾明远．教育大辞典[M]. 增订合编本(上). 上海：上海教育出版社，1998.
28. 教育大辞典编纂委员会．教育大辞典·第 11 卷[M]. 上海：上海教育出版社，1991.
29. 教育大辞典编纂委员会．教育大辞典·第 8 卷[M]. 上海：上海教育出版社，1991.
30. 顾明远．教育大辞典[M]. 简编本．上海：上海教育出版社，1999.
31. 顾明远．中国教育大百科全书·第一卷[M]. 上海：上海教育出版社，2012.
32. 顾文．从基础到拓展：小学数学学科核心素养培育的研究与实践[M]. 上海：华东理工大学出版社，2017.
33. 郭齐家．中国古代学校[M]. 北京：商务印书馆，1998.
34. 华东师范大学教育系，杭州大学教育系．现代西方资产阶级教育思想流派论著选[M]. 北京：人民教育出版社，1980.
35. 黄甫全，王本陆．现代教学论学程[M]. 北京：教育科学出版社，1998.
36. 黄甫全．课程与教学论[M]. 北京：高等教育出版社，2003.
37. 黄光雄．蔡清田．课程设计——理论与实际[M]. 台北：五南图书出版公司，1999.
38. 《中国教育事典》编委会．中国教育事典·中等教育卷[M]. 石家庄：河北教育出版社，1994.
39. 蒋蓉，李金国．小学课程与教学论[M]. 北京：北京师范大学出版社，2013.

40. 瞿葆奎．苏联教育改革·上册[M]．北京：人民教育出版社，1993.
41.[美]卡罗尔·德韦克．终身成长[M]．楚祎楠，译．南昌：江西人民出版社，2017.
42.[澳]凯·斯泰西，[澳]罗斯·特纳．数学素养的测评——走进 PISA 测试[M]．曹一鸣，等，译．北京：教育科学出版社，2017.
43.[捷克]夸美纽斯．大教学论[M]．傅任敢，译．北京：人民教育出版社，1984.
44.[美]拉尔夫·泰勒．课程与教学的基本原理[M]．罗康，张阅，译．北京：中国轻工业出版社，2014.
45. 李秉德．教学论[M]．北京：人民教育出版社，1991.
46. 李森，陈晓瑞．课程与教学论[M]．北京：北京师范大学出版社，2015.
47. 廖哲勋．课程学[M]．武汉：华中师范大学出版社，1991.
48. 林智中，陈健生，张爽．课程组织[M]．北京：教育科学出版社，2006.
49.[美]琳达·达林-哈蒙德，[美]约翰·布兰斯福德等．教师应该做到的和能够做到的[M]．陈允明，陈健，王军，译．北京：中国青年出版社，2012.
50. 刘君英．指尖上的灵动——东风小学 DIY 少儿梦工厂课程集萃[M]．石家庄：河北教育出版社，2019.
51. 刘树仁．小学教学论[M]．北京：人民教育出版社，2003.
52. 刘艳玲，童莉芬．课程与教学论[M]．南昌：江西高校出版社，2015.
53. 刘志耀，尹明福．课程与教学概论[M]．成都：电子科技大学出版社，2016.
54.[法]卢梭．爱弥儿·上卷[M]．李平沤，译．北京：商务印书馆，1978.
55. 鲁忠义．心理学[M]．北京：科学出版社，2009.
56. 吕达，等．独木桥？阳关道？——未来中小学课程面面观[M]．北京：中信出版社，1991.
57. 罗明基．教学论教程[M]．哈尔滨：黑龙江人民出版社，1987.
58. 罗生全，李本友．小学课程设计与评价[M]．重庆：西南师范大学出版社，2017.
59.[美]马歇尔·卢森堡．非暴力沟通[M]．阮胤华，译．北京：华夏出版社，2018.
60.[美]迈克尔·霍恩，[美]希瑟·斯特克．混合式学习：用颠覆式创新推动教育革命[M]．聂风华，徐铁英，译．北京：机械工业出版社，2015.
61.[美]麦克·格尔森．如何在课堂中培养成长型思维[M]．白洁，译．北京：中国青年出版社，2019.
62. 毛礼锐，沈灌群．中国教育通史·第三卷[M]．济南：山东教育出版社，1987.
63. 潘洪建，刘华，蔡澄．课程与教学论基础[M]．镇江：江苏大学出版社，2012.

64. 裴娣娜．教学论[M]. 北京：教育科学出版社，2007.
65. 刘英琦，钱扬义，刘建祥．校本课程的开发研究[M]. 长春：东北师范大学出版社，2005.
66. 全国十二所重点师范大学．教育学基础[M]. 第 3 版，北京：教育科学出版社，2014.
67. 上海市教育委员会教学研究室．为了学校的可持续发展：普通高中提升课程领导力的探索[M]. 上海：华东师范大学出版社，2013.
68. 上海市教育委员会教学研究室．小学英语单元教学设计指南[M]. 北京：人民教育出版社，2018.
69. 上海市教育委员会教学研究室．学校课程计划编制实践指南[M]. 上海：华东师范大学出版社，2013.
70. 邵瑞珍．教育心理学[M]. 上海：上海教育出版社，1988.
71. 盛群力，等．教学设计[M]. 北京：高等教育出版社，2005.
72. 施良方，崔允漷．教学理论：课堂教学的原理、策略与研究[M]. 上海：华东师范大学出版社，1999.
73. 施良方．课程理论——课程的基础、原理和问题[M]. 北京：教育科学出版社，1996.
74. 石鸥．小学教学论[M]. 长沙：中南工业大学出版社，1999.
75. [美]舒尔曼．实践智慧：论教学、学习与学会教学[M]. 王艳玲，王凯，毛齐明，等，译．上海：华东师范大学出版社，2014.
76. [苏联]斯卡特金．中学教学论——当代教学论的几个问题[M]. 赵维贤，丁酉成，刘梦华，等，译．北京：人民教育出版社，1985.
77. 孙可平．现代教学设计纲要[M]. 西安：陕西人民教育出版社，1998.
78. 孙培青．中国教育史[M]. 第三版．上海：华东师范大学出版社，2009.
79. 唐文中．教学论[M]. 哈尔滨：黑龙江教育出版社，1990.
80. 田慧生，李如密．教学论[M]. 石家庄：河北教育出版社，1996.
81. [日]田中耕治，[日]松下佳代，[日]西冈加名惠，等．学习评价的挑战：表现性评价在学校中的应用[M]. 郑谷心，译．上海：华东师范大学出版社，2015.
82. [苏联]瓦·阿·苏霍姆林斯基．给教师的建议·全一册[M]. 修订本．杜殿坤，编译．北京：教育科学出版社，1984.
83. 汪霞．课程理论与课程改革[M]. 合肥：安徽教育出版社，2007.
84. 王本陆．课程与教学论[M]. 第 3 版．北京：高等教育出版社，2017.
85. 王本陆．课程与教学论[M]. 北京：高等教育出版社，2004.
86. 王本陆．课程与教学论[M]. 第 2 版．北京：高等教育出版社，2009.

87. 王策三．教学论稿[M]. 北京：人民教育出版社，1985.
88. 王策三．教学论稿[M]. 第二版．北京：人民教育出版社，2005.
89. 王道俊，郭文安．教育学[M]. 北京：人民教育出版社，2009.
90. 王道俊，郭文安．教育学[M]. 第七版．北京：人民教育出版社，2016.
91. 卫倩平．教育教学知识与能力·小学[M]. 北京：首都师范大学出版社，2013.
92. 魏巍．宁波经验：小学校本课程开发与实施案例[M]. 宁波：宁波出版社，2013.
93. 乌美娜．教学设计[M]. 北京：高等教育出版社，1994.
94. 吴非．课堂上究竟发生了什么[M]. 北京：中国人民大学出版社，2015.
95. 吴洪成．中国小学教育史[M]. 太原：山西教育出版社，2006.
96. 吴杰．教学论——教学理论的历史发展[M]. 长春：吉林教育出版社，1986.
97. 吴立岗，夏慧贤．现代教学论基础[M]. 南宁：广西教育出版社，2001.
98. 吴立岗．教学的原理、模式和活动[M]. 南宁：广西教育出版社，1998.
99. 马卡连柯教育文集·上卷[M]. 吴式颖，等，编．北京：人民教育出版社，1985.
100. 吴也显．教学论新编[M]. 北京：教育科学出版社，1991.
101. 吴也显．我国中小学常用教学模式[M]. 昆明：云南教育出版社，1993.
102. [苏联]休金娜．中小学教育学[M]. 华东师范大学比较教育研究所，译．北京：人民教育出版社，1984.
103. 薛彦华．教育学[M]. 北京：科学出版社，2009.
104. 杨昌洪．中国古代教育家思想解读[M]. 长春：吉林大学出版社，2009.
105. 杨九俊．建设新课程：江苏基础教育课程改革的实践与理论探索[M]. 北京：人民教育出版社，2008.
106. 杨明全．课程论[M]. 北京：中国人民大学出版社，2016.
107. 杨树勋．现代高等教育学[M]. 北京：化学工业出版社，1999.
108. 杨小微，张天宝．教学论[M]. 北京：人民教育出版社，2014.
109. 叶澜．新编教育学教程[M]. 上海：华东师范大学出版社，1991.
110. [美]约翰·霍特．孩子为何失败[M]. 张惠卿，译．北京：首都师范大学出版社，2010.
111. [美]约翰·杜威．民主主义与教育[M]. 王承绪，译．北京：人民教育出版社，2001.
112. 臧铁军．考试评价分析及诊断基础与实务[M]. 北京：首都师范大学出版社，2011.
113. [美]W. James Popham. 测验的反思——对高利害测验的建议[M]. 国家基础教育课程改革“促进教师发展与学生成长的评价研究”项目组，译．北京：中国轻工业出版社，2005.
114.［美］詹姆斯・波帕姆．教师课堂教学评价指南［M］．第 5 版．王本陆，赵婧，等，译．重庆：重庆大学出版社，2010.
115. 张广利．校本课程开发的实践与思考［M］．福州：福建教育出版社，2013.
116. 张华．课程与教学论［M］．上海：上海教育出版社，2000.
117. 郑金洲．教学方法应用指导［M］．上海：华东师范大学出版社，2006.
118. 中共中央文献研究室．建国以来重要文献选编・第一册［M］．北京：中央文献出版社，1992.
119. 中国大百科全书出版社编辑部．中国大百科全书・教育［M］．北京：中国大百科全书出版社，1985.
120. 中国陶行知研究会．陶行知教育思想、理论和实践［M］．合肥：安徽教育出版社，1986.
121. 中华人民共和国教育部．义务教育数学课程标准(2022 年版)［M］．北京：北京师范大学出版社，2022.
122. 中华人民共和国教育部．义务教育语文课程标准(2022 年版)［M］．北京：北京师范大学出版社，2022.
123. 中华人民共和国教育部．义务教育英语课程标准(2022 年版)［M］．北京：北京师范大学出版社，2022.
124. 中央教育科学研究所．中华人民共和国教育大事记(1949—1982)［M］．北京：教育科学出版社，1984.
125. 中央教育科学研究所比较教育研究室．简明国际教育百科全书・教学(下册)［M］．北京：教育科学出版社，1990.
126. 钟启泉，汪霞，王文静．课程与教学论［M］．上海：华东师范大学出版社，2008.
127. 钟启泉．现代课程论［M］．上海：上海教育出版社，1989.
128. 朱丽．如何运用教学方法［M］．上海：华东师范大学出版社，2014.
129. 朱智贤．心理学大辞典［M］．北京：北京师范大学出版社，1989.
130.［日］筑波大学教育学研究会．现代教育学基础［M］．钟启泉，译．上海：上海教育出版社，1986.

期刊论文类：

1. 蔡敏．美国教育评价的伦理规范建设及其启示［J］．外国教育研究，2005(6).
2. 蔡敏．美国《学生评价标准》评析［J］．外国中小学教育，2003(11).
3. 蔡敏．学生评价应坚守伦理规范［J］．教育测量与评价，2017(10).
4. 陈六一，刘晓萍．小学数学核心素养要素分析与界定反思［J］．中小学教师培训，

2016(5).
5. 陈敏，吴宝莹．数学核心素养的培养——从教学过程的维度[J]．教育研究与评论：中学教育教学，2015(4).
6. 崔阳洋，李如密．“互联网＋教学”：内涵、特征、优势及挑战[J]．江苏教育研究：2017(Z1).
7. 戴双翔．小学教学组织形式改革若干问题探析[J]．现代中小学教育，2006(7).
8. 邓宗怡，匡芳涛．泰勒原理和凯洛夫教学论的比较——兼论课程论和教学论之间的关系[J]．西南大学学报(社会科学版)，2009(6).
9. 丁念金．论教育评价的根本伦理准则[J]．湖南师范大学教育科学学报，2016(6).
10. 方丽，李如密．教学评价的伦理内涵及其要求探析[J]．江苏教育研究，2016(13).
11. 丰际萍，杜增东，李梓．学校课程体系的研究与实践[J]．当代教育科学，2011(14).
12. 郝德永．简析我国近现代学校课程的历史发展[J]．锦州师院学报(哲学社会科学版)，1994(3).
13. 洪明．课程论与教学论关系的历史嬗变[J]．教育评论，2007(1).
14. 胡弼成．高等学校课程体系现代化研究[D]．厦门：厦门大学，2004.
15. 华南师范大学考试研究中心．标准化考试理论与实践的若干问题[J]．华南师范大学学报(社会科学版)，1988(1).
16. 黄甫全．大课程论初探——兼论课程(论)与教学(论)的关系[J]．课程·教材·教法，2000(5).
17. 黄书光．凯洛夫《教育学》在中国的理论辐射与实践影响[J]．复旦教育论坛，2010(3).
18. 霍力岩，赵清梅．多元智力理论的评价观及其对学生发展评价的启示[J]．课程·教材·教法，2005(4).
19. 计宇．小学语文核心素养的构成与培养路径[J]．教学与管理，2018(17).
20. 靳玉乐，张良．我国新课改以来课程理论的发展及其影响[J]．中国教育科学，2019(5).
21. 李秉德，王鉴．时代的呼唤与教学论的重建[J]．社科纵横，1999(2).
22. 李翠云．小学教学组织形式改革问题初探[J]．现代阅读(教育版)，2013(1).
23. 李洪修，熊梅．试析学校情境中的国家课程实施[J]．东北师大学报(哲学社会科版)，2009(6).
24. 李晖．卢仲衡自学辅导教学模式述评[J]．课程·教材·教法，2016(8).
25. 李彦峰，周先进，曾建国．新课程背景下课堂教学组织形式的建构[J]．教育探索，2009(4).
26. 廖哲勋．论中小学课程结构的改革[J]．教育研究，1999(7).

27. 林崇德．对未来基础教育的几点思考[J]. 课程·教材·教法，2016(3).
28. 刘辉．追求卓越的课堂评价之路——论指向促进学习的课堂评价[J]. 当代教育科学，2009(24).
29. 刘江虹．博才寄宿小学“六艺课程”体系构建的实践研究[D]. 长沙：湖南师范大学，2016.
30. 刘一丞．“小梅花课程”是怎么诞生的[J]. 中国教师，2016(10).
31. 龙安邦，余文森．我国基础教育课程方案变革70年的回顾与展望[J]. 中国教育学刊，2019(10).
32. 卢耀珍．核心素养理念下的小学语文阅读教学改革[J]. 基础教育研究，2017(12).
33. 陆忻．布拉梅尔德改造主义教育思想述评[J]. 华东师范大学学报(教育科学版)，1985(4).
34. 糜海波．教育伦理视阈中的教育评价刍议[J]. 教育导刊，2006(9).
35. 庞维国．论学生的自主学习[J]. 华东师范大学学报(教育科学版)，2001(2).
36. 裴嵘军．凯洛夫教育学对我国基础教育的影响原因与反思[J]. 教育理论与实践，2015(17).
37. 申继亮，刘加霞．论教师的教学反思[J]. 华东师范大学学报(教育科学版)，2004(3).
38. 盛群力．什么样的教学任务适宜合作学习[J]. 人民教育，2004(5).
39. 施良方．课程定义辨析[J]. 教育评论，1994(3).
40. 石鸥．课程改革：教育本体功能的回归[J]. 教育测量与评价(理论版)，2009(7).
41. 史国雅．课程论的研究范围及指导原则[J]. 山西教育科研通讯，1988(2).
42. 史宁中．推进基于学科核心素养的教学改革[J]. 中小学管理，2016(2).
43. 索桂芳，任学印．新课程体系下合作学习教学模式的构建[J]. 课程·教材·教法，2006(8).
44. 唐莉清．探讨课程论与教学论的关系[J]. 教育教学论坛，2015(8).
45. 田慧生．落实立德树人根本任务 全面深化课程教学改革[J]. 课程·教材·教法，2015(1).
46. 万伟．三十年来教学模式研究的现状、问题与发展趋势[J]. 中国教育学刊，2015(1).
47. 汪霞．课程开发的过程模式及其评价[J]. 外国教育研究，2003(4).
48. 王爱军．分层教学发展与研究综述[J]. 成人教育，2011(8).
49. 王本陆．关于教学工作中师生关系改革的思考[J]. 课程·教材·教法，2000(5).

50. 王本陆．关于我国现代教育发展阶段问题的探讨[J]．北京师范大学学报(社会科学版)，2011(3)．
51. 王策三．教学论学科发展三题[J]．北京师范大学学报(社会科学版)，1992(5)．
52. 王策三．考试改革之我见[J]．中小学管理，1999(11)．
53. 王健．论学生评价伦理[D]．上海：华东师范大学，2006．
54. 王萍．论课程内容的预期性生成：原点、原则[J]．现代中小学教育，2006(9)．
55. 吴燕蔓．基于英语绘本与分级读物的小学英语学科核心素养培养[J]．教学与管理，2018(18)．
56. 吴也显．学校课程和文化传播[J]．课程・教材・教法，1991(3)．
57. 夏葳．当代教学组织形式的困境及其出路[J]．吉林省教育学院学报，2013(9)．
58. 辛涛，姜宇，王烨辉．基于学生将核心素养的课程体系建构[J]．北京师范大学学报(社会科学版)，2014(1)．
59. 许利琴．凸显过程与表现：以学习评价单促进学生主动学习[J]．体育教学，2017(1)．
60. 许培军，孟桂民，高佳颖，等．构建特色的翠微小学课程体系[J]．中国教师，2015(18)．
61. 杨宝忠．合作教学浅析[J]．教育理论与实践，1996(4)．
62. 杨晨．课程论与教学论关系之我见[J]．教育教学论坛，2012(S4)．
63. 杨清．论学校课程结构设计[J]．河北师范大学学报(教育科学版)，2019(6)．
64. 杨清．学校课程结构设计：从自发到自觉[J]．教育科学研究，2016(11)．
65. 殷芳．基于课程标准的学习评价策略研究——以小学英语为例[D]．上海：上海师范大学，2017．
66. 尹超．从课程整合看学校课程体系的构建——北京大学附属小学探索建立“生命发展课程体系”[J]．中小学管理，2013(12)．
67. 余文森．从“双基”到三维目标再到核心素养——改革开放40年我国课程教学改革的三个阶段[J]．课程・教材・教法，2019(9)．
68. 喻平．发展学生学科核心素养的教学目标与策略[J]．课程・教材・教法，2017(1)．
69. 岳刚德．现代课程概念重建历史：从知识、经验到结构[J]．全球教育展望，2011(2)．
70. 曾琦．二十世纪我国科学教育回顾[J]．学科教育，1999(8)．
71. 曾瑜．新课程道路上对课堂教学组织形式的思考[J]．文教资料，2006(2)．
72. 张家勇，张家智，张跃庭．美国标准化考试改革[J]．比较教育研究，2003(2)．
73. 张蓉．均衡性：世界基础教育课程结构改革的趋势[J]．外国中小学教育，2011(1)．

74. 张廷凯．我国课程论研究的历史回顾：1922—1997（上）[J]．课程·教材·教法，1998(1)．
75. 张威．基于顶层设计理念的学校课程建设研究[D]．芜湖：安徽师范大学，2015．
76. 张武升．关于教学模式的探讨[J]．教育研究，1988(7)．
77. 张星．基于和美文化的学校课程体系构建与实施策略[J]．基础教育课程，2019(6)．
78. 张映红．关于高职机电设备维修与管理专业课程体系的探索[J]．职教论坛，2011(2)．
79. 赵昌木．教师在批判性教学反思中成长[J]．教育理论与实践，2004(5)．
80. 赵国金，高艳梅．新中国成立以来我国课程改革的演变及启示[J]．江苏教育学院学报(社会科学)，2010(7)．
81. 赵颖，郝德永．西方学校课程的历史发展[J]．锦州师院学报(哲学社会科学版)，1992(3)．
82. 甄德山．教学模式及其管理浅议[J]．天津师大学报，1984(5)．
83. 郑艳娜．小学生学业成绩等第制评价实施研究——以J区D小学为例[D]．上海：华东师范大学，2018．
84. 仲建维，涂悦．外来的杠杆：20世纪20年代中国教育改革中的杜威[J]．华东师范大学学报(教育科学版)，2019(2)．
85. 仲玉英．论中国古代人文课程体系的发展轨迹[J]．杭州师范学院学报，2002(1)．
86. 周后升．从“双基”“三维目标”到“核心素养”——厘清课程改革思路，发展学生核心素养[J]．课程教育研究，2019(6)．
87. 周丽军．课程改革新方向：基于“核心素养”[J]．齐齐哈尔师范高等专科学校学报，2016(3)．
88. 周群．传统名校办学理念的淬炼与升华——从西南联大附小到云南师大附小的传承与创新[J]．中小学管理，2016(12)．
89. 周锐．新课改视野下中学课堂教学组织形式变革研究[D]．武汉：湖北大学，2013．
90. 朱丽．技术与伦理：学生评价发展的两条路径[J]．上海教育评估研究，2018(4)．
91. 祝智庭，郁晓华．电子书包系统及其功能建模[J]．电化教育研究，2011(4)．
92. 邹贤莲．文化浸润中的课程整合——谢家湾小学“小梅花”课程的整体建构与创新实践[J]．基础教育课程，2017(6)．